国家社科基金重大项目资助

《中医药法》
适用教程

宋晓亭◎主编

李　慧　王艳翚　张　媛◎副主编

知识产权出版社
全国百佳图书出版单位
—北京—

图书在版编目（CIP）数据

《中医药法》适用教程/宋晓亭主编；李慧，王艳翚，
张媛副主编 . —北京：知识产权出版社，2025.5.
ISBN 978-7-5130-9970-7

Ⅰ.D922.16

中国国家版本馆 CIP 数据核字第 2025UM8604 号

责任编辑：赵　昱　　　　　　　　　　责任校对：王　岩
封面设计：北京麦莫瑞文化传播有限公司　责任印制：孙婷婷

《中医药法》适用教程

宋晓亭　主编

李　慧　王艳翚　张　媛　副主编

出版发行	知识产权出版社 有限责任公司	网　　址	http://www.ipph.cn
社　　址	北京市海淀区气象路 50 号院	邮　　编	100081
责编电话	010-82000860 转 8128	责编邮箱	zhaoyu@ cnipr.com
发行电话	010-82000860 转 8101/8102	发行传真	010-82000893/82005070/82000270
印　　刷	鸿博昊天科技有限公司	经　　销	新华书店、各大网上书店及相关专业书店
开　　本	720mm×1000mm　1/16	印　　张	20.25
版　　次	2025 年 5 月第 1 版	印　　次	2025 年 5 月第 1 次印刷
字　　数	338 千字	定　　价	98.00 元

ISBN 978-7-5130-9970-7

编委会

主　编　宋晓亭

副主编　李　慧　王艳翚　张　媛

编　委　宋晓亭　李　慧　王艳翚　张　媛

　　　　齐立文　宋　健　郭　丹

前　言

《中华人民共和国中医药法》（以下简称《中医药法》）第 2 条规定："本法所称中医药，是包括汉族和少数民族医药在内的我国各民族医药的统称，是反映中华民族对生命、健康和疾病的认识，具有悠久历史传统和独特理论及技术方法的医药学体系。"据此规定，我们通常所称的中医药，是中国传统医药的统称，既包括各少数民族的传统医药，也包括民间医药。❶

对于中医药的性质，国务院新闻办公室在 2016 年发布的《中国的中医药》中表明，"中医药作为中华文明的杰出代表，是中国各族人民在几千年生产生活实践和与疾病作斗争中逐步形成并不断丰富发展的医学科学，不仅为中华民族繁衍昌盛作出了卓越贡献，也对世界文明进步产生了积极影响。中医药在历史发展进程中，兼容并蓄、创新开放，形成了独特的生命观、健康观、疾病观、防治观，实现了自然科学与人文科学的融合和统一，蕴含了中华民族深邃的哲学思想。随着人们健康观念变化和医学模式转变，中医药越来越显示出独特价值"。

对于中医药的价值和规划，在国务院印发的《中医药发展战略规划纲要（2016—2030 年）》中指出，"中医药作为我国独特的卫生资源、潜力巨大的经济资源、具有原创优势的科技资源、优秀的文化资源和重要的生态资源，在经济社会发展中发挥着重要作用"。并且规划到 2030 年，"中医药治理体系和治理能力现代化水平显著提升，中医药服务领域实现全覆盖，中医药健康服务能力显著增强，在治未病中的主导作用、在重大疾病治疗中的协同作用、在疾病康复中的核心作用得到充分发挥；中医药科技水平显著提高，基本形成一支由百名国医大师、万名中医名师、百万中医师、千万职业技能人员组成的中医药人才队伍；公民中医健康文化素养大幅度提升；中医药工业智能

---

❶ 《中医药法》第 39 条第 1 款规定："国家采取措施支持对中医药古籍文献、著名中医药专家的学术思想和诊疗经验以及民间中医药技术方法的整理、研究和利用。"可见，中医药包括民间中医药。

化水平迈上新台阶，对经济社会发展的贡献率进一步增强，我国在世界传统医药发展中的引领地位更加巩固，实现中医药继承创新发展、统筹协调发展、生态绿色发展、包容开放发展和人民共享发展，为健康中国建设奠定坚实基础"。

对于中医药事业的发展方针，中共中央、国务院在2019年10月20日颁布的《关于促进中医药传承创新发展的意见》中指出，要健全中医药服务体系，发挥中医药在维护和促进人民健康中的独特作用，大力推动中药质量提升和产业高质量发展，加强中医药人才队伍建设，促进中医药传承与开放创新发展，改革完善中医药管理体制机制。

由此可见，我国中医药事业的发展已经取得了巨大的进步，相关法律法规建设和方针政策的制定也得到了显著加强。在依法治国的大背景下，中医药界的各种行为必须符合法律规定，必须符合相关法律的精神。尤其在我国2017年施行《中医药法》以后，非常有必要对中医药相关法律法规进行系统的分析梳理，以利于社会各界在现实工作和日常生活中予以适用。

本书第一章、第二章由宋晓亭撰写，宋健、郭丹负责资料收集和部分内容分析，第三章由李慧撰写，宋晓亭审核，第四章由王艳翚、齐立文撰写，宋晓亭审核。案例部分由张媛撰写，宋晓亭审核。

目　　录

第一章 中医服务

中医服务是指中医药领域卫生技术人员运用中医药理念、方法、技术，遵照法定中医执业技术规范而提供的照护生命、诊治疾病和增进人民群众身心健康的活动，以及为实现这些服务提供的中药、医疗器械、住院看护等服务。包括中医养生、保健、医疗、康复等专业服务。

《中医药法》第6条规定："国家加强中医药服务体系建设，合理规划和配置中医药服务资源，为公民获得中医药服务提供保障。国家支持社会力量投资中医药事业，支持组织和个人捐赠、资助中医药事业。"该规定完整地阐述了我国把建设中医药服务体系当作公民享有基本医疗卫生服务，提高公民健康水平的有机组成部分，并表明，虽然国家是提供中医药服务的主要力量，但也鼓励社会力量投资中医药事业。

第一节 中医服务机构

《中医药法》第14条规定，举办中医医疗机构应当按照国家有关医疗机构管理的规定办理审批手续，并遵守医疗机构管理的有关规定。该规定对举办中医医疗机构作了原则性的规定，即要符合国家关于医疗机构举办和管理的基本要求和规定。

关于中医服务机构的类别，《中共中央、国务院关于促进中医药传承创新发展的意见》中明确指出："发挥中医药整体医学和健康医学优势，建成以国家中医医学中心、区域中医医疗中心为龙头，各级各类中医医疗机构和其他医疗机构中医科室为骨干，基层医疗卫生机构为基础，融预防保健、疾病治疗和康复于一体的中医药服务体系，提供覆盖全民和全生命周期的中医药服务。"即，中医服务机构可以包括国家中医医学中心、区域中医医疗中心、各级各类中医医疗机构和其他医疗机构中医科室、基层医疗卫生机构中的中医医疗服务，以及养生保健服务机构、盲人按摩服务机构等。

在注册管理分类上，根据法律规定和管理实践，中医服务机构可以分为政府举办的中医服务机构和社会力量举办的中医服务机构（以下简称"社会办医"）。无论是政府办医还是社会办医，按照我国目前对医疗机构的管理规定，都可以按照其功能、任务、设施条件、技术建设、医疗服务质量和科学管理的综合水平分为一级、二级和三级医疗机构。

一、政府举办的中医服务机构

中国政府历来重视中医服务机构的建设和发展，并且把中医医疗机构的建设和能力提升作为地方政府的一项法定职责。《中医药法》第 3 条规定，"中医药事业是我国医药卫生事业的重要组成部分。国家大力发展中医药事业，实行中西医并重的方针，建立符合中医药特点的管理制度，充分发挥中医药在我国医药卫生事业中的作用"。可见，国家把中医药事业作为我国卫生事业的重要组成部分来建设和管理，并且按照中医药的发展规律来发展和管理中医药服务。

为了保障中医药事业的顺利发展，国家把中医药事业的发展作为国家各级政府工作的有机组成部分。《中华人民共和国基本医疗卫生与健康促进法》（以下简称《基本医疗卫生与健康促进法》）第 29 条规定，基本医疗服务主要由政府举办的医疗卫生机构提供。《中医药法》第 4 条规定，"县级以上人民政府应当将中医药事业纳入国民经济和社会发展规划，建立健全中医药管理体系，统筹推进中医药事业发展"。明确指出了地方政府对中医药事业发展的职责，并且要合理规划和配置中医药服务资源，为公民能够获得中医药服务提供保障。

目前，政府举办中医医疗服务主要有两种形式：一是政府举办的专门中医医疗服务机构；二是政府在其他综合医疗机构中设立的中医服务。两种机构的设立条件和注册等具体要求如下。

（一）政府举办的专门中医医疗服务机构

《中医药法》第 11 条规定，"县级以上人民政府应当将中医医疗机构建设纳入医疗机构设置规划，举办规模适宜的中医医疗机构，扶持有中医药特色和优势的医疗机构发展"。

根据《基本医疗卫生与健康促进法》和《医疗机构管理条例》等有关法律法规，举办医疗机构，应当具备下列一般性的条件，按照国家有关规定办理审批或者备案手续；有符合规定的名称、组织机构和场所；有与其开展的业务相适应的经费、设施、设备和医疗卫生人员；有相应的规章制度；能够独立承担民事责任；法律、行政法规规定的其他条件。

所以，举办和撤销政府举办的中医医疗服务机构通常要符合下列规定。

1. 设立的条件与校验

中医服务机构的设立原则上采取审批制，既要满足地方政府的区域卫生规划的要求，也要具备法律规定的、必要的设备和人员。

首先，由于国家要求医疗资源均衡发展，所以要求医疗机构的设立必须合理布局。要设立中医医疗机构首先必须符合《基本医疗卫生与健康促进法》和《医疗机构管理条例》和各地关于本行政区域内医疗机构设置的规划。如《上海市医疗机构设置规划（2021—2025 年)》（沪卫医〔2021〕96 号）、《浙江省医疗卫生服务体系暨医疗机构设置"十四五"规划》（浙发改规划〔2021〕245 号）。

其次，要根据不同医疗机构的规模，向不同层级的医疗卫生行政管理部门申请批准。根据《医疗机构管理条例》第 11 条，无论是单位或者是个人设置医疗机构，应当按照以下规定提出设置申请。

①不设床位或者床位不满 100 张的医疗机构，向所在地的县级人民政府卫生行政部门申请。根据全国各地的具体规定，床位在 100 张以下的中医医院、中西医结合医院、民族医医院以及专科医院、疗养院、康复医院和专科疾病防治机构等的设置由县（含县级市、自治县）卫生行政部门审批。

②床位在 100 张以上的医疗机构和专科医院按照省级人民政府卫生行政部门的规定申请。《医疗机构管理条例实施细则》第 11 条规定，"床位在一百张以上的综合医院、中医医院、中西医结合医院、民族医医院以及专科医院、疗养院、康复医院和专科疾病防治机构的设置审批权限的划分，由省、自治区、直辖市卫生计生行政部门规定"。

最后，经行政审批后设置的中医医疗服务机构应当定期校验其许可证。根据《医疗机构管理条例实施细则》第 35 条："床位在一百张以上的综合医院、中医医院、中西医结合医院、民族医医院以及专科医院、疗养院、康复医院、妇幼保健院、急救中心、临床检验中心和专科疾病防治机构的校验期为三年；其他医疗机构的校验期为一年。"

2. 合并与撤销

政府举办的中医医疗服务机构虽然是非营利性机构，但是为了防止有些地方以各种名义随意进行机构合并或撤销，《中医药法》专门对合并、撤销政府举办的中医医疗机构或者改变中医医疗性质的行为作了严格的限制。《中医药法》第 11 条规定，"合并、撤销政府举办的中医医疗机构或者改变其中医医疗性质，应当征求上一级人民政府中医药主管部门的意见"。之所以这样规定，一是因为继承和弘扬中医药，保障和促进中医药事业发展是《中华人民共和国宪法》（以下简称《宪法》）、《基本医疗卫生与健康促进法》和《中医药法》中明确规定的，由政府举办中医药服务机构，既是政府的一项职责，也是地方政府履行健康促进、弘扬中医药的义务。二是为了保证中医医疗机构的稳定性，监督非法或不当合并或者撤销中医医疗服务机构的行为，以法定的形式来保证提供中医药服务机构的数量，维持和保障《中医药发展战略规划纲要 （2016—2030 年)》中要求的"每千人口公立中医类医院床位数达到0.55 张"的最低标准。

基层中医医疗机构还要考虑另外两个因素：一是传统的中医服务机构具有"简便验廉"的基本特点，在市场经济下的生存具有一定难度；二是防止有些地方政府以各种理由撤销经济效益不好的中医服务机构或者借与其他医疗机构合并的名义缩减中医服务机构。因而，任何合并或撤销政府举办的中医服务机构或者改变其中医医疗性质的行为，都必须获得上一级人民政府中医药主管部门的明确同意。擅自合并或者撤销政府举办的中医服务机构的，根据有关法律规定，将由上一级人民政府中医药主管部门责令其改正，并根据情节依法追究负有责任的领导人员和直接责任人员的责任。

（二）政府在其他医疗机构中设立的中医服务

从总体上说，中医医疗服务是一个全方位的概念，它是指以中医类医院为主体、综合医院等其他类别医院中医药科室为骨干、基层医疗卫生机构为基础、中医门诊部和诊所为补充、覆盖城乡的中医医疗服务网络。❶ 所以，《中医药法》规定，各级政府除了有义务举办专门的中医医疗机构外，还应当在政府举办的、其他类型医疗机构中开展中医服务。具体规定为：

1. 哪些医疗机构应当设立中医服务

《中医药法》第 12 条规定，"政府举办的综合医院、妇幼保健机构和有条件的专科医院、社区卫生服务中心、乡镇卫生院，应当设置中医药科室"。

---

❶ 参阅《中医药发展战略规划纲要 （2016—2030 年)》。

即，只要是政府举办的综合医院、妇幼保健机构，都必须按照法律规定设置中医药科室并提供中医药服务；而对于具备一定条件的专科医院、社区卫生服务中心、乡镇卫生院也应当设置中医药科室。这里的"一定条件"或者"有条件"主要是指当地社会的需求和该医疗机构提供中医服务的能力这两个方面，即只要本区域规划内的辖区公众对中医药服务有需求的，并且本专科医院、社区卫生服务中心或乡镇卫生院已经具备或者可以具备中医药服务能力的，都应当设置中医药科室，为社会提供中医药服务。

2. 如何在其他类型医疗机构中设立或提升中医服务

（1）通过注册登记和服务内容变更获得服务科目

按照《医疗机构管理条例》和《医疗机构管理条例实施细则》，医疗机构应当按照登记的诊疗科目开展诊疗活动。所以，原来没有中医服务内容的医疗机构在增加中医服务时应当至中医药行政主管部门办理登记手续。如果原登记机关有审批中医服务的管辖权，则直接由原登记机关办理变更登记；如果原登记机关没有登记注册中医服务的管辖权限的，则由其他有管辖权的中医药行政主管部门办理变更登记。值得注意的是，如果本医疗机构原来没有登记中医服务内容而擅自设立中医服务科目，将被视为违法（但急诊和急救行为除外），将可能被行政机关处以罚款和吊销《医疗机构执业许可证》的处罚。

（2）不断提升基层医疗机构中的中医服务能力

《中医药法》规定，各级政府除了应当以各种形式举办中医医疗服务，县级以上人民政府还应当不断增强基层医疗机构的中医药服务能力。《中医药法》第12条第2款规定，"县级以上人民政府应当采取措施，增强社区卫生服务站和村卫生室提供中医药服务的能力"。这里主要考虑中医药服务应当更加贴近群众、方便群众，在基本医疗服务中起到更重要的作用。2019年，国家卫生健康委办公厅进一步印发《乡镇卫生院服务能力评价指南（2019年版）》和《社区卫生服务中心服务能力评价指南（2019年版）》，对乡镇卫生院和社区卫生服务机构的中医科室建设和中医药专业技术人员配备作了具体要求，使得各地人民政府及其主管部门在如何增强基层医疗机构的中医药服务能力时有了具备可操作性的规定。

3. 不断强化社区、乡镇和村级医疗机构中医建设标准

国家中医药管理局根据城市社区和农村乡镇村中医药工作发展的实际需

要，专门编制发布了《关于印发社区卫生服务中心、乡镇卫生院中医馆服务能力提升建设标准（试行）和社区卫生服务站 村卫生室中医阁建设标准（试行）》（国中医药医政函〔2023〕29号）。对社区卫生服务中心、乡镇卫生院中医馆服务能力提升建设标准从中医馆设置、中药房设置、中医药人员配置及培训、中医医疗和康复服务、中医预防保健服务、中医药文化建设、信息化建设和规章制度执行八个方面作了具体的要求。对社区卫生服务站和村卫生室中医阁的建设标准从中医阁设置、中药房设置、中医药人员配置、中医医疗服务以及中医药健康管理服务和中医药科普宣教、信息化建设等方面作了具体要求。

二、社会力量举办的中医服务机构

国家鼓励社会力量举办医疗机构，《基本医疗卫生与健康促进法》第29条规定，鼓励社会力量举办的医疗卫生机构提供基本医疗服务。但均要符合《医疗机构管理条例》中申请审查、登记和执业等管理规定。即要符合当地医疗机构设置规划、具有相应的房屋、床位设备和医护人员等办医条件。

根据国务院《关于深化"证照分离"改革进一步激发市场主体发展活力的通知》（国发〔2021〕7号），对举办诊所等15项涉企经营许可事项改为备案管理，直接取消对诊所设置、计划生育技术服务机构设立、部分医疗机构（除三级医院、三级妇幼保健院、急救中心、急救站、临床检验中心、中外合资合作医疗机构、港澳台独资医疗机构外）设置医疗机构批准书核发等的审批，举办者在取得营业执照后即可开展经营活动。

考虑到中医药是中国的国粹，中医服务具有"简便验廉"的特点，为使得中医服务更具有可及性，我国在规定政府举办中医服务机构之外，也鼓励社会各种力量来举办中医服务。《中医药法》第6条第2款规定，国家支持社会力量投资中医药事业，支持组织和个人捐赠、资助中医药事业。《中医药法》第13条更是明确指出，国家支持社会力量举办中医医疗机构。

（一）社会力量举办中医医疗机构的审批与备案

社会力量举办中医医疗机构应当根据其性质的不同而采用审批和备案两种方法。

1. 审批制

对于中医医院、中医门诊部等实行行政审批的方法。《中医药法》第14

条对此作了原则性规定,"举办中医医疗机构应当按照国家有关医疗机构管理的规定办理审批手续,并遵守医疗机构管理的有关规定"。目前,有关医疗机构管理的法律法规主要有《医疗机构管理条例》《医疗机构管理条例实施细则》等。

按照《医疗机构管理条例》《医疗机构管理条例实施细则》的规定,社会力量兴办中医医疗机构原则上采取审批制,其审批手续主要有:

第一,应当符合县级以上地方卫生计生行政部门制定的《医疗机构设置规划》。❶

第二,应当符合国家卫生主管部门颁布的《医疗机构基本标准(试行)》。

第三,经县级以上地方人民政府卫生行政部门审查批准,并取得设置医疗机构批准书。

第四,必须在批准其设置的人民政府卫生行政管理部门进行登记,领取《医疗机构执业许可证》。

所以,开办中医医院、中医门诊部等实行行政审批制,其审批程序和要求与其他综合医院基本一致,其管理方法和措施与其他综合医院也基本一致。

2. 备案制

除审批制外,对于举办中医诊所形式的医疗机构实行备案制。对中医诊所的设立采用备案制是《中医药法》中的一项重要规定,也是国家卫生健康委和国家中医药管理局《关于印发诊所备案管理暂行办法的通知》(国卫医政发〔2022〕33 号)的要求。

《中医药法》第 14 条第 2 款规定,"举办中医诊所的,将诊所的名称、地址、诊疗范围、人员配备情况等报所在地县级人民政府中医药主管部门备案后即可开展执业活动"。即所谓的备案制,具体的规定是:

(1) 可以采用备案制的中医类机构

《中医药法》规定采用备案制的中医类机构只限定于中医诊所的举办。根据《中医诊所备案管理暂行办法》,"本办法所指的中医诊所,是在中医药理论指导下,运用中药和针灸、拔罐、推拿等非药物疗法开展诊疗服务,以及

---

❶ 根据《中医药发展战略规划纲要(2016—2030 年)》,县级以上地方人民政府要在区域卫生规划中合理配置中医医疗资源,原则上在每个地市级区域、县级区域设置 1 个市办中医类医院、1 个县办中医类医院。

中药调剂、汤剂煎煮等中药药事服务的诊所。不符合上述规定的服务范围或者存在不可控的医疗安全隐患和风险的，不适用本办法"。也就是说，中医诊所必须是使用中医药治疗率为100%的诊所。国家中医药管理局印发的《中医诊所基本标准（2023年版）》（国中医药医政发〔2023〕2号）中也明确规定，中医诊所是指在中医药理论指导下，运用中药和针灸、拔罐、推拿等非药物疗法开展诊疗服务，以及提供中药调剂、汤剂煎煮等中药药事服务的诊所，中医药治疗率100%。《中医诊所备案管理暂行办法》第2条规定，"不符合上述规定的服务范围或者存在不可控的医疗安全隐患和风险的，不适用本办法"。也就是说，中医药治疗率达不到100%的诊所或者存在不可控的医疗安全隐患和风险的诊所，仍旧应当进行行政审批。

（2）采用备案制中医诊所应当具备的条件

根据《中医诊所备案管理暂行办法》第5条，举办中医诊所在备案时应当同时具备下列条件：

（一）个人举办中医诊所的，应当具有中医类别《医师资格证书》并经注册后在医疗、预防、保健机构中执业满三年，或者具有《中医（专长）医师资格证书》；法人或者其他组织举办中医诊所的，诊所主要负责人应当符合上述要求；

（二）符合《中医诊所基本标准》❶；

（三）中医诊所名称符合《医疗机构管理条例实施细则》的相关规定❷；

（四）符合环保、消防的相关规定；

（五）能够独立承担民事责任。

此外，根据《医疗机构管理条例实施细则》第3条关于机构类别的界定说明，备案制应当适用于民族医诊所。即，除了汉民族的中医药，其他如苗族医药、傣族医药、维吾尔族医药、藏族医药、彝族医药等少数民族医疗诊所的开设也应当实行备案制，其备案条件与中医诊所应当一致。

【案例1】行医场所未备案受到行政处罚案

基本案情：

2021年8月17日，被告某卫健局接到群众举报称百隆广场某健康会所非

---

❶ 具体参见国家中医药管理局印发的《中医诊所基本标准（2023年版）》。

❷ 《医疗机构管理条例实施细则》第43条规定："以下医疗机构名称由国家卫生计生委核准；属于中医、中西医结合和民族医疗机构的，由国家中医药管理局核准……"

法行医，使人致残。被告受理上述投诉举报后前往现场检查及调取证据，并制作了现场笔录和询问笔录。对原告行医的场所进行现场检查时，发现该场所并未取得执业许可证或者备案手续。通过询问当事人、拍摄现场诊疗工具照片、调取原告开具的中药处方、针灸推拿记录册等证据材料，认定原告闵某某在未办理审批或者备案手续的场所开展医学诊疗活动。某卫健局通过处方所载明的药费金额、月度账单及原告与患者家属之间的转账记录等证据确定了违法所得数额。依据《中华人民共和国基本医疗卫生与健康促进法》第99条第1款的规定，决定对原告作出没收违法所得12005元，没收药品器械，罚款人民币60025元的行政处罚。原告不服，称其仅是在健康会所为一些朋友推拿、针灸，并不是专门的医疗机构场所，不构成开展诊疗活动的行为。

一审法院认为，《医疗机构管理条例实施细则》第88条规定，诊疗活动是指通过各种检查，使用药物、器械及手术等方法，对疾病作出判断和消除疾病、缓解病情、减轻痛苦、改善功能、延长生命、帮助患者恢复健康的活动。根据被告提交的证据材料，原告在询问笔录中自认该场所由其租赁设置，其通过推拿按摩、开中药、做针灸等方法治疗常见的颈椎病、腰椎病、中风偏瘫后期恢复，且现场还有其他患者正在进行针灸治疗以缓解痛经，上述治疗有现金或转账收费记录，被告亦在调查过程中查获了原告使用的工具、药品、处方等。曾接受原告治疗的崔某家属亦向被告某卫健局陈述了原告对患者实施治疗的过程。原告以其不设立专门医疗机构等理由否认其行为属于诊疗活动，缺乏事实依据。且原告的医师执业证书注册的执业地点为中铁一局集团西安中心医院，其提交的营业执照登记的地址在高新区科技五路橡树星座1幢1单元×层×××××号房，但该案原告行医的场所在雁塔区小寨东路××号××，该场所并未办理营业执照；该场所外悬挂的"某中医药康复培训基地"牌匾亦不符合《医疗机构管理条例实施细则》第40条关于开办中医诊所的名称的规定。

原告闵某某虽具有中医类别医师执业证书，但其在未取得执业许可证或者备案手续的场所行医，该场所亦非其医师资格证书注册的执业地点，故本案原告的行为同时违反了《中华人民共和国医师法》第57条、《中华人民共和国中医药法》第56条、《中华人民共和国基本医疗卫生与健康促进法》第99条和《中医诊所备案管理暂行办法》第20条的规定。依据《中华人民共和国行政处罚法》第29条，对当事人的同一个违法行为，不得给予两次以上罚款的行政处罚。同一个违法行为违反多个法律规范应当给予罚款处罚的，按照罚款数额高的规定处罚。一审法院认定，被告某卫健局作出的行政处罚决定有事实和法律依据，程序合法。原告的诉讼请求理由不能成立，该院不予支持。判决驳回原告闵某某的诉讼请求。闵某某不服一审判决，提起上诉，二审法院判决驳回上诉，维持原判。❶

案件评述：

本案中，闵某某从事中医服务未按照规定办理审批或备案，即在某健康会所为患者进行诊断，并提供针灸、拔罐等诊疗服务，其行为违反了相关法律规定。医疗机构分为医院、卫生院、疗养院等一般医疗机构和诊所、中医诊所。《医疗机构管理条例》第14条规定："医疗机构执业，必须进行登记，领取《医疗机构执业许可证》；诊所按照国务院卫生行政部门的规定向所在地的县级人民政府卫生行政部门备案后，可以执业。"根据上述规定，一般医疗机构执业，须取得有关部门的行政许可；诊所执业则仅需要获得备案。《诊所备案暂行管理办法》第2条规定："诊所是为患者提供门诊诊断和治疗的医疗机构，主要提供常见病和多发病的诊疗服务，不设住院病床（产床）。本办法所指的诊所，不含按照《中医诊所备案管理暂行办法》有关规定进行备案的中医诊所。"《中医诊所备案管理暂行办法》第2条规定："本办法所指的中医诊所，是在中医药理论指导下，运用中药和针灸、拔罐、推拿等非药物疗法开展诊疗服务，以及中药调剂、汤剂煎煮等中药药事服务的诊所。不符合上述规定的服务范围或者存在不可控的医疗安全隐患和风险的，不适用本办法。"因此，诊所和一般医疗机构的区别主要在于提供的医疗服务以及是否设住院病床（产床）上；中医诊所是一种特殊种类的诊所，对可开展服务的诊疗服务的种类有严格的规定。本案中，闵某某本人虽然具有中医类别医师执业证书，但他的行医场所没有按照规定取得执业许可或者办理备案手续，并且其长期收容患者崔某某居住治疗，不但违反了开展诊疗服务应当在医疗产所的规定，而且存在不可控的医疗安全隐患和风险，即使闵某某本人具有医师执业证书，但是其行医场所应备案而未备案仍属违法行为，要接受行政处罚。

---

❶ 西安铁路运输中级法院行政判决决书（2023）陕71行终1184号。

（二）社会力量举办中医医疗机构的权利与义务

社会力量举办的中医诊所是运用社会资本投资医疗服务的形式，通常称为民营医院或非公立医院。国家卫生行政主管部门在诸多文件中反复强调，社会举办的医疗机构与政府举办的医疗机构具有平等的地位，并且规定，不得将举办主体、经营性质等作为基本医疗保险定点申请的前置条件。总体来说，社会力量举办中医服务机构的权利与义务主要有下列规定。

1. 基本权利（益）

社会力量举办中医服务机构的权利（益）主要有三个方面。

一是社会地位同等。《中医药法》第 13 条第 2 款规定，"社会力量举办的中医医疗机构在准入、执业、基本医疗保险、科研教学、医务人员职称评定等方面享有与政府举办的中医医疗机构同等的权利"。可见，社会举办的中医医疗机构与政府举办的中医医疗机构在准入标准和人才管理等方面享有同等的法定权利。国家卫健委发布的《关于促进社会办医持续健康规范发展的意见》（国卫医发〔2019〕42 号）指出，在遴选住院医师规范化培训基地、医学院校临床教学基地以及推进临床服务能力建设时，对符合条件的医疗机构同等对待，并向社会办医适当倾斜。

二是基本权利保障。根据《基本医疗卫生与健康促进法》和《医疗机构管理条例实施细则》的规定，中医类医疗机构与其他类型医疗机构一样，其依法从事诊疗活动受到法律保护；其医疗机构名称经核准登记后，在核准机关管辖范围内享有专用权；任何组织或者个人不得扰乱医疗卫生机构（包括社会举办的中医服务机构）执业场所的秩序。

三是政策优惠均等。社会力量举办的非营利性医疗卫生机构按照规定享受与政府举办的医疗卫生机构同等的税收、财政补助、用地、用水、用电、用气、用热等优惠政策。除此之外，社会举办医疗服务还可以按规定享受小微企业税收优惠政策。

2. 基本义务

中医医疗机构与其他类型的医疗机构一样，由于其服务内容与公民的生命健康权密切相关，因而在享有一定权利的同时还应当承担相应义务，主要有四个方面。

一是履行必要的信息公示。《中医药法》第 14 条第 2 款规定，"中医诊所应当将本诊所的诊疗范围、中医医师的姓名及其执业范围在诊所的明显位置公示，不得超出备案范围开展医疗活动"。《中医诊所备案管理暂行办法》第9条、第10条规定："中医诊所应当将《中医诊所备案证》、卫生技术人员信息在诊所的明显位置公示。""中医诊所的人员、名称、地址等实际设置应当与《中医诊所备案证》记载事项相一致。"公示制度主要满足患者对就医过程的知情权。

二是执业行为必须依照法定。《中医诊所备案管理暂行办法》第12条规定，"中医诊所应当按照备案的诊疗科目、技术开展诊疗活动，加强对诊疗行为、医疗质量、医疗安全的管理，并符合中医医疗技术相关性感染预防与控制等有关规定"。可见，中医诊所的医疗服务必须在法定的执业范围内开展，并且要符合国家卫生主管部门制定的医疗活动行为规范。

三是诊疗规范合理、符合伦理。《基本医疗卫生与健康促进法》规定，医疗卫生机构应当按照临床诊疗指南、临床技术操作规范和行业标准以及医学伦理规范等有关要求，合理进行检查、用药、诊疗，加强医疗卫生安全风险防范，优化服务流程，持续改进医疗卫生服务质量。医疗卫生机构开展医疗卫生技术临床应用，应当与其功能任务相适应，遵循科学、安全、规范、有效、经济的原则，并符合伦理。

《中医诊所基本标准》规定，诊所必须有各项规章制度、人员岗位责任制，有国家制定或认可的医疗技术操作规程，并成册可用。制定感染控制制度和流程，中医药技术操作符合中医医疗技术相关性感染预防与控制等有关规定。《中医诊所备案管理暂行办法》第12条规定，中医诊所应当按照备案的诊疗科目、技术开展诊疗活动。其中，有关中医药的技术规范和要求，应当按照国家中医药管理局印发的《基层中医药适宜技术手册》等标准规范来操作。

四是参与公共卫生事件和预防保健工作。《基本医疗卫生与健康促进法》第50条规定了医疗卫生机构的救治义务，即"发生自然灾害、事故灾难、公共卫生事件和社会安全事件等严重威胁人民群众生命健康的突发事件时，医疗卫生机构应当服从政府部门的调遣，参与卫生应急处置和医疗救治"。中医药是否要参与公共卫生事件的应急处理原来有一些争议，但是《中医药法》明确了这一点，其第18条规定，"县级以上人民政府应当发展中医药预防、保健服务，并按照国家有关规定将其纳入基本公共卫生服务项目统筹实施。县级以上人民政府应当发挥中医药在突发公共卫生事件应急工作中的作用，加强中医药应急物资、设备、设施、技术与人才资源储备"。2019 年 10 月 20 日，中共中央、国务院发布的《关于促进中医药传承创新发展的意见》中更是明确指出，"建立有效机制，更好发挥中医药在流感等新发突发传染病防治和公共卫生事件应急处置中的作用"。所以，参与公共卫生事件的处置是中医服务机构的一项权利，也是一项义不容辞的义务。

三、中医诊所的基本标准

国家中医药管理局在印发的《中医诊所基本标准（2023 年版）》中对中医诊所的定义沿袭了《中医诊所备案受理暂行规定》的精神，即强调中医药治疗率 100%。

无论是政府举办的中医医疗机构还是社会力量举办的中医医疗机构，申请设立中医诊所的，其诊疗科目只限于中医科、民族医学科。配备中医（专长）医师的，应在诊疗科目下明确中医（专长）医师的执业范围。根据《中医诊所备案管理暂行办法》第 4 条，举办中医诊所的，报拟举办诊所所在地县级中医药主管部门备案后即可开展执业活动。即向县级中医药主管部门备案后即可开展诊疗活动，但应符合下列要求。

（一）中医诊所的人员要求

根据《中医诊所基本标准（2023 年版）》，中医诊所的人员必须符合下列要求：

1. 身体健康，能够胜任相关工作。

2. 至少具有 1 名符合下列条件之一的执业医师：

（1）具有中医类别医师资格证书并经注册后在医疗机构中执业满 5 年；

（2）具有中医（专长）医师资格证书，经注册依法执业。

3. 开展中药饮片调剂活动的，至少有 1 名中药专业技术人员。

4. 具有国家统一规定的各项规章制度和技术操作规范，制定诊所人员岗位职责。

【案例 2】牟某曦诉郑某楠擅自离职致其难以继续经营案

基本案情：

2020 年 8 月 20 日，原告牟某曦因开诊所需要，雇用郑某楠为鞍山市经方派中医有限公司名下诊所的注册医师，双方约定：合同期限为 2020 年 9 月 1

日至 2022 年 8 月 31 日，郑某楠同意牟某曦安排其在鞍山市铁东区从事医疗工作。郑某楠将其相关执业证书的执业地点注册在鞍山市经方派中医有限公司名下诊所，合同约定：郑某楠在任何时间不得以任何理由、任何方式在其他医疗机构兼职医疗工作。郑某楠在合同期满前未经牟某曦同意提前解除合同，必须提前 90 天以书面形式告知牟某曦，并赔偿 1 万元。如郑某楠在合同期满前未经牟某曦同意提前解除合同且未提前 90 天通知牟某曦终止合同，需赔偿 5 万元。另由于郑某楠个人原因违反合同规定或违法违规导致牟某曦不能正常经营或造成牟某曦严重损失，由郑某楠依法赔偿牟某曦经济损失。

郑某楠于 2020 年 10 月 26 日突然向牟某曦提出辞职，说其朋友帮她联系了去沈阳一家医院工作，其执业医师证将于 2020 年 11 月注册至新工作地点。牟某曦开办的诊所为新成立的诊所，诊所内现仅有郑某楠一名医师，根据《中医诊所基本标准（2017 版）》的规定，牟某曦的诊所必须有注册满 3 年的中医执业医师，如郑某楠突然离职，牟某曦诊所不得不停止营业，由此会给牟某曦带来巨大的经济损失和名誉损失。现因郑某楠的突然离职，牟某曦在短时间内无法雇用到新的医师，已无法营业，只能先注销诊所执照。牟某曦在注销诊所执照当天发现，郑某楠早在 2020 年 10 月 22 日就已将其执业医师证变更注册在沈阳经济技术开发区人民医院，但郑某楠 10 月 26 日才向牟某曦提出离职。

原告认为，郑某楠明知其突然离职既违反双方的合同约定，又会给牟某曦及其诊所带来巨大的损失，如牟某曦在其离职后短时间内无法雇用到新的医师，牟某曦诊所不得不注销，但郑某楠仍在牟某曦不知情的情况下，私自将执业医师证注册到别处，并突然离职。郑某楠的行为不仅在道德上应该受到谴责，更给牟某曦和其诊所带来巨大打击和损失。故请求法院：1. 判令郑某楠赔偿牟某曦违约金 50000 元；2. 判令郑某楠赔偿经济损失 30000 元；3. 本案诉讼费用由郑某楠承担。

法院认为，依据《中华人民共和国劳动法》第 79 条："劳动争议发生后，当事人可以向本单位劳动争议调解委员会申请调解；调解不成，当事人一方要求仲裁的，可以向劳动争议仲裁委员会申请仲裁。当事人一方也可以直接向劳动争议仲裁委员会申请仲裁。对仲裁裁决不服的，可以向人民法院提起诉讼。"本案中，牟某曦与郑某楠于 2020 年 8 月 20 日签订劳动合同，虽然未加盖"鞍山市经方派中医有限公司"的印章，但从合同内容看，牟某曦以鞍山市经方派中医有限公司的名义就郑某楠的工作内容、工作地点、工作时间、休息休假、劳动报酬、社会保险、福利待遇等进行了约定。鞍山市经方派中医有限公司于 2020 年 8 月 13 日成立，系自然人独资企业，法定代表人为牟某曦。牟某曦以自己名义签订的劳动合同应属有效，故郑某楠与鞍山市经方派中医有限公司之间存在劳动关系。鞍山市经方派中医有限公司因郑某楠履行劳动合同而发生的争议，应以劳动仲裁为前置程序。牟某曦未向劳动争议仲裁委员会申请仲裁，故牟某曦本次诉讼应视为未经劳动仲裁前置程序，应予驳回。法院依照《中华人民共和国劳动法》第 79 条、《中华人民共和国民事诉讼法》第 154 条第 1 款第 3 项，裁定驳回牟某曦的起诉。❶

案件评述：

本案因郑某楠离职而引发的民事纠纷，由于双方存在劳动合同关系，所以应当首先按照合同约定来处理，双方不能协商的，则进行劳动仲裁，对仲裁结果不服的，还可以进行诉讼。本案从表面上看是一场劳动争议，但实际上它涉及中医诊所中从业人员的数量要求。根据《中医诊所基本标准（2017 年版)》的规定，中医诊所内的人员必须至少具有 1 名符合下列条件之一的执业医师：具有中医类别医师资格证书并经注册后在医疗机构中执业满 3 年；或者具有中医（专长）医师资格证书，经注册依法执业。也就是说，根据该标准规定，中医诊所内必须至少有一名符合条件的中医医师从业人员。原告牟某曦以此为理由，认为诊所在郑某楠离职后短时间内无法雇用到新的医师，牟某曦的诊所将不得不注销，由此将带来巨大损失，所以原告请求法院判决被告予以相应的赔偿。原告的诉求有一定的道理，但是，一方面，劳动争议首先要进行劳动仲裁，对仲裁不服的再进行起诉；另一方面，《中医诊所基本标准（2017 年版)》的性质应当属于申办标准和建设标准，而不是说一旦诊所暂时不符合标准规定就必须注销。牟某曦的诊所如果因郑某楠离职暂时找不到合适的医师，原告除了可以根据合同约定主张资金的权利，还可以根据《医疗机构管理条例实施细则》的规定，暂时停止诊疗活动。《医疗机构管理条例实施细则》第 34 条规定，医疗机构停业，必须经登记机关批准。除改建、扩建、迁建原因，医疗机构停业不得超过一年。

---

❶ 辽宁省鞍山市铁东区人民法院民事裁定书（2021）辽 0302 民初 101 号。

（二）中医诊所的设备和房屋要求

根据《中医诊所基本标准（2023年版）》，中医诊所所需的设备和房屋必须符合下列要求：

1. 基本设备。诊桌、诊椅、脉枕、体温计、紫外线消毒设备、污物桶等。

2. 有与开展诊疗范围相适应的其他设备（包括中医诊疗设备）；开展中医微创类技术、中药注射剂、穴位注射等存在一定医疗安全风险的技术，应配备必要的急救设备。

3. 诊所的使用面积和建筑布局应满足诊疗科目医疗需求。

4. 具备门诊电子病历系统，与所在地诊所信息化监管平台对接。

同时，申请设立中医诊所，还应当符合《医疗机构管理条例》《医疗机构管理条例实施细则》和医疗机构设置规划的指导原则等一般性规定。

另外，中医诊所的建设还可以进一步参考国家卫生与健康委员会和国家中医药管理局2022年发布的《公立医院高质量发展评价指标（试行）》（国卫办医发〔2022〕9号）。

四、中医服务机构的命名规则

医疗机构名称是医疗机构执业登记的法定事项。无论是中医医疗机构，还是养生保健服务机构和盲人按摩服务机构，其机构名称的命名都需要遵守一定的命名规则。国家中医药管理局《关于规范中医医院与临床科室名称的通知》（国中医药发〔2008〕12号）中有原则性规定，"中医医院命名应符合《医疗机构管理条例》及其实施细则的相关规定"。

（一）医疗机构名称的一般性规定

由于医疗机构的名称与其提供服务的范围和服务水平的真实性有关，所以有明确的法规规定。《医疗机构管理条例》第16条规定，医疗机构申请执业登记必须具有适合的名称。在行政职能划分上，国家卫生健康委办公厅、民政部办公厅、市场监管总局办公厅和国家中医药局办公室联合发布的《关于进一步规范医疗机构名称管理工作的通知》（国卫办医函〔2020〕611号）中指出，卫生健康行政部门（含中医药主管部门）负责核准医疗机构名称。市场监管部门负责登记营利性医疗机构的企业、个体工商户名称。民政部门负责登记社会办非营利性医疗机构的民办非企业单位名称。

1. 医疗机构名称的组成

《医疗机构管理条例实施细则》第40条规定："医疗机构的名称由识别名称和通用名称依次组成。"医疗机构名称由两部分组成是法定的要求。

第一，通用名称往往代表该医疗机构的性质和属性，它可以为：医院、中心卫生院、卫生院、疗养院、妇幼保健院、门诊部、诊所、卫生所、卫生站、卫生室、医务室、卫生保健所、急救中心、急救站、临床检验中心、防治院、防治所、防治站、护理院、护理站、中心，以及原国家卫生计生委规定或者认可的其他名称。

对于以"中心"作为医疗机构通用名称的情形，《医疗机构管理条例实施细则》规定，以"中心"作为医疗机构通用名称的医疗机构名称，由省级以上卫生计生行政部门核准；在识别名称中含有"中心"字样的医疗机构名称的核准，由省、自治区、直辖市卫生计生行政部门规定。含有"中心"字样的医疗机构名称必须同时含有行政区划名称或者地名。

第二，识别名称是一个医疗机构区别于社会上其他医疗机构的主要标志，它可以为：地名、单位名称、个人姓名、医学学科名称、医学专业和专科名称、诊疗科目名称和核准机关批准使用的名称。识别性名称只要符合《商标法》中显著性和区别性的要求，是可以申请注册为商标的。

对于将疾病作为识别性名称的情形，《医疗机构管理条例实施细则》规定，除专科疾病防治机构以外，医疗机构不得以具体疾病名称作为识别名称，确有需要的由省、自治区、直辖市卫生计生行政部门核准。

2. 医疗机构名称的命名原则

《医疗机构管理条例实施细则》第41条对医疗机构名称的命名基本原则作了如下规定：

（1）医疗机构的通用名称以《医疗机构管理条例实施细则》第40条第2款所列的名称为限；

（2）《医疗机构管理条例实施细则》第40条所列的医疗机构的识别名称可以合并使用；

（3）名称必须名副其实；

（4）名称必须与医疗机构类别或者诊疗科目相适应；

（5）各级地方人民政府设置的医疗机构的识别名称中应当含有省、市、县、区、街道、乡、镇、村等行政区划名称，其他医疗机构的识别名称中不

得含有行政区划名称;

(6) 国家机关、企业和事业单位、社会团体或者个人设置的医疗机构的名称中应当含有设置单位名称或者个人的姓名。

3. 医疗机构命名的禁止和限制性规定

根据一般性认知和司法实践,《医疗机构管理条例实施细则》第 42 条对下列名称作了禁止性规定,即,医疗机构不得使用下列名称:

(1) 有损于国家、社会或者公共利益的名称;

(2) 侵犯他人利益的名称;

(3) 以外文字母、汉语拼音组成的名称;

(4) 以医疗仪器、药品、医用产品命名的名称;

(5) 含有"疑难病""专治""专家""名医"或者同类含义文字的名称以及其他宣传或者暗示诊疗效果的名称;

(6) 超出登记的诊疗科目范围的名称;

(7) 省级以上卫生计生行政部门规定不得使用的名称。

《医疗机构管理条例实施细则》第 43 条对某些名词作了限制性规定,即,下列医疗机构名称由原国家卫生计生委核准;属于中医、中西医结合和民族医医疗机构的,由国家中医药管理局核准:

(1) 含有外国国家(地区)名称及其简称、国际组织名称的;

(2) 含有"中国""全国""中华""国家"等字样以及跨省地域名称的;

(3) 各级地方人民政府设置的医疗机构的识别名称中不含有行政区划名称的。

对于含有与国际或国外名称的医疗机构命名,原卫生部在《关于进一步规范医疗机构命名有关问题的通知》(卫医发〔2006〕433 号)中规定,含有外国国家(地区)名称及其简称、国际组织名称的,如"××国际医院""中×医院"等,应当符合以下条件:

(1) 医疗机构的设置或命名具有中国政府(卫生部)与其他国家政府(卫生部)友好合作协议或技术合作协议背景;

(2) 医疗机构的设置或命名具有中国政府(卫生部)同意与国际组织友好合作或技术合作项目背景;

(3) 医疗机构的设置或命名具有中国政府(卫生部)指定的国际多边或双边诊疗服务业务项目背景;

（4）具有历史沿革的习惯名称。

2020年，针对某些医疗机构名称不规范、不严谨，故意仿造其他著名医疗机构名称，对社会公众看病就医造成误导，扰乱正常医疗秩序的情况，《关于进一步规范医疗机构名称管理工作的通知》明确要求医疗机构的名称应与医疗机构类别、诊疗科目相适应，不得使用有损于国家、社会或者公共利益的名称，不得使用侵犯他人利益的名称，不得使用可能产生歧义或者误导患者的名称，不得利用谐音、形容词等模仿或者暗示其他医疗机构名称。卫生健康行政部门和市场监管部门对于申请登记含有协和、同仁、华山、湘雅、齐鲁、华西等知名医院相关字词的，无相关授权的，一律不予登记。

（二）中医医疗机构命名的特殊规定

国家中医药管理局《关于规范中医医院与临床科室名称的通知》规定，中医医院命名应符合《医疗机构管理条例》及其实施细则的相关规定。中医医院名称同样由通用名和识别名组成。

关于通用名的规定。通用名一般应在"医院"前加注"中医"等字样。如识别名中含有"中医"等字样，或举办单位是中医药院校、中医药研究机构，或含有中医专属名词的，通用名前可不再加注"中医"等字样。例如，"××医院"是"××中医药大学"的附属医院，"××医院"即可用"医院"作为其通用名称。

关于识别名的规定。识别名一般由两部分组成，第一部分体现地域或举办人，内容可包含行政区划名称（或地名）、举办单位名称（或规范简称）、举办人姓名、与设置人有关联的其他名词；第二部分体现医院具体性质，内容为中医学专业（学科、专科）名称、诊疗科目名称、诊疗技术名称，或中医专属名词。识别名中，第二部分可以省略，如"××省××市中医医院"。识别名中如含有第二部分，应符合中医药理论和专科专病命名原则，如"××省××市整骨医院"，原则上不得采用西医专属名词。

中医医院识别名称中使用"中心"字样的，或以具体的疾病名称作为识别名称的；中医医院以高等院校附属医院命名，或加挂高等院校附属医院、临床实习医院名称的，由省级中医药管理部门核准后方可使用。

为防止中医医疗机构利用名称进行广告式宣传或夸大疗效等行为，《关于规范中医医院与临床科室名称的通知》规定，中医医院名称中不得使用含有

"疑难病""专治""专家""名医""祖传"或者同类含义文字的名称以及其他宣传或者暗示诊疗效果的名称。

五、养生保健服务机构

《中医药法》第44条规定，国家发展中医养生保健服务，支持社会力量举办规范的中医养生保健机构。中医养生保健服务规范、标准由国务院中医药主管部门制定。

所谓养生，即保养生命以达延年或长寿，又称为保生、摄生、道生、养性等。养生是中医界对生命与疾病认识的重要组成部分，是在中医理论指导下的生活习惯和态度。与我国医疗卫生基本原则之一"预防为主"是一致的。《素问·四气调神大论》中提到"是故圣人不治已病治未病"，治未病是中医治疗疾病的一种思路和策略。养生和治未病之间既相互联系，也不尽相同。养生理念中含有治未病的理念，治未病也需要用养生的方法来达到其目的。

（一）有关中医养生保健机构的相关文件

养生保健作为一种生活理念，自古以来就蕴含着丰富的中医理论和技术方法，近年来我国有关部门多次强调了中医养生保健工作的重要性和发展路径。除《中医药法》外，其他相关的重要文件、主要内容及配套措施有（见表1）：

表1 有关中医养生保健机构的相关文件、主要内容及配套措施

年度	发布机构	主要内容	配套措施
2008 年	国家中医药管理局	首次提出了"治未病健康工程"，将其纳入中医预防保健服务	
2011 年	国家中医药管理局办公室	发布《关于开展中医养生保健服务机构准入试点地区申报工作的通知》（国中医药办医政函〔2011〕145号），在全国范围内选择部分地级市、市辖区和一些县（市）开展中医养生保健服务机构准入试点工作	同时发布《中医养生保健服务机构基本标准（试用稿)》
2014 年	国家中医药管理局、原国家卫生计生委	联合发布《中国公民中医养生保健素养》（国中医药办发〔2014〕15号），鼓励通过各种方法达到增强体质、预防疾病、延年益寿目的的保健活动	

续表

年度	发布机构	主要内容	配套措施
2015 年	国务院办公厅	印发《中医药健康服务发展规划（2015—2020 年）》（国办发〔2015〕32号），提出要充分释放中医药健康服务潜力和活力，推动构建中国特色健康服务体系	
2016 年	国家中医药管理局	印发《关于促进中医养生保健服务发展的指导意见》（国中医药医政发〔2016〕1 号），指出要发挥中医药原创优势，加强资源整合，推进中医养生保健服务向产业化方向转型升级	同日发布《中医师在养生保健机构提供保健咨询和调理等服务的暂行规定》，对中医师在养生保健机构的服务提出了具体要求
2016 年	中共中央、国务院	印发《"健康中国2030"规划纲要》，指出实施中医治未病健康工程，将中医药优势与健康管理结合，探索融健康文化、健康管理、健康保险为一体的中医健康保障模式。鼓励社会力量举办规范的中医养生保健机构，加快养生保健服务发展	
2019 年	中共中央、国务院	发布《关于促进中医药传承创新发展的意见》，指出大力普及中医养生保健知识和太极拳、健身气功（如八段锦）等养生保健方法，推广体现中医治未病理念的健康工作和生活方式	
2023 年	国家中医药管理局	印发《中医养生保健服务规范（试行）》，对促进和规范中医养生保健服务作出了具体规定	

从有关文件的发布历史看，我国对于中医药养生保健服务开始于 2008 年国家中医药管理局开展的"治未病健康工程"，之后就养生保健机构进行探索性试点，建立起了《中医养生保健服务规范（试行）》等规范并在全国大力普及。基本的原则是，中医养生保健服务只能开展非医疗性活动，不得开展具有创伤性、侵入性或者危险性的技术方法（如使用针刺、瘢痕灸、发泡灸、牵引、扳法、中医微创类技术、中药灌洗肠等）以及开具药品处方。

值得一提的是，中医养生保健服务与养老服务虽然有共同之处，但养老服务主要针对老年人提供生活照护、医疗、护理、康复、安宁疗护、心理精神支持等服务，而中医养生保健主要是针对健康人或亚健康人群提供未病先防、已病防变等服务，二者在设立和管理等方面的法律规定有所不同。

（二）设立中医养生保健服务机构的条件

法律明文规定，中医养生保健服务机构是不以治疗为目的（非医疗性质）的独立服务机构。国家中医药管理局印发的《中医师在养生保健机构提供保健咨询和调理等服务的暂行规定》规定，养生保健机构应当取得营业执照、税务登记证等证照。所以，中医养生保健服务机构的设立应当按照国家有关规定到当地工商行政管理部门进行企业工商登记注册，根据《企业经营范围登记管理规定》，在《国民经济行业分类》中选择服务行业中的居民服务业（养生保健服务）❶，符合企业要求后，领取企业的营业执照；在税务行政管理部门申领税务登记证；在质量技术监督管理部门申领组织机构代码证；在银行开户并申领开户许可证和机构信用代码证等后即可开始营业。

由于卫生行政管理部门和中医药管理部门的有关规定并非企业注册登记的前置程序，但在后期监管中会涉及规范问题，所以，中医养生保健服务机构还应当符合下列要求。

1. 具有一定规模的经营场所面积

国家中医药管理局在开展中医养生保健服务机构准入试点地区申报工作的通知及其《中医养生保健服务机构基本标准（试用稿）》中规定，中医养生保健服务机构经营面积不低于 120 平方米。该规定只针对试点地区临时实行。从整个中医药行业发展趋势看，虽然医疗机构或中医诊所对经营场所面积有一定的要求，但根据 2020 年 1 月 31 日国家中医药管理局印发的《诊所改革试点地区中医诊所和中医（综合）诊所基本标准（2019 年修订版）的通知》精神，诊所的使用面积和建筑布局只作原则性规定，即满足诊疗科目医疗需求即可。国家中医药管理局《关于促进中医养生保健服务发展的指导意见》规定，中医养生保健机构应按照功能与用途进行合理区域划分……满足服务需要。咨询指导类和操作类用房应独立设置。开展操作类服务时，应独立设

---

❶ 2019 年 10 月 20 日，中共中央 国务院《关于促进中医药传承创新发展的意见》中指出，提供中医养生保健服务的企业登记经营范围使用"中医养生保健服务（非医疗）"规范表述。

置消毒室，配备消毒设备设施。所以，中医养生保健服务机构的营业面积目前不作硬性规定，但必须满足服务项目、设备与功能需要，并按照功能与用途，对区域进行合理划分。

2. 具有一定数量的从业人员

由于居民服务业（含养生保健服务）的主要经营范围是提供服务，而具有一定服务能力的从业人员是营业的必要条件，但对于企业具体招用多少从业人员法律不作具体规定。在国家中医药管理局下发的《中医养生保健服务机构基本标准（试用稿)》中规定，中医养生保健服务机构从业人员不少于3人，从事中医养生保健服务的工作人员应具备国家有关部门颁发的相应资质证书。中医院校毕业生需经县级以上卫生行政部门组织或其认可的机构培训并考核合格方可从业。这一规定主要是从试点工作的需要，实践中，中医养生保健服务机构中的从业人员是一个变化的数字，而从业人员的从业资格是应当作出规定的。

具备从业资格的人员有四种：

其一，取得中医类别执业医师（含执业助理医师）资格的中医医师。中医医师在养生保健服务机构开展养生保健服务，首先要取得原单位同意，并且按照国家中医药管理局印发的《中医师在养生保健机构提供保健咨询和调理等服务的暂行规定》开展活动。

其二，取得保健调理师资质的人员。保健调理师是指运用中医经络腧穴理论知识，使用刮具、罐具、灸具、砭具等器具和相关介质，在人体体表特定部位进行刮痧、拔罐、灸术、砭术等操作，以达到保健调理作用的人员。保健调理师包含保健刮痧师、保健艾灸师、保健拔罐师、保健砭术师等。该类人员的技能无疑最适合在中医养生保健服务机构中从业。❶

其三，取得健康管理师资质的人员。健康管理师是从事个体或群体健康状况监督、分析、评估以及健康咨询指导和健康危险因素干预等工作的人员。健康管理师虽然从事健康促进和健康咨询指导等工作，但该类人员的技能契合中医"治未病"的思想，含有中医预防保健方面的内容，应当可以在中医养生保健机构中从业。

其四，经过一定专业培训的技术人员。《中医养生保健服务机构基本标准（试用稿)》中规定了另外一种从业人员，即在中医院校毕业后，经县级以上卫

---

❶ 参见中华人民共和国人力资源和社会保障部制《保健艾灸师国家职业标准（2024年版）》

生行政部门组织或其认可的机构培训并考核合格后的人员。但是目前尚没有具体的培训规范和内容的规定。

国家中医药管理局在 2023 年 4 月 26 日印发的《中医养生保健服务规范（试行）》第 12 条规定，提供中医养生保健服务的人员应当具有中医药类相关专业背景，或者接受过中医养生保健专业培训并具备相关知识和技能，掌握从事中医养生保健服务相关技术操作规范和流程、技术风险防控方法、基本急救知识技能等，遵守卫生健康和中医药相关法律法规规章，遵守职业道德。

3. 具有符合规定的用品用具和服务环境

国家中医药管理局《关于促进中医养生保健服务发展的指导意见》规定，中医养生保健机构应配备相应的中医养生保健服务设施设备，满足服务需要。中医养生保健机构的服务环境、用品用具应参照《公共场所卫生管理条例》《室内空气质量标准》《声环境质量标准》《公共场所用品卫生标准》《消毒技术规范》等有关规定执行。国家中医药管理局在《中医养生保健服务规范（试行）》第 8 条中再次规定，提供中医养生保健服务的机构应当配备与所提供的服务项目相适应的设施设备，包括必要的急救设备。中医养生保健服务用品用具参照医疗机构消毒技术规范、中医医疗技术相关性感染防控指南等规定执行。第 9 条规定，提供中医养生保健服务的机构场所应当保持室内清洁，空气流通，符合环保、消防的相关规定。服务环境参照《室内空气质量标准》等有关规定执行。

对于中医养生保健机构的用品用具，国家中医药管理局在 2016 年发布的《关于促进中医养生保健服务发展的指导意见》中规定，中医养生保健机构对服务人群进行健康干预时可以使用按摩、刮痧、拔罐、艾灸、熏洗等中医技术及以中医理论为指导的其他养生保健方法及产品等。但不得使用针刺、瘢痕灸、发泡灸、牵引、扳法、中医微创类技术、中药灌洗肠及其他具有创伤性、侵入性或者危险性的技术方法。

（三）养生保健机构的性质和服务内容

国家中医药管理局在《关于开展中医养生保健服务机构准入试点地区申报工作的通知》（国中医药办医政函〔2011〕145 号）的附件《中医养生保健服务机构基本标准（试用稿）》中第一次规定了养生保健服务的定义，即"中医养生保健服务机构，是指运用中医养生保健的理论、理念及其方法和手段，开展保养身体、减少疾病、增进健康、延年益寿等服务活动，不以治疗为目的（非医疗性质）的独立机构"。国家中医药管理局印发的《中医养生保健服务规范（试行）》中规定，中医养生保健服务，是在中医药理论指导下，运用中医药技术方法，开展保养身心、改善体质、预防疾病、增进健康的非医疗性活动。

1. 中医养生保健机构是非医疗性质的机构

《中医师在养生保健机构提供保健咨询和调理等服务的暂行规定》明确规定："本规定所称的养生保健机构，是指运用养生保健的理念、方法和技术，开展保养身心、预防疾病、改善体质、增进健康等服务的非医疗性质的服务机构。"因此，与中医医疗机构不同的是，中医养生保健服务机构是运用中医养生保健的理论、理念及其方法和手段，开展保养身体、减少疾病、增进健康、延年益寿等服务活动，是不以治疗为目的（非医疗性质）的机构。也就是说，中医医疗机构和中医养生保健机构是不同性质的，其最大的区别就是是否以治疗（或医疗）为目的。

根据 2005 年发布的《关于中医推拿按摩等活动管理中有关问题的通知》，以治疗疾病为目的，在疾病诊断的基础上，按照中医理论和诊疗规范等实施中医推拿、按摩、刮痧、拔罐等方法，属于医疗活动，必须在医疗机构内进行，非医疗机构不得开展。医疗机构开展推拿、按摩、刮痧、拔罐等活动，应当由在本机构执业的卫生技术人员实施，不得聘用非卫生技术人员开展此类活动。非医疗机构开展推拿、按摩、刮痧、拔罐等活动，在机构名称、经营项目名称和项目介绍中不得使用"中医""医疗""治疗"及疾病名称等医疗专门术语，不得宣传治疗作用。

【案例3】 某保健馆非法从事医疗活动案

基本案情：

2021 年 9 月 10 日，四川省绵阳市梓潼县卫健局接市场监管局移送"患者杨某投诉某保健馆对其先行诊断后配制自制药品、骗取药费 4 万余元"的线索函后，卫生执法人员立即对"某保健馆"进行现场检查，发现该场所内有"以祖传秘方治疗心脑血管疾病、心梗脑梗后遗症""针灸、推拿、穴位治疗"等宣传内容及收费标准。馆内有电子针疗仪、经穴治疗仪、听诊器、针灸针等医疗器械。现场发现两名患者在接受针灸治疗。该中医馆经营者许某（盲人）正在给一男子进行推拿按摩。后续调查证实梓潼县某保健馆未取得医疗机构执业许可证，其经营者许某未取得医师资格证书和医师执业证书，对患者实施针灸等诊疗行为。

某保健馆经营者许某未取得医疗机构执业许可证开展医疗执业活动的行为，违反了《中华人民共和国基本医疗卫生与健康促进法》第38条第1款的规定，依据《中华人民共和国基本医疗卫生与健康促进法》第99条第1款的规定，梓潼县卫健局于2021年12月9日对当事人作出没收违法所得760元，没收医疗器械，罚款12.5万元的行政处罚。❶

案件评述：

本案是在《基本医疗卫生与健康促进法》刚颁布后发生的案例，行政机关依照《基本医疗卫生与健康促进法》第38条有关举办医疗机构应当具备的条件为依据，对当事人以养生保健为名从事医疗活动的行为进行了处罚。在《中医药法》颁布后，许多中医养生保健机构如雨后春笋般纷纷出现。《中医药法》第44条规定：国家发展中医养生保健服务，支持社会力量举办规范的中医养生保健机构。中医养生保健服务规范、标准由国务院中医药主管部门制定。长期以来，由于中医养生保健服务的范围及服务标准规定不完善，往往和中医诊疗行为相混淆，给卫生行政部门监管带来难题。《医疗机构管理条例实施细则》第88条规定："条例及本细则中下列用语的含义：诊疗活动：是指通过各种检查，使用药物、器械及手术等方法，对疾病作出判断和消除疾病、缓解病情、减轻痛苦、改善功能、延长生命、帮助患者恢复健康的活动。"可见，中医养生保健服务和医疗服务的关键区别在于是否开展了以治疗为目的的医疗活动。《关于打击非法行医专项行动中有关中医监督问题的批复》（国中医药办法监发〔2014〕9号）规定："二、非医疗机构及其人员在经营活动中不得使用针刺、瘢痕灸、发泡灸、牵引、扳法、中医微创类技术、中药灌洗肠以及其他具有创伤性、侵入性或者高危险性的技术方法；不得开具药品处方；不得宣传治疗作用；不得给服务对象口服不符合《既是食品又是药品的物品名单》、《可用于保健食品的物品名单》规定的中药饮片或者《保健食品禁用物品名单》规定禁用的中药饮片。对违反规定的行为，应当按照《执业医师法》、《医疗机构管理条例》等有关法律法规进行处理。涉嫌犯罪的，依法移送司法机关。"

---

❶ 绵阳市卫生健康委员会. 某保健馆非法行医案评析与思考［EB/OL］.［2023-11-21］. http://wjw.my.gov.cn/myswjw/c101476/202311/5e72118c696d46aa9cb370325cc3c0d9.shtml.

此外,国内中医药类学术团体、高等院校和相关企业都在不同层面持续推进行业标准化、规范化和长期可持续发展。过去十余年来,学术团体和政府部门颁布了多项具体技术服务标准。如中华中医药学会颁布《中医保健技术操作规范》《中医养生保健技术规范》,包括药酒、膏方、穴位贴敷、砭术、艾灸、少儿推拿、脊柱推拿、足疗、全身推拿九个方面。中华人民共和国商务部颁布《SB/T 11016—2013 足部保健按摩服务规范》、原国家卫生计生委颁布《WS/T 484—2015 老年人健康管理技术规范》、国家标准化管理委员会颁布《GB/T 34821—2017 体重控制保健服务要求》等。中医养生保健服务范围的明确界定以及服务标准的确立和完善给卫生行政部门的监管提供了依据,有利于促进我国中医养生保健服务行业的规范、健康可持续发展。

本案中,保健馆内有"以祖传秘方治疗心脑血管疾病、心梗脑梗后遗症""针灸、推拿、穴位治疗"等疾病治疗宣传内容及收费标准。馆内有电子针疗仪、经穴治疗仪、听诊器、针灸针等医疗器械。现场发现两名患者在接受针灸治疗。保健馆为患者杨某先行诊断后配制自制药品。养生保健机构不是医疗机构,按照现行法律规定不得开展中医诊疗活动,保健馆从事的行为实际上已属于诊疗活动范围。经调查保健馆未取得医疗机构执业许可证,其经营者许某未取得医师资格证书和医师执业许可证书。许某非医师行医行为同时触犯《中华人民共和国执业医师法》和《中华人民共和国基本医疗卫生与健康促进法》(案件查处时《中华人民共和国医师法》尚未公布实施)。根据《中华人民共和国行政处罚法》第29条规定:"对当事人的同一个违法行为,不得给予两次以上罚款的行政处罚。同一个违法行为违反多个法律规范应当给予罚款处罚的,按照罚款数额高的规定处罚。"《中华人民共和国执业医师法》第39条与《中华人民共和国基本医疗卫生与健康促进法》第99条相比,《中华人民共和国基本医疗卫生与健康促进法》处罚更重,因此适用《中华人民共和国基本医疗卫生与健康促进法》予以查处。

2. 中医养生保健服务的内容应突出身心调节

《中医养生保健服务机构基本标准(试用稿)》中规定:"中医养生保健服务机构,其服务内容包括咨询、按摩、熏洗、艾灸、贴敷、拔罐、刮痧等。"

国家中医药管理局和原国家卫生计生委在2014年发布《中国公民中医养生保健素养》公告(国中医药办发〔2014〕15号)中指出,"中医养生的理念是顺应自然、阴阳平衡,中医养生的四大基石是情志、饮食、起居、运动"。

《关于促进中医养生保健服务发展的指导意见》规定，"中医养生保健机构可以提供中医健康状态辨识与评估、咨询指导、健康干预、健康管理等服务，对服务人群进行健康干预时可以使用按摩、刮痧、拔罐、艾灸、熏洗等中医技术及以中医理论为指导的其他养生保健方法及产品等。中医健康状态辨识与评估类服务应由中医类别执业（助理）医师开展"。

《中医养生保健服务规范（试行）》第4条规定，"中医养生保健服务内容主要包括中医健康咨询指导、健康干预调理、健康教育等，如为服务对象提供中医健康咨询服务，制定个性化中医健康干预调理方案，提供规范的中医特色健康干预调理服务，向服务对象介绍中医养生保健的基本理念和常用方法，以及常见疾病的中医养生保健知识等"。

从上述一系列规定可以看出，中医养生保健所从事的内容可以是通过咨询、教育和辅导以及一定程度的干预等方法来帮助需要者调整身心，调动自身的自愈能力而恢复健康状态，而不只是利用外部的药物或其他物质条件。其服务内容注重对被服务者的外部引导来达到被服务者内部的身心调节。

3. 养生保健机构不得提供的服务内容

为防止养生保健服务的医疗化，从而变相为以治疗为目的的行为，国家中医药行政管理部门对中医养生保健过程中使用外部工具作了严格的限制。2014年3月18日，国家中医药管理局办公室和原国家卫生计生委办公厅在发布的《关于打击非法行医专项行动中有关中医监督问题的批复》中强调，"非医疗机构及其人员在经营活动中不得使用针刺、瘢痕灸、发泡灸、牵引、扳法、中医微创类技术、中药灌洗肠以及其他具有创伤性、侵入性或者高危险性的技术方法"。国家中医药管理局在《关于促进中医养生保健服务发展的指导意见》（国中医药医政发〔2016〕1号）中规定，"中医养生保健机构不得从事医疗和药品、医疗器械销售等活动。禁止使用针刺、瘢痕灸、发泡灸、牵引、扳法、中医微创类技术、中药灌洗肠以及其他具有创伤性、侵入性或者危险性的技术方法"。以负面清单的形式明确限定了养生保健机构的外部工具和服务内容。

为进一步规范中医养生保健机构的服务内容，国家中医药管理局在2023年印发的《中医养生保健服务规范（试行）》（国中医药结合发〔2023〕3号）第5条中再次提出，对提供中医养生保健服务的机构及其人员不得从事下列诊疗活动情形：

（1）使用针刺、瘢痕灸、发泡灸、牵引、扳法、中医微创类技术、中药灌洗肠以及其他具有创伤性、侵入性或者危险性的技术方法；

（2）开具药品处方；

（3）给服务对象口服不符合《既是食品又是药品的物品名单》《可用于保健食品的物品清单》规定的中药饮片；

（4）开展医疗气功活动；

（5）国家中医药主管部门规定的其他诊疗活动。

（四）提供中医养生保健服务的行为规范

《中医养生保健服务规范（试行）》对促进和规范中医养生保健服务作出了具体规定。该规定除了对经营场所、从业人员等进行了规定，还对服务标准和服务流程等作了规定。

1. 建立服务规范和操作规程

《中医养生保健服务规范（试行）》第 7 条规定，提供中医养生保健服务的机构应当针对不同服务对象制定中医养生保健服务方案及服务流程，建立工作制度、人员岗位职责及技术服务目录、服务规范和操作规程，并加强服务质量管理。中医养生保健服务人员应当按照服务方案、服务流程及相关服务规范开展服务。第 10 条规定，咨询指导类和操作类服务区域应当独立设置，注重保护服务对象的隐私。

第 15 条还对中医养生保健行业协会组织提出了要求，即中医养生保健行业社会组织应当在中医养生保健服务质量、服务内容、培训指导、信誉维护等方面发挥自律作用。2023 年中华中医药学会组织专家制定了中医养生保健技术操作的团体标准《中医养生保健服务（非医疗）技术操作规范》（包括推拿、砭术、刮痧、拔罐、艾灸等技术标准）。

2. 服务人员必须规范上岗

《中医养生保健服务规范（试行）》第 12 条规定，提供中医养生保健服务的人员应当……遵守卫生健康和中医药相关法律法规规章，遵守职业道德。甲类、乙类、丙类传染病传染期、精神疾病发病期以及身体健康状况不适宜或者不能胜任中医养生保健服务工作的人员，不得提供中医养生保健服务。第 13 条规定，提供中医养生保健服务的机构应当建立健全人员培训制度，制定人员培训计划。中医养生保健机构应当将消防安全纳入中医养生保健人员岗前培训和定期培训内容。2019 年中国标准化协会发布的《传统中医养生服务管理规范》（T/CAS 382—2019）也可以作为规范上岗的指南。

3. 服务信息管理应当合理合法

《中医养生保健服务规范（试行)》第 11 条规定，提供中医养生保健服务的机构应加强对服务对象相关健康信息的管理，保护服务对象的信息安全。尤其在当前的信息化时代，服务机构在服务过程中所获得的大量与服务对象有关的信息数据变得越来越重要，中医养生保健服务机构应当建立信息档案管理机制，有效管理服务对象的个人信息，防止侵犯他人的权利。

第 14 条对服务有关的信息公示作出了规定，营业执照等经营凭证、服务项目收费标准、中医养生保健服务人员的相关信息等应当置于服务场所的醒目位置。

第 6 条规定，提供中医养生保健服务的机构及其人员，不得宣传治疗作用，不得以中医药预防、保健、养生、治未病、健康咨询等为名或者假借中医药理论和术语开展虚假宣传，欺诈消费者，牟取不正当利益，广告不得使用医疗用语。

（五）鼓励开展中医养生保健服务的政策

由于中医药是具有浓厚中国传统文化的医学知识，具有"简便验廉"和贴近日常生活等特点，所以，大力开展和普及中医养生保健知识有利于增强人民体质，提高人民生活质量，有效降低医疗费用，也利于中国传统文化的永续传承。为落实《中医药法》第 44 条"国家发展中医养生保健服务，支持社会力量举办规范的中医养生保健机构"的规定，国家有关部门出台了许多鼓励政策，主要包括三个方面。

1. 鼓励有资质的中医师参与保健咨询和调理等服务

《中医师在养生保健机构提供保健咨询和调理等服务的暂行规定》明确鼓励中医师在养生保健机构提供保健咨询和调理等服务，提高养生保健机构的服务水平。并且规定，"医疗机构不得因中医师在养生保健机构提供保健咨询和调理等服务而影响其职称晋升及其他福利待遇等"。同时规定，"医疗机构和养生保健机构之间可签订协议，由医疗机构根据需求及工作安排，派出中医师到养生保健机构提供服务"。这不但可以保障中医养生保健机构提供服务的质量，也使得中医养生保健机构的服务水平可以得到有效提升。

2. 鼓励建设规模型和融合型的中医养生保健服务机构

国家中医药管理局《关于促进中医养生保健服务发展的指导意见》指出，

"鼓励社会力量举办中医养生保健机构,在投融资引导、用地保障等方面予以支持,促进经营规范、服务优质、特色鲜明的中医养生保健机构发展,培育一批技术成熟、信誉良好的知名中医养生保健集团或连锁机构"。《中医药健康服务发展规划(2015—2020年)》提出,"发挥中医药健康旅游资源优势,整合区域内医疗机构、中医养生保健机构、养生保健产品生产企业等资源,引入社会力量,打造以中医养生保健服务为核心,融中药材种植、中医医疗服务、中医药健康养老服务为一体的中医药健康旅游示范区"。可见,无论是集团式还是连锁性都是规模型企业,有利于行业的管理和服务质量的保障。健康旅游示范区的设立是为了打造以中医养生保健为内涵的特色产业,带动中药材农业、中药生产与商贸流通业和中医药康养旅游业的发展。

3. 鼓励中医养生保健服务提供者建立行业自律

国家中医药管理局《关于促进中医养生保健服务发展的指导意见》指出,"支持建立中医养生保健服务行业组织,提升中医养生保健服务业行业地位,畅通相关政策信息渠道,将适宜行业组织行使的职责委托或转移给行业组织。强化行业组织在中医养生保健服务质量、服务费用、服务内容等方面的自律作用,支持行业组织开展服务流程制订、质量鉴定、服务认证、教育培训、会展交流、咨询统计、信息发布、技能竞赛等工作"。"发挥行业组织在从业人员执业行为规范、行业信誉维护等方面的作用。建立中医养生保健机构及其从业人员不良执业记录制度、失信惩戒以及退出机制,将中医养生保健机构及其从业人员诚信经营和执业情况纳入统一信用信息平台。""推动行业组织研究制定中医养生保健服务类规范和标准,逐步建立完善中医养生保健服务标准化体系。转变行政管理方式,推动负面清单制度和第三方认证作为市场管理的主要方式。建立中医药健康服务监管机制,依法严厉打击非法行医等违法违规行为,加快形成行政监管、行业自律、社会监督、公众参与的综合监管体系。"

《中医养生保健服务规范(试行)》第15条也对中医养生保健行业协会组织提出了要求,即中医养生保健行业社会组织应当在中医养生保健服务质量、服务内容、培训指导、信誉维护等方面发挥自律作用。

【案例4】于某义与牟平区后爱养生馆服务合同纠纷案

基本案情:

被告牟平区后爱养生馆的经营范围为养生保健服务、足浴服务、心理咨询服务、营养健康咨询服务等，负责人刘某梅具有中医康复理疗专项职业能力证书。2018 年 11 月 25 日，原告于某义因四十多年的老寒腿到被告牟平区后爱养生馆处进行调理体验，并支付了 1000 元的费用，被告用由广州蔻缇雅化妆品有限公司生产的××御森堂系列泥膜、足浴粉等产品对于某义的腿部和足部做了五天的调理，原告此时感觉右腿的肌肉走路的疲劳感有好转，但老寒腿没什么效果。2018 年 12 月 3 日，在被告店里，原告与被告经过协商后签订了一份由被告店员谷某华书写的老寒腿调理协议，同时原告向被告支付 3500 元的费用，该协议内容为：今收到于某义大叔 3500 元预付款，调理老寒腿总金额 7000 元，剩下 3500 元见到效果再交，如果调理没有效果，全额（3500 元）退回。注：在调理期间听话照做。

从 12 月 4 日开始，于某义继续在被告处调理，被告除了使用泥膜、足浴粉外，还加上活力霜、平衡霜、草粉等产品对于某义的腿部和足部进行调理，直至 2019 年 4 月 16 日，前后共进行了 57 次调理。对原告所进行的调理活动被告均进行了相应的记录，制作了相应的调理记录表，内容均由工作人员谷某华填写，其上填有"于某义 81 岁"，列有"日期、熏蒸系列、经络调理、泥灸调理、好转反应"五个项目，其中"好转反应"部分在 12 月 4 日至 12 月 10 日期间（第一疗程）载有这样的内容：自称感觉轻快；1 月 4 日至 1 月 13 日（第二疗程）载有这样的内容：自称调理过程中，以前泡澡下不去热水，现在可以下水，腿、脚能受了热水的热度。足浴完双腿红白相间的颜色越来越淡、触摸有热度；1 月 17 日至 4 月 16 日期间（第三疗程）载有这样的内容：感觉轻快、双侧腿的包块都消失了、青筋也没有了、大腿颜色恢复正常、小腿颜色发红、自称热乎乎的，说特别好，脸色红润。另外，被告在给原告调理期间还不定时录制视频，其中原告与被告工作人员谷某华的对话内容表示自我感受好转。

在结束调理后，原告于某义于 2019 年 4 月 19 日到滨州医学院烟台附属医院的风湿免疫科进行住院治疗，并于 2019 年 5 月 5 日出院，其《出院记录》记载的入院情况为：因双下肢不适 40 年，加重 1 月余入院。查体：……心肺腹查体无明显异常，双下肢 4 字试验阳性，双膝骨摩擦感（+），直腿抬高试验阴性，双下肢无明显水肿。入院诊断为：双下肢不适原因待查。诊疗经过为：患者入院后积极完善相关辅助检查：红细胞沉降率：……D 二聚体……双膝关节正侧位片：请结合临床必要时 MR 检查；……双下肢动脉超声：双侧下肢动脉粥样硬化并多发斑块形成。……出院诊断为：（膝、髋）骨质疏松下肢动脉粥样硬化（多化斑块形成）肺气肿血指异常。出院情况为：查体：心肺腹查体无明显异常，双下肢4字试验阳性，双膝骨摩擦感（+），直腿抬高试验阴性，双下肢无明显水肿。后原告以被告未按合同约定治好自己的老寒腿为由诉至法院，要求被告返还已支付的3500元。庭审中，原告、被告对老寒腿调理协议中有效果的解释各执一词，原告主张是治好、治愈的意思，被告则认为是与原告接受调理之前的症状相比有所改善，只是进行调理而不是治疗。

法院认为，双方之间签订的老寒腿调理协议应系双方当事人的真实意思表示，且不违反我国法律法规的强制性规定，故该养生服务合同合法有效。对于有效的合同，双方当事人均应按照合同的约定行使权利和履行义务。其次，涉案老寒腿调理协议写的是老寒腿调理协议，而不是治疗协议，所以有效果不等同于治好、治愈的意思。此外，根据涉案老寒腿调理协议的内容及被告经工商行政管理部门的核定经营范围可知，该合同在性质上属于养生服务合同，被告作为养生馆显然不是医疗机构，其约定调理应理解为养生保健行为，而不是医疗行为。原告作为拥有中专学历的完全民事行为能力人，且患有老寒腿四十多年，其应具有对医院等专业医疗机构和普通养生馆的功用和性质的辨别能力。更何况，原告提供的《出院记录》中载明的入院与出院情况均为双下肢4字试验阳性，双膝骨摩擦感（+），直腿抬高试验阴性。即在专门的医疗机构进行治疗也没有治好老寒腿，更别说普通的养生馆。因此，其主张调理有效果就是治好、治愈的意思不符合正常的生活经验法则，故不成立。综上，原告以滨州医学院烟台附属医院提供的《出院记录》中载明其双下肢仍为动脉粥样硬化症证明被告未按协议治好自己的老寒腿为由，认为被告构成违约，要求被告返还已支付的3500元调理费用的诉请不成立，法院不予支持。驳回原告于某义要求被告牟平区后爱养生馆返还3500元服务费的诉讼请求。❶

案件评述：

养生保健是指根据人的生命过程规律主动进行物质与精神的身心养护活动，采取的方式包括但不限于足浴、经络调理等护理措施。本案中，被告是一家养生馆，其经营项目为养生保健服务、足浴服务等。由于被告养生馆已

---

❶　山东省烟台市牟平区人民法院民事判决书（2019）鲁0612民初2016号。

经实际向原告于某义提供包括足浴、做泥膜等养生护理服务，原告亦接受了相应的服务，该调理服务显然也会产生相应的经营成本支出，故法院认为原告已经支付的 3500 元服务费用不宜归还。但是在本案中我们应当考虑两个问题：一是在双方订立服务合同过程中，被告养生馆是否存在诱导、欺诈的行为；二是养生保健服务的效果如何确定。

对于第一个问题，《中医养生保健服务规范（试行）》第 6 条规定，提供中医养生保健服务的机构及其人员，不得宣传治疗作用，不得以中医药预防、保健、养生、治未病、健康咨询等为名或者假借中医药理论和术语开展虚假宣传，欺诈消费者，牟取不正当利益，广告不得使用医疗用语。也就是说，在养生馆的服务信息和与消费者订立服务合同过程中，不得出现或者描述为医疗服务或者医疗效果，否则将涉嫌违规开展医疗服务。但是在实践中，调理和治疗并不是两个完全独立不相干的概念，中医在治疗疾病过程中往往讲究对整体健康的关注，即所谓的调理，西医则通过药物、手术等方法直接干预身体组织或器官功能障碍、异常，即所谓的治疗。所以在养生保健中如何区别调理和治疗有时是比较困难的，在国家中医药管理局发布的《关于促进中医养生保健服务发展的指导意见》和《中医养生保健服务规范（试行）》中都是以负面清单的形式明确限定了养生保健机构的经营范围和服务内容。

对于第二个问题，如何确定养生保健服务的效果。由于效果包括主观和客观两个方面：一是被服务人员的自我感受；二是可以通过理化指标显示出来的结果。如果每一个服务的效果只能通过理化指标来予以确认，则难以在实践中普及，也不完全符合中医药养生保健的性质。所以，目前我国对养生保健服务仅有中医养生保健服务机构基本标准而没有服务效果的统一标准。从实践上来说，由于养生保健服务既要符合中医药的基本理念，也要有一些普通人能感知的服务，并且这种服务效果往往是逐步显现的，如何针对这些特点来定制一些养生保健服务还是一个难题。

六、盲人医疗按摩服务机构

盲人是指视觉有障碍的人群，包括先天盲人和后天盲人。中国政府始终高度重视包括盲人在内的残疾人合法权益，积极扶持盲人等残疾人的创业就业。根据《全国盲人医疗按摩人员考试大纲》，盲人按摩尤其是盲人医疗按摩人员的从业考试内容主要有中医基础理论知识和内科、儿科、伤科的推拿技能，除了中国残疾人联合会可以代表和维护盲人的利益和权益，其医疗按摩相关业务管理仍然是中医药行政管理部门。除《中医药法》第62条作了原则性规定外，2009年4月23日，原卫生部、人力资源和社会保障部、国家中医药管理局、中国残疾人联合会印发《盲人医疗按摩管理办法》（卫医政发〔2009〕37号），对盲人医疗按摩活动作了专门规定。

（一）盲人医疗按摩机构的性质

《中医药法》第62条规定，"盲人按照国家有关规定取得盲人医疗按摩人员资格的，可以以个人开业的方式或者在医疗机构内提供医疗按摩服务"。所以，依法取得盲人医疗按摩资格证书的人员除了可以在医疗机构中从事医疗按摩活动，还可以申请开办盲人医疗按摩所。《盲人医疗按摩管理办法》第2条规定，本办法所称盲人医疗按摩，是指由盲人从事的有一定治疗疾病目的的按摩活动。盲人医疗按摩属于医疗行为，应当在医疗机构中开展。盲人医疗按摩人员属于卫生技术人员，应当具备良好的职业道德和执业水平，其依法履行职责，受法律保护。所以，根据法律规定，盲人医疗按摩属于医疗行为，纳入医疗机构进行管理。

需要说明的是，盲人保健按摩并非盲人医疗按摩，盲人保健按摩不能宣传医疗治疗作用。《卫生部、国家中医药管理局关于中医推拿按摩等活动管理中有关问题的通知》（国中医药发〔2005〕45号）明确指出，"以治疗疾病为目的，在疾病诊断的基础上，按照中医理论和诊疗规范等实施中医推拿、按摩、刮痧、拔罐等方法，属于医疗活动，必须在医疗机构内进行，非医疗机构不得开展""非医疗机构开展推拿、按摩、刮痧、拔罐等活动，在机构名称、经营项目名称和项目介绍中不得使用'中医'、'医疗'、'治疗'及疾病名称等医疗专门术语，不得宣传治疗作用"。

（二）盲人医疗按摩机构的设立条件

《盲人医疗按摩管理办法》第6条规定，开办盲人医疗按摩所应当符合下列条件：

（一）开办人应当为盲人医疗按摩人员；

（二）至少有1名从事盲人医疗按摩活动5年以上的盲人医疗按摩人员；

（三）至少有1张按摩床及相应的按摩所需用品，建筑面积不少于40平方米；

（四）有必要的消毒设备；

（五）有相应的规章制度，装订成册的国家制定或者认可的盲人医疗按摩技术操作规程；

（六）能够独立承担法律责任；

（七）有设区的市级残疾人联合会出具的同意开办盲人医疗按摩所的证明文件。

《盲人医疗按摩管理办法》第7条规定，"盲人医疗按摩所由县级卫生行政部门审批，符合条件的发给《医疗机构执业许可证》，登记名称为识别名称+盲人医疗按摩所，诊疗科目为推拿科（盲人医疗按摩）"。盲人医疗按摩所不登记推拿科（盲人医疗按摩）以外的诊疗科目，不设床位，不设药房（柜）。盲人医疗按摩所执业许可证的有效期为5年。

第二节　中医服务人员

中医服务（或称中医健康服务）大体上可以分为三个部分，即中医医疗服务、中医养生保健服务和中医健康养老服务。《中共中央、国务院关于促进中医药传承创新发展的意见》把中医服务体系完整表述为"以国家中医医学中心、区域中医医疗中心为龙头，各级各类中医医疗机构和其他医疗机构中医科室为骨干，基层医疗卫生机构为基础，融预防保健、疾病治疗和康复于一体的中医药服务体系"。

中医医疗服务属于诊疗活动，根据《医疗机构管理条例实施细则》第88条的规定，诊疗活动，是指通过各种检查，使用药物、器械及手术等方法，对疾病作出判断和消除疾病、缓解病情、减轻痛苦、改善功能、延长生命、帮助患者恢复健康的活动。中医医疗服务是主要由中医师来实施的诊疗服务。国家中医药管理局关于印发《中医师在养生保健机构提供保健咨询和调理等服务的暂行规定》的通知（国中医药医政发〔2016〕2号）中明确，本规定所称的中医师，是指能够熟练运用中医（民族医）理念、方法和技术提供保健咨询和调理等服务的取得中医类别执业医师（含执业助理医师）资格的人员。

中医养生保健服务，根据《中医师在养生保健机构提供保健咨询和调理等服务的暂行规定》，中医养生保健服务，应当是指运用养生保健的理念、方法和技术，开展保养身心、预防疾病、改善体质、增进健康等服务的非医疗性质的服务。不得从事医疗和药品、医疗器械销售等活动，不得宣传治疗作用。

中医健康养老服务，国家中医药管理局《关于促进中医药健康养老服务发展的实施意见》中指出，中医药健康养老服务，是运用中医药（民族医药）理念、方法和技术，为老年人提供连续的保养身心、预防疾病、改善体质、诊疗疾病、增进健康的中医药健康管理服务和医疗服务，包括非医疗机构和医疗机构提供的相关服务，是医养结合的重要内容。

不同类别的中医服务人员，其相应的执业资格要求和获得方式各不相同。下面把目前法定的几个中医药从业人员的资格分别阐述。

一、中医相关职业资格的取得

职业资格是国家根据某一职业的性质和目的而设定的、从事该职业所必备的专业知识、职业技能的基本要求。通常包括从业资格和执业资格。国家为了维护公共利益或者为了保护国家安全、公共安全、人身健康、生命财产安全等，而对某些职业实行基本资格要求和准入限制，包括专业技术人员职业资格和技能人员职业资格等。无论是医疗服务行为还是其他健康服务行为，由于都是为公众提供诊疗、保健等与自然人生命健康相关的活动，需要具有医学或其他保健技能的自然人来予以实施。因而，多数与之相关的工作都要事先取得行政认定或行政许可，即自然人进行申请，经有关行政主管部门依法审查后，授予其从事诊疗或其他健康保健活动的资格。

（一）中医医疗服务执业资格的取得

中医医疗服务，俗称行医，是中医从业者和社会最为关注的焦点问题。《中医药法》第15条作了原则性的规定，"从事中医医疗活动的人员应当依照《中华人民共和国执业医师法》的规定，通过中医医师资格考试取得中医医师资格，并进行执业注册"。《中医药法》第15条根据传统医药的特点进一步规定，"以师承方式学习中医或者经多年实践，医术确有专长的人员，由至少两名中医医师推荐，经省、自治区、直辖市人民政府中医药主管部门组织实践技能和效果考核合格后，即可取得中医医师资格；按照考核内容进行执业注册后，即可在注册的执业范围内，以个人开业的方式或者在医疗机构内从事中医医疗活动"。由此可见，中医医疗服务执业资格有两种，即执业医师资格（中医类别）和中医（专长）医师资格。

1. 执业医师资格（中医类别）的取得

执业医师资格（中医类别）的取得要通过国家统一组织的考试。《医师法》第 8 条规定，国家实行医师资格考试制度。医师资格考试分为执业医师资格考试和执业助理医师资格考试。《医师法》第 12 条规定，医师资格考试成绩合格，取得执业医师资格或者执业助理医师资格，发给医师资格证书。根据《中医药法》第 15 条规定，中医医师资格考试内容应当体现中医药特点。所以，在国家医师资格考试中将中医类别医师（包括中医、民族医、中西医结合、全科医学专业）考试单独设为一类，以体现其特点。

（1）考试的方式

医师资格考试实行国家统一考试，每年举行一次。

1999 年原卫生部颁布的《医师资格考试暂行办法》规定，执业医师资格考试方式分为实践技能考试和医学综合笔试。

①实践技能考试：中医、民族医、中西医结合医院报考人员的实践技能考试应根据考点办公室的统一安排，到省级医师资格考试领导小组指定的地或设区的市级以上医疗、预防、保健机构或组织参加实践技能考试。

实践技能考试是评价申请医师、助理医师资格者是否具备执业所必需的基本技能的考试，主要是考察申请人的基本思维、基本操作和基本技能等本专业基础技能。医师资格实践技能考试的具体组织形式和内容分别以国家卫生与健康委员会医师资格考试委员会发布的《医师资格实践技能考试实施方案》和《医师资格考试大纲》为依据。执业医师资格（中医类别）的实践技能考试包括临床病案分析、望闻问切、辨证施治、理法方药和体格检查等具体基本操作。

《医师资格考试暂行办法》规定，承担实践技能考试的机构或组织内设若干考试小组。每个考试小组由三人以上单数考官组成。其中一名为主考官。主考官应具有副主任医师以上专业技术职务任职资格。

《医师资格考试暂行办法》规定："承担实践技能考试的考官应具备下列条件：

（一）取得主治医师以上专业技术职务任职资格满三年；

（二）具有一年以上培训医师或指导医学专业学生实习的工作经历；

（三）经省级医师资格考试领导小组进行考试相关业务知识的培训，考试成绩合格，并由省级医师资格考试领导小组颁发实践技能考试考官聘任证书。"

如果已经取得执业助理医师执业证书者，在报考执业医师资格时，可以免于实践技能考试。

②医学综合笔试：实践技能考试合格者方能参加医学综合笔试，所以，实践技能考试合格的考生应当持实践技能考试合格证明文件参加医学综合笔试。

笔试为闭卷。国家医学考试中心向考区提供医学综合笔试试卷和答题卡、各考区成绩册、考生成绩单及考试统计分析结果。考点在考区的领导监督下组织实施考试。

根据《医师资格考试暂行办法》第33条："考试成绩合格的，授予执业医师资格或执业助理医师资格，由省级卫生行政部门颁发卫生部统一印制的《医师资格证书》。《医师资格证书》是执业医师资格或执业助理医师资格的证明文件。"

（2）考试的内容

根据《医师资格考试大纲（中医、中西医结合）2020年版》的规定，与中医有关的资格考试包括中医执业医师资格考试、中医执业助理医师资格考试和中西医结合执业医师资格考试三类。

中医执业医师资格（含具有规定学历的执业医师、师承或确有专长的执业医师）考试包括实践技能考试和医学综合考试两部分。

①实践技能考试的主要内容有：医师职业素养、中医思维与诊疗能力、中医操作技能、西医临床技能、中医常见病、西医常见病。

②医学综合考试的主要内容有：中医学基础（含中医基础理论、中医诊断学、中药学、方剂学）、中医经典（含中医经典各科）、中医临床（含中医内科学、中医外科学、中医妇科学、中医儿科学、针灸学、诊断学基础、内科学、传染病学）、医学人文（医学伦理学、卫生法规）。

中医执业助理医师资格（含具有规定学历的执业助理医师、师承或确有专长的执业助理医师）考试的范围与中医执业医师资格基本相同，但不包括中医经典部分的内容。

中西医结合执业医师资格考试也分为实践技能考试和医学综合考试。

①实践技能考试的主要内容有：医师职业素养、中医思维与诊疗能力、中医操作技能、西医临床技能、临床常见病。

②医学综合考试的主要内容有：中医学基础（含中医基础理论、中医诊

断学、中药学、方剂学）、中医经典（含中医经典各科）、中西医结合临床（含中西医结合内科学、中西医结合外科学、中西医结合妇产科学、中西医结合儿科学、针灸学）、西医综合（含诊断学基础、药理学、传染病学）、医学人文（含医学伦理学、卫生法规）。

中西医结合执业助理医师资格考试的内容与中西医结合执业医师资格考试相同，但不含中医经典部分的内容。

（3）参加考试者需具备的条件

根据2022年3月1日起施行的《医师法》等法律规定，参加执业医师资格（中医类别）的考试，参加者需要具备一定的学历或资历等方面的基础条件。

对于具备医学专业学历的人员：

《医师法》第9条规定，具有下列条件之一的，可以参加执业医师资格考试：

①具有高等学校相关医学专业本科以上学历❶，在执业医师指导下，在医疗卫生机构中参加医学专业工作实践满一年；

②具有高等学校相关医学专业专科学历，取得执业助理医师执业证书后，在医疗卫生机构中执业满二年。

另外，《医师法》第10条规定，具有高等学校相关医学专业专科以上学历，在执业医师指导下，在医疗卫生机构中参加医学专业工作实践满一年的，可以参加执业助理医师资格考试。

对于不具备医学专业学历的人员：

不具备医学专业学历的人员主要指通过师承学习或具有一技之长的人员。《医师法》第11条规定，以师承方式学习中医满三年，或者经多年实践医术确有专长的，经县级以上人民政府卫生健康主管部门委托的中医药专业组织或者医疗卫生机构考核合格并推荐，可以参加中医医师资格考试。

《医师资格考试暂行办法》第11条规定，在1998年6月26日前获得医士专业技术职务任职资格，后又取得执业助理医师资格的，医士从业时间和取得执业助理医师执业证书后执业时间累计满五年的，可以申请参加执业医师资格考试。

---

❶ 具体的学历规定参见国家卫生与健康委员会颁布的《医师资格考试报名资格规定（2014版）》。

【案例5】中药实验工作者从事医疗活动被处罚案

基本案情：

王某传系山东中医药大学教师，现在该大学实验室从事中药实验工作。2018年9月王某传经人介绍与案外人杨某祥取得联系，利用业余时间通过微信、电话等方式为杨某祥进行诊疗，开具中药处方，并向其邮寄中药，杨某祥两次汇款共计5600元。后杨某祥对治疗效果不满意，向济南市长清区卫生健康局及12345投诉求助。济南市长清区卫生健康局根据12345转办后立案进行调查。2019年4月17日，长清区卫生健康局在现场检查过程中，发现王某传工作的山东中医药大学实验室有记录本一份，记载类似处方的记录，包括用药人、用药品种、药量。另外该记录本还有类似多人的记录。后济南市长清区卫生健康局履行了调查询问、集体讨论、处罚告知等程序。于2019年6月5日向王某传送达长卫决罚字〔2019〕060501号行政处罚决定（决定书未载明时间），对王某传没收违法所得5600元、罚款30000元。王某传不服，向法院提起行政诉讼。

一审济南市市中区人民法院除查明上述事实外，另查明：原告当庭陈述，其祖父、父亲均系中医，其在山东中医药大学工作近40年，现从事中药实验工作。原告现未取得医师资格证书、医师执业证书，未被卫生行政部门处罚过。

一审法院认为：原告系山东中医药大学教师，从事中药实验工作，具备一定的中医中药知识，如果家族在中医行业具备历史渊源，原告在民间不以营利为目的开展咨询、诊疗活动，应当给予适度的宽容，有无必要对其进行强度较大的行政处罚值得商榷。但本案中原告确实存在诊疗行为，按照现行行医要求，建议原告从此吸取教训，遵守现行法律规范，在明确的规范之内体现自己的作用。据此，一审法院认为被告作出被诉处罚决定明显不当。

综上所述，济南市市中区人民法院认定原告诉讼主张成立，被告作出的处罚决定事实不清，证据不足，应予撤销。

被告不服一审判决，上诉至山东省济南市中级人民法院。二审法院确认王某传在未取得医师资格及注册执业医师证书的情况下为患者开展诊疗活动，违反了法律规定，属于无证行医。最终二审法院判决撤销济南市市中区人民

法院行政判决；驳回被上诉人王某传的诉讼请求。❶

案件评述：

本案中济南市长清区卫生健康局对王某传进行行政处罚，一审法院基于王某传系山东中医药大学教师，从事中药实验工作，具备一定的中医中药知识，其祖父、父亲均系中医，家族在中医行业具备历史渊源的考虑，对于王某传无证行医给予适度的宽容，建议原告从此吸取教训，遵守现行法律规范，在明确的规范之内体现自己的作用，判决撤销长清市卫健局作出的行政处罚。二审法院采取从严态度，严格按照法律规定认定王某传未取得医师资格及注册执业医师证书为患者开展诊疗活动，属于无证行医。判决支持济南市长清区卫生健康局作出的行政处罚；撤销济南市市中区人民法院的行政判决；驳回被上诉人王某传的诉讼请求。

中医药在我国具有悠久的传承发展历史，自古以来就有自学、家传、师承等多种学习形式。民间也不乏基于师承或者确有专长，未取得行医资质而从事中医诊疗活动者。目前针对此种情况下，诊疗活动行为的性质认定存在诸多争议。以行医为业以及以行医作为主要生活来源的，或者只为自己及亲朋好友等熟人看病，未收取费用的，该情况下是否认定为非法行医？从业者是否具有中医药学背景、其服务的对象是特指或者泛指都会对司法判定有一定影响。

本案中王某传基于工作及家族渊源，具有中医药学基础，但是其未通过国家执业医师资格考试取得执业医师或者执业助理医师资格，也未经注册获得医师执业证书，违反了《中华人民共和国中医药法》以及原《执业医师法》的相关规定。《中华人民共和国中医药法》第15条第1款规定："从事中医医疗活动的人员应当依照《中华人民共和国执业医师法》的规定，通过中医医师资格考试取得中医医师资格，并进行执业注册。中医医师资格考试的内容应当体现中医药特点。"原《中华人民共和国执业医师法》第14条规定："未经医师注册取得执业证书，不得从事医师执业活动。"二审法院判决王某传属于非法行医，支持了济南市长清区卫生健康局对王某传的行政处罚，对一些民间无证行医人员带来警示。

---

❶ 山东省济南市中级人民法院行政判决书（2020）鲁01行终502号。

2. 中医（专长）医师资格的取得

中医（专长）医师资格是通过考核方法而取得的专业知识和能力的证明。是专门针对以师承方式学习中医，或者经多年实践、医术确有专长的人员而设立的特殊管理路径。《医师法》和《中医医术确有专长人员医师资格考核注册管理暂行办法》对中医（专长）医师资格的取得作了具体规定。

（1）考核申请人需具备的条件

《中医医术确有专长人员医师资格考核注册管理暂行办法》规定，一共有六类人员可以报考中医医术确有专长人员的医师资格考核，其所需具备的报考条件也不同。

第一类：以师承方式学习中医的人员，申请参加医师资格考核者应当同时具备下列条件：

①连续跟师学习中医满五年，对某些病证的诊疗，方法独特、技术安全、疗效明显，经指导老师评议合格；

②由至少两名中医类别执业医师推荐，推荐医师不包括其指导老师。

第二类：经多年实践、医术确有专长的人员，申请参加医师资格者考核应当同时具备下列条件：

①具有医术渊源，在中医医师指导下从事中医医术实践活动满五年或者《中华人民共和国中医药法》施行前已经从事中医医术实践活动满五年的；

②对某些病证的诊疗，方法独特、技术安全、疗效明显，并得到患者的认可；

③由至少两名中医类别执业医师推荐。

推荐医师应当为被推荐者长期临床实践所在省、自治区、直辖市相关专业中医类别执业医师。

第三类：2017年12月20日前已经取得乡村医生执业证书的中医药一技之长人员可以申请参加中医医术确有专长人员医师资格考核。

第四类：2017年12月20日前已经按照《传统医学师承和确有专长人员医师资格考核考试办法》规定取得传统医学师承出师证的，可以按照《中医医术确有专长人员医师资格考核注册管理暂行办法》的规定，在继续跟师学习满两年后申请参加中医医术确有专长人员医师资格考核。

第五类：2017年12月20日前已经按照《传统医学师承和确有专长人员医师资格考核考试办法》规定取得传统医学医术确有专长证书的，可以按照

《中医医术确有专长人员医师资格考核注册管理暂行办法》规定申请参加中医医术确有专长人员医师资格考核。

第六类：港澳台人员在内地以师承方式学习中医的，可在指导老师所在省、自治区、直辖市申请参加中医医术确有专长医师资格考核。

（2）考核的方法

《医师法》第11条第2款规定，"以师承方式学习中医或者经多年实践，医术确有专长的，由至少二名中医医师推荐，经省级人民政府中医药主管部门组织实践技能和效果考核合格后，即可取得中医医师资格及相应的资格证书"。

《中医医术确有专长人员医师资格考核注册管理暂行办法》进一步规定了考核的具体方法，即考核实行专家集体现场评议制。通过现场陈述问答、回顾性中医医术实践资料评议、中医药技术方法操作等形式对实践技能和效果进行科学量化考核。经综合评议，考核专家对参加考核者作出考核结论，并对其在执业活动中能够使用的中医药技术方法和具体治疗病证的范围进行认定。考核合格者，由省级中医药主管部门颁发中医（专长）医师资格证书。

专家人数应当为不少于5人的奇数。由省级中医药主管部门在中医医术确有专长人员医师资格考核专家库内抽取考核专家。考核专家是参加考核人员的近亲属或者与其有利害关系的，应当予以回避。

考核专家应当同时符合下列条件：①中医类别执业医师；②具有丰富的临床经验和技术专长，具备副主任医师以上专业技术职务任职资格或者从事中医临床工作十五年以上具有师承或者医术确有专长的渊源背景人员；③遵纪守法，恪守职业道德，公平公正，原则性强，工作认真负责。

（3）考核的内容

《中医医术确有专长人员医师资格考核注册管理暂行办法》规定，考核的内容只针对考核申请人所申请的医术专长。医术总体上划分为内服方药类和外治技术类两种。

内服方药类考核内容包括：医术渊源或者传承脉络、医术内容及特点；与擅长治疗的病证范围相关的中医基础知识、中医诊断技能、中医治疗方法、中药基本知识和用药安全等。

外治技术类考核内容包括：医术渊源或者传承脉络、外治技术内容及特点；与其使用的外治技术相关的中医基础知识、擅长治疗的病证诊断要点、外治技术操作要点、技术应用规范及安全风险防控方法或者措施等。

治疗方法以内服方药为主、配合使用外治技术，或者以外治技术为主、配合使用中药的，应当增加相关考核内容。

（4）执业注册

《医师法》第13条规定，国家实行医师执业注册制度。《中医药法》第15条规定，从事中医医疗活动的人员应当依照《中华人民共和国执业医师法》（现为《医师法》）的规定，通过中医医师资格考试取得中医医师资格，并进行执业注册。

《中医医术确有专长人员医师资格考核注册管理暂行办法》对执业注册作了具体规定，中医（专长）医师实行医师区域注册管理。取得中医（专长）医师资格证书者，应当向其拟执业机构所在地县级以上地方中医药主管部门提出注册申请，经注册后取得中医（专长）医师执业证书。在取得证书后，方可以在注册的执业范围内，以个人开业的方式或者在医疗机构内从事中医医疗活动。以个人开业方式举办中医诊所的，向其开设所在地的县级人民政府中医药主管部门备案。

中医（专长）医师按照考核内容进行执业注册，执业范围包括其能够使用的中医药技术方法和具体治疗病证的范围。中医（专长）医师在执业活动中能够使用的中医药技术方法和具体治疗病证的范围不能超出考核专家对其认定的结论。

中医（专长）医师应当在其考核所在的省级行政区域内执业。中医（专长）医师跨省执业的，须经拟执业所在地省级中医药主管部门同意并注册。

【案例6】 未取得医师资格从事中医诊疗活动受到处罚案

基本案情：

2021年4月18日，辽宁省某市执法人员接到群众信函，举报肖某某未取得医师资质即在某中医门诊部内开展中医诊疗活动。4月22日，执法人员依据线索进行突击检查，现场见医疗机构执业许可证，法定代表人为肖某某，且肖某某正独自为患者诊查并开具中药处方，无相关医师执业资质；针灸室见侯某正在为患者刮痧，其有执业助理医师资质，未见其他医师在岗，执法人员责令其立即停止执业活动，并对处方、收费单等相关证据进行先行登记保存。

2021年4月24日，执法人员再次对肖某某进行调查询问，经了解，肖某某 2020 年 7 月申请参加"经多年中医医术实践"的中医医术确有专长人员医师资格考核，但未通过行政管理部门组织的现场考核，未能取得中医（专长）医师资格证书，自述 2020 年 11 月开始在无任何相关执业资质情况下，根据自学内容及祖传方和医书方独立为患者诊治，现场见该门诊部 2021 年 4 月收费单 74 张，肖某某独自开展诊疗活动所产生的费用"中药费"及"诊费"共计 28693.40 元。4 月 25 日，执法人员对该门诊进行了复查，进一步将收费情况与处方比对，确认肖某某自 2020 年 6 月开始接诊，2020 年 6 月、7 月、11 月、12 月的"中药费"及"诊费"共计 6109.10 元。经调查确认，肖某某未取得相关中医执业资质，也未取得其他从医执业资格，查询国家卫生健康监督信息平台，未见其被处罚记录。2020 年 6 月至 2021 年 4 月 22 日在无中医医师指导的情况下从事中医诊疗活动，查实违法所得共计 34802.50 元。肖某某的行为违反《中医药法》第 15 条、原《执业医师法》第 14 条第 2 款的规定，依据《中医药法》第 60 条第 1 款、原《执业医师法》第 39 条的规定，给予没收违法所得 34802.50 元、罚款 70000 元的行政处罚。对涉事中医门诊部使用非卫生技术人员从事中医诊疗活动的违法行为另案处理，予以罚款 2000 元的行政处罚；对执业助理医师侯某独立执业的违法行为另案处理，予以警告的行政处罚。❶

案件评述：

本案是自 2017 年 7 月 1 日《中医药法》及 2017 年 12 月 20 日《中医医术确有专长人员医师考核注册管理暂行办法》（以下简称《暂行办法》）正式实施以来，辽宁省首例依据《中医药法》未取得中医（专长）医师资格证书在医疗机构内独立从事中医诊疗活动的违法行为进行处罚的典型案例，本案对类似案件的查处具有一定的借鉴意义。

我国《中医药法》第 15 条规定："从事中医医疗活动的人员应当依照《中华人民共和国执业医师法》的规定，通过中医医师资格考试取得中医医师资格，并进行执业注册。以师承方式学习中医或者经多年实践，医术确有专长的人员，由至少两名中医医师推荐，经省、自治区、直辖市人民政府中医药主管部门组织实践技能和效果考核合格后，即可取得中医医师资格；按照考核内容进行执业注册后，即可在注册的执业范围内，以个人开业的方式或者在医疗机构内从事中医医疗活动。"本案中肖某某无任何医学专业学历，既

---

❶ 辽宁省朝阳市北票市城关管理区振兴社区肖某某诊所（朝卫传罚字〔2021〕17 号）。

往也未考取过任何中医相关资质，虽已申请参加了中医医术确有专长人员医师资格考核（经多年中医医术实践），但未经行政管理部门组织的现场考核，未能取得中医（专长）医师资格证书。肖某某的行为同时违反了《中医药法》和原《执业医师法》的相关规定，原《执业医师法》第39条规定"未经批准擅自开办医疗机构行医或者非医师行医的，由县级以上人民政府卫生行政部门予以取缔，没收其违法所得及其药品、器械，并处十万元以下的罚款"。《关于打击非法行医专项行动中有关中医监督问题的批复》中指出，"非医疗机构及其人员在经营活动中不得使用针刺、瘢痕灸、发泡灸、牵引、扳法、中医微创类技术、中药灌洗肠以及其他具有创伤性、侵入性或者高危险性的技术方法"。经调查，肖某某为患者进行疾病治疗时，主要采用中药饮片配合针刺、刮痧、拔罐等方式治疗，最终执法部门判定其开展的针灸、按摩、拔罐、推拿、刮痧等活动属于中医诊疗活动，并将其产生的费用认定为违法所得予以没收。

值得注意的是，自2022年3月1日起原《执业医师法》废止，新的《医师法》正式实施，其中第59条明确规定："违反本法规定，非医师行医的，由县级以上人民政府卫生健康主管部门责令停止非法执业活动，没收违法所得和药品、医疗器械，并处违法所得二倍以上十倍以下的罚款，违法所得不足一万元的，按一万元计算。"相比原《执业医师法》的有关规定，《医师法》对非法行医的处罚力度更大。《医师法》实施以后，对中医医术确有专长人员未取得专长证书擅自独立开展中医诊疗活动的违法行为，将按照《医师法》第59条的规定依法进行处罚。对于未取得执业资质开展非法行医活动2次以上的中医医术确有专长人员，则适用《最高人民法院关于审理非法行医刑事案件具体应用法律若干问题的解释》第2条第4项"非法行医被卫生行政部门行政处罚两次以后，再次非法行医的"规定，应当移送公安机关。

国家出台《中医药法》旨在降低中医医师的准入难度，促进中医药的传承与发展，希望广大无证的民间中医从业者尽快申请参加考核，同时各地的中医药管理部门也应尽快出台相关政策，放宽并加快确有专长人员考核工作。

【案例7】赵某进、湖南省中医药管理局卫生行政管理（卫生）行政诉讼案

基本案情：

2019年8月28日，湖南省中医药管理局收到赵某进递交的《关于恢复赵

某进"执业医师证"的申请》，主要内容为：我是常德市澧县小渡口镇居民赵某进，曾经在当地赤脚医生、乡村医生工作岗位上干过四十多年，其中跟师学艺三年时间，通过各级卫生部门的中西医结合培训多次。擅长用中西医结合治疗各种疾病（包括疑难杂症）。并于1984年在本县考取中医个体行医证、赤脚医生证、乡村医生证（中医）、2016年中医医术确有专长证、2017年中药执业药师证等证件。……我现在申请恢复我的中医行医资格。申请理由如下：因我是在1998年以前获得县级以上卫生部门考试认可的中医人员，可以根据《卫生部关于在〈执业医师法〉颁布前未取得医学专业技术职称无学历中医师承或确有专长人员中有关人员进行医师资格认定的通知》文件进行考核认定。……根据现在的《中医药法》第15条确有专长考核条款和我的各种证书，再加上我从医近五十年的历史……

2019年9月19日，湖南省中医药管理局医政医管处作出回复，该回复载明：针对您信访件中提出的问题，现将有关情况回复如下：一、关于恢复执业医师证相关诉求的问题。《执业医师法》第8条规定，国家实行医师资格考试制度，第12条规定，医师资格考试成绩合格，取得执业医师资格或者执业助理医师资格，表明执业医师资格取得途径为通过法定考试，无恢复执业医师资格证的说法。具有国家规定学历且符合相关条件者，可以按程序补办。赤脚医生、乡村医生等均非执业医师资格类型。针对您的情况，我们建议您通过参照依据原中华人民共和国卫生部令第52号或原国家卫生计生委令第15号组织的考核，依法考核考试获取执业医师资格。二、关于中医医术确有专长人员医师资格考核问题。今年8月19日，您曾到我局来查询个人考核情况。我局工作人员为您查询了考核时考官评分和票决情况，经查，考官对您的投票情况为0票同意、5票不同意，考核结论为不合格。关于您反映中医医术确有专长人员医师资格考核标准太严的问题，我们按照国家中医医术确有专长人员医师资格考核的要求，实行专家评议，从未就考核通过人员数量设定任何要求。本次考核，151名合格考生中，60岁以上的有16人。我们在制度设计上，从保障人民群众健康权益出发，坚决制止了没有"真本事"的人员企图钻法律的空子获取医师资格。中医医术确有专长人员医师资格考核今后将继续开展，我们将在开考前三个月对外公示，请您关注。湖南省中医药管理局电话联系赵某进，询问其接收书面回复的方式。赵某进选择当面接收，并亲自到湖南省卫生健康委员会信访办接收书面回复。赵某进对该回复不满，提起本案诉讼,请求确认湖南省中医药管理局作出的回复违法,并责令湖南省中医药管理局为赵某进补办中医确有专长执业医师证。

一审长沙铁路运输法院认为,《最高人民法院关于适用〈中华人民共和国行政诉讼法〉的解释》第1条第2款第4项规定,驳回当事人对行政行为提起申诉的重复处理行为,不属于行政诉讼的受案范围。《最高人民法院关于不服信访工作机构依据处理信访事项的行为提起行政诉讼人民法院是否受理的复函》第2条规定,对信访事项有权处理的行政机关,依据《信访条例》作出的处理意见、复查意见、复核意见和不再受理决定,信访人不服提起行政诉讼的,人民法院不予受理。本案中,赵某进的信访事项,湖南省中医药管理局已于2019年9月19日履行了信访回复的法定职责。鉴于行政机关依据《信访条例》作出的信访回复、告知、不予受理等程序性行为,对信访人的实体权利义务不产生实际影响,不属于行政诉讼的受案范围,不具有可诉性。信访人对信访工作机构处理信访事项的行为不服提起行政诉讼的,人民法院应不予受理。据此长沙铁路运输法院驳回赵某进的起诉。赵某进不服上述裁定,向湖南省长沙市中级人民法院提出上诉。二审法院裁定驳回上诉,维持原裁定。❶

案件评述:

《中医药法》颁布后,我国形成了两种医师资格管理制度:一是依据原《执业医师法》以及原卫生部52号令《传统医学师承和确有专长人员医师资格考核考试办法》的规定,符合条件的人员参加执业医师资格考试取得执业医师资格证书或者执业助理医师资格证书,即医师资格考试制度;二是依据《中医药法》第15条第2款"以师承方式学习中医或者经多年实践,医术确有专长的人员,由至少两名中医医师推荐,经省、自治区、直辖市人民政府中医药主管部门组织实践技能和效果考核合格后,即可取得中医医师资格"以及原卫计委15号令《中医医术确有专长人员医师资格考核注册管理暂行办法》的规定,参加确有专长医师资格考核,考核通过取得确有专长医师资格证书,即医师资格考核制度。目前两种制度均合法有效,分置并行。《中医药法》设置确有专长医师资格考核制度的初衷即为充分考虑到传统医学非学历教育人员取得行医资格的现实需求。《中医药法》及其配套政策——《中医医术确有专长人员医师资格考核注册管理暂行办法》颁布后,各省、自治区、

---

❶ 湖南省长沙市中级人民法院行政裁定书(2020)湘01行终136号。

直辖市也纷纷制定本地区确有专长考核政策。本案中，赵某进未按照原《执业医师法》以及《传统医学师承和确有专长人员医师资格考核考试办法》取得执业医师资格或者助理医师资格，也未按照《中医药法》以及《中医医术确有专长人员医师资格考核注册管理办法》取得确有专长医师资格。本案中一审和二审法院认为赵某进向湖南省中医药管理局提出申请，请求恢复其中医行医资格，实质上属于信访事项，湖南省中医药管理局就该事项作出的答复，对赵某进的权利义务不产生实际影响，依法不属于行政诉讼的受案范围。通过本案，我们可以看出，现行医师管理制度中，不管是医师资格考试制度还是医师资格考核制度，对于行医人员的资质管理要求越来越严格和规范，开展医疗活动的人员应该严格依据法律规定通过医师资格考试或者确有专长考核取得合法资质，杜绝非法行医。

（二）中医养生保健服务从业资格的取得

2016年，国家中医药管理局在《关于促进中医养生保健服务发展的指导意见》中指出，中医养生保健机构的岗位设置可包括管理岗位和技术服务岗位等。管理岗位人员应加强卫生和中医药相关政策法规和管理知识培训；技术服务岗位人员应取得有关主管部门颁发的资质证书，开展的服务范围应与取得的资质相一致，同时应持健康合格证上岗。

《中医养生保健服务机构基本标准（试用稿）》规定，从事中医养生保健服务的工作人员应具备国家有关部门颁发的相应资质证书。中医院校毕业人员从业，需经县级以上卫生行政部门组织或其认可的机构培训并考核合格。但是，目前我国还没有完善的中医养生保健服务人员从业资格的管理规定。

2019年1月，国家人力资源社会保障部公布《国家职业资格目录》，将专业技术人员职业资格分为准入类和水平评价类，同时规定，对目录之外的职业资格一律不得许可和认定。根据这一目录，中医养生保健服务人员应当属于技能人员，只作水平评价的职业资格有健康咨询服务人员（健康管理师、生殖健康咨询师）、保健服务人员（保健调理师）。但在2020年1月之后，除与公共安全、人身健康等密切相关的职业工种依法调整为准入类职业资格外，其他水平评价类技能人员职业资格（包括健康管理师、保健调理师等）将逐步有序全部退出《国家职业资格目录》，不再由政府或其授权的单位认定发证，而改由用人单位或社会培训评价组织根据国家职业标准或评价规范来具体实施并颁发职业技能等级证书。

由于生殖健康咨询师是从事计划生育、优生优育等生殖健康教育咨询服务工作的人员，因此，主要介绍健康管理师和保健调理师的职业标准或评价规范。

1. 健康管理师

健康管理师是从事个体或群体健康状况监督、分析、评估以及健康咨询指导和健康危险因素干预等工作的人员。

（1）健康管理师的工作职责

根据《中华人民共和国职业分类大典（2015 年版）》，健康管理师的主要工作任务包括下列八个方面：

①采集和管理个人或群体的生理、心理、营养、疾病等与人的健康相关的信息。

②运用健康风险识别和风险分析等方法，评估个人或群体的健康危险和疾病发生的风险。

③对需求者个人或群体的自身健康状况进行健康咨询与指导。

④制定个体或群体的健康促进与非医疗性疾病管理计划。

⑤对个人或群体进行健康维护和非医疗性疾病管理。

⑥对个体或群体进行健康教育和适宜技术推广。

⑦进行健康管理技术的研究，开发与推广。

⑧进行健康管理技术应用的成效评估。

可见，健康管理师虽然从事健康促进和健康咨询指导等工作，但其工作与中医的"治未病"理念相通，在中国的健康管理工作中含有中医预防保健方面的内容，应当是中医养生保健从业人员的职业之一。

（2）健康管理师的评价

2005 年 12 月，国家劳动和社会保障部在《关于同意将医疗救护员等两个新职业纳入卫生行业特有职业范围的函》（劳社厅函〔2005〕年 425 号）中，将健康管理师列为卫生行业特有职业工种归入国家卫生部进行管理，由原卫生部职业技能鉴定指导中心具体负责该职业的职业技能鉴定工作。2007 年施行的、由国家劳动和社会保障部批准的《健康管理师国家职业标准》中将健康管理师分为三个等级，即健康管理师三级、健康管理师二级和健康管理师一级。资格的获得采取自己申报、专业鉴定的方式。鉴定分理论知识考试和专业能力考核两部分，专业能力考核采用现场实际操作方式或闭卷笔试方式，理论知识考试和专业能力考核均采用百分制，成绩皆达 60 分及以上者为合格。各用人单位和社会组织在评价健康管理师时可以按照《健康管理师国家职业标准》制定具体的考核评价方法。

（3）健康管理师从业人员的基本条件

按照《健康管理师国家职业标准》，健康管理师分为三个级别，它们的申报标准分别为：

第一，三级健康管理师（具备以下条件之一者）。

①具有医药卫生专业大学专科以上学历证书。

②具有非医药卫生专业大学专科以上学历证书，连续从事本职业或相关职业工作 2 年以上，经三级健康管理师正规培训达规定标准学时数，并取得结业证书。

③具有医药卫生中等专科以上学历证书，连续从事本职业或相关职业工作 3 年以上，经健康管理师三级正规培训达规定标准学时数，并取得结业证书。

第二，二级健康管理师（具备以下条件之一者）。

①取得三级健康管理师职业资格证书后，连续从事本职业工作 5 年以上。

②取得三级健康管理师职业资格证书后，连续从事本职业工作 4 年以上，经二级健康管理师正规培训达规定标准学时数，并取得结业证书。

③具有医药卫生专业本科学历证书，取得三级健康管理师职业资格证书后，连续从事本职业工作 4 年以上。

④具有医药卫生专业本科学历证书，取得健康管理师三级职业资格证书后，连续从事本职业工作 3 年以上，经二级健康管理师正规培训达规定标准学时数，并取得结业证书。

⑤取得医药卫生专业中级及以上专业技术职务任职资格后，经二级健康管理师正规培训达规定标准学时数，并取得结业证书。

⑥具有医药卫生专业硕士研究生及以上学历证书，连续从事本职业或相关职业工作 2 年以上。

第三，一级健康管理师（具备以下条件之一者）。

①取得二级健康管理师职业资格证书后，连续从事本职业工作 4 年以上。

②取得二级健康管理师职业资格证书后，连续从事本职业工作 3 年以上，经一级健康管理师正规培训达规定标准学时数，并取得结业证书。

③具有本专业或相关专业大学本科学历证书，连续从事本职业或相关职

业工作 13 年以上。

④取得医药卫生专业副高级及以上专业技术职务任职资格后，经一级健康管理师正规培训达规定标准学时数，并取得结业证书。

⑤具有医药卫生专业硕士、博士研究生学历证书，连续从事本职业或相关职业工作 10 年以上。

（4）评价的主要内容

根据《健康管理师国家职业标准》，健康管理师必须具备健康管理、健康保险、医学、相关法律法规等方面的基础知识，主要包括：

第一，健康管理基本知识：①健康管理的基本概念与组成；②健康风险评估理论与应用。

第二，健康保险相关知识：①中国医疗保险与商业健康保险的现状；②中国医疗保险与商业健康保险的原理和方法。

第三，医学基础知识：①临床医学基础知识；②预防医学基础知识；③常见慢性非传染性疾病基本知识；④基础卫生保健知识；⑤流行病学和医学统计学基础知识；⑥健康教育学基础知识；⑦中医养生学基础知识。

第四，其他相关知识：①医学信息学基本概念；②营养与食品安全基础知识；③心理健康概念；④健康相关产品知识；⑤医学伦理学的基本概念；⑥健康营销学相关知识。

第五，相关的法律、法规知识：①《中华人民共和国劳动法》相关知识；②《中华人民共和国消费者权益保护法》相关知识；③《中华人民共和国医师法》《中华人民共和国食品安全法》等卫生法律、法规相关知识。

2. 保健调理师

保健调理师属于技能人员职业资格，由用人单位或社会培训评价组织进行水平评价。2003 年，国家劳动与社会保障部《关于印发第七批速录师等 14 个国家职业技能标准的通知》（劳社厅发〔2003〕19 号）有保健刮痧师，2009 年，国家人力资源和社会保障部会同国家中医药管理局发布《关于印发中药调剂员等 5 个国家职业技能标准的通知》（人社厅发 2009 94 号）中，新增了中医刮痧师。2009 年 1 月，国家人力资源和社会保障部深化"放管服"，公布的《国家职业资格目录（2019 版）》正式确立了保健调理师这一水平评价类职业，人力资源社会保障部公布的《国家职业资格目录（2021 年版）》在进一步缩减职业资格目录的基础上，严格遵守《国务院关于严格控制新设行政许可的通知》（国发〔2013〕39号），决定保健调理师不再由政府或其授权的单位认定发证，而改由用人单位或社会培训评价组织根据国家职业标准或评价规范来具体实施并颁发职业技能等级证书。

（1）保健调理师的工作职责

保健调理师是指运用中医经络腧穴理论知识，使用刮具、罐具、灸具、砭具等器具和相关介质，在人体体表特定部位进行刮痧、拔罐、灸术、砭术等操作，以达到保健调理作用的人员。在工作中要特别注意其所有操作只局限于人体体表，而不能使用针刺、瘢痕灸、发泡灸、牵引、扳法、中医微创类技术、中药灌洗肠以及其他具有创伤性、侵入性或者危险性的技术方法，否则将可能被认定为医疗行为而受到处罚。

（2）保健调理师的资格评价

根据《中华人民共和国职业分类大典（2015年版)》的规定，保健调理师包含但不限于下列工种：保健刮痧师、保健艾灸师、保健拔罐师、保健砭术师。即保健调理工作涉及刮痧、艾灸、拔罐和砭术四个主要方面。2024年6月，国家人力资源社会保障部发布通知（人社厅发〔2024〕28号），公布了保健调理师（保健艾灸师）国家职业标准。

各用人单位或社会组织在评价该类人员时可以根据保健调理师（保健艾灸师）国家职业标准和国家中医药管理局职业技能鉴定指导中心发布的《关于举办保健调理师师资培训班的通知》（国中医药职鉴〔2016〕6号），制定对保健调理师的培训内容和评价内容，主要包括下列几个方面内容：

①经络腧穴概述；②保健调理技术（拔罐、刮痧、砭术）；③颈、肩、腰痛的推拿特色技术；④正骨疗法，颈、肩、腰痛的推拿特色技术；⑤保健调理技术（艾灸疗法）；⑥保健调理技术规范（含拔罐、刮痧、艾灸、砭术等技术的特点与适应范围、常用器具与介质、操作规范及注意事项与禁忌）。

各用人单位或社会组织在培训或聘用保健调理师时，可以参考国家中医药管理局职业技能鉴定指导中心《关于举办保健调理师师资培训班的通知》（国中医药职鉴〔2016〕6号）文件中的下列精神（需具备下列条件之一），来选拔聘用保健调理师：

①具有本职业或相关职业高级技能（国家职业资格三级）以上资格；②具有本职业相关专业中专以上学历；③从事中医药行业技能培训工作，具有两年及以上的相关职业教学经验；④从事本职业三年以上的机构业务负责人。

（3）保健艾灸师的工作种类

根据《国家职业标准（2024年版）》的规定，具备以下条件之一者，可申报五级/初级工保健艾灸师：

①年满16周岁，拟从事本职业或相关职业工作；②年满16周岁，从事本职业或相关职业工作。

具备以下条件之一者，可申报四级/中级工保健艾灸师：

①累计从事本职业或相关职业工作满5年；②取得本职业或相关职业五级/初级工职业资格（职业技能等级）证书后，累计从事本职业或相关职业工作满3年；③取得本专业或相关专业的技工院校或中等及以上职业院校、专科及以上普通高等学校毕业证书（含在读应届毕业生）。

具备以下条件之一者，可申报三级/高级工保健艾灸师：

①累计从事本职业或相关职业工作满10年；②取得本职业或相关职业四级/中级工职业资格（职业技能等级）证书后，累计从事本职业或相关职业工作满4年；③取得符合专业对应关系的初级职称（专业技术人员职业资格）后，累计从事本职业或相关职业工作满1年；④取得本专业或相关专业的技工院校高级工班及以上毕业证书（含在读应届毕业生）；⑤取得本职业或相关职业四级/中级工职业资格（职业技能等级）证书，并取得高等职业学校、专科及以上普通高等学校本专业或相关专业毕业证书（含在读应届毕业生）；⑥取得经评估论证的高等职业学校、专科及以上普通高等学校本专业或相关专业的毕业证书（含在读应届毕业生）。

（4）保健艾灸师的资格评价

保健艾灸师评价方式分为理论知识考试、操作技能考核。理论知识考试以笔试、机考等方式为主，主要考核从业人员从事职业应掌握的基本要求和相关知识要求；操作技能考核主要采用现场操作、模拟操作等方式进行，主要考核从业人员从事本职业应具备的技能水平。

理论知识考试的基础知识包括：

①人体解剖与皮肤生理学基础知识，含人体解剖基础知识和人体皮肤的生理结构及功能；②中医基础知识，含阴阳五行学说基础知识，藏象学说基础知识，气血津液基础知识，病因病机学说基础知识，中医保健基础知识；③经络腧穴基础知识，含经络基础知识，腧穴基础知识，艾灸常用保健腧穴；④安全知识，含卫生消毒的基本知识，安全与急救常识；⑤相关法律法规知

识，含《劳动法》《消费者权益保护法》《劳动合同法》《环境保护法》《消防法》《公共场所卫生管理条例》《中医养生保健服务规范（试行）》相关知识。

（三）中医健康养老服务从业资格的取得

虽然中医的养生理念与健康养老有一定的关系，但专业从事中医健康养老服务还是因近几年国家中医药管理局倡导"治未病"理念而再次兴起。2013 年，国务院发布《关于加快发展养老服务业的若干意见》（国发〔2013〕35 号）中指出，"积极推进医疗卫生与养老服务相结合"。2017 年 3 月，国家中医药管理局发布《关于促进中医药健康养老服务发展的实施意见》（国中医药医政发〔2017〕2 号）对中医健康养老服务的内容和分类作出规定，"中医药健康养老服务，是运用中医药（民族医药）理念、方法和技术，为老年人提供连续的保养身心、预防疾病、改善体质、诊疗疾病、增进健康的中医药健康管理服务和医疗服务，包括非医疗机构和医疗机构提供的相关服务，是医养结合的重要内容"。从事中医健康养老服务的人员有两类：一是在医疗机构中从事中医药健康养老服务的人员，属于医疗服务的一个种类，其从业人员应当具有相应的执业医师资格（中医类别）；二是在非医疗机构从事中医药健康养老服务的人员，不属于医疗服务的内容，对于其从业人员的资格目前尚没有专门法律规定，但有下列三种相关的健康养老职业规定。

1. 养老护理员

我国在 2002 年建立了养老护理员职业，人力资源社会保障部办公厅、民政部办公厅在 2019 年 9 月制定的《养老护理员国家职业技能标准》，对养老护理员职业进行了更新❶，其职业定义为从事老年人生活照料、护理服务工作的人员。

（1）养老护理员的工作职责

养老护理员的工作主要是从事老年人生活照料、护理等方面的服务，其职业功能包括生活照护、基础照护、康复服务、心理支持、照护评估、质量管理和培训指导等内容。这一职业包括失智老人照护员工种。

（2）从事养老护理员的要求

我国自 2002 年建立了养老护理员职业后，规定从业者要具有初中毕业文

---

❶ 2002 年，我国建立养老护理员岗位，养老护理员指对老年人生活进行照料、护理的服务人员。

化程度，接受全日制职业学校教育后即可以从业。2016 年 12 月，国务院办公厅下发《关于全面放开养老服务市场提升养老服务质量的若干意见》，要求全面放开养老服务市场。在 2019 年后，我国对养老护理员职业没有从业资格限制，也没有任何学历要求，但有相应的职业技能鉴定。此外，根据《养老护理员国家职业技能标准目录》，从事养老护理员工作要求其身体健康，人格健全，有爱心、耐心和责任心；具有一定的学习、理解、分析、判断和计算能力；具有较强的语言表达与沟通能力；空间感和形体知觉能力较强；视觉、听觉正常；四肢灵活，动作协调。

（3）养老护理员的技能鉴定

2019 年，国务院办公厅《关于推进养老服务发展的意见》（国办发〔2019〕5 号），明确提出建立完善养老护理员职业技能等级认定和教育培训制度。根据人力资源和社会保障部办公厅、民政部办公厅 2019 年制定的《养老护理员国家职业技能标准》，养老护理员的职业技能共设五个等级，等级从低到高分别为：五级/初级工、四级/中级工、三级/高级工、二级/技师、一级/高级技师。即通过一定时间的工作年限或学习培训，养老护理员可以晋升职业技能等级。如五级/初级养老护理员的申报条件为：

①累计从事本职业或相关职业（护士、家政服务员、健康管理师等）工作 1 年（含）以上；②本职业或相关职业学徒期满。

其他等级的技能鉴定和具体鉴定方法可以参见《养老护理员国家职业技能标准（2019 年版）》。

2. 健康照护师（长期照护师）

2020 年 2 月 25 日，国家人力资源社会保障部办公厅、国家市场监管总局办公厅和国家统计局办公室共同发布《关于发布智能制造工程技术人员等职业信息的通知》（人社厅发〔2020〕17 号），正式设立"健康照护师"（职业编码为 4-14-01-02）以包含原来的"医疗护理员"。《国家职业标准（2024 年版）》中更名为健康照护师（长期照护师），并且规定，健康照护师是运用基本医学护理知识与技能，从事家庭、医院、社区及长期护理服务机构等场所照护对象的健康照护及生活照料服务的人员。长期照护师是运用基本生活照料及护理知识、技能，在家庭、社区、养老机构、医疗机构等场所，为享受长期护理保险待遇人员等人群提供基本生活照料及与之密切相关的医疗护理、功能维护、心理照护等服务的从业人员。

（1）健康照护师（长期照护师）的工作职责

根据《关于发布智能制造工程技术人员等职业信息的通知》（人社厅发〔2020〕17号）的职业信息，健康照护师是运用基本医学护理知识与技能，在家庭、医院、社区等场所，为照护对象提供健康照护及生活照料的人员。其主要工作任务为下列七项：

①观察发现照护对象的常见健康问题及疾病（危急）症状，提出相应预防、康复及照护措施，或提出送医建议；

②观察发现照护对象的常见心理问题，提供简单心理疏导及支持性照护措施；

③照护老年人生活起居、清洁卫生、睡眠、日常活动，提供合理饮食及适宜活动，提供预防意外伤害安全照护，为临终老人提供安宁疗护措施；

④照护孕产妇生活起居，根据个体身心特点，提供合理营养、适当运动的健康生活照护，促进母乳喂养及产后康复；

⑤照护婴幼儿生活起居与活动，提供喂养、排泄、洗浴、抚触、睡眠、生长发育促进及心理健康照护措施；

⑥照护病患者生活起居、清洁卫生、日常活动，提供合理饮食及适宜活动，按医嘱督促、协助照护对象按时服药、治疗；

⑦为照护对象家庭提供整洁生活环境、合理营养膳食及健康常识普及。

2024年2月，国家人力资源和社会保障部、国家医疗保障局发布《健康照护师（长期照护师）国家职业标准（2024年版）》中把健康照护师（长期照护师）的工作规定为七个方面：

①生活照护：包括清洁照护、饮食照护、排泄照护、穿脱衣物等内容。

②基础护理：包括生命体征及血糖测量、基础感染防控、安全护理、用药护理等内容。

③应急处置：包括急情识别、应急处理等内容。

④功能维护：包括体位管理、日常活动指导、功能训练等内容。

⑤对症护理：包括症状识别、症状处理等内容。

⑥疾病护理：包括常见慢性病的护理指导、常见传染性疾病的预防护理等内容。

⑦心理照护：包括沟通交流、精神慰藉等内容。

（2）健康照护师的评价要求

根据国务院《关于推行终身职业技能培训制度的意见》（国发〔2018〕

11 号），为造就规模宏大的高技能人才队伍和数以亿计的高素质劳动者，要构建从劳动预备开始，到劳动者实现就业创业并贯穿学习和职业生涯全过程的终身职业技能培训体系。2019 年 12 月 30 日，国务院常务会议决定，从 2020 年 1 月起，除与公共安全、人身健康等密切相关的消防员、安检员等七个工种依法调整为准入类职业资格外，用一年时间分步有序将其他水平评价类技能人员职业资格全部退出国家职业资格目录，不再由政府或其授权的单位认定发证；同时，推行职业技能等级制度，制定发布国家职业标准或评价规范，由相关社会组织或用人单位按标准依规范开展职业技能等级评价、颁发证书。根据国家人力资源社会保障部的文件精神，健康照护师的从业人员同样不设立任何职业门槛，其职业资格评价也是社会化的职业技能等级认定，由用人单位或相关社会组织按照国家有关部门颁发的职业标准，依法依规开展职业技能等级认定并颁发职业技能等级证书。

《健康照护师（长期照护师）国家职业标准（2024 年版）》规定，健康照护师（长期照护师）的评价方法分为理论知识考试和操作技能考核。理论知识考试主要考核从业人员从事本职业应掌握的基本要求和相关知识要求。操作技能考核主要考核从业人员从事本职业应具备的技能水平。理论知识考试和操作技能考核均实行百分制，成绩皆达 60 分（含）以上者为合格。

3. 康复辅助技术咨询师

人力资源社会保障部办公厅、市场监管总局办公厅、统计局办公室在 2020 年发布《关于发布智能制造工程技术人员等职业信息的通知》（人社厅发〔2020〕17 号），其中设立了"康复辅助技术咨询师"新型岗位并纳入国家职业分类目录（职业编码为 4-14-03-06）。在《康复辅助技术咨询师国家职业技能标准（2022 年版）》中规定，康复辅助技术咨询师是根据功能障碍者的身体功能与结构、活动参与及使用环境等因素，综合运用康复辅助技术产品，为功能障碍者提供辅助技术咨询、转介、评估、方案设计、应用指导等服务的人员。

（1）康复辅助技术咨询师的工作职责

由于康复辅助技术咨询师的职责是围绕功能障碍者（如老年人、残疾人、伤病人）的身体功能与结构、活动参与能力及使用环境等客观情况而设计的一种职业，目的是让从业人员能够综合运用康复辅助技术类产品，为功能障碍者提供康复辅助技术咨询、转介、评估、方案设计、应用指导等专业服务，是有效链接功能障碍者与康复辅助类产品之间的桥梁，既帮助了功能障碍者，又促进康复辅助类产品的研发和市场推广应用。

2022 年 11 月，国家人力资源和社会保障部、民政部、中国残疾人联合会共同组织制定的《康复辅助技术咨询师国家职业技能标准（2022 年版）》，对康复辅助技术咨询师的工作任务主要涉及六个方面：

①需求咨询：包括信息采集、需求确认、会诊预约等内容。

②转介服务：包括转介评估、转出服务等内容。

③方案设计：主要包括目标确定、方案制定等内容。

④应用指导：包括使用指导、维保指导等内容。

⑤效果评价：包括适合性检查、应用效果评估等内容。

⑥开展培训与管理：包括业务培训、质量管理等内容。

（2）康复辅助技术咨询师的从业及技能鉴定

《康复辅助技术咨询师国家职业技能标准（2022 年版）》规定，康复辅助技术咨询师的鉴定方法分为理论知识考试、技能考核以及综合评审。理论知识考试以笔试、机考等方式为主，主要考核从业人员从事本职业应掌握的基本要求和相关知识要求；技能考核主要采用现场操作、模拟操作等方式进行，主要考核从业人员从事本职业应具备的技能水平；综合评审主要针对二级/技师和一级/高级技师，通常采取审阅申报材料、答辩等方式进行全面评议和审查。理论知识考试、技能考核和综合评审均实行百分制，成绩皆达 60 分（含）以上者为合格。

《康复辅助技术咨询师国家职业技能标准（2022 年版）》规定，康复辅助技术咨询师共设五个等级，由低到高分别为：五级/初级工、四级/中级工、三级/高级工、二级/技师、一级/高级技师。初中毕业（或相当文化程度）即可以申请五级/初级工。

具体方法、内容、程序和依据可以参考《康复辅助技术咨询师国家职业技能标准（2022 年版）》、2022 年 1 月 18 日实行的由中国社会福利与养老服务协会发布的 T/CASWSS 020. 1—2022《老年康复服务职业技能等级标准 第 1 部分：职业技能要求》团体标准和 2022 年 3 月 22 日实行的由上海市康复器具协会等单位共同起草的《康复辅助技术咨询师技能评价规范》（T/SRDA007—2022）团体标准。

上述所有的与健康养老有关的职业，随着《关于促进中医药健康养老服务发展的实施意见》的贯彻落实，一定会逐步融入中医药的养生理念和适用技能并成为中医健康养老服务的有机组成部分。与之有关的从业人员也将逐步增多，并随着社会的需求而越来越规范化。

（四）盲人医疗按摩服务人员的资格取得

根据《盲人医疗按摩管理办法》（卫医政发〔2009〕37号）第2条，本办法所称盲人医疗按摩，是指由盲人从事的有一定治疗疾病目的的按摩活动。盲人医疗按摩属于医疗行为，应当在医疗机构中开展。

《中医药法》第62条规定，"盲人按照国家有关规定取得盲人医疗按摩人员资格的，可以以个人开业的方式或者在医疗机构内提供医疗按摩服务"。目前，取得盲人医疗按摩服务人员资格的途径有两种。

1. 市级残联审核通过

根据《盲人医疗按摩管理办法》，在《盲人医疗按摩管理办法》发布之前已经取得盲人医疗按摩专业技术职称的、取得盲人医疗按摩中等专业以上学历后从事医疗按摩活动2年以上的、在医疗机构中连续从事盲人医疗按摩活动满15年的，上述三类人员只要通过设区的市级残疾人联合会同意，即可在医疗机构从事盲人医疗按摩活动。

根据《盲人医疗按摩人员从事医疗按摩资格证书管理办法》，审核主要是对上述三类人员的情况是否属实进行审核。其第12条规定了不予审核的情形：

"（一）不具备完全民事行为能力的；

（二）因受刑事处罚，自刑罚执行完毕之日起至申请资格审核之日止不满2年的；

（三）因违反相关规定，"资格证书"被注销或者暂扣的；

（四）省级以上卫生行政、中医药管理部门、残疾人联合会规定不宜从事医疗按摩工作的其他情形的。"

第15条同时规定："不予审核情形消失的，由本人申请，经省级残疾人联合会所属盲人按摩指导中心指定机构培训考核合格的，并经省级残疾人联合会所属盲人按摩指导中心核准后，可按照本办法相关规定予以重新审核。"

2. 参加专业考试

对不符合《盲人医疗按摩管理办法》第4条前三个条件的人员，通过专业考试后，方可在医疗机构中从事盲人医疗按摩活动。主要有两种情形：一是在《盲人医疗按摩管理办法》发布之前，在医疗机构中连续从事盲人医疗按摩活动 2 年以上但不满 15 年的人员，必须通过盲人医疗按摩人员考试；二是取得盲人医疗按摩中等专业及以上学历的人员，必须通过盲人医疗按摩人员考试。即，上述两种人员可以申请参加盲人医疗按摩人员考试。

根据中国残疾人联合会 2010 年 1 月 20 日发布的《盲人医疗按摩人员考试暂行办法》第 11 条，申请参加盲人医疗按摩人员考试的人员应当在公告规定期限内，到户籍所在地或工作所在医疗机构所在地的地市级残疾人联合会报名，并提交以下材料：

"（一）二寸近期免冠正面半身照片 8 张；

（二）本人身份证复印件；

（三）毕业证书复印件或医疗机构出具的其在医疗机构中连续从事医疗按摩活动 2 年以上 15 年以下工作证明；

（四）第二代视力残疾证复印件；

（五）报考所需的其他材料。"

考试分为实践技能考试（包括基本技能和常见病技能的测试）和综合笔试（包括中医基础理论、中医诊断学、经络腧穴学、实用人体学、西医学基础、按摩学基础、内科妇科儿科三门按摩学等）。具体可参见中国残疾人联合会发布的《全国盲人医疗按摩人员考试大纲》。通过考试人员可以取得盲人医疗按摩人员从事医疗按摩资格证书。通过盲人医疗按摩人员考试的人员，在取得考试合格证明的同时，也取得盲人医疗按摩人员初级专业技术职务任职资格。盲人专业技术职称分为主任（副主任）医疗按摩师、主治医疗按摩师、医疗按摩师（士）。

二、中医服务人员的执业注册

为了更好地对医师行医活动进行监督管理，促进医师不断吸收新的医学知识，保证医疗、预防、保健服务质量，《医师法》第 13 条规定，"国家实行医师执业注册制度""未注册取得医师执业证书，不得从事医师执业活动"。取得执业资格证书就是获得了一种行政许可，根据《行政许可法》的规定，行政机关可以对被许可人从事的许可事项进行监督监察。注册就是对被许可人的一种行政监督。2017 年 2 月 3 日，原国家卫生和计划生育委员会发布《医师执业注册管理办法》，对医师的执业注册作了具体规定。

（一）执业医师的注册管理

注册意味着医师诊疗活动的真正开始，也是临床经验积累的开始。《医师执业注册管理办法》第 2 条规定，"医师执业应当经注册取得《医师执业证书》""未经注册取得《医师执业证书》者，不得从事医疗、预防、保健活动"。实行专业人才注册制度主要是为了更好地对专业人员的技术水平进行监督管理，促进专业人员不断提高技术水平，保证其所提供的技术服务质量。

1. 需要进行执业注册的人员

目前我国的执业注册制度主要针对准入类专业技术人员，包括从事医疗活动的执业医师（中医类别）和中医（专长）医师。而对于技能型人才（包括中医养生保健服务从业人员、中医健康养老服务从业人员），根据 2018 年 5 月国务院印发的《国务院关于推行终身职业技能培训制度的意见》（国发〔2018〕11 号）精神，主要应加强企业职工岗位技能提升培训、高技能人才培训、创业创新培训以及工匠精神和职业素质培育，建立市场化社会化发展机制。对该类人员的管理主要采取技能多元评价机制，包括职业资格评价、职业技能等级认定和专项职业能力考核等，同时配以成果贡献度、分红、薪酬等多种激励措施来鼓励和提升员工的职业技能。本部分仅对执业医师（中医类别）、中医（专长）医师的注册和盲人保健按摩人员的年审有关规定予以阐述。

《医师法》第 13 条规定，"取得医师资格的，可以向所在地县级以上地方人民政府卫生健康主管部门申请注册。医疗卫生机构可以为本机构中的申请人集体办理注册手续""除有本法规定不予注册的情形外，卫生健康主管部门应当自受理申请之日起二十个工作日内准予注册，将注册信息录入国家信息平台，并发给医师执业证书"。《医师执业注册管理办法》第 5 条同样规定，"凡取得医师资格的，均可申请医师执业注册"。

2. 不予注册的各种情形

《医师法》第 16 条规定，有下列情形之一的，不予注册：

"（一）无民事行为能力或者限制民事行为能力；

（二）受刑事处罚，刑罚执行完毕不满二年或者被依法禁止从事医师职业的期限未满；

（三）被吊销医师执业证书不满二年；

（四）因医师定期考核不合格被注销注册不满一年；

（五）法律、行政法规规定不得从事医疗卫生服务的其他情形。

受理申请的卫生健康主管部门对不予注册的，应当自受理申请之日起二十个工作日内书面通知申请人和其所在医疗卫生机构，并说明理由。"

《医师执业注册管理办法》也规定了不予注册的八种情形：

"（一）不具有完全民事行为能力的；

（二）因受刑事处罚，自刑罚执行完毕之日起至申请注册之日止不满2年的；

（三）受吊销《医师执业证书》行政处罚，自处罚决定之日起至申请注册之日止不满2年的；

（四）甲类、乙类传染病传染期、精神疾病发病期以及身体残疾等健康状况不适宜或者不能胜任医疗、预防、保健业务工作的；

（五）重新申请注册，经考核不合格的；

（六）在医师资格考试中参与有组织作弊的；

（七）被查实曾使用伪造医师资格或者冒名使用他人医师资格进行注册的；

（八）国家卫生计生委规定不宜从事医疗、预防、保健业务的其他情形的。"

（二）注册的执业地点、类别和范围

《医师执业注册管理办法》第7条规定，"医师执业注册内容包括：执业地点、执业类别、执业范围。执业地点是指执业医师执业的医疗、预防、保健机构所在地的省级行政区划和执业助理医师执业的医疗、预防、保健机构所在地的县级行政区划。执业类别是指临床、中医（包括中医、民族医和中西医结合）、口腔、公共卫生。执业范围是指医师在医疗、预防、保健活动中从事的与其执业能力相适应的专业"。

1. 医师必须在注册的执业地点和范围开展诊疗活动

《医师法》第14条对注册作了原则性规定，"医师经注册后，可以在医疗卫生机构中按照注册的执业地点、执业类别、执业范围执业，从事相应的医疗卫生服务""中医、中西医结合医师可以在医疗机构中的中医科、中西医结合科或者其他临床科室按照注册的执业类别、执业范围执业"。

《医师执业注册管理办法》第8条作了更为明确的规定，"医师取得《医师执业证书》后，应当按照注册的执业地点、执业类别、执业范围，从事相应的医疗、预防、保健活动"。

如果在非注册的执业地点执业（行医）、超出注册的执业类别或执业范围，则将承担相应的法律责任。《医师法》第 57 条规定："违反本法规定，医师未按照注册的执业地点、执业类别、执业范围执业的，由县级以上人民政府卫生健康主管部门或者中医药主管部门责令改正，给予警告，没收违法所得，并处一万元以上三万元以下的罚款；情节严重的，责令暂停六个月以上一年以下执业活动直至吊销医师执业证书。"

2. 医师在注册以外的执业地点和范围开展诊疗活动的特殊情形

在一些特殊的情形下，医师变更执业地点，超出执业类别或执业范围的，并不违反法律，这些例外情形如下。

其一，互联网医疗服务。《医师法》第 30 条规定，执业医师按照国家有关规定，经所在医疗卫生机构同意，可以通过互联网等信息技术提供部分常见病、慢性病复诊等适宜的医疗卫生服务。但是，必须经医师所在医疗卫生机构的同意。

其二，边远地区医疗服务。《医师法》第 34 条第 2 款规定，在乡、民族乡、镇和村医疗卫生机构以及艰苦边远地区县级医疗卫生机构中执业的执业助理医师，可以根据医疗卫生服务情况和本人实践经验，独立从事一般的执业活动。

其三，抢救危重患者。《医师法》第 27 条规定，对需要紧急救治的患者，医师应当采取紧急措施进行诊治，不得拒绝急救处置。国家鼓励医师积极参与公共交通工具等公共场所急救服务；医师因自愿实施急救造成受助人损害的，不承担民事责任。

其四，国家组织或许可的服务。《医师法》第 18 条第 2 款规定，医师从事下列活动的，可以不办理相关变更注册手续：①参加经主要执业机构批准的规范化培训、进修、对口支援、会诊、突发事件医疗救援、慈善或者其他公益性医疗、义诊；②承担国家任务或者参加政府组织的重要活动等；③在医疗联合体内的医疗机构中执业。

【案例8】刘某诉天津中医药大学第一附属医院使用非卫计人员案

基本案情：

刘某向天津市中医药管理局邮寄投诉举报信。举报人的母亲王某敬于 2019 年 2 月 20 日到天津中医药大学第一附属医院肿瘤科住院治疗，由肿瘤科五名医师会诊治疗，入院时王某敬各项指标均在正常范围内，却于3月7日突然死亡。刘某认为五名医师的医师执业证书上执业类别、执业范围均为中医，但其中四人在天津中医药大学第一附属医院肿瘤科，另外一人在天津中医药大学第一附属医院肾病科，以上人员均从事本专业以外的诊疗活动。涉案医院违反《医疗机构管理条例实施细则》第81条第2款"医疗机构使用卫生技术人员从事本专业以外的诊疗活动的，按使用非卫生技术人员处理"，刘某据此向天津市中医药管理局举报，要求对涉案医院的违法行为立案处罚。国家卫生计生委官网查询的医院执业登记信息，中医一附院诊疗科目登记信息包括"内科/肾病学专业、中医科/肿瘤科专业"。

举报人以涉案五名医师的执业范围均为中医但分别在肿瘤科和肾病科工作为由，主张涉案医师从事了本专业以外的诊疗活动。天津市中医药管理局经调查认为，根据《关于医师执业注册中执业范围的暂行规定》（卫医发〔2001〕169号），医师执业范围的类别包括临床类别、口腔类别、公共卫生类别、中医类别（包括中医、民族医、中西医结合）。其中，临床类别包括内科专业、外科专业等十七项专业；中医类别（包括中医、民族医、中西医结合），包括中医专业、中西医结合专业等八项专业。天津市中医药管理局以《回复函》的方式表示未发现被举报人从事本专业以外的诊疗活动的相关证据。刘某不服，向法院起诉。

根据《关于医师执业注册中执业范围的暂行规定》的附件2《〈关于医师执业注册中执业范围的暂行规定〉说明》，"二、临床类别相关专业划归……（七）肿瘤专业可按所从事具体业务工作注册相关专业，如内科专业、外科专业作为执业范围；……"，以及《国家中医药管理局关于中医医院发挥中医药特色优势加强人员配备的通知》（国中医药函〔2009〕148号），"一、中医药人员配备要求……原则上每个临床科室执业医师中至少有60%中医类别执业医师（口腔科、手术科室除外）"，天津中医药大学第一附属医院将涉案中医医师安排在肿瘤科、肾病科开展诊疗活动，不能认定属于医疗机构使用卫生技术人员从事本专业以外的诊疗活动。最终法院没有支持刘某的诉求。❶

案件评述：

本案中，刘某主张涉案五名医师在肿瘤科、肾病科两科室从事诊疗活动，但其执业范围是"中医专业"而非"肿瘤科专业"和"肾病科专业"，认为

---

❶ 天津市高级人民法院行政裁定书（2021）津行申84号。

涉案医师的诊疗活动与诊疗科目不符，并以此为由主张涉案医师从事本专业以外的诊疗活动。

《中医药法》第 16 条规定："中医医疗机构配备医务人员应当以中医药专业技术人员为主，主要提供中医药服务；经考试取得医师资格的中医医师按照国家有关规定，经培训、考核合格后，可以在执业活动中采用与其专业相关的现代科学技术方法。在医疗活动中采用现代科学技术方法的，应当有利于保持和发挥中医药特色和优势。"参照国家中医药管理局官方网站发布的有关该条款的释义内容"经考试取得医师资格的中医医师按照国家有关规定，经培训、考核合格后，可以在执业活动中采用与其专业相关的现代科学技术方法"指的是对于国家有专门规定的医疗技术使用，如关节置换、介入等限制类医疗技术，需按照国家相关规定培训考核合格后在该医师专业相关的领域使用。对于一般的现代诊疗技术，则无须进行专门培训和考核。取得医师资格和医师执业许可的中医医师，除可以直接开展中医诊疗外，还可以使用一般的现代诊疗技术，或者按照国家规定经培训、考核合格后，可以在执业活动中采用与其专业相关的现代科学技术方法。中医医师是否违法从事了本专业以外的诊疗活动，不能仅凭中医医师采用了中医以外的诊疗方法，简单判断中医医师是否从事了本专业以外诊疗活动。本案中，根据天津市中医药管理局的调查情况，涉案医师并不存在违法从事本专业以外诊疗活动的违法情形。诉讼中，刘某亦未能举证证明涉案医师在诊疗过程中违法实施了中医以外的诊疗活动。故，不存在《医疗机构管理条例实施细则》第 81 条第 2 款"医疗机构使用卫生技术人员从事本专业以外的诊疗活动"的违法情形。

3. 盲人医疗按摩人员的年审

根据《盲人医疗按摩人员从事医疗按摩资格证书管理办法》，盲人医疗按摩人员属于卫生技术人员，由县级以上地方卫生行政、中医药管理部门根据《盲人医疗按摩管理办法》及有关规定，按照卫生技术人员管理模式对其执业行为进行管理。其管理的主要形式是年审。第 16 条规定："盲人医疗按摩人员从事医疗按摩资格证书每 2 年审核登记 1 次。"

第 18 条规定，申请年审，应当提交下列材料：

"（一）盲人医疗按摩人员从事医疗按摩资格年审申请表；

（二）《盲人医疗按摩人员从事医疗按摩资格证书》；

（三）本人居民身份证原件及复印件；

（四）在医疗机构中的执业证明；

（五）省级以上卫生行政、中医药管理、残疾人联合会规定的其他材料。"

根据《盲人医疗按摩人员从事医疗按摩资格证书管理办法》《盲人医疗按摩继续教育暂行规定》等文件精神，年审的要求为：

首先，具有盲人医疗按摩人员从事医疗按摩资格证书；

其次，近2年内取得中国残疾人联合会、国家中医药管理局《盲人医疗按摩继续教育暂行规定》的学分；

最后，符合国家和省级以上卫生行政、中医药管理部门、残联规定的其他条件。

第17条规定，有下列情形之一的，年审不予通过：

"（一）不具备完全民事行为能力的；

（二）因受刑事处罚，自刑罚执行完毕之日起至申请注册之日止不满2年的；

（三）中止盲人医疗按摩活动满2年的；

（四）申请年审逾期6个月的；

（五）连续2年未按照有关规定完成继续教育的；

（六）省级以上卫生行政、中医药管理部门、残疾人联合会规定的其他情形的。"

年审合格的，由设区的市级残疾人联合会所属盲人按摩指导中心在"盲人医疗按摩人员从事医疗按摩资格证书"的备注位置粘贴年审合格标签。未通过年审的"盲人医疗按摩人员从事医疗按摩资格证书"无效，不得继续使用；在不予审核情形消失后，可以由本人提出申请，按照《盲人医疗按摩人员从事医疗按摩资格证书管理办法》第15条规定重新审核。

同时，《盲人医疗按摩人员从事医疗按摩资格证书管理办法》对盲人医疗按摩的执业地点也作了规定，其第25条规定，盲人医疗按摩人员在执业前，应当到负责医疗机构执业登记的卫生行政部门备案。变更执业地点的，应当先到原备案的卫生行政部门注销备案，然后到新执业的医疗机构所在地的卫生行政部门重新办理备案。

（三）医师执业证书的注销

取得医师资格证书或者医师执业证书后并不是一劳永逸的，法律同时规定了注销医师执业证书的情形。《医师法》第17条规定，医师注册后有下列情形之一的，注销注册，废止医师执业证书：

"（一）死亡；

（二）受刑事处罚；

（三）被吊销医师执业证书；

（四）医师定期考核不合格，暂停执业活动期满，再次考核仍不合格；

（五）中止医师执业活动满二年；

（六）法律、行政法规规定不得从事医疗卫生服务或者应当办理注销手续的其他情形。"

有上述规定情形的，医师所在医疗卫生机构应当在 30 日内报告准予注册的卫生健康主管部门；卫生健康主管部门依职权发现医师有前款规定情形的，应当及时通报准予注册的卫生健康主管部门。准予注册的卫生健康主管部门应当及时注销注册，废止医师执业证书。

《医师执业注册管理办法》第 18 条规定，医师注册后有下列情形之一的，医师个人或者其所在的医疗、预防、保健机构，应当自知道或者应当知道之日起 30 日内报告注册主管部门，办理注销注册：

"（一）死亡或者被宣告失踪的；

（二）受刑事处罚的；

（三）受吊销《医师执业证书》行政处罚的；

（四）医师定期考核不合格，并经培训后再次考核仍不合格的；

（五）连续 2 个考核周期未参加医师定期考核的；

（六）中止医师执业活动满 2 年的；

（七）身体健康状况不适宜继续执业的；

（八）出借、出租、抵押、转让、涂改《医师执业证书》的；

（九）在医师资格考试中参与有组织作弊的；

（十）本人主动申请的；

（十一）国家卫生计生委规定不宜从事医疗、预防、保健业务的其他情形的。"

（四）执业医师注册后的定期考核

《医师法》第 42 条规定，"国家实行医师定期考核制度"。即，从事医疗工作在取得医师资格和执业资格后，仍然要参加定期的考核，以不断提高其职业道德和诊疗水平。2007 年，原国家卫生部印发《医师定期考核管理办法》（卫医发〔2007〕66号），要求县级以上地方人民政府卫生行政部门委托的机构或组织按照医师执业标准对医师的业务水平、工作成绩和职业道德进行考核。

1. 医师定期考核内容

按照《医师定期考核管理办法》规定，医师定期考核每两年为一个周期。考核类别分为临床、中医（包括中医、民族医、中西医结合、全科医学专业）、口腔和公共卫生。医师定期考核包括业务水平测评、工作成绩和职业道德评定。根据原卫生部、国家中医药管理局印发《关于建立医务人员医德考评制度的指导意见（试行）》（卫办发〔2007〕296号）精神和各省制定的实施细则，医师定期考核包括业务水平测评、工作成绩和职业道德评定。业务水平测评由考核机构负责，工作成绩、职业道德评定由医师所在医疗、预防、保健、计划生育技术服务机构负责。

考核的具体内容包括：

（1）工作成绩评定

工作成绩评定的基本内容应包括：履行有关法律法规规定职责的情况；坚持日常工作，完成相应的工作量情况；主要业务工作情况，患者投诉情况等；根据卫生行政部门的调遣和所在医疗机构的安排，完成城乡医院对口支援、抢险救灾任务、突发公共卫生事件处置等情况；其他省级以上卫生行政部门规定的内容。

（2）职业道德评定

职业道德评定的基本内容应包括：医师恪守职业道德、遵守医德规范的情况，医师的工作作风、医患关系、团结协作情况等。评定以医务人员医德考评结果为依据。《医师定期考核管理办法》第19条规定，"国家实行医师行为记录制度。医师行为记录分为良好行为记录和不良行为记录。良好行为记录应当包括医师在执业过程中受到的奖励、表彰、完成政府指令性任务、取得的技术成果等；不良行为记录应当包括因违反医疗卫生管理法规和诊疗规范常规受到的行政处罚、处分，以及发生的医疗事故等。医师行为记录作为医师考核的依据之一"。

（3）业务水平测评

执业医师在通过工作成绩、职业道德评定并合格后，需参加专业知识的考核，即业务水平测评。业务水平测评的基本内容应包括医疗卫生管理相关法律、法规、部门规章制度等，专业基础理论、基本知识、基本技能和相应的技术操作能力，参加继续医学教育情况及其他省级以上卫生行政部门规定的内容。本考核周期内，被考核医师已参加了职称晋升考试、住院医师规范化培训考核、专科医师规范化培训考核、省级以上卫生行政部门组织的上岗培训考试或经省级以上卫生行政部门认可的相关考试，并考核合格的，可视为业务水平测试合格，不需再参加业务水平测评。

符合下列条件的人员可以申请简易考核：

①具有 5 年以上执业经历，考核周期内有良好行为记录的；

②具有 12 年以上执业经历，在考核周期内无不良行为记录的；

③省级以上卫生行政部门规定的其他情形。

简易程序业务水平测评形式可以为医师本人书写述职报告，由主要执业机构签署意见，并报考核机构审核。

2. 医师定期考核不合格情形

同时，《医师定期考核管理办法》第 27 条还设定了考核不合格的情形：

"（一）在发生的医疗事故中负有完全或主要责任的；

（二）未经所在机构或者卫生行政部门批准，擅自在注册地点以外的医疗、预防、保健机构进行执业活动的；

（三）跨执业类别进行执业活动的；

（四）代他人参加医师资格考试的；

（五）在医疗卫生服务活动中索要患者及其亲友财物或者牟取其他不正当利益的；

（六）索要或者收受医疗器械、药品、试剂等生产、销售企业或其工作人员给予的回扣、提成或者谋取其他不正当利益的；

（七）通过介绍病人到其他单位检查、治疗或者购买药品、医疗器械等收取回扣或者提成的；

（八）出具虚假医学证明文件，参与虚假医疗广告宣传和药品医疗器械促销的；

（九）未按照规定执行医院感染控制任务，未有效实施消毒或者无害化处置，造成疾病传播、流行的；

（十）故意泄漏传染病人、病原携带者、疑似传染病病人、密切接触者涉及个人隐私的有关信息、资料的；

（十一）疾病预防控制机构的医师未依法履行传染病监测、报告、调查、处理职责，造成严重后果的；

（十二）考核周期内，有一次以上医德考评结果为医德较差的；

（十三）无正当理由不参加考核，或者扰乱考核秩序的；

（十四）违反《医师法》有关规定，被行政处罚的。"

3. 医师定期考核不合格的法律后果

《医师法》第42条第4款规定，"对考核不合格的医师，县级以上人民政府卫生健康主管部门应当责令其暂停执业活动三个月至六个月，并接受相关专业培训。暂停执业活动期满，再次进行考核，对考核合格的，允许其继续执业"。《医师定期考核管理办法》第26条规定，"对考核不合格的医师，卫生行政部门可以责令其暂停执业活动3个月至6个月，并接受培训和继续医学教育；暂停执业活动期满，由考核机构再次进行考核。对考核合格者，允许其继续执业，但该医师在本考核周期内不得评优和晋升；对考核不合格的，由卫生行政部门注销注册，收回医师执业证书"。

（五）港澳台地区医师在内地（大陆）从事中医行为的管理

港澳台地区或港澳台是对香港特别行政区、澳门特别行政区和台湾地区的简称。此三地的执业医师在内地（大陆）地区有行医的需求，而此三地在政治、经济和法律体制上有别于内地（大陆）主体，因而，政府对港澳台地区医师在内地（大陆）从事中医服务行为有专门规定，如2008年12月29日原卫生部颁布的《香港、澳门特别行政区医师在内地短期行医管理规定》，2009年1月4日原卫生部颁布的《台湾地区医师在大陆短期行医管理规定》和2009年4月15日原卫生部、国家中医药管理局下发的《香港和澳门特别行政区医师获得内地医师资格认定管理办法》。

1. 港澳地区医师申请内地医师资格的条件

（1）港澳医师申请在内地短期行医需具备的条件

现行《香港和澳门特别行政区医师获得内地医师资格认定管理办法》文件规定，香港和澳门特别行政区的医师可以向省级卫生行政（中医药）管理部门申请获得内地医师资格，其类别包括临床、中医和口腔。同时具备下列条件并符合《中华人民共和国医师法》及其有关规定的香港和澳门特别行政区永久性居民的中国公民，可申请内地医师资格认定。

①2007年12月31日前已取得香港和澳门特别行政区合法行医资格满5

年的香港和澳门特别行政区永久性居民；

②具有与拟申请医师资格类别相应的医学专业学历证明；

③在香港和澳门特别行政区医疗机构中执业，具有香港和澳门特别行政区行医执照或者行医权证明；

④身体健康证明；

⑤执业期内无不良行为记录的证明和无刑事犯罪记录的证明。

香港和澳门特别行政区居民申请内地中医医师（包括中医、民族医、中西医结合）资格时应当向省级中医药管理部门提交申请，由省级卫生行政部门颁发统一印制的医师资格证书。取得内地医师资格证书的香港和澳门特别行政区居民申请在内地执业注册的，按照《医师执业注册暂行办法》执行。

（2）台湾地区医师在大陆短期行医需具备的条件

《台湾地区医师在大陆短期行医管理规定》第6条规定，台湾医师申请在大陆短期行医执业注册，应当具有下列主要材料证明。

①台湾永久居民身份证明材料；

②与申请执业范围相适应的医学专业最高学历证明；

③台湾医师的行医执照或者行医资格证明；

④近3个月内的体检健康证明；

⑤无刑事犯罪记录证明；

⑥大陆聘用医疗机构与台湾医师签订的协议书；

2. 港澳台地区医师在内地（大陆）地区执业的注册

根据我国现行文件规定，无论是港澳医师还是台湾医师，申请在内地（大陆）行医必须进行注册，执业注册的执业类别可以为临床、中医、口腔三个类别之一。申请执业注册机关为医疗机构所在地设区的市级以上地方人民政府卫生行政部门和中医药管理部门。

《香港、澳门特别行政区医师在内地短期行医管理规定》和《台湾地区医师在大陆短期行医管理规定》规定，港澳台医师在内地（大陆）短期行医（包括中医、民族医、中西医结合）应当受聘在内地（大陆）医疗机构从事临床诊疗活动，且不超过3年。港澳台医师短期行医执业证书的有效期应与港澳台医师在内地（大陆）医疗机构应聘的时间相同，最长为3年。有效期满后，如拟继续执业的，应当重新办理短期行医执业注册手续。

聘用港澳台地区医师在内地（大陆）行医的医疗机构，按照《医疗机构管理条例》有关条款进行管理。港澳台医师在内地（大陆）行医发生医疗事故或其他纠纷，按照《医师法》、《医疗纠纷预防和处理条例》和《医疗事故处理条例》等大陆地方的法律法规处理。

第三节　中医服务的基本规范

医疗服务虽然属于服务型行业，但医疗服务的对象是患者和一定社会人群，提供的产品涉及公民的生命权与健康权，具有伦理性和公益性的特点。《基本医疗卫生与健康促进法》第 3 条对医疗卫生行业的性质作出明确规定，"医疗卫生与健康事业应当坚持以人民为中心，为人民健康服务""医疗卫生事业应当坚持公益性原则"。《医疗机构管理条例》第 3 条规定，医疗机构以救死扶伤，防病治病，为公民的健康服务为宗旨。

医疗服务行为是由专业技术的医方提供的、患者或特定人群参与全过程的、没有特定形态的、具有公益性和一定风险性的社会活动。这类服务需要严格的技术规范和服务规范，以确保患者或一定人群的生命权与健康权。《中医药法》第 20 条明确规定了中医服务规范的重点内容："县级以上人民政府中医药主管部门应当加强对中医药服务的监督检查，并将下列事项作为监督检查的重点：（一）中医医疗机构、中医医师是否超出规定的范围开展医疗活动；（二）开展中医药服务是否符合国务院中医药主管部门制定的中医药服务基本要求；（三）中医医疗广告发布行为是否符合本法的规定。"

一、中医服务机构和人员的执业规范

《中医药法》第 20 条规定了县级以上人民政府中医药主管部门应当将对中医医疗机构、中医医师是否超出规定的范围开展医疗活动作为监督检查的重点之一。是否涉嫌超出规定的范围开展医疗活动，决定于医疗机构或执业医师在卫生行政管理部门的注册范围。

（一）医疗机构的执业范围

关于医疗机构执业活动的范围，《医疗机构管理条例》（2022 年修订）第 26 条对医疗机构执业范围作了原则性规定，即，"医疗机构必须按照核准登记或者备案的诊疗科目开展诊疗活动"。《医疗机构管理条例》第 19 条规定，

"医疗机构改变诊疗科目，必须向原登记机关办理变更登记或者向原备案机关备案"。未经卫生行政主管部门核准登记或者超出卫生行政主管部门核准登记的诊疗科目开展医疗服务的，即属于超出规定的范围开展医疗活动。《医疗机构管理条例》第47条规定，诊疗活动超出登记范围的，由县级以上人民政府卫生行政部门予以警告、责令其改正，没收违法所得，并可以根据情节处以1万元以上10万元以下的罚款；情节严重的，吊销其《医疗机构执业许可证》。

原卫生部颁布的《医疗机构基本标准（试行）》（卫医发〔1994〕第30号）对各种类型的医疗机构在设置时所需要达到的最低要求作了规定，它是卫生行政部门核发医疗机构执业许可证的法定标准，该标准和《医疗机构诊疗科目名录》（卫医发〔1994〕第27号）共同构成该医疗机构是否超出核定范围开展医疗服务的具体判断依据。

（二）各类医师的执业范围

《医师法》第14条对执业医师的执业范围作了原则性规定，即，"医师经注册后，可以在医疗卫生机构中按照注册的执业地点、执业类别、执业范围执业，从事相应的医疗卫生服务"。原卫生部制定的《医师执业注册中执业范围的暂行规定》对各类别医师执业范围作了具体规定，但在其立法说明中强调"该范围是执业医师和执业助理医师资格准入后的基本执业范围，设定执业范围的专业宜粗不宜细"❶。关于医师执业范围，该规定主要内容为：

其一，医师进行执业注册的类别必须以取得医师资格的类别为依据。医师依法取得两个或两个类别以上医师资格的，除以下两款情况之外，只能选择一个类别及其中一个相应的专业作为执业范围进行注册，从事执业活动。医师不得从事执业注册范围以外其他专业的执业活动。

其二，在县及县级以下医疗机构（主要是乡镇卫生院和社区卫生服务机构）执业的临床医师，从事基层医疗卫生服务工作，确因工作需要，经县级卫生行政部门考核批准，报设区的市级卫生行政部门备案，可申请同一类别至多三个专业作为执业范围进行注册。

其三，在乡镇卫生院和社区卫生服务机构中执业的临床医师因工作需要，经过国家医师资格考试取得公共卫生类医师资格，可申请增加公共卫生类别专业作为执业范围进行注册；在乡镇卫生院和社区卫生服务机构中执业的公

---

❶ 关于下发《关于医师执业注册中执业范围的暂行规定》的通知（卫医发〔2001〕169号）[EB/OL].〔2024-01-15〕.http：//www.gov.cn/gongbao/content/2002/content_61429.htm.

共卫生医师因工作需要，经过国家医师资格考试取得临床类医师资格，可申请增加临床类别相关专业作为执业范围进行注册。

其四，在计划生育技术服务机构中执业的临床医师，其执业范围为计划生育技术服务专业。在医疗机构中执业的临床医师以妇产科专业作为执业范围进行注册的，其范围含计划生育技术服务专业。

其五，根据国家有关规定，取得全科医学专业技术职务任职资格者，方可申请注册全科医学专业作为执业范围。

其六，医师注册后有下列情况之一的，不属于超范围执业：

①对病人实施紧急医疗救护的；

②临床医师依据《住院医师规范化培训规定》和《全科医师规范化培训试行办法》等，进行临床转科的；

③依据国家有关规定，经医疗、预防、保健机构批准的卫生支农、会诊、进修、学术交流、承担政府交办的任务和卫生行政部门批准的义诊等；

④省级以上卫生行政部门规定的其他情形。

另外，《医师法》第14条规定，中医、中西医结合医师可以在医疗机构中的中医科、中西医结合科或者其他临床科室按照注册的执业类别、执业范围执业。经考试取得医师资格的中医医师按照国家有关规定，经培训和考核合格，在执业活动中可以采用与其专业相关的西医药技术方法。西医医师按照国家有关规定，经培训和考核合格，在执业活动中可以采用与其专业相关的中医药技术方法。

（三）对中医服务机构和人员的管理规定

我国《宪法》第21条规定，"国家发展医疗卫生事业，发展现代医药和我国传统医药"。可见，现代医药和传统医药都是我国医疗卫生事业的主干。中医药是我国传统医药的典型代表，中医服务机构是法定的医疗卫生机构，应当按照我国医疗机构及卫生专业技术人员的相关法律进行管理。《中医药法》第14条规定，"举办中医医疗机构应当按照国家有关医疗机构管理的规定办理审批手续，并遵守医疗机构管理的有关规定"。

1. 目前我国对医疗机构管理的主要规定

（1）综合类

《基本医疗卫生与健康促进法》

（2）对医疗机构的管理规定

《医疗机构管理条例》、《医疗机构管理条例实施细则》、《中外合资、合作医疗机构管理暂行办法》、《中外合资、合作医疗机构管理暂行办法》的补充规定、《互联网医院管理办法（试行）》、《互联网诊疗管理办法（试行）》、《远程医疗服务管理规范（试行）》、《乡镇卫生院管理办法（试行）》、《村卫生室管理办法（试行）》

（3）对药事的管理规定

《医疗机构药事管理规定》《处方管理办法》

2. 我国目前对卫生专业技术人员从业管理的主要规定

《医师法》《医师资格考试暂行办法》《医师执业注册暂行办法》《医师执业注册管理办法》《护士条例》《护士执业资格考试办法》《护士执业注册管理办法》《乡村医生从业管理条例》《医疗机构从业人员行为规范》《执业药师业务规范》《执业药师注册管理办法》《执业药师资格制度暂行规定》《执业药师资格考试实施办法》

上述有关医疗机构及卫生技术人员执业资格、执业范围、执业环境、报酬及处分、医疗纠纷的解决等管理规定是对于医疗机构及卫生技术人员的一般性规定，同样适用于中医服务机构和人员。

（四）对中医服务机构及人员的特殊管理规定

由于中医药具有传统医药的独特性和中华文化的鲜明性，与现代医学（西医）有着本质的不同，为了传承、保持和发扬中医药，我国政府及有关职能部门作了特殊的、针对性的管理规定，既在一定程度上放宽中医类医疗机构的设立条件和执业者的从业准入，也规定了相应的法律责任。主要的规定有：

1. 综合类

《中医药法》是中医药领域唯一一部对中医药事业管理的基础性法律。

2. 关于中医医疗机构

《中医医疗机构管理办法（试行）》对中医医疗机构和人员的执业、职责和罚则等作了一般性和特殊性规定。

《中医坐堂医诊所管理办法（试行）和基本标准（试行）》（国中医药医政发〔2010〕58号）对在药品零售药店中设置中医坐堂医诊所的条件、章程和标准给予明确的规定。

《中医诊所备案管理暂行办法》对在中医药理论指导下，运用中药和针灸、拔罐、推拿等非药物疗法开展诊疗服务，以及中药调剂、汤剂煎煮等中药药事服务的诊所的备案具体办法作了规定。

《中医养生保健服务机构基本标准（试用稿）》由国家中医药管理局发布，对中医养生保健服务机构的性质、服务项目、限制项目和场所与环境、服务设施和人员管理等方面的最低要求作了规定。

《关于规范中医医院与临床科室名称的通知》（国中医药发〔2008〕12号）对中医医院与临床科室的普通名称、特殊名称和临床科室的习惯名称和跨学科名称作了具体规定。

《关于进一步规范中医医院评审工作的通知》对落实《中医医院评审暂行办法》（国中医药医政函〔2012〕96号）、《关于做好中医医院评审有关工作的通知》（国中医药办医政发〔2017〕3号）的精神作了进一步规定。

3. 关于中医从业人员

《关于传统医学师承和确有专长人员医师资格考核考试办法》（2006年卫生部52号令）对以师承方式学习传统医学或者经多年传统医学临床实践医术确有专长、不具备医学专业学历的人员如何参加医师资格考试作了规定。

《中医医术确有专长人员医师资格考核注册管理暂行办法》对以师承方式学习中医或者经多年实践，医术确有专长的人员参加医师资格考核和执业注册作了专门规定。其中对本办法实施前已经按照《传统医学师承和确有专长人员医师资格考核考试办法》规定取得传统医学医术确有专长证书的，可以按照本办法规定申请参加中医医术确有专长人员医师资格考核。

《中医师在养生保健机构提供保健咨询和调理等服务的暂行规定》（国中医药医政发〔2016〕2号）对能够熟练运用中医（民族医）理念、方法和技术提供保健咨询和调理等服务的取得中医类别执业医师（含执业助理医师）资格人员在养生保健机构中从事服务内容、服务禁忌、劳动管理、责任权益等作了规定。

《医疗气功管理暂行规定》（2000年卫生部令第12号）对运用气功方法治疗疾病构成医疗行为的各类机构和人员作了相应的规定。

《医疗气功知识与技能考试暂行办法》（国中医药发〔2003〕33号）规定了评价申请者是否具备从事医疗气功活动所必需的基本专业知识与技能必须经过医疗气功考试（含理论知识综合笔试和实践技能考试两个方面）。

《中成药临床应用指导原则》（国中医药医政发〔2010〕30号）为提高中

成药的临床疗效，规范中成药使用，减少中药不良反应发生，降低患者医疗费用，保障患者用药安全，对各级医疗机构在临床使用中成药时的规范作了示范性规定。

（五）超出注册范围执业的法律责任

对于医疗机构，法律明确规定禁止超出登记的范围开展医疗活动。《医疗机构管理条例》第 26 条规定，"医疗机构必须按照核准登记或者备案的诊疗科目开展诊疗活动"。第 46 条规定，"违反本条例第二十六条规定，诊疗活动超出登记或者备案范围的，由县级以上人民政府卫生行政部门予以警告、责令其改正，没收违法所得，并可以根据情节处以 1 万元以上 10 万元以下的罚款；情节严重的，吊销其《医疗机构执业许可证》或者责令其停止执业活动"。同样，《中医药法》第 54 条规定，"违反本法规定，中医诊所超出备案范围开展医疗活动的，由所在地县级人民政府中医药主管部门责令改正，没收违法所得，并处一万元以上三万元以下罚款；情节严重的，责令停止执业活动""中医诊所被责令停止执业活动的，其直接负责的主管人员自处罚决定作出之日起五年内不得在医疗机构内从事管理工作。医疗机构聘用上述不得从事管理工作的人员从事管理工作的，由原发证部门吊销执业许可证或者由原备案部门责令停止执业活动"。

对于执业医师，法律对其执业地点和范围有着严格的规定。《医师执业注册管理办法》第 8 条规定，"医师取得《医师执业证书》后，应当按照注册的执业地点、执业类别、执业范围，从事相应的医疗、预防、保健活动"。《医师法》第 57 条规定，"违反本法规定，医师未按照注册的执业地点、执业类别、执业范围执业的，由县级以上人民政府卫生健康主管部门或者中医药主管部门责令改正，给予警告，没收违法所得，并处一万元以上三万元以下的罚款；情节严重的，责令暂停六个月以上一年以下执业活动直至吊销医师执业证书"。《中医药法》第 55 条规定，"违反本法规定，经考核取得医师资格的中医医师超出注册的执业范围从事医疗活动的，由县级以上人民政府中医药主管部门责令暂停六个月以上一年以下执业活动，并处一万元以上三万元以下罚款；情节严重的，吊销执业证书"。

所以，医疗机构超出登记范围开展医疗活动或者执业医师超出注册范围从事医疗活动的，在法律上都属于行为主体在主观上存在故意，具有一定的过错基础，要根据是否造成相应的不良后果来承担相应的法律责任。

【案例9】 未取得《医疗机构执业许可证》、超出备案范围开展诊疗活动受处罚案

基本案情：

原告大连市潘檄香域中医诊所有限公司成立日期为 2019 年 5 月 9 日，于 2019 年 6 月 22 日取得营业执照，于 2019 年 7 月 5 日取得中医诊所备案证，法定代表人均为潘某玫。2019 年 11 月 29 日，被告大连市中山区卫生健康局执法人员到该中医诊所注册地大连市中山区八一路 260 号 1、2 层进行卫生监督检查时发现，该单位 2 层理疗室放有一台三氧发生器及相关医疗器具，现场见原告方工作人员王某华在执业，无患者。现场发现患者登记本一本，被告作出证据先行登记保存决定书，将该患者登记本作为证据异地封存。被告人员对王某华进行询问，王某华陈述：其本人主要负责三氧治疗，三氧治疗指抽出患者静脉血 100—200 毫升与三氧发生器中三氧相结合，再置于振荡器上摇晃 3—5 分钟后，回输到患者体内。自 2019 年 4 月至今共有 162 人次的患者，每次收费 190 元，并确认登记本上记载的记录真实。

2020 年 2 月 28 日，被告作出中卫医罚（2020）001 号行政处罚决定书，其中载明：中医诊所超出中医诊所备案证备案的诊疗范围擅自为患者开展三氧自体血治疗，共收取诊疗费用 7030 元，违反了《中医药法》第 14 条第 2 款及《中医诊所备案管理暂行办法》第 12 条，依据《中医药法》第 54 条和《中医诊所备案管理暂行办法》第 24 条的规定，对中医诊所作出如下处罚决定：没收违法所得 7030 元，并罚款 2 万元整。该行政处罚决定书于当日向原告送达。

2020 年 2 月 27 日，被告作出中卫医罚（2020）002 号行政处罚决定书，其中载明：2019 年 5 月 9 日至 2019 年 7 月 4 日，原告存在未取得医疗机构执业许可证擅自开展诊疗活动的违法行为，违反了《医疗机构管理条例》第 24 条"任何单位或者个人，未取得《医疗机构执业许可证》，不得开展诊疗活动"的规定，依据《医疗机构管理条例》第 44 条以及《医疗机构管理条例实施细则》第 77 条的规定，参照《2016 大连市中山区卫计局行政处罚自由裁量权指导标准》第 15 条"对未取得《医疗机构执业许可证》擅自执业三个月以下的，责令其停止执业活动，没收非法所得和药品、器械，并处以 1000—3000 元的罚款"的规定，对原告作出如下处罚决定：没收违法所得 3990 元，

并罚款2000元整。该行政处罚决定书于次日向原告送达。

2020年2月13日，被告作出中卫医罚（2020）003号行政处罚决定书，其中载明：2019年4月1日至2019年5月8日，原告聘用王某华在大连市中山区八一路260号1、2层为59名顾客提供三氧自体血治疗并收取费用，存在未取得医疗机构执业许可证擅自开展诊疗活动的违法行为。其行为违反了《医疗机构管理条例》第24条"任何单位或者个人，未取得《医疗机构执业许可证》，不得开展诊疗活动"的规定，依据《医疗机构管理条例》第44条以及《医疗机构管理条例实施细则》第77条"对未取得《医疗机构执业许可证》擅自执业的，责命其停止执业活动，没收非法所得和药品、器械，并处以三千元以下的罚款"，参照《2016大连市中山区卫计局行政处罚自由裁量权指导标准》第15条"对未取得《医疗机构执业许可证》擅自执业三个月以下的，责令其停止执业活动，没收非法所得和药品、器械，并处以1000—3000元的罚款"，作出如下处罚决定：没收违法所得11210元，并罚款2000元整。该行政处罚决定书于次日邮寄向原告送达。

原告不服该三份处罚决定，提起三份诉讼，将大连市中山区卫生健康局起诉至大连经济技术开发区人民法院。原审法院以被告作出的行政处罚主要证据不足，判决撤销被告大连市中山区卫生健康局作出的三份中卫医罚（2020）001、002、003号行政处罚决定书的行政行为。大连市中山区卫生健康局不服一审判决上诉至大连市中级人民法院。

二审法院认为，本案中，按照原审原告的工作人员王某华所述，涉案"三氧自体血"理疗活动系抽出患者静脉血，与三氧发生器中的三氧相结合，再置于振荡器上摇晃数分钟后，回输到患者体内的活动，其符合《医疗机构管理条例实施细则》第88条中关于"诊疗活动"的含义。上诉人据此将其按照诊疗活动进行处理，并无不妥。

根据《中医药法》第14条及《医疗机构管理条例》第5条、第24条，任何单位或者个人，未取得医疗机构执业许可证，不得开展涉案"三氧自体血"诊疗活动。此外，据原审原告所述，涉案"三氧自体血"诊疗活动系从德国引进，不属于中医的诊疗范围，也即其超出了中医诊所中医科的备案范围，依照前述规定，备案为中医科的中医诊所亦不得从事涉案"三氧自体血"诊疗活动。否则，县级以上人民政府卫生行政部门有权对上述违法行为进行查处。

据此，二审法院认定被上诉人存在未取得医疗机构执业许可证擅自开展诊疗活动的违法行为，自 2019 年 4 月 1 日至 5 月 8 日从事三氧自体血治疗活动，收费人次为 59 人次，并由此计算其收取诊疗费用 11210 元（190 元/人次×59 人次），事实清楚，证据充分。本案中，上诉人对被上诉人作出被诉行政处罚决定，决定没收违法所得 11210 元，并罚款 2000 元整，符合前述规定，适用法律正确。

认定原审原告超出备案范围，自 2019 年 5 月 9 日至 7 月 5 日从事三氧自体血治疗活动，收费人次为 21 人次，并由此计算其收取诊疗费用 3990 元（190 元/人次×21 人次），事实清楚，证据充分。本案中，上诉人对原审原告作出被诉行政处罚决定，决定没收违法所得 3990 元，并罚款 2000 元，符合前述规定，适用法律正确。

认定原审原告超出备案范围，自 2019 年 7 月 12 日至 11 月 27 日从事三氧自体血治疗活动，收费人次为 37 人次，并由此计算其收取诊疗费用 7030 元（190 元/人次×37 人次），事实清楚，证据充分。本案中，上诉人对原审原告作出被诉行政处罚决定，决定没收违法所得 7030 元，并罚款 2 万元，符合前述规定，适用法律正确。

此外，二审法院认为虽然上诉人基于同样的证据对原审原告作出三份行政处罚决定，但该三份处罚决定所针对的违法行为的实施时间并不相同，原审原告对此亦予以自认。由此，被上诉人关于被诉行政处罚决定属于重复处罚的主张，缺乏事实和法律依据，不予采纳。

最终二审法院判决撤销大连经济技术开发区人民法院作出的上述三份行政判决。❶

案件评述：

本案中，大连市潘橡香域中医诊所有限公司在经营场所内从事了涉案"三氧自体血"诊疗活动，对其违法行为应分三个阶段予以分析。首先，从 2019 年 4 月 1 日至 5 月 8 日该中医诊所有限公司成立之前，该单位即在经营场所内从事了涉案"三氧自体血"诊疗活动，每人次收费 190 元。该行为违反了《医疗机构管理条例》第 24 条"任何单位或者个人，未取得《医疗机构

---

❶ 辽宁省大连市中级人民法院行政判决书（2020）辽 02 行终 622 号；辽宁省大连市中级人民法院行政判决书（2020）辽 02 行终 624 号；辽宁省大连市中级人民法院行政判决书（2020）辽 02 行终 673 号。

执业许可证》，不得开展诊疗活动"的规定。其次，从 2019 年 5 月 9 日至
2019 年 7 月 5 日该诊所取得中医诊所备案证期间，大连市潘橡香域中医诊所
有限公司的行为同样违反了《医疗机构管理条例》第 24 条。最后，从 2019
年 7 月 5 日至 2019 年 11 月 27 日期间，大连市潘橡香域中医诊所有限公司开
展案涉"三氧自体血"诊疗活动的行为应属中医诊所超出备案范围开展医疗
活动。

本案中，大连市中山区卫生健康局依据《医疗机构管理条例》第 44 条
"违反本条例第二十四条规定，未取得《医疗机构执业许可证》擅自执业的，
由县级以上人民政府卫生行政部门责令其停止执业活动，没收非法所得和药
品、器械，并可以根据情节处以 1 万元以下的罚款"以及《医疗机构管理条
例实施细则》第 77 条"对未取得《医疗机构执业许可证》擅自执业的，责令
其停止执业活动，没收非法所得和药品、器械，并处以三千元以下的罚款"
的规定，参照《2016 大连市中山区卫计局行政处罚自由裁量权指导标准》第
15 条，分别对大连市潘橡香域中医诊所有限公司于 2019 年 7 月 5 日取得中医
诊所备案证之前的违法行为进行两次处罚。根据《中医药法》第 54 条对大连
市潘橡香域中医诊所有限公司取得中医诊所备案证之后的行为进行处罚。

本案中，虽然上诉人基于同样的证据对原审原告作出三份行政处罚决定，
但三份处罚决定所针对的违法行为的实施时间并不相同，并不属于重复处罚。
本案涉及对当事人的行为是否属于"同一违法行为"的认定问题以及《行政
处罚法》（2017 年修正）第 24 条"对当事人的同一违法行为，不得给予两次
以上罚款的行政处罚"的法律适用问题，此外本案中还牵涉《医疗机构管理
条例》以及《中医药法》的法律适用问题。这些问题都值得我们思考。

二、中医服务机构和人员的诊疗规范

《中医药法》第 20 条规定了县级以上人民政府中医药主管部门应当把中
医医疗机构、中医医师开展中医药服务是否符合国务院中医药主管部门制定
的中医药服务基本要求作为监督检查的重点内容之一。

（一）诊疗行为应当体现中医药自身特点

除了特殊管理规定，国家中医药行政管理部门还制定了相应的基本要求，
以保持和发扬中医药的特色优势。《中医药法》第 17 条对开展中医药服务作
了原则性规定，"开展中医药服务，应当以中医药理论为指导，运用中医药技

术方法，并符合国务院中医药主管部门制定的中医药服务基本要求"。即，服务的内容和方式要基于中医药基本理论，并在此基础上运用中医药技术方法，同时符合中医药主管部门制定的基本要求。判断是否符合《中医药法》第17条的规定，一个比较简单的方法是分析该服务行为是否符合中医药自身的基本特征。2016年12月国务院新闻办公室发布的《中国的中医药》白皮书中，对中医药自身的特色和优势作了如下归纳：

第一，重视整体。中医认为人与自然、人与社会是一个相互联系、不可分割的统一体，人体内部也是一个有机的整体。重视自然环境和社会环境对健康与疾病的影响，认为精神与形体密不可分，强调生理和心理的协同关系，重视生理与心理在健康与疾病中的相互影响。

第二，注重"平"与"和"。中医强调和谐对健康具有重要作用，认为人的健康在于各脏腑功能和谐协调，情志表达适度中和，并能顺应不同环境的变化，其根本在于阴阳的动态平衡。疾病的发生，其根本是在内、外因素作用下，人的整体功能失去动态平衡。维护健康就是维护人的整体功能动态平衡，治疗疾病就是使失去动态平衡的整体功能恢复到协调与和谐状态。

第三，强调个体化。中医诊疗强调因人、因时、因地制宜，体现为"辨证论治"。"辨证"，就是将四诊（望、闻、问、切）所采集的症状、体征等个体信息，通过分析、综合，判断为某种证候。"论治"，就是根据辨证结果确定相应治疗方法。中医诊疗着眼于"病的人"而不仅是"人的病"，着眼于调整人体整体功能失调的状态。

第四，突出"治未病"。中医"治未病"核心体现在"预防为主"，重在"未病先防、既病防变、瘥后防复"。中医强调生活方式和健康有着密切关系，主张以养生为要务，认为可通过情志调摄、劳逸适度、膳食合理、起居有常等，也可根据不同体质或状态给予适当干预，以养神健体，培育正气，提高抗邪能力，从而达到保健和防病作用。

第五，使用简便。中医诊断主要由医生自主通过望、闻、问、切等方法收集患者资料，不依赖于各种复杂的仪器设备。中医干预既有药物，也有针灸、推拿、拔罐、刮痧等非药物疗法。许多非药物疗法不需要复杂器具，其所需器具（如小夹板、刮痧板、火罐等）往往可以就地取材，易于推广使用。❶

---

❶ 国务院新闻办公室. 中国的中医药［EB/OL］.［2024-01-15］. http：//www.gov.cn/zhengce/2016-12/06/content_ 5144013. htm#allContent.

【案例10】北京永安堂医药公司与张某医疗损害责任纠纷案

基本案情：

2011年10月25日，张某前往永安堂医药公司王府井中医诊所（以下简称永安堂）进行治疗，经诊断为"肝血虚、胸痹、心肾不交"，并开具7日处方一份，其中含半夏40克，2011年11月1日，张某再次前往永安堂就医，经诊断为"气虚气滞、胸闷气短、动则加重"，并开具3日处方一份，半夏减为12克，并嘱其"如效不显及时去医院就医"。

2011年11月15日，张某急诊入北京协和医院进行检查，结果为肌酐755μmol/L（参考范围59~104μmol/L）、双肾轻度弥漫性病变。2011年12月16日，张某入石家庄肾病医院接受住院治疗，初步诊断为：慢性肾小球肾炎、慢性肾功能不全（尿毒症期）、肾性贫血、肾性高血压。后张某先后就诊于多家医院，最终诊断为尿毒症。

2012年7月，张某将永安堂起诉至北京市东城区人民法院，张某认为永安堂违反诊疗常规，在未认真鉴别诊断的情况下，存在病情误诊。同时，永安堂在明知药方中部分药物（半夏）具有肾毒性的情况下，不仅未进行充分告知说明，而且在未进行肾脏功能检测的前提下，超剂量用药。

北京市东城区人民法院认定永安堂的医疗行为与张某的损害后果之间有因果关系。最终判决北京永安堂赔偿张某医疗费、误工费、住院伙食补助费、残疾赔偿金、后续治疗费、营养费、精神抚慰金等合计4771625.44元。

永安堂不服，上诉至北京市第二中级人民法院称：开具的中药处方符合中医药典规范，并适合张某当时的症状，无任何不当，诊疗行为未对张某构成损害；处方也载明"如效不显及时去医院就医"。另外，永安堂对鉴定报告存在异议。生半夏有毒，经过炮制的法半夏和姜半夏是无毒的，该公司实际给张某拿的是"法半夏"，是无毒的。关于剂量，药典给出的用量是"指导用量"，而非"最大用量"，医生可以根据患者的实际情况酌情确定用量。而关于病历书写、接诊方式和诊断依据的问题，永安堂认为中医与西医的诊治方式不同，有相应的接诊日志登记和望闻问切的情况，便符合规范要求，故请求撤销原判，驳回张某的诉讼请求。

二审法院认为：因医疗行为涉及医学专业知识，系专业性较强的技术性问题，应由专家对此进行评判，故鉴定机构的鉴定是处理医疗损害责任纠纷案件的重要依据。

关于永安堂在对张某的诊疗过程中是否存在过错及如存在过错，与张某损害后果是否有因果关系这一问题，张某在永安堂就医时，永安堂确未详细了解记录张某的既往病史、中医四诊情况，也没有进行必要的体格检查和辅助检查；而且永安堂在了解到张某肾可能存在问题的情况下，没有进行有针对性的检查，违反了医方应尽的谨慎注意义务。永安堂的该项上诉意见，缺乏事实依据，二审法院不予采信。

关于永安堂开具的处方中半夏用量超出药典记载用量，是否构成过错的问题，法院认为，药典记载的用量虽然为参考性的指导用量，但医方加大某些药物用量时亦应当有充分的依据。根据现有证据材料，永安堂医药公司并未提供证据证明其给张某加大半夏用量的依据。至于法半夏的毒性问题，根据鉴定专家的出庭质询意见，即便是经过炮制以后的法半夏，也并非完全无毒。综上，参考鉴定结论的意见，永安堂在对张某的诊疗过程中存在诊断依据不明确、违反谨慎注意义务、用药依据欠充分的过错，该过错与张某目前的损害后果之间具有一定的因果关系。永安堂主张其不存在过错，缺乏事实依据，二审法院不予采信。

关于永安堂的诊疗过错与张某目前损害后果的参与度问题，法院认为：首先，根据鉴定专家出庭质询的意见，服药时间的长短并非界定诊断急性、慢性肾功能损害的标准，故永安堂认为距服药仅 2 个月时间，张某便被诊断为慢性肾功能损害，即该损害一定与服药无关的推断，不能成立；其次，关于永安堂提出张某在就诊于永安堂前即可能患有肾功能疾病的问题。根据现有证据无法确定张某既往肾脏疾病情况。而造成目前无法查清这一事实的原因是永安堂接诊程序不规范，没有详细询问病情及书写病历，在张某曾询问其肾脏有无问题的情况下，也未对张某进行各项有关指标的检查，故无法判断张某在永安堂就诊前身体状况的责任在于永安堂，永安堂应对此承担相应的不利后果，即在由此造成其诊疗过错对张某损害后果参与度无法判断的情况下，对张某的损害后果承担全部赔偿责任。综上，永安堂上诉主张其不应承担赔偿责任的意见，二审法院亦不予采信。

综上，永安堂的上诉请求和理由，缺乏事实及法律依据，二审法院不予支持。原审判决并无不当，应予维持。判决驳回上诉，维持原判。❶

---

❶ 北京市第二中级人民法院民事判决书（2014）二中民终字第 11726 号。

案件评述：

本案之所以引起舆论广泛关注，一是近500万元的天价赔偿是医疗纠纷尤其是中医药医疗纠纷中比较少见的。二是本案中关于"半夏"为含毒性中药，且永安堂开具"40g"处方超出药典规定用药范围是否合适引起广泛争议。二审法院围绕永安堂在对张某的诊疗过程中是否存在过错及如存在过错，与张某损害后果是否有因果关系、永安堂开具的处方中半夏用量超出药典记载用量是否构成过错以及永安堂的诊疗过错与张某损害后果的参与度等焦点问题进行详细审查，最终认定永安堂在对张某的诊疗过程中存在诊断依据不明确、违反谨慎注意义务、用药依据欠充分的过错，该过错与张某的损害后果之间具有一定的因果关系。且二审法院认为由于永安堂接诊程序不规范，没有详细询问病情及书写病历，在张某曾询问其肾脏有无问题的情况下，也未对张某进行各项有关指标的检查，导致无法判断张某在永安堂就诊前身体状况，由此造成其诊疗过错对张某损害后果参与度无法判断，永安堂应该承担全部赔偿责任。

由本案我们可以联想到中医"知常达变"的学术思想，它体现了中医的整体观念和辨证论治的特点。它要求医生在治疗疾病时，既要遵循一般的规律，也要灵活变通，因人、因病、因时制宜。既要知晓各味中药的贯穿用量，也要根据患者的具体症状、体质、所处地域和方剂特点、使用目的等因素进行综合考虑，调整药味和剂量。而知常达变的学术思想也应当反映到相关法律中来，以维护中医诊疗行为的合理性。知常达变用药，可能包括以下几个方面：

第一，患者的病况不同。中医认为，药物的用量与疾病、病势、病程等因素相关。一般情况下，病轻者用量宜小，病重者用量宜大；病缓者用量宜小，病急者用量宜大。如大黄治疗肝炎时，一般用30g；治疗重症高热应用生地时，最大可用到200g；而取其滋阴养血之效治疗皮肤病，一般用10g~30g即可，可见同一味药物剂量不同所治疾病各异。❶ 俗话说"重剂起沉疴"，对于一些急症、重症、疑难证，在辩证正确的情况下，突破常用剂量，打破顾虑，往往能收到事半功倍的效果。如益母草用作"调经活血"时，其用量一般为9g~15g，倘作"利水消肿"之用，则需大剂量始能奏效，因为"矢虽中

---

❶ 车慧，刘文科，姬航宇，等．指标选药临床思路及用药原则［J］．辽宁中医杂志，2012，39（4）：594.

的"而"力不及彀",即"药虽对证"而"用量不足",往往不见效果。❶

第二,天地时三因不同。中医治疗疾病讲求"天人相应",药物用量常常因人、因时、因地而不同。《徐大春医书全集》载,"四时加减柴胡汤,由柴胡、白术各 60g,大腹槟榔 4 枚并皮用,陈皮 37.5g、生姜 37.5g、桔梗 52.5g;冬三月柴胡稍多,春减白术、增枳实;夏三月又增甘草,仍用枳实、白术;秋三月同冬三月,惟陈皮稍多,水煎,分温 3 服,半小时进一服。用治五脏寒热"❷。此外,应区别年龄、体质,审慎用量,一般老人、小儿、产妇及体质虚弱者用量宜小,身强力壮者用量宜大。《内经·素问·异法方宜论》所言,"一病而治各不同,皆愈何也? ……地势使然也",说明地域环境也会影响用量,故发汗解表类、辛温大热类、苦寒降火类药用量应随患者所处地域环境的不同而变化。

第三,药之性味不同。精通药性是遣方用量的基础。旋覆花、紫苏、薄荷、桑白皮等花、叶、皮、枝部位入药的用量宜大;龙骨、牡蛎等矿物介壳类药物用量宜小;鲜品用量宜大,干品用量应小;大黄、芒硝、黄连、半夏等有毒、过于苦寒或药性峻蒙的药物,用量宜小,逐步加量;麝香、牛黄、鹿茸、珍珠等贵重药材,在保证药效的情况下,应尽量减少用量。但药食同源或无毒的药物,如红枣、山药、薏米等可以根据病情大剂量应用。❸ 此外,不同产地的药材以及种植方法的改变,使得药材中有效成分的含量发生变化,与几百年前相比,同一剂量的药材其功效可能大为降低,在临床上要达到原有的疗效可行的方法是增大药量来实现,客观上造成了超剂量用药。

第四,剂型、配伍的差异。一般情形下,对于同一药物,汤剂比丸剂用量大;单方比复方用量大;中药配伍讲求"君臣佐使",主要药物比辅助药物用量大。如《金匮要略》枳术汤方和《内外伤辨》枳术丸,两方同为枳实、白术二药组成,但枳术汤中枳实用量(70g)倍于白术(30g),故以消积导滞为主;枳术丸中的白术用量(60g)倍于枳实(30g),故以健脾和中为主。❹

第五,学术流派间的差异。从古至今,中医学术流派众多,且各有特色,

---

❶ 仝小林.重剂起沉疴［M］.北京:人民卫生出版社,2010:1.
❷ 仝小林.重剂起沉疴［M］.北京:人民卫生出版社,2010:1.
❸ 国家药典委员会.中华人民共和国药典［M］.北京:中国医药科技出版社,2015:13.
❹ 国家药典委员会.中华人民共和国药典:临床用药须知(中药饮片卷)［M］.北京:中国医药科技出版社,2011:66.

推动中医发展和完善。传统学术流派，如寒凉学派、温补学派等；地域性学术流派，如岭南学派、永嘉学派等；专科性学术流派，如齐鲁儿科推拿学派等，各派均有其诊疗优势和用药特色。以火神派为例，其代表人物是郑钦安，后人有吴佩衡，祝味菊等，现在山西的李可老先生也属于这一派，用药特点是重用附子、干姜、肉桂、麻黄等温阳类药物。由于思想的不同而形成了各具特色的学术流派，他们各自的遣方用药各不相同，且各有千秋，丰富了中医的临床实践。

因此，我们认为在司法实践中，对于超剂量用药要根据具体情况来衡量是否需要"变"的必要。如果超剂量用药行为既有必要且又有效，则应认定该"变"为合理之变。《中华人民共和国药典》（2015 年版）中规定："饮片的用法与用量，除另有规定外，用法系指水煎内服；用量系指成人一日常用剂量，是根据临床应用的实际情况，结合古今度量衡衍变折算而确定的临床常用安全、有效剂量，需要时可根据需要酌情增减。"❶ 由于学界对药典的这一规定有争议，认为缺乏科学依据以及模棱两可，不能有效地指导临床实践，《中华人民共和国药典》（2020 年版）将之修改为"除另有规定外，用法系指水煎内服，用量系指成人一日常用剂量，必要时可遵医嘱"。❷

（二）诊疗行为应当符合中医药基本规范

为了有效传承和保持中医药的上述基本特征，规范中医服务过程中的行为，防止利用中医药之名违法开展西医药服务，违背立法者的原意，损害人民群众的合法权益，国家中医药行政主管部门等制定了中医服务的基本要求和规范，主要包括：

《中医医疗技术操作手册（2013 普及版）》

《中医医院医疗设备配置标准（试行）》

《中医医疗技术相关性感染预防与控制指南（试行）》（国中医药办医政发〔2017〕22 号）

《中成药临床应用指导原则》（国中医药医政发〔2010〕30 号）

《中医病历书写基本规范》（国中医药医政发〔2010〕29 号）

---

❶　国家药典委员会．中华人民共和国药典：临床用药须知（中药饮片卷）［M］．北京：中国医药科技出版社，2011：75-77.

❷　国家药典委员会．中华人民共和国药典（一部）凡例［M］．北京：中国医药科技出版社，2020：8.

《中药处方格式及书写规范》（国中医药医政发〔2010〕57号）

《医院中药房基本标准》（国中医药发〔2009〕4号）

《医院中药饮片管理规范》

《关于中药饮片处方用名和调剂给付有关问题的通知》（国中医药发〔2009〕7号）

《医疗机构中药煎药室管理规范》（国中医药发〔2009〕3号）

《综合医院中医临床科室基本标准》（国中医药发〔2009〕6号）

《综合医院中医药工作指南》（国中医药医政发〔2011〕14号）

《中医诊所基本标准（2023年版)》

《护理人员中医技术使用手册》（国中医药医政医管便函〔2015〕89号）

《乡镇卫生院中医药服务管理基本规范》（国中医药发〔2003〕56号）

《乡镇卫生院中医科基本标准》（国中医药发〔2010〕3号）

《社区卫生服务中心中医药服务管理基本规范》（国中医药发〔2003〕56号）

《关于加强乡村中医药技术人员自种自采自用中草药管理的通知》（国中医药发〔2006〕44号）

《中医药健康管理服务规范》（含老年人中医药健康管理服务，0~36个月儿童中医药健康管理服务）（国卫基层发〔2013〕7号）

《医养结合机构服务指南（试行)》（国卫办老龄发〔2019〕24号）

《传统中医养生服务管理规范》（T/CAS 382—2019）

《盲人医疗按摩技术操作规范（试行)》

《关于有关举报案件中涉及中医诊疗行为判定事宜的函》（国中医药政函〔2009〕42号）

此外，中医服务机构还应当符合《医疗质量管理办法》（国家卫生和计划生育委员会令第10号）、《处方管理办法》（卫生部令第53号）、《医院处方点评管理规范（试行）》（卫医管发〔2010〕28号）、《医疗机构药事管理规定》（卫医政发〔2011〕11号）、《医疗机构处方审核规范》、《二、三级综合医院药学部门基本标准（试行）》、《医疗技术临床应用管理办法》（国家卫生健康委员会令第1号）、《互联网诊疗管理办法（试行）》、《互联网医院管理办法（试行）》、《远程医疗服务管理规范（试行）》（国卫医发〔2018〕25号）等医疗服务机构的一般性规范。

在上述基本规范中，有三项比较重要的行为规范，具体阐述如下：

1. 关于中医服务中使用现代科技和方法的问题

《中医药法》第 16 条首先规定了中医医疗机构应当主要提供中医药服务。即"以中医药理论为指导，运用中医药技术方法"。第 3 条同时规定，发展中医药事业应当保持和发挥中医药特色和优势，运用现代科学技术，促进中医药理论和实践的发展。所以，发展中医药事业，可以运用现代科学技术。

但是，《中医药法》第 16 条同时规定，中医服务中运用现代学科技术必须符合一定的要求，即"经考试取得医师资格的中医医师按照国家有关规定，经培训、考核合格后，可以在执业活动中采用与其专业相关的现代科学技术方法。在医疗活动中采用现代科学技术方法的，应当有利于保持和发挥中医药特色和优势"。同样，《医师法》第 14 条也规定，"经考试取得医师资格的中医医师按照国家有关规定，经培训和考核合格，在执业活动中可以采用与其专业相关的西医药技术方法"。所以，根据国家有关文件精神，中医类执业医师在临床过程中使用现代科技与方法的前提或者要求是：

①使用人必须是已经考试取得医师资格的中医医师。

②必须经过培训并考核合格（有关化学药品、生物制品、介入等特殊医疗技术等方面的现代科技和方法）。

③采用的现代科学技术方法必须与其本专业相关。

④应当有利于保持和发挥中医药特色和优势（而不是完全替代）。

⑤必须符合《医师法》和《药品管理法》的有关规定。

2. 关于非中医类执业医师使用中药的问题

该问题即俗称的西医是否能开具中药。《中医药法》第 3 条规定，"国家鼓励中医西医相互学习，相互补充，协调发展，发挥各自优势，促进中西医结合"。第 18 条规定，"县级以上人民政府应当发挥中医药在突发公共卫生事件应急工作中的作用，加强中医药应急物资、设备、设施、技术与人才资源储备""医疗卫生机构应当在疾病预防与控制中积极运用中医药理论和技术方法"。所以，我国关于中医管理的基本政策之一是中西医结合，中西医并重，中医药并用。另一项基本政策是鼓励医疗机构在各个方面积极使用中医药技术。2019 年 10 月 20 日，中共中央、国务院发布的《关于促进中医药传承创新发展的意见》中指出，鼓励西医学习中医，允许临床类别医师通过考核后提供中医服务，参加中西医结合职称评聘。

2019 年 6 月，国家卫生健康委员会办公厅和国家中医药管理局办公室联合下发《关于印发第一批国家重点监控合理用药药品目录（化药及生物制品）的通知》（国卫办医函〔2019〕558号），对非中医类别执业医师使用中药作了更为具体的规定。

首先，其他类别的医师（非中医类别医师），经过不少于1年系统学习中医药专业知识并考核合格后，遵照中医临床基本的辨证施治原则，可以开具中成药处方。

其次，取得省级以上教育行政部门认可的中医、中西医结合、民族医医学专业学历或学位的，或者参加省级中医药主管部门认可的2年以上西医学习中医培训班（总学时数不少于850学时）并取得相应证书的，既可以开具中成药处方，也可以开具中药饮片处方。

最后，按照《传统医学师承和确有专长人员医师资格考核考试办法》有关规定跟师学习中医满3年并取得传统医学师承出师证书的，既可以开具中成药处方，也可以开具中药饮片处方。

除此之外，有些地方对非中医类别医师使用中药的其他情形作了补充规定，如上海市卫生健康委和上海市中医药管理局联合制定《上海市非中医类别执业医师开展中医诊疗活动执业管理办法》，对另外两种情形的非中医类别医师使用中药作了规定。

其一，非中医类别执业医师参加市卫生健康行政部门批准或认可举办的专项中医医疗技术培训班，并经市卫生健康行政部门考核通过取得相应证书的，可以在其原执业范围内开展专项中医药技术。

其二，非中医类别执业医师经医疗机构培训并考核合格后，可以在其原执业范围内应用全国性专业学术组织制定的本专业临床诊疗规范或指南推荐的单味中药饮片。

3. 关于中医执业活动中非法行医的认定问题

所谓非法行医，就是违反法律法规的有关规定开展诊疗活动。《医疗机构管理条例》第23条规定，"任何单位或者个人，未取得《医疗机构执业许可证》，不得开展诊疗活动"。❶ 第26条规定，"医疗机构必须按照核准登记或

---

❶ 《关于打击非法行医专项行动中有关中医监督问题的批复》（国中医药办法监发〔2014〕9号）中规定，"中医诊疗活动是以疾病诊断和治疗为目的，在中医理论指导下通过各种检查，使用药物、技术、器械及手术等方法，对疾病作出判断和消除疾病、缓解病情、减轻痛苦、改善功能、延长生命、帮助患者恢复健康的活动"。

者备案的诊疗科目开展诊疗活动"。《医师法》第13条第4款规定，"未注册取得医师执业证书，不得从事医师执业活动"。第14条规定，"医师经注册后，可以在医疗卫生机构中按照注册的执业地点、执业类别、执业范围执业，从事相应的医疗卫生服务""中医、中西医结合医师可以在医疗机构中的中医科、中西医结合科或者其他临床科室按照注册的执业类别、执业范围执业"。根据上述法律法规的规定，可以归纳出非法行医的两种情形。即，行医所在单位没有取得《医疗机构执业许可证》或者行医范围超出核准登记的诊疗科目，行医者个人未注册取得医师执业证书或者未按照注册的执业地点、执业类别、执业范围执业的，均属于非法行医。按照《医疗机构管理条例》和《医师法》的规定，这两种行为将承担相应的行政法律责任，造成患者损失的，按照《民法典》的规定，将承担相应的民事法律责任。

如果非法行医行为导致严重不良后果，属于情节严重，应当承担相应的刑事法律责任。《刑法》第336条规定，"未取得医生执业资格的人非法行医，情节严重的，处三年以下有期徒刑、拘役或者管制，并处或者单处罚金；严重损害就诊人身体健康的，处三年以上十年以下有期徒刑，并处罚金；造成就诊人死亡的，处十年以上有期徒刑，并处罚金""未取得医生执业资格的人擅自为他人进行节育复通手术、假节育手术、终止妊娠手术或者摘取宫内节育器，情节严重的，处三年以下有期徒刑、拘役或者管制，并处或者单处罚金；严重损害就诊人身体健康的，处三年以上十年以下有期徒刑，并处罚金；造成就诊人死亡的，处十年以上有期徒刑，并处罚金"。

根据国家部委有关文件，非法行医的典型情形有八种：

①无证行医行为；

②医疗机构聘用非卫生技术人员行医的行为；

③医疗机构出租、承包科室的行为；

④非法从事性病诊疗活动的行为；

⑤利用B超非法鉴定胎儿性别和选择性别的终止妊娠手术的行为；❶

⑥非法从事医疗美容诊疗活动的行为，如未取得《医疗机构执业许可证》擅自从事医疗美容诊疗活动的单位和个人，以及未经审批擅自从事医疗美容

---

❶　参见《关于印发打击非法行医专项行动方案的通知》（卫监督发〔2005〕156号）和《关于进一步加强全国打击非法行医专项行动的通知》（卫监督发〔2006〕140号）中列出的五种重点打击非法行医行为。

诊疗活动的医疗机构;

⑦医疗机构超出登记范围开展诊疗活动的行为;

⑧医疗机构违法发布医疗广告的行为。❶

由于医疗行为直接涉及人的生命健康权,所以国家有关部门对于行医的合法性作了许多强制性规定。国家中医药管理局在 2018 年发布了《关于开展中医养生保健服务乱象专项整治的通知》(国中医药办法监函〔2018〕274号),国家市场监督管理总局等十三部委在 2019 年发布《关于开展联合整治"保健"市场乱象百日行动的通知》(国市监竞争〔2019〕12 号),都对宣传治疗效果的行为予以打击。实践中,对于中医服务机构或中医从业人员是否属于非法行医的判定,除了上述八种典型情形,在实践中还要结合国家卫生行政主管部门的有关规定进行综合判断,主要有:

①对于被举报方为患者实施诊脉、量血压、看舌苔、开具中药方及其说明让患者服用的行为,根据《医疗机构管理条例实施细则》第 88 条之规定,视为中医诊疗行为。❷

②对于非医师运用其自身掌握的医学知识帮助对方的行为是否认定为非法行医行为,请按照《执业医师法》(现为〈医师法〉)、《医疗机构管理条例》、《关于印发打击非法行医专项行动方案的通知》和《关于深入开展打击非法行医专项行动的通知》中的相关规定执行。❸

③根据《医疗机构管理条例实施细则》第 88 条,"理疗"属于诊疗活动。根据《医疗机构管理条例》第 24 条,任何单位和个人未取得《医疗机构执业许可证》不得开展诊疗活动,否则为非法行医。❹

④根据《医疗机构管理条例实施细则》第 88 条,利用药物和穴位按摩治疗近视、弱视等眼部疾病属于诊疗活动范畴。❺

⑤以治疗疾病为目的,在疾病诊断的基础上,按照中医理论和诊疗规范等实施中医推拿、按摩、刮痧、拔罐等方法,属于医疗活动,必须在医疗机

---

❶ 参见《关于深入开展打击非法行医专项行动的通知》(卫监督发〔2007〕131 号)中增列的三种重点打击非法行医行为。

❷❸ 参见《关于有关举报案件中涉及中医诊疗行为判定事宜的函》(国中医药政函〔2009〕42 号)。

❹ 参见《卫生部关于对使用医疗器械开展理疗活动有关定性问题的批复》(卫医发〔2004〕373 号)。

❺ 参见《卫生部关于对穴位按摩治疗近视等有关问题的批复》(卫医发〔2004〕380 号)。

构内进行，非医疗机构不得开展。❶

⑥医疗机构开展推拿、按摩、刮痧、拔罐等活动，应当由在本机构执业的卫生技术人员实施，不得聘用非卫生技术人员开展此类活动。

⑦非医疗机构开展推拿、按摩、刮痧、拔罐等活动，在机构名称、经营项目名称和项目介绍中不得使用"中医""医疗""治疗"及疾病名称等医疗专门术语，不得宣传治疗作用。

⑧根据《医疗美容服务管理办法》第2条和《医疗美容项目（试行）》，诊疗科目仅登记为美容中医科的医疗美容机构开展整形美容手术，应认定为超范围执业。❷

⑨根据中医医疗服务的特点和实际情况，《关于医师执业注册中执业范围的暂行规定》中所指"中医专业"包括中医内科、外科、妇产科、儿科等多个中医临床专业。在医疗机构中执业范围注册为中医专业、从事中医妇产科临床工作的医师，经过计划生育技术服务相关知识和技能学习、培训，取得相应资质后，其执业范围包括计划生育技术服务专业，可从事计划生育技术服务工作。❸

⑩《医疗机构诊疗科目名录》中明确规定"医疗机构实际设置的临床专业科室名称不受本《名录》限制，可使用习惯名称和跨学科科室名称"，临床科室名称不必与诊疗科目名称相同。诊疗科目名录是填写《医疗机构执业许可证》的标准，卫生监督执法核定医疗机构执业范围时按照《医疗机构执业许可证》上的诊疗科目核定。❹

⑪中医类别医师可以在医疗机构急诊科（室）和急救中心（站）按照注册的执业范围执业。❺

⑫参加过中医药知识培训和中医药适宜技术推广培训的临床类别执业医师，在临床工作中提供相应的中医药服务，不应认定为超出注册执业类别和范围执业。❻

---

❶　参见《关于中医推拿按摩等活动管理有关问题的通知》（国中医药发〔2005〕45号）。

❷　参见《关于美容中医科开展整形美容手术是否认定超范围执业的批复》（卫医发〔2006〕41号）。

❸　参见《关于中医医师开展计划生育手术有关问题的复函》（国中医药办函〔2008〕116号）。

❹　参见《关于规范中医医疗机构诊疗科目名称有关问题的复函》（国中医药函〔2009〕34号）。

❺　参见《关于中医类别医师可以从事急救工作的批复》（卫医政发〔2009〕335号）。

❻　《国家中医药管理局关于转发河南省中医药管理局关于临床类别执业医师从事中医药服务有关问题的批复》（国中医药医政综合便函〔2011〕89号）。

⑬非医疗机构及其人员在经营活动中不得使用针刺、瘢痕灸、发泡灸、牵引、扳法、中医微创类技术、中药灌洗肠以及其他具有创伤性、侵入性或者高危险性的技术方法；不得开具药品处方；不得宣传治疗作用；不得给服务对象口服不符合《既是食品又是药品的物品名单》《可用于保健食品的物品名单》规定的中药饮片或者《保健食品禁用物品名单》规定禁用的中药饮片。❶

⑭任何机构和人员开展医疗气功活动，应当符合原卫生部《医疗气功管理暂行规定》的规定。❷

⑮持有按摩证（或保健按摩证）的按摩人员为职业技能人员，不得从事诊疗活动。❸

⑯中医养生保健机构可以使用中医技术，但禁止使用针刺、瘢痕灸、发泡灸、牵引、扳法、中医微创类技术、中医灌洗肠以及其他具有创伤性、侵入性或者危险性的技术方法。❹

【案例11】 郝某梅与天津市宝坻中医院医疗损害责任纠纷案

基本案情：

郝某梅系宝坻中医院职工，在西药房担任药师一职。2014年5月，郝某梅在宝坻中医院中医综合治疗科行埋线减肥治疗，10天后左前臂及右小腿埋线处相继出现肿胀，后伴发红肿热痛，遂于宝坻中医院就诊。宝坻中医院给予消炎清热解毒等中草药治疗，效果不佳。后给予切开引流治疗，于筋膜下肌肉层见大量黄色脓性渗出物，长期换药后渗出物减少，切口不愈合。

自2014年9月16日至2021年4月30日8时，郝某梅前后11次分别入中国人民解放军总医院、中国人民解放军总医院第一附属医院、中国人民解放军总医院第四医学中心住院治疗。最后一次出院诊断记载：1. 右小腿包块待查；2. 左上肢、腹部、右小腿瘢痕增生；3. 慢性胃炎；4. 高血压病（1级）。

郝某梅认为宝坻中医院在治疗过程中对其产生了损害，遂向天津市宝坻

---

❶❷ 参见《关于打击非法行医专项行动中有关中医监督问题的批复》。

❸ 参见《关于重庆市卫生计生委康复按摩活动定性有关问题的批复》（国卫法制函〔2014〕168号）。

❹ 参见《关于非医疗机构开展"火疗"项目的复函》。

区人民法院提起诉讼，请求宝坻中医药对其医疗损害予以赔偿。本案一审诉讼中，根据郝某梅的申请，法院依法委托天津市开平司法鉴定中心对宝坻中医院的医疗行为是否存在过错、过错与郝某梅的损害后果之间是否具有因果关系及参与度进行鉴定。2021年8月19日，天津市开平司法鉴定中心作出(2021)年第212号案件不受理函，记载：我中心收到委托后对鉴定相关资料进行审查及与被鉴定人了解情况，郝某梅于宝坻中医院诊疗期间无病历材料，鉴定材料不完整、不充分，根据《司法鉴定程序通则》第15条第2款之规定，故对本次鉴定不予受理。一审法院根据《医疗机构病历管理规定》第10条"门（急）诊病历原则上由患者负责保管。医疗机构建有门（急）诊病历档案室或者已建立门（急）诊电子病历的，经患者或者其法定代理人同意，其门（急）诊病历可以由医疗机构负责保管"的规定，可以确认郝某梅应对其门诊病历负责保管，因无门诊病历致使鉴定不能的责任应由郝某梅担负。

郝某梅不服一审判决，上诉至天津市第一中级人民法院。二审法院认为虽然上诉人郝某梅无法提供在宝坻中医院的诊治病历致使专业的鉴定机构无法予以评判，但郝某梅的经治医师宋某昌，在其对郝某梅进行埋线中医诊疗时并未实际取得中医类别医师执业证书，违反了《中华人民共和国执业医师法》的规定。另根据上诉人郝某梅提交的首诊时医疗费票据，被上诉人宝坻中医院以穴位拔罐项目收取此次埋线减肥治疗费用，与上诉人郝某梅实际进行的埋线减肥治疗不相符。被上诉人宝坻中医院虚开诊疗项目代替真实治疗项目，明显不符合诊疗规范。被上诉人宝坻中医院的上述行为，明显违反诊疗规范。即使存在门诊病历，门诊病历中的处方事项应与诊疗费票据收费项目一致，亦存在虚假情形，因此可以推定被上诉人宝坻中医院有过错，应承担全部赔偿责任。一审法院以郝某梅无法提供在宝坻中医院的诊治病历，怠于行使诉讼权利而丧失了最佳准确评判过错参与度的可能为由，认定上诉人郝某梅承担50%责任，依据不足。

在诉讼请求中，郝某梅坚持认为宝坻市中医院实施的手术为美容类手术，属于中医美容范畴，宝坻中医院应依照《医疗美容服务管理办法》进行备案，实施美容项目的医生也应符合相应资质。一审法院认为，郝某梅系在宝坻中医院中医综合治疗科行埋线减肥治疗，从治疗的科室名称上直观体现的是中医综合治疗。宝坻中医院具有中医传统专科特色的临床科室，能运用中医中药防治疾病，满足人民群众对中医药服务需求的医疗机构。郝某梅作为宝坻中医院的职工较其他人员更应清楚中医院的性质，较传统的美容医疗机构而言，中医院的设立主要是为了治病救人而非美容美体。另外，郝某梅做埋线治疗时为 45 岁，较医疗美容美体的受众群体而言，显然不属于大众的单纯美容美体的受众群体。还有，根据《中医医疗技术手册》等规定，可知穴位埋线技术是将羊肠线或生物蛋白线埋入人体穴位内，利用线体对穴位的持续刺激作用治疗疾病的一种技术，具有疏通经络、调和气血、补虚泻实的作用，属于中医医疗技术。综上，一审法院认为，宝坻中医院利用埋线技术对郝某梅的减肥治疗应属于中医诊疗，而非医疗美容技术范畴，不应适用《医疗美容服务管理办法》等医美相关规定。

本案最终判决宝坻市中医院败诉，对郝某梅予以赔偿。❶

案件评述：

本案牵涉两个有争议的问题，即病历资料的归属以及埋线治疗属于中医诊疗还是医疗美容问题。

因为病历资料对医疗损害责任纠纷案件的审理非常关键，是判断医疗损害责任的首要证据。实践中，对于病历资料的归属，医方和患方一直争论不休。对患者来说，病历资料记载了自己的健康信息，属于个人隐私，理应归自己所有。对医方来说，病历资料虽然记载了患者的健康信息，但是由医生、护士等医务人员共同完成，里面记载了医务人员对患者疾病的诊断、治疗方案及处方等，是医务人员劳动成果的体现，因此病例资料应该归医院所有。根据现行医疗卫生法律、法规的规定，目前还没有一部法律、法规就病历资料的所有权归属作出明确的规定。法律、法规应用的术语为"保管"。《民法典》第 1225 条规定：医疗机构及其医务人员应当按照规定填写并妥善保管住院志、医嘱单、检验报告、手术及麻醉记录、病理资料、护理记录等病历资料。《医疗纠纷预防和处理条例》第 15 条规定：医疗机构及其医务人员应当按照国务院卫生主管部门的规定，填写并妥善保管病历资料。因紧急抢救未能及时填写病历的，医务人员应当在抢救结束后 6 小时内据实补记，并加以注明。任何单位和个人不得篡改、伪造、隐匿、毁灭或者抢夺病历资料。《医疗机构病历管理规定》第 10 条规定：门（急）诊病历原则上由患者负责保管。医疗机构建有门（急）诊病历档案室或者已建立门（急）诊电子病历的，经患者或者其法定代理人同意，其门（急）诊病历可以由医疗机构负责

---

❶ 天津市第一中级人民法院民事判决书（2022）津 01 民终 405 号。

保管。住院病历由医疗机构负责保管。由上可知，我国现行医疗卫生管理法律法规将病例分为门（急）诊病历和住院病历。门（急）诊病例的保管权交给患者，住院病历的保管权交给医疗机构。在司法实践中，基于病历的不同保管人承担对应的举证责任。

关于埋线治疗属于中医诊疗还是医疗美容问题，国家中医药管理局中医医疗技术协作组编写的《中医医疗技术手册（2013普及版）》第十五章埋线技术记载：穴位埋线技术是将羊肠线或生物蛋白线埋入人体穴位内，利用线体对穴位的持续刺激作用治疗疾病的一种技术，具有疏通经络、调和气血、补虚泻实的作用。常用于哮喘、三叉神经痛、面肌痉挛、癫痫、糖尿病、过敏性鼻炎、过敏性结肠炎、慢性胃炎、肥胖症、湿疹、慢性荨××等疾病的治疗。……（五）肥胖症（单纯性肥胖）本病多因过食肥甘、缺乏运动、先天禀赋不足致气虚阳衰、痰湿瘀滞而形成。临床表现为体重异常增加，并伴有头晕乏力，神疲懒言，少动气短等症状。所以，中医医疗技术针刺类技术包括埋线技术。《中医诊疗操作技术规范》也规定了埋线疗法操作技术规范。可见埋线治疗属于中医诊疗技术。但实践中，将这种技术应用于中医医疗美容服务行业也已普遍存在。根据《医疗美容服务管理办法》第2条第1款："本办法所称医疗美容，是指运用手术、药物、医疗器械以及其他具有创伤性或者侵入性的医学技术方法对人的容貌和人体各部位形态进行的修复与再塑。"第4款规定："医疗美容科为一级诊疗科目，美容外科、美容牙科、美容皮肤科和美容中医科为二级诊疗科目。"《医疗美容项目分级管理目录》规定：美容中医科项目中其他美容技术包括穴位埋线疗法术。由此可见，埋线治疗基于一种中医诊疗技术既可以应用于中医诊疗活动也可以应用于中医美容服务中，而分属于不同的领域将应用不同的法律法规来规制。就本案来说，埋线疗法到底属于中医诊疗还是医疗美容，应根据宝坻中医院的诊疗科目、诊疗范围及是否具有相应的资质以及能否开展本项目来界定。根据《医疗机构管理条例》第26条：医疗机构必须按照核准登记或者备案的诊疗科目开展诊疗活动。根据《医疗机构诊疗科目名录》医疗机构可以开展的科目包括预防保健科、全科医疗科、内、外、妇、儿及中医科等52项。其中中医科按照内、外、妇、儿、针灸等18个专业。中医医疗机构应该在以上的诊疗科目名录中进行注册登记获取医疗机构执业许可证。此外，根据本案查明事实，宝坻中医院作为中医医疗机构没有获取医疗美容资质，不能开展医疗美容服务。作为郝某梅的经治医师宋某昌，在其对郝某梅进行埋线中医诊疗时并未实际取得中医类别医师执业证书，不具有相应的资质，违反了原《中华人民共和国执业医师法》。宝坻中医院违反了《医疗机构管理条例》关于禁止使用非卫生技术人员从事医疗卫生技术工作的规定。另根据郝某梅提交的首诊时医疗费票据显示，宝坻中医院以穴位拔罐项目收取此次埋线减肥治疗费用，与实际进行的埋线减肥治疗不相符，宝坻中医院虚开诊疗项目代替真实治疗项目，弄虚作假，明显不符合诊疗规范。鉴于此，宝坻中医院开展的埋线治疗违法，在对郝某梅进行损害赔偿外，还应受到卫生行政处罚。

（三）中医服务机构或人员违反法律规范的法律责任

《中医药法》对违法举办中医诊所、炮制中药饮片、委托配制中药制剂以及种植中药材过程中使用剧毒、高毒农药等行为作出了责令改正、停止执业活动、罚款、拘留等明文规定。而对于中医服务机构或中医从业人员违反中医药行政主管机构制定的标准、规范、指南和通知等行为并没有作出具体的相关规定。实际上，根据法律一般性规定和司法实践，违反行政主管部门制定的行政规范性文件等基本要求也可能要承担相应的法律责任。

为了更好地实施法律、法规、规章，国家有关部门会根据法律法规而制定一些规范性文件。《国务院办公厅关于加强行政规范性文件制定和监督管理工作的通知》（国办发〔2018〕37号）认为，"行政规范性文件是除国务院的行政法规、决定、命令以及部门规章和地方政府规章外，由行政机关或者经法律、法规授权的具有管理公共事务职能的组织（以下统称行政机关）依照法定权限、程序制定并公开发布，涉及公民、法人和其他组织权利义务，具有普遍约束力，在一定期限内反复适用的公文"。行政规范性文件虽然不属于法律渊源的范畴，但由于其是由法律、法规授权的行政机关为履行法定职能而制定的管理行政相对人的正式文件，因而在司法实践中，行政规范性文件同样具有法的效力，公民、法人或者其他组织都必须遵守该文件规定，人民法院在审理相关案件时，只要该规范性文件不与法律法规规章或上级文件相冲突，同样会参照审理。

按照《立法法》的规定，国家中医药行政主管机关虽然不具有行政立法权，但其在行政管理中可以根据实际需要，对法律法规规章中的有关规定，可以作出更具有可操作性的、具有抽象行政行为属性的文件。因而，本书列举的国家中医药行政主管机关依法制定的各种管理要求（包括标准、规范、指南和通知等）都具有一定的法律效力，中医医疗机构和医务人员违反这些管理要求都可能承担相应的法律责任。

三、中医医疗技术的命名与管理规范

中医医疗技术是中医临床服务的重要手段，对于彰显特色，提高疗效发挥着重要作用。由于全国各医疗机构中医医疗技术命名方法繁杂随意，存在"一技多名"等问题，国家中医药管理局和国家卫生健康委员会为了进一步规范中医医疗技术命名，加强中医医疗技术临床应用管理，出台了《关于规范医疗机构中医医疗技术命名　加强中医医疗技术临床应用管理的通知》，对中医医疗技术命名作了具体规定。

（一）中医医疗技术命名规范

《关于规范医疗机构中医医疗技术命名　加强中医医疗技术临床应用管理的通知》规定，中医医疗技术命名应符合中医理论、科学规范、简短准确，体现中医学术特点，采用中医专业术语。不得采用夸大、自诩、不切实际的用语（如一招定乾坤），不得采用误导患者的用语（如特效药茶），不得采用庸俗或有封建迷信色彩的用语（如请神驱鬼方）。

医疗机构开展与《中医医疗技术手册（2013普及版）》《全国医疗服务价格项目规范（2012年版）》中操作方法、内涵相同的中医医疗技术，应使用《中医医疗技术手册（2013普及版）》和《全国医疗服务价格项目规范（2012年版）》中的中医医疗技术名称，不得自行命名。❶

（二）中医医疗技术的临床应用

在国家中医药管理局发布的《关于规范医疗机构中医医疗技术命名，加强中医医疗技术临床应用管理的通知》中规定，医疗机构应当按照《医疗技术临床应用管理办法》及其他法律法规和规章制度的要求，开展与其技术能力相适应的中医医疗技术服务，保障临床应用安全，降低医疗风险。医疗机构对本机构中医医疗技术临床应用和管理承担主体责任。

医疗机构应建立并落实本机构中医医疗技术临床应用论证和评估等管理制度。开展评估和论证，应侧重审查医疗机构实施该技术的条件（场所、设

---

❶ 具体命名时可参看国家中医药管理局、国家卫生健康委员会印发的《中医病证分类与代码》和《中医临床诊疗术语》。

备、人员能力、技术能力和管理制度、流程、规范等）。医疗机构首次应用《中医医疗技术手册（2013普及版）》和《全国医疗服务价格项目规范（2012年版）》外的中医医疗技术，还应审查该技术的成熟度。对本机构首次应用的中医医疗技术，应当组织开展本机构技术能力和安全保障能力论证，通过论证的方可开展临床应用。

医疗机构要为医务人员建立中医医疗技术临床应用管理档案，纳入个人专业技术档案管理，并实行动态管理。要研究制定本机构内技术操作规范和管理要求，明确管理规定和风险防范措施。要加强对技术操作人员的培训和考核，规范人员操作行为，严格按照技术操作规范开展技术操作，遵守院内感染控制等相关要求。

（三）中医临床适宜技术及其推广

中医临床适宜技术是由国家中医药管理局组织专家在全国范围内筛选的各种中医药特色技术疗法。这些技术疗法主要是针对常见病、多发病，其疗效已被长期临床实践所证实，并且经过严格的科学研究，具有安全、有效、便于操作、价格低廉的特点。由于是国家中医药主管部门在全国各地临床实践中遴选的，其疗效比较确定，安全风险比较低，适宜大范围的推广使用。中医临床适宜技术的推广有利于广泛运用中医药特色技术，对于提高中医药临床疗效、降低医疗费用、减轻群众医疗负担具有重要意义。目前国家级中医临床适宜技术已推广百余项，各地也纷纷建立中医药适宜技术推广基地，推广当地中医临床适宜技术。

国家中医药管理局为了推广中医临床适宜技术，专门发布《关于实施中医临床适宜技术推广计划的通知》（国中医药函〔2006〕58号），要求各级卫生行政部门组织辖区各医疗卫生单位及各有关机构，选派中医药及相关卫生技术人员到中医临床适宜技术推广项目研究单位进修学习，或聘请相关技术提供单位的专家到当地举办中医临床适宜技术推广（培训）班传授技术。还可以结合中医药继续教育项目、新型农村合作医疗、农村中医工作先进县（区）、城市社区卫生服务、万名医师支援农村卫生工程、中医医院等级评审等工作相结合，加大推广普及中医临床适宜技术的力度。

四、中医医疗广告的内容和发布

中医医疗广告曾经是涉嫌虚假医疗服务广告的重灾区之一。《中医药法》

第 20 条规定了县级以上人民政府中医药主管部门应当把中医医疗广告发布行为是否符合《中医药法》的规定作为监督检查的重点内容之一。

《医疗广告管理办法》第 4 条明确规定了中医药管理部门负责中医药医疗广告的审查，并对中医药医疗机构进行监督管理。第 8 条规定了省级中医药管理部门为审查机构，"中医、中西医结合、民族医医疗机构发布医疗广告，应当向其所在地省级中医药管理部门申请"。第 9 条规定了审查程序，省级卫生行政部门中医药管理部门应当自受理之日起 20 日内对医疗广告成品样件内容进行审查。对审查合格的医疗广告，省级中医药管理部门发给医疗广告审查证明，并将通过审查的医疗广告样件和核发的医疗广告审查证明予以公示。

《中医药法》第 19 条对中医医疗广告的发布和审查作了专门规定，"医疗机构发布中医医疗广告，应当经所在地省、自治区、直辖市人民政府中医药主管部门审查批准；未经审查批准，不得发布。发布的中医医疗广告内容应当与经审查批准的内容相符合，并符合《中华人民共和国广告法》的有关规定"。所以，中医医疗广告必须符合《广告法》的一般规定和《中医药法》的特殊规定。

（一）必须符合《广告法》的一般规定

在广告活动中，主要有广告主、广告经营者、广告发布者和广告代言人等参与者。根据《广告法》的规定，广告主是指为推销商品或者服务，自行或者委托他人设计、制作、发布广告的自然人、法人或者其他组织。与中医药服务相关的广告行为，主要涉及医疗机构或者医务人员为宣传、推广本单位或本人的医疗服务，自行或者委托他人设计、制作和发布医疗或者药品广告。

《广告法》对于发布广告的一般性规定有：

其一，广告发布者必须办理广告发布行政登记。虽然随着市场经济的快速发展，市场主要从事广告经营业务的经营者并不需要申请主体资格许可，但为了规范市场秩序、保护消费者权益，行政主管部门注重对户外广告、互联网广告等加大事先审查和事后监督力度。对于广告发布者，则必须具备一定条件并履行一定的行政手续。《广告法》第 29 条规定，"广播电台、电视台、报刊出版单位从事广告发布业务的，应当设有专门从事广告业务的机构，配备必要的人员，具有与发布广告相适应的场所、设备"。即，广告的发布者必须向工商行政管理部门办理行政登记手续。《广告发布登记管理规定》第 2

条规定，"广播电台、电视台、报刊出版单位（以下统称广告发布单位）从事广告发布业务的，应当向所在地县级以上地方工商行政管理部门申请办理广告发布登记"。准予登记的，方可开展广告发布活动。

其二，广告经营者和发布者具有审核广告真实性、合法性的义务。广告的真实性是《广告法》中最重要的内容，也是广告发布最核心的原则。广告的真实性要求宣传推广的商品或者服务必须是客观真实存在的，向社会传播的信息必须是准确和恰当的，消费者不会因广告内容而对产品或服务产生歧义或者误导。

广告的真实性涉及广告主和广告经营者的责任。广告主是指为推销商品或者服务，自行或者委托他人设计、制作、发布广告的自然人、法人或者其他组织。广告经营者是指接受委托提供广告设计、制作、代理服务的自然人、法人或者其他组织。《广告法》第34条规定了广告经营者和广告发布者的审核义务。即，"广告经营者、广告发布者应当按照国家有关规定，建立、健全广告业务的承接登记、审核、档案管理制度。广告经营者、广告发布者依据法律、行政法规查验有关证明文件，核对广告内容。对内容不符或者证明文件不全的广告，广告经营者不得提供设计、制作、代理服务，广告发布者不得发布"。对此，《大众传播媒介广告发布审查规定》（工商广字〔2012〕26号）作了具体规定。

其三，特殊产品或服务的广告必须经过行政审查。虽然广告发布内容主要是事后监管，但《广告法》对于一些事关公民生命权健康权的特殊产品或服务作了特殊规定，必须经过行政机关的事先审查。《广告法》第46条规定，发布医疗、药品、医疗器械、农药、兽药和保健食品广告，以及法律、行政法规规定应当进行审查的其他广告，应当在发布前由有关部门对广告内容进行审查；未经审查，不得发布。所以，医疗、药品、医疗器械、农药、兽药和保健食品类广告以及是否涉及烟草、医疗美容等内容属于特殊产品或服务的广告，需要事先取得有关行政管理部门的行政审查。具体规定如《医疗广告管理办法》《药品、医疗器械、保健食品、特殊医学用途配方食品广告审查管理暂行办法》《农药广告审查发布规定》《医疗美容广告执法指南》。

其四，广告内容或表述不含有禁止或限制情形。《广告法》第3条对广告内容作出了原则性规定，"广告应当真实、合法，以健康的表现形式表达广告内容，符合社会主义精神文明建设和弘扬中华民族优秀传统文化的要求"。第4条进一步规定，"广告不得含有虚假或者引人误解的内容，不得欺骗、误导消费者"。广告中对商品的性能、功能、产地、用途、质量、成分、价格、生产者、有效期限、允诺等或者对服务的内容、提供者、形式、质量、价格、允诺等有表示的，应当准确、清楚、明白。

《广告法》对广告内容的禁止或限制情形作了列举，主要有：

①广告不得损害未成年人和残疾人的身心健康。

②广告不得贬低其他生产经营者的商品或者服务。

③麻醉药品、精神药品、医疗用毒性药品、放射性药品等特殊药品，药品类易制毒化学品，以及戒毒治疗的药品、医疗器械和治疗方法，不得作广告。上述规定以外的处方药，只能在国务院卫生行政部门和国务院药品监督管理部门共同指定的医学、药学专业刊物上作广告。

④发布医疗、药品、医疗器械、农药、兽药和保健食品广告，以及法律、行政法规规定应当进行审查的其他广告，应当在发布前由有关部门（以下称广告审查机关）对广告内容进行审查；未经审查，不得发布。

⑤除医疗、药品、医疗器械广告外，禁止其他任何广告涉及疾病治疗功能，并不得使用医疗用语或者易使推销的商品与药品、医疗器械相混淆的用语。

⑥广播电台、电视台、报刊音像出版单位、互联网信息服务提供者不得以介绍健康、养生知识等形式变相发布医疗、药品、医疗器械、保健食品广告。

⑦禁止在大众传播媒介或者公共场所发布声称全部或者部分替代母乳的婴儿乳制品、饮料和其他食品广告。

⑧禁止使用未授予专利权的专利申请和已经终止、撤销、无效的专利作广告。

⑨大众传播媒介不得以新闻报道形式变相发布广告。通过大众传播媒介发布的广告应当显著标明"广告"，与其他非广告信息相区别，不得使消费者产生误解。

⑩农作物种子、林木种子、草种子、种畜禽、水产苗种和种养殖广告关于品种名称、生产性能、生长量或者产量、品质、抗性、特殊使用价值、经济价值、适宜种植或者养殖的范围和条件等方面的表述应当真实、清楚、明

白，并不得含有下列内容：作科学上无法验证的断言；表示功效的断言或者保证；对经济效益进行分析、预测或者作保证性承诺；利用科研单位、学术机构、技术推广机构、行业协会或者专业人士、用户的名义或者形象作推荐、证明。

⑪其他有关烟草、酒类、教育培训、招商投资、房地产等方面的禁止式限制的情形。

（二）必须符合医疗服务广告的专门规定

《广告法》明确规定，发布医疗广告，应当在发布前由有关部门对广告内容进行审查；未经审查，不得发布。《医疗广告管理办法》规定，医疗广告是指利用各种媒介或者形式直接或间接介绍医疗机构或医疗服务的广告。医疗机构发布医疗广告，应当在发布前申请医疗广告审查。未取得医疗广告审查证明，不得发布医疗广告。工商行政管理机关负责医疗广告的监督管理，卫生行政部门、中医药管理部门负责医疗广告的审查，对审查合格的医疗广告，省级卫生行政部门、中医药管理部门发给医疗广告审查证明。

1. 医疗广告的限定性内容

为了规范医疗市场秩序，保障人民身体健康，杜绝医疗机构发布虚假违法医疗广告，《医疗广告管理办法》第6条明确规定，医疗广告内容仅限于以下项目：医疗机构第一名称；医疗机构地址；所有制形式；医疗机构类别；诊疗科目；床位数；接诊时间；联系电话。其中前六项发布的内容必须与卫生行政部门、中医药管理部门核发的医疗机构执业许可证或其副本载明的内容一致。

中医医疗机构在填写《医疗广告审查申请表》《医疗广告审查证明》时，医疗机构类别应根据《卫生部关于修订〈医疗机构管理条例实施细则〉第三条有关内容的通知》（卫医发〔2006〕432号）中的有关规定填写，不得超出其规定范围。诊疗科目应与其《医疗机构执业许可证》中填写的相关内容相一致❶。

为防止变相医疗广告，在审查时应按照《医疗机构管理条例实施细则》第41条和第45条有关医疗机构"名称必须名副其实""名称必须与医疗机构类别或者诊疗科目相适应""除专科疾病防治机构以外，医疗机构不得以具体

---

❶ 参阅《国家中医药管理局办公室关于规范中医医疗广告工作若干问题的通知》（国中医药办发〔2009〕14号）。

疾病名称作为识别名称，确有需要的由省、自治区、直辖市卫生行政部门核准"的规定，只开展单一疾病诊疗的医疗机构，应以具体疾病名称作为医疗机构识别名称，并由省级卫生行政部门核准❶。

另外，与医疗机构有关的药品和医疗器械类广告，法律也对其内容作了必须标注的词句规定。《药品、医疗器械、保健食品、特殊医学用途配方食品广告审查管理暂行办法》规定，处方药广告应当显著标明"本广告仅供医学药学专业人士阅读"，非处方药广告应当显著标明"请按药品说明书或者在药师指导下购买和使用"。推荐给个人自用的医疗器械的广告，应当显著标明"请仔细阅读产品说明书或者在医务人员的指导下购买和使用"。医疗器械产品注册证明文件中有禁忌内容、注意事项的，广告中应当显著标明"禁忌内容或者注意事项详见说明书"。

2. 医疗广告的禁止性内容

《中医药法》第46条对各类中医药的宣传活动作出规定，"开展中医药文化宣传和知识普及活动，应当遵守国家有关规定。任何组织或者个人不得对中医药作虚假、夸大宣传，不得冒用中医药名义牟取不正当利益"。

对于医疗、药品等广告的内容，《广告法》第16条的禁止性规定同样适用于中医药领域，即，医疗、药品、医疗器械广告不得含有下列内容：表示功效、安全性的断言或者保证；说明治愈率或者有效率；与其他药品、医疗器械的功效和安全性或者其他医疗机构比较；利用广告代言人作推荐、证明；法律、行政法规规定禁止的其他内容。

《医疗广告管理办法》第7条对医疗广告的表现形式作出明确规定，医疗广告不得含有以下情形：涉及医疗技术、诊疗方法、疾病名称、药物的；保证治愈或者隐含保证治愈的；宣传治愈率、有效率等诊疗效果的；淫秽、迷信、荒诞的；贬低他人的；利用患者、卫生技术人员、医学教育科研机构及人员以及其他社会社团、组织的名义、形象作证明的；使用解放军和武警部队名义的；法律、行政法规规定禁止的其他情形。

2022年1月4日，国家中医药管理局办公室、国家卫生健康委办公厅下发《关于规范医疗机构中医医疗技术命名　加强中医医疗技术临床应用管理的通知》，对中医医疗技术名称使用再次强调，"不得采用夸大、自诩、不切

---

❶ 参阅《卫生部关于医疗广告审查中有关问题的批复》（2008年1月23日 卫医函〔2008〕25号）。

实际的用语，不得采用误导患者的用语，不得采用庸俗或有封建迷信色彩的用语"。该内容也必将成为中医医疗机构监管的内容之一。

(三) 违反《广告法》相关规定的法律后果

《广告法》对常见的各种广告违法行为进行了列举并作了相应的法律责任规定，主要由三个部分组成，即民事法律责任、行政法律责任和刑事法律责任。

1. 民事法律责任

(1) 广告经营者、广告发布者因发布虚假广告损害消费者合法权益

发布虚假广告，欺骗、误导消费者，使购买商品或者接受服务的消费者的合法权益受到损害的行为。《广告法》第56条规定，该行为将由广告主依法承担民事责任。广告经营者、广告发布者不能提供广告主的真实名称、地址和有效联系方式的，消费者可以要求广告经营者、广告发布者先行赔偿。

关系消费者生命健康的商品或者服务的虚假广告，造成消费者损害的，其广告经营者、广告发布者、广告代言人应当与广告主承担连带责任。

前款规定以外的商品或者服务的虚假广告，造成消费者损害的，其广告经营者、广告发布者、广告代言人，明知或者应知广告虚假仍设计、制作、代理、发布或者作推荐、证明的，应当与广告主承担连带责任。

(2) 广告主、广告经营者、广告发布者因违法广告侵害他人合法民事权利

《广告法》第68条规定，广告主、广告经营者、广告发布者违反本法规定，有下列侵权行为之一的，依法承担民事责任：①在广告中损害未成年人或者残疾人的身心健康的；②假冒他人专利的；③贬低其他生产经营者的商品、服务的；④在广告中未经同意使用他人名义或者形象的；⑤其他侵犯他人合法民事权益的。

2. 行政法律责任

任何广告主、广告经营者、广告发布者或者广告代言人等参与者，只要违法《广告法》的规定，无论是否已经给他人造成损失都将面临相应的行政处罚，包括责令其停止发布广告、消除影响、罚款和吊销营业执照或医疗机构执业许可证等。主要的情形有：

发布虚假广告❶；发布《广告法》明确禁止情形的广告；违法发布处方

---

❶ 《医疗广告管理办法》第22条规定，医疗广告内容涉嫌虚假的，工商行政管理机关可根据需要会同卫生行政部门、中医药管理部门作出认定。

药广告、药品类易制毒化学品广告、戒毒治疗的医疗器械和治疗方法广告；违法发布声称全部或者部分替代母乳的婴儿乳制品、饮料和其他食品广告；违法在针对未成年人的大众传播媒介上发布医疗、药品、保健食品、医疗器械、化妆品、酒类、美容广告；违法在广告中涉及疾病治疗功能，以及使用医疗用语或者易使推销的商品与药品、医疗器械相混淆的用语；违法发布保健食品广告；违法利用不满十周岁的未成年人作为广告代言人；违法利用自然人、法人或者其他组织作为广告代言人；违法在中小学校、幼儿园内或者利用与中小学生、幼儿有关的物品发布广告；违法发布针对不满十四周岁的未成年人的商品或者服务的广告；未经审查发布广告。违法变相发布医疗、药品、医疗器械、保健食品广告；违法在保健食品广告中作推荐、证明；明知或者应知广告虚假仍在广告中对商品、服务作推荐、证明等行为。

另外，《医疗广告管理办法》第 20 条规定，"医疗机构违反本办法规定发布医疗广告，县级以上地方卫生行政部门、中医药管理部门应责令其限期改正，给予警告；情节严重的，核发《医疗机构执业许可证》的卫生行政部门、中医药管理部门可以责令其停业整顿、吊销有关诊疗科目，直至吊销《医疗机构执业许可证》。未取得《医疗机构执业许可证》发布医疗广告的，按非法行医处罚"。

3. 刑事法律责任

广告行为如果违反刑事法律的规定，其行为具有社会危害性，则将承担刑事法律责任，包括管制、拘役、有期徒刑、无期徒刑、死刑以及处以罚金、剥夺政治权利、没收财产等法律责任。在广告违法中，主要有两种情形：

违反《广告法》规定，发布虚假广告，构成犯罪的；或者广告经营者、广告发布者明知或者应知广告虚假仍设计、制作、代理、发布的，构成犯罪的，《广告法》第 55 条规定，将依法追究刑事责任。

违反《广告法》规定，拒绝、阻挠工商行政管理部门监督检查，或者有其他构成违反治安管理行为的，《广告法》第 71 条规定，将依法给予治安管理处罚；构成犯罪的，依法追究刑事责任。

【案例 12】殷某等利用广告冒充"老中医"诈骗案

基本案情：

2018 年 9 月至 2019 年 9 月，被告人殷某利用其实际经营的陕西某健康咨询有限公司，雇用被告人张某等为销售业务员，通过互联网推送虚假广告吸引客户，再以话术冒充"老中医""男性健康咨询老师"等专业医务人员身份，向男性疾病患者进行虚假问诊、确诊，通过虚构药品配制过程及药效、发送虚假的医师资格证、发送虚假抓药及医馆照片、虚构药品无效原因等手段，骗取被害人信任，以高价推销"藏汁宝补肾丸"等药物、保健品。通过上述手段，被告人共骗取人民币 560 万元。

浙江省杭州市柯桥区人民法院经审理以被告人殷某等犯诈骗罪分别判处 5 年至 12 年 6 个月不等有期徒刑，并处人民币 3000 元至 30 万元不等罚金。❶

案件评述：

近年来，通过推送虚假广告声称"老中医"在线坐诊，包治各种疾病的广告遍布网络。但这些所谓"老中医"是一群没有药理知识的业务员，所谓"问诊"只是机械话术，"一人一方"却是同一种"药"，有些群众在患有难言的疾病后，基于羞耻心，不愿去正规医院当面问诊，极易被这些骗子网上宣传的所谓"神医""偏方"欺骗。

医疗行业与公民健康息息相关，正因如此，我国针对医疗广告制定了更加严格的法律规定。如处方药广告应当显著标明"本广告仅供医学药学专业人士阅读"，非处方药广告应当显著标明"请按药品说明书或者在药师指导下购买和使用"。推荐给个人自用的医疗器械的广告，应当显著标明"请仔细阅读产品说明书或者在医务人员的指导下购买和使用"。医疗器械产品注册证明文件中有禁忌内容、注意事项的，广告中应当显著标明"禁忌内容或者注意事项详见说明书"。保健食品广告应当显著标明"本品不能代替药物"等。

随着互联网医疗服务逐渐兴起，患者在网上咨询购药也成为常态，但是网络无法实现像线下那样的面对面问诊，患者往往对网络平台对面的沟通对象一无所知，正是网络的这种隐蔽性为骗子们提供了很好的掩护。目前，利用网络进行诈骗的案件逐年增多，这就需要就医的患者在网上浏览信息的时候，擦亮眼睛，切莫轻信"祖传秘方""包治百病"之类的广告宣传，应到正规的有资质的医疗机构去看病开药。

---

❶ 浙江省绍兴市中级人民法院发布电信网络新型违法犯罪五大典型案例：殷某等冒充"老中医"诈骗案［EB/OL］．（2021-11-24）［2024-12-01］．https：//www.pkulaw.com/lar/e53bb894e066b2b47211f21fc83e6a67bdfb.html？way＝listView.

第二章　中药保护与发展

中药是中国的传统药用物质，是在中医理论指导下，用于预防治疗和康复保健的物质，包括植物、动物和矿物等。根据使用目的和加工炮制的不同可以分为中药材、中药饮片和中成药。中医认为，不同的中药具有不同的偏性（性味、归经、升降浮沉及毒性大小等），如果中药材的种植或炮制没有经过严格操作，或者在使用时辩证不准确甚至错误，将会给公民的生命和健康造成不良的后果。所以，对中药的种植、生产和使用有着严格的法律规定。

由于我国《药品管理法》中所称的药品包括中药，而中药包括中药材、中药饮片和中成药，根据《药品管理法》第24条，"在中国境内上市的药品，应当经国务院药品监督管理部门批准，取得药品注册证书"。所以，无论是中药材、中药饮片还是中成药，只要在中国境内上市，必须经过药品监督管理部门的批准，取得药品注册证书。尤其是中药饮片，是中医临床处方中可以直接使用的物质，应当作为药品实施批准文号管理。

但是，考虑到中药产业的实际情况，《药品管理法》第24条还规定，"未实施审批管理的中药材和中药饮片除外。实施审批管理的中药材、中药饮片品种目录由国务院药品监督管理部门会同国务院中医药主管部门制定"。虽然目前尚未发布实施审批管理的中药材、中药饮片品种目录，但部分中药饮片品种已经在《中华人民共和国药典》中出现，包括蜂蜜、人工麝香、六神曲、广东神曲、三余神曲、漳州神曲、老范志万应神曲、半夏曲、建曲龟甲胶、鹿角霜、鹿角胶、麝香仁、石膏、芒硝、轻粉、红粉、水牛角浓缩粉、滑石粉、珍珠粉、蛹虫草菌粉、人工虎骨粉、体外培育牛黄、槐耳菌质、乌灵菌粉、人工虫草菌丝粉、熊胆粉、海龙胶、阿胶、黄明胶、西瓜霜、青黛、鲜竹沥、龙血竭、冰片（合成龙脑）、胆南星、煅石膏、人工牛黄等。

所以，目前我国对中药领域的行政管理原则是，中成药实行技术审评与审批注册管理，部分中药饮片实行批准文号探索性管理（颁发批准文号），但是由于没有正式实行中药饮片品种批准文号管理，并没有阻止其他没有取得该品种饮片批准文号的企业生产并上市流通，也不能将其作为假药处理，所以目前只能是一种倡导性行为。对于中药材的审批管理，在国家药监局发布的《关于印发进一步加强中药科学监管促进中药传承创新发展若干措施的通知》（国药监药注〔2023〕1号）中已经指出，将会同国家中医药管理局制定《实施审批管理的中药材品种目录》，依法对符合规定情形的中药材品种实施审批管理。

因而，本章将主要介绍中药材、中药饮片和中成药的生产、质量管理和流通等方面的规范。

第一节　中药材资源与中药材的种养殖规范

中药材是中医药事业传承和发展的物质基础，是关系国计民生的战略性资源。国家药品监督管理局颁布的《中药材生产质量管理规范》第143条规定，中药材是"指来源于药用植物、药用动物等资源，经规范化的种植（含生态种植、野生抚育和仿野生栽培）、养殖、采收和产地加工后，用于生产中药饮片、中药制剂的药用原料"。所以，中药材与动植物资源、规范种养殖和采收加工等有密切关系。

对于中药材资源，虽然《中药材保护和发展规划（2015—2020年）》（国办发〔2015〕27号）和《中医药发展战略规划纲要（2016—2030年）》（国发〔2016〕15号）中都提出了要加强对中药材主产区种植区域规划，建设常用大宗中药材规范化、规模化、产业化基地，但我国目前尚没有专门针对中药材资源的法律法规。与中药材资源相关的法律有《森林法》《环境保护法》《草原法》《野生动物保护法》，但均不是把保护中药材资源规划及其保护、使用等作为立法的宗旨。实践中可以采用的是国务院和有关部委关于中药材资源规划、促进和普查、监控等方面的规范性文件，并以此来指导地方、行业和企业的发展。

但是，对于野生药材资源、濒危稀缺药材资源等中药材的核心资源或风险资源，现行法律有明确规定，《中医药法》第25条规定，"国家保护药用野生动植物资源，对药用野生动植物资源实行动态监测和定期普查，建立药用野生动植物资源种质基因库，鼓励发展人工种植养殖，支持依法开展珍贵、濒危药用野生动植物的保护、繁育及其相关研究"。《药品管理法》第4条第2款规定，"国家保护野生药材资源和中药品种，鼓励培育道地中药材"。国务院1987年发布的《野生药材资源保护管理条例》专门对野生药材资源的保护和合理利用作了规定。

一、野生药材资源的保护与管理规范

《野生动物保护法》第4条提出了"国家对野生动物实行保护优先、规范利用、严格监管的原则"。《野生药材资源保护管理条例》第3条规定，"国家对野生药材资源实行保护、采猎相结合的原则，并创造条件开展人工种养"。所以，综合来看，我国对野生药材资源的保护与管理主要有下列五个方面内容。

（一）动态监测和定期普查

《中医药法》确立的、对药用野生动植物资源保护的第一种方法是实行动态监测和定期普查野生药材资源。在我国历史上，共开展了四次全国性的中药资源普查，第一次是由原卫生部发文组织实施（1960—1962年）的以常用中药材为主的普查，出版了四卷《中药志》，收载常用中药材500多种。第二次是结合全国中草药的群众运动（1969—1973年），将各地的中草药进行了调查整理，出版了《全国中草药汇编》（上、下册）。第三次由中国药材公司牵头完成（1983—1987年），出版了《中国中药资源》、《中国中药资源志要》、《中国常用中药材》、《中国中药区划》、《中国药材资源地图集》和《中国民间单验方》六本专著。❶ 2009年国务院印发的《关于扶持和促进中医药事业发展的若干意见》指出，"开展全国中药资源普查，加强中药资源监测和信息网络建设"。2011年我国开展了第四次全国中药资源普查试点工作，2012年由国家中医药管理局办公室发文成立"国家中医药管理局中药资源普查试点工作办公室"。2015年，国务院办公厅转发国家工业和信息化部、国家中医药局等12个部委联合印发的《中药材保护和发展规划（2015—2020年）》，将保护与发展中药材作为各级政府的一项阶段性任务。由全国中药资源普查试点工作办公室组织专家组编制出版《全国中药资源普查技术规范》《药用植物资源调查技术规范》，作为普查的操作性规范。2017年我国正式启动第四次

---

❶ 参阅黄璐琦．中国中药资源发展报告（2019）［M］．上海：上海科学技术出版社，2020．

全国中药资源普查，调查范围覆盖全国近 1.4 万种野生药用资源、500 多种栽培药材、1600 多种市场流通药材、563 种《中国药典》收载药材的种类、分布和蕴藏量等信息。

那么，动态监测和定期普查工作由谁来负责？根据我国《宪法》第 9 条，"矿藏、水流、森林、山岭、草原、荒地、滩涂等自然资源，都属于国家所有，即全民所有；由法律规定属于集体所有的森林和山岭、草原、荒地、滩涂除外"。所以，国家对其所有的各种自然资源负有保护和管理的职责。根据国务院办公厅《关于印发国家中医药管理局主要职责内设机构和人员编制规定的通知》（国办发〔2009〕17 号）规定，国家中医药管理局主要职责之一是"组织开展中药资源普查，促进中药资源的保护、开发和合理利用，参与制定中药产业发展规划、产业政策和中医药的扶持政策，参与国家基本药物制度建设"。所以，包括野生药材资源在内的中药资源普查工作由中医药行政管理部门负责。并且根据《中华人民共和国政府信息公开条例》的规定，中医药行政管理部门应当将资源普查中可以公开的信息以适当方式向社会及时公布。

（二）建立药用野生动植物种质基因库

《中医药法》确立的、对药用野生动植物资源保护的第二种方法是建立药用野生动植物资源种质基因库。通常认为，中药材的功效在于其所蕴含的丰富遗传信息而表现出的可反复出现的独特形状，这些遗传信息或者说基因信息就是中药材种质资源的主要内容，它既是确保中药材质量的核心要素，也是新品种选育和改良的物质基础。种质基因来源于种质资源，种质资源是种质基因开发的源头，所以，不论是种质资源库、药材实体库，还是药材 DNA 实体库和药用植物相关的基因数据库都是一脉相承的，都是保护种质资源的方式。种质资源库的建设是种质基因库建设的基础工作。国务院印发的《中医药发展战略规划纲要（2016—2030 年）》中明确指出，"建立国家级药用动植物种质资源库"。

药用野生动植物种质基因库有哪些？通常认为，种质资源库有植株库和离体种质库两种形式。目前我国的植株库有自然资源库（如大盘山国家级自然保护区的种质自然资源库）、药用植物园（如中国医学科学院药用植物研究所建设的北京药用植物园、广西药用植物园、西双版纳南药园、海南兴隆南药园、重庆药用植物园、贵阳药用植物园等）、资源圃（如吉林人参苗圃库、云南文山市三七苗圃库、贵州贵阳市紫苏苗圃库、广西融安县青蒿苗圃库等）。目前我国的主要中药材离体种质库主要在南方地区（如中国医学科学院药用植物研究所建设的国家药用植物种质资源库；国家南药基因资源库，也称国家基本药物所需中药材种质资源库；成都中医药大学建设的国家中药种质资源库等）。❶ 其他与中药材有关的重要野生植物种质资源库还有，国家作物种质资源库、国家园艺种质资源库、国家热带植物种质资源库、国家林业和草原种质资源库、国家家养动物种质资源库、国家水生生物种质资源库、国家淡水水产种质资源库等。另外，还有中国西南野生生物种质资源库，地方建设的省级农作物种质资源库等。

建立药用野生动植物种质基因库的职责由谁来履行？从实践中看，无论是中药材种质基因库还是药用植物种质库都是有关中医药事业可持续发展的战略性工作，目前主要由政府以项目的形式出资，由各级科研或实务部门具体建设，建设单位包括事业单位和企业。蕴藏于野生动植物中的种质资源和基因资源也应当相应地属于国家或集体所有，任何人未经许可不得对外出口。各地政府有关部门应当承担起建立药用野生动植物种质基因库的职责。但是，对于获取与利用野生动植物遗传资源的行为如何管理，目前还没有具体的法律规定。

（三）发展人工种养药用野生动植物

《中医药法》确立的、对药用野生动植物资源保护的第三种方法是鼓励发展人工种植养殖药用野生动植物。这也与《野生动物保护法》规定的"人工繁育野生动物实行分类分级管理，严格保护和科学利用野生动物资源"的精神相一致。

从中药发展史上看，所有的中药材几乎都是野生的，它是特定地区、特定环境气候和土壤条件而产生的独特植物、动物或者天然矿物。目前常用的、与野生动物相关的中药材有32种（见表2）。但是由于野生药用动植物的先天稀缺和社会对中药材使用量的大幅增加、滥砍滥伐以及自然环境的变化，野生中药材品种和数量都在急剧减少，必须采取人工种养来扩大种养殖面积和数量、产量，既可以保护野生药材尤其是濒危药材的品种和生产，又可以满足临床药用和餐饮食用的现实需要。中药材的人工种养就是在与野生药

---

❶ 赵小惠，刘霞，陈士林，等.药用植物遗传资源保护与应用［J］.中国现代中药，2019，21（11）.

材生态环境相同或相似的区域，采用野生环境或人工繁育的繁殖材料，按照该药用动植物的原有生长习性，对土壤、阳光或荫凉的喜好和病虫害及对生态环境的要求，培养药用动植物的良好种质，并最终实现产量和质量的提高。

表 2 与野生动物相关的部分中药材

类别	中药材
昆虫纲	九香虫、土鳖虫、虻虫、斑蝥、僵蚕、桑螵蛸（入药部位为虫体或部分虫体）、蝉蜕、蚕沙、虫白蜡（虫衍生物）
蛭纲	水蛭
兽纲	羚羊角、麝香、鹿茸（鹿角、鹿角胶、鹿角霜）、海狗肾、阿胶、刺猬皮、熊胆粉
环节纲	地龙
爬行纲	蕲蛇、金钱白花蛇、乌梢蛇、蛇蜕、蛤蚧、龟甲（龟甲胶）、鳖甲
蛛形纲	全蝎
多足纲	蜈蚣
两栖纲	蛤蟆油、蟾酥
哺乳纲	夜明砂、熊胆

发展人工种植养殖药用野生动植物应当遵循的规范。首先，根据《野生动物保护法》第 25 条进行行政许可或备案："人工繁育国家重点保护野生动物实行许可制度。人工繁育国家重点保护野生动物的，应当经省、自治区、直辖市人民政府野生动物保护主管部门批准，取得人工繁育许可证，但国务院对批准机关另有规定的除外。人工繁育有重要生态、科学、社会价值的陆生野生动物的，应当向县级人民政府野生动物保护主管部门备案。"其次，应符合中药材生产质量管理规范。市场经济下经营者的趋利思想容易促使中药材人工种养殖者使用违规手段来提高产量，种植者会使用化肥、农药或除草剂等化学制剂，破坏中药材应有的属性，甚至对人体造成损害。为规范中药材生产，保证中药材质量，促进中药标准化、现代化，《中药材生产质量管理规范（试行）》（Good Agricultural Practice for Chinese Crude Drugs, GAP）于 2002 年出台，对中药材的生产和质量管理作了一个规范性的标准。同时，配套性的《中药材生产质量管理规范认证管理办法（试行）》于 2003 年发布，

进一步规范了中药材 GAP 认证检查评定标准等具体管理工作。2018 年 11 月，中国中医科学院中药研究所制定发布了《中药材无公害栽培生产技术规范》，用以指导生产无公害中药材的生产技术规范。

2022 年 3 月，国家药品监督管理局会同农业农村部、国家林草局、国家中医药局共同发布新版《中药材生产质量管理规范》，要求具有企业性质的种植、养殖专业合作社或联合社都应当按照规范的要求对来源于药用植物、药用动物等资源的中药材进行种植（含生态种植、野生抚育和仿野生栽培）、养殖、采收和产地加工，方可成为用于生产中药饮片、中药制剂的药用原料，并可以在药品标签的适当位置标示"药材符合 GAP 要求"。

《中药材生产质量管理规范》是由国家药品监督管理局等国务院组成部门在自己的职权范围内，为执行法律法规所确定的属于其行政区域的具体行政管理事项而制定的规范性文件，属于部门规章。从理论上说，部门规章可以作为行政机关作出行政处罚的依据。但是根据《行政处罚法》第 12 条的规定，部门规章只能在法律、行政法规规定的给予行政处罚的行为、种类和幅度的范围内作出具体规定。即，药品行政管理部门可以依据《药品管理法》第 45 条关于生产药品所需的原料、辅料，应当符合药用要求、药品生产质量管理规范的有关要求之规定，对不符合《中药材生产质量管理规范》而生产出的中药材原料作出处罚。但是，不作为中药材原料使用的科研行为、个人种养殖行为等不属于《药品管理法》的管理范围。

（四）开展珍贵、濒危药用野生动植物的保护、繁育及其相关研究

《中医药法》确立的、对药用野生动植物资源保护的第四种方法是支持依法开展珍贵、濒危药用野生动植物的保护、繁育及其相关研究。也就是增加对药用野生动植物种养殖的科学性。其主要原因是野生药材资源，尤其是珍贵、濒危药用野生动植物在数量上的客观有限，不能满足中医临床和社会保健的发展需求，如何保护、繁育该品种，使其能够可持续为中医药事业服务是各级政府的一项任务。

开展珍贵、濒危药用野生动植物的保护、繁育及其相关研究主要包含三个方面内容：

1. 种质资源名录建设

种质资源就是遗传资源，它是中药材自然遗传多样性的来源，并为遗传资源研究和繁育研究提供物质基础。开展对中药材种质资源的研究包括建立

保护目录、种质基因库，以及珍稀濒危野生植物种群的扩繁和迁地保护等内容。种质资源相关目录包括 1984 年的《中国珍稀濒危保护植物名录》（第一批）、1987 年的《国家重点保护野生药材物种名录》、1992 年的《国家珍贵树种名录》、1981 年《濒危野生动植物种国际贸易公约》附录、2007 年的《国家重点保护经济水生动植物资源名录》、2001 年开始陆续发布的《中华人民共和国主要林木目录》，以及《中华人民共和国植物新品种保护名录》。我国现行《国家重点保护野生植物名录》《国家重点保护野生动物名家》由国家林业和草原局、农业农村部在 2021 年发布。各种名录的制定可以为珍稀、濒危药用野生动植物的保护、繁育明确对象，所列物种可以根据实际情况的变化而进行增加或剔除。

2. 繁育基地建设

繁育基地就是根据野生中药材的自然习性，在特定地域范围内模拟其自然生长环境，达到保护野生中药材品种和逐步提高其产量的目的。主要包括开展野生中药材良种基地科研、生产与管理的研究工作。开展人工培植扩繁工作，科学保存珍稀濒危野生植物的种质资源，建立健全良种繁育机制。开展濒危稀缺药用植物人工繁育和代替品研究工作，建立濒危稀缺中药材良种繁育基地、种植生产基地等各种类型的人工繁育基地。国家科技部曾在"九五"中药现代化与产业化开发项目中设立濒危野生中药材人工栽培技术的研究，其包括濒危野生中药材的生态生物学特征和野生中药材野生变家栽的关键技术等方面内容。加强繁育基地的建设和扩繁技术研究，力求从根本上促进濒危稀缺中药材良种种群的保存和数量上的恢复。

3. 政策和规范建设

我国关于促进和支持珍贵、濒危药用野生动植物保护、繁育等的研究工作的管理规定主要有《野生动物保护法》《野生植物保护条例》《野生药材资源保护管理条例》以及一些政府发布的规范性文件。目前一些主要问题有：如何认识和解决野生药材资源的权益归属问题；如何在国家所有的前提下，合理分离和设置使用权和收益权；如何结合《种子法》和《植物新品种保护条例》的贯彻落实，确认和保障保存者、繁育者等利益相关人的权益。另外，全国人大常委会在 2020 年 2 月 24 日通过《关于全面禁止非法野生动物交易、革除滥食野生动物陋习、切实保障人民群众生命健康安全的决定》，要求"全面禁止食用国家保护的'有重要生态、科学、社会价值的陆生野生动物'以及其他陆生野生动物，包括人工繁育、人工饲养的陆生野生动物"。同时指出，"因科研、药用、展示等特殊情况，需要对野生动物进行非食用性利用的，应当按照国家有关规定实行严格审批和检疫检验。国务院及其有关主管部门应当及时制定、完善野生动物非食用性利用的审批和检疫检验等规定，并严格执行"。因而，对利用野生动物的中药材如何加强管理将是未来研究的问题之一。

（五）规范野生药材资源的采猎与使用

《野生动物保护法》第 30 条规定，"利用野生动物及其制品的，应当以人工繁育种群为主，有利于野外种群养护，符合生态文明建设的要求，尊重社会公德，遵守法律法规和国家有关规定。野生动物及其制品作为药品等经营和利用的，还应当遵守《中华人民共和国药品管理法》等有关法律法规的规定"。我国对野生药材资源的管理除了采取保护措施，对使用也制定了相应的规定。主要有分级保护和药材资源专门保护等方法。

1. 制定国家重点保护野生药材物种名录

《野生药材资源保护管理条例》第 4 条规定，国家重点保护的野生药材物种分为三级，具体包括：

一级：濒临灭绝状态的稀有珍贵野生药材物种；

二级：分布区域缩小、资源处于衰竭状态的重要野生药材物种；

三级：资源严重减少的主要常用野生药材物种。

第 5 条规定，国家重点保护的野生药材物种名录，由国家医药管理部门会同国务院野生动物、植物管理部门制定。在国家重点保护的野生药材物种名录之外，需要增加的野生药材保护物种，由省、自治区、直辖市人民政府制定并抄送国家医药管理部门备案。

2. 实行野生药材物种的分级管理

根据《野生药材资源保护管理条例》的规定，对三个级别的野生药材物种的采猎、收购实行下列规则：

对一级保护野生药材物种，禁止采猎。属于自然淘汰的，其药用部分由各级药材公司负责经营管理，但不得出口。

对二级和三级保护野生药材物种：

其一，必须按照有关行政管理部门批准的计划执行。该计划由县以上（含县，下同）医药管理部门（含当地人民政府授权管理该项工作的有关部门）会同同级野生动物、植物管理部门制定，报上一级医药管理部门批准。

其二，不得在禁止采猎区、禁止采猎期进行采猎，不得使用禁用工具进行采猎。关于禁止采猎区、禁止采猎期和禁止使用的工具，由县以上医药管理部门会同同级野生动物、植物管理部门确定。

其三，必须持有采药证。取得采药证后，需要进行采伐或狩猎的，必须分别向有关部门申请采伐证或狩猎证。❶

其四，属于国家计划管理的品种，由中国药材公司统一经营管理；其余品种由产地县药材公司或其委托单位按照计划收购。

其五，物种的药用部分，除国家另有规定外，实行限量出口。❷

【案例13】 李某宝等非法收购、运输、出售珍贵、濒危野生动物案

基本案情：

被告人李某宝于2016年底至2017年初、2019年12月10日分别以1.3万元、1万元的价格在阿某（另案处理）处收购豹（死体）一只及林麝（死体带麝香）一只，随后，以15000元的价格将豹出售给达瓦某某。林麝肉被李某宝食用，其将麝香取出放于木里县乔瓦镇农业局住宿楼家中冰箱内存放。2020年1月29日，民警在李某宝家中将麝香查获。经鉴定，豹为国家Ⅰ级重点保护野生动物，其物种整体价值为50万元/只。林麝为国家Ⅰ级重点保护野生动物，其物种整体价值为3万元/只。

2018年5月，被告人达瓦某某从其亲戚处以500元的价格收购熊油三块。后将熊油运至其西昌市住处冰柜内储存。2020年1月28日，民警在达瓦某某家中查获疑似熊油三块。经鉴定，黑熊为国家Ⅱ级保护野生动物，物种整体价值为4万元/只；查获的三份样品参考价值为2000元/个。

2015年6月，被告人董某德让被告人董某安为其联系收购熊掌，董某安联系被告人扎西某某帮忙购买。扎西某某在郭某贵处以6000元的价格收购两只熊掌后，以6000元的价格将两只熊掌出售给董某安，董某安将两只熊掌运输至西昌市交给董某德，董某德向其支付6000元。

---

❶ 采伐证可以向林业行政主管部门进行申请，狩猎证可以向野生动物主管部门进行申请。

❷ 根据《生物安全法》《野生动物保护法》《海关法》《森林法》《野生植物保护条例》《濒危野生动植物进出口管理条例》等的规定，出口野生动植物相关商品必须符合《进出口野生动植物种商品目录》的管理规定。

2016 年 5—6 月，扎西某某与被告人李某宝商定以 11500 元的价格收购四只熊掌，李某宝将熊掌交给扎西某某后，董某安将董某德带至扎西某某居住的木里县老二轻局宿舍区家中，董某德以 11500 元的价格向扎西某某收购四只熊掌。2020 年 1 月 7 日民警在董某德经营的餐馆查获熊掌一只。经鉴定，黑熊为国家Ⅱ级保护野生动物，物种整体价值为 4 万元/只；查获的黑熊脚制品一只，参考价值为 8000 元。

被告李某宝、达瓦某某、扎西某某、董某德、董某安 5 人非法收购、出售珍贵、濒危野生动物及制品的行为破坏了该地区的生物多样性和生态环境安全，损害了国家利益和社会公共利益。

西昌市人民法院分别判处被告人李某宝、达瓦某某、扎西某某、董某德、董某安等犯非法收购、出售珍贵、濒危野生动物、珍贵、濒危野生动物制品罪，非法收购、出售珍贵、濒危野生动物制品罪，非法收购珍贵、濒危野生动物制品罪，判处有期徒刑 12 个月至 9 个月不等，并处罚金人民币 6 万元至 1 万元不等。责令刑事附带民事公益诉讼被告李某宝、达瓦某某、阿某连带承担非法收购、出售一只豹造成的生态资源损失 50 万元；被告李某宝、阿某连带承担非法收购、出售一只林麝造成的生态资源损失 3 万元；被告达瓦某某承担非法收购熊油造成的生态资源损失 6000 元；被告李某宝、扎西某某、董某德、董某安连带承担非法收购、出售四只熊掌（涉及的黑熊数量至少为一只）造成的生态资源损失 4 万元；被告扎西某某、董某德、董某安连带承担非法收购、出售两只熊掌（涉及的黑熊数量至少为一只）造成的生态资源损失 4 万元。扣押在案的野生动物制品予以没收。被告 5 人不服一审判决，遂提起上诉。经四川省凉山彝族自治州中级人民法院二审驳回上诉，维持原判。❶

案件评述：

涉案野生动物均为我国珍贵、濒危野生保护动物，我国《刑法》第 341 条第 1 款规定：非法猎捕、杀害国家重点保护的珍贵、濒危野生动物的，或者非法收购、运输、出售国家重点保护的珍贵、濒危野生动物及其制品的，处 5 年以下有期徒刑或者拘役，并处罚金；情节严重的，处 5 年以上 10 年以下有期徒刑，并处罚金；情节特别严重的，处 10 年以上有期徒刑，并处罚金或者没收财产。我国 2023 年 5 月 1 日开始实施的《野生动物保护法》第 28

---

❶ 四川省凉山彝族自治州中级人民法院刑事附带民事裁定书（2021）川 34 刑终 26 号。

条第1款规定明确规定，禁止出售、购买、利用国家重点保护野生动物及其制品。此外，根据《国家重点保护野生药材物种名录》，豹骨、麝香、熊胆等均属于登记在册的国家重点保护野生药材物种，涉案野生动物及其制品属于该中药材的重要来源。根据《野生药材资源保护管理条例》第23条，破坏野生药材资源情节严重，构成犯罪的，由司法机关依法追究刑事责任。

李某宝等人非法收购、出售珍贵、濒危野生动物豹、林麝、珍贵、濒危野生动物制品熊掌、熊油等，其行为构成非法收购、出售珍贵、濒危野生动物、珍贵、濒危野生动物制品罪。其行为严重侵犯了国家对野生动物资源的保护和管理制度，破坏野生动物资源，除应当以非法收购、出售珍贵、濒危野生动物及动物制品罪追究刑事责任外，还应当承担相应的民事责任。

二、中药材种养殖规范与管理

无论是植物药，还是动物药、矿物药，之所以成为药材，是有其自身的禀赋，而其禀赋与其生产环境和种养殖过程以及采猎时间和加工等有着密切的关系。中药材的种养殖是成为药材的第一步，也是关键性的环节，《中医药法》第21条对中药材种养殖规范作了规定："国家制定中药材种植养殖、采集、贮存和初加工的技术规范、标准，加强对中药材生产流通全过程的质量监督管理，保障中药材质量安全。"

通过多年的实践，国家药监局、农业农村部、国家林草局和国家中医药局于2022年3月1日联合发布《中药材生产质量管理规范》，强化质量风险管控理念，明确中药材质量管控重要环节，丰富了规范的内容和技术规程，使之更容易掌握和操作。《中药材生产质量管理规范》规定的中药材种养殖生产技术规程主要有：

（一）生产基地的选址

中药材生产基地是针对自然资源不能满足现实的需要，为增加中药材品质和产量，根据中药材的自身习性和对土壤的要求而选择的中药材种养殖区域。生产基地的选址规范有：

第一，制定选址标准。企业应当根据种植或养殖中药材的生长发育习性和对环境条件的要求，制定产地和种植地块或者养殖场所的选址标准。

第二，首选道地产区。中药材生产基地一般应当选址于道地产区，在非道地产区选址，应当提供充分文献或者科学数据证明其适宜性。产地地址应当明确至乡级行政区划；每一个种植地块或者养殖场所应当有明确记载和边界定位。

第三，生产基地规模化。生产基地应当规模化，种植地块或者养殖场所可成片集中或者相对分散，鼓励集约化生产。种植地块或者养殖场所可在生产基地选址范围内更换、扩大或者缩小规模。

第四，满足生态要求。种植地块应当能满足药用植物对气候、土壤、光照、水分、前茬作物、轮作等要求；养殖场所应当能满足药用动物对环境条件的各项要求。

第五，符合环境标准。生产基地选址和建设应当符合国家和地方生态环境保护要求。生产基地周围应当无污染源；生产基地环境应当持续符合国家标准：空气符合国家《环境空气质量标准》二类区要求；土壤符合国家《土壤环境质量农用地污染风险管控标准（试行)》的要求；灌溉水符合国家《农田灌溉水质标准》，产地加工用水和药用动物饮用水符合国家《生活饮用水卫生标准》。

第六，定期环境评估。企业应当按照生产基地选址标准进行环境评估，确定产地，明确生产基地规模、种植地块或者养殖场所布局：根据基地周围污染源的情况，确定空气是否需要检测，如不检测，则需提供评估资料；根据水源情况确定水质是否需要定期检测，没有人工灌溉的基地，可不进行灌溉水检测。

第七，已经完成一个周期种养殖。基地选址范围内，企业至少完成一个生产周期中药材种植或者养殖，并有两个收获期中药材质量检测数据且符合企业内控质量标准。

国家药监局在 2023 年 1 月 3 日发布的《关于进一步加强中药科学监管促进中药传承创新发展的若干措施》中指出，要 "通过 GAP 延伸检查、符合性检查和日常监督检查，推动中药生产企业采取自建、共建、联建或共享中药材种植养殖基地，稳定中药材供给，使用符合 GAP 要求的中药材"。

（二）种子种苗或其他繁殖材料

《中药材生产质量管理规范》规定，种子种苗是药用植物的种植材料或者繁殖材料，包括籽粒、果实、根、茎、苗、芽、叶、花等，以及菌物的菌丝、子实体等。其他繁殖材料是指除种子种苗之外的繁殖材料，包括药用动物供繁殖用的种物、仔、卵等。其相关规范如下。

1. 明确基原及种质

企业应当明确使用种子种苗或其他繁殖材料的基原及种质，包括种、亚种、变种或者变型、农家品种或者选育品种；使用的种植或者养殖物种的基原应当符合相关标准、法规。使用列入《国家重点保护野生植物名录》的药用野生植物资源的，应当符合相关法律法规规定。

企业应当鉴定每批种子种苗或其他繁殖材料的基原和种质，确保与种子种苗或其他繁殖材料的要求相一致。

企业在一个中药材生产基地应当只使用一种经鉴定符合要求的物种，防止与其他种质混杂；鼓励企业提纯复壮种质，优先采用经国家有关部门鉴定，性状整齐、稳定、优良的选育新品种。

2. 鼓励选育优良品种

鼓励企业开展中药材优良品种选育，但应当符合以下规定：禁用人工干预产生的多倍体或者单倍体品种、种间杂交品种和转基因品种；如需使用非传统习惯使用的种间嫁接材料、诱变品种（包括物理、化学、太空诱变等）和其他生物技术选育品种等，企业应当提供充分的风险评估和实验数据证明新品种安全、有效和质量可控。

3. 符合标准规定

中药材种子种苗或其他繁殖材料应当符合国家、行业或者地方标准；没有标准的，鼓励企业制定标准，明确生产基地使用种子种苗或其他繁殖材料的等级，并建立相应检测方法。

种子种苗或其他繁殖材料基地规模应当与中药材生产基地规模相匹配；种子种苗或其他繁殖材料应当由供应商或者企业检测达到质量标准后，方可使用。

4. 建立繁育规程

企业应当建立中药材种子种苗或其他繁殖材料的良种繁育规程，保证繁殖的种子种苗或其他繁殖材料符合质量标准。

5. 运输和保存条件适宜

企业应当确定种子种苗或其他繁殖材料运输、长期或者短期保存的适宜条件，保证种子种苗或其他繁殖材料的质量可控。企业应当采用适宜条件进行种子种苗或其他繁殖材料的运输、贮存；禁止使用运输、贮存后质量不合格的种子种苗或其他繁殖材料。

应当按药用动物生长发育习性进行药用动物繁殖材料引进；捕捉和运输时应当遵循国家相关技术规定，减免药用动物机体损伤和应激反应。

6. 防止自然杂交

企业应当使用产地明确、固定的种子种苗或其他繁殖材料；鼓励企业建设良种繁育基地，繁殖地块应有相应的隔离措施，防止自然杂交。

从县域之外调运种子种苗或其他繁殖材料，应当按国家要求实施检疫；用作繁殖材料的药用动物应当按国家要求实施检疫，引种后进行一定时间的隔离、观察。

（三）种植与养殖的过程管理规范

《中医药法》第22条对中药材种植养殖作了禁止性规定，即"国家鼓励发展中药材规范化种植养殖，严格管理农药、肥料等农业投入品的使用，禁止在中药材种植过程中使用剧毒、高毒农药，支持中药材良种繁育，提高中药材质量"。结合《中药材生产质量管理规范》的相关规定，总结出中药材种植养殖规范包括两个方面内容。

1. 关于中药材的种植规范

中药材种植的对象是植物，虽然与一般农作物有共性，但由于涉及临床疗效的发挥，故而更讲究技术规程和细节控制。包括种植技术、肥料使用技术以及对农药使用的控制等。

（1）制定种植技术规程

企业应当根据药用植物生长发育习性和对环境条件的要求制定种植技术规程，主要包括以下环节：

①种植制度要求：前茬、间套种、轮作等；②基础设施建设与维护要求：维护结构、灌排水设施、遮阴设施等；③土地整理要求：土地平整、耕地、做畦等；④繁殖方法要求：繁殖方式、种子种苗处理、育苗定植等；⑤田间管理要求：间苗、中耕除草、灌排水等；⑥病虫草害等的防治要求：针对主要病虫草害等的种类、危害规律等采取的防治方法；⑦肥料、农药使用要求。

企业应当按照制定的技术规程有序开展中药材种植，根据气候变化、药用植物生长、病虫草害等情况，及时采取措施。企业应当配套完善灌溉、排水、遮阴等田间基础设施，及时维护更新。及时整地、播种、移栽定植。及时做好多年生药材越冬田地清理。

按野生抚育和仿野生栽培方式生产中药材，应当制定野生抚育和仿野生栽培技术规程，如年允采收量、种群补种和更新、田间管理、病虫草害等的管理措施。企业应当按技术规程管理野生抚育和仿野生栽培中药材，坚持"保护优先、遵循自然"原则，有计划地做好投入品管控、过程管控和产地环境管控，避免对周边野生植物造成不利影响。

（2）制定肥料使用技术规程

企业应当根据种植中药材营养需求特性和土壤肥力，科学制定肥料使用技术规程，主要有：①合理确定肥料品种、用量、施肥时期和施用方法，避免过量施用化肥造成土壤退化；②以有机肥为主，化学肥料有限度使用，鼓励使用经国家批准的微生物肥料及中药材专用肥；③自积自用的有机肥须经充分腐熟达到无害化标准，避免掺入杂草、有害物质等；④禁止直接施用城市生活垃圾、工业垃圾、医院垃圾和人粪便。

企业应当科学施肥，鼓励采用测土配方施肥的方法；及时灌溉和排涝，减轻不利天气对种植中药材质量的影响。

（3）明确农药使用要求

防治病虫害等应当遵循"预防为主、综合防治"原则，优先采用生物、物理等绿色防控技术；制定突发性病虫害等的防治预案。根据田间病虫草害等的发生情况，依技术规程及时防治。

企业应当根据种植的中药材实际情况，结合基地的管理模式，明确农药使用中的下列要求：

①农药使用应当符合国家有关规定；优先选用高效、低毒生物农药；尽量减少或避免使用除草剂、杀虫剂和杀菌剂等化学农药。②注意使用农药品种的剂量、次数、时间，使用安全间隔期，使用防护措施等，尽可能使用最低剂量、降低使用次数。③禁止使用国务院农业农村行政主管部门禁止使用的剧毒、高毒、高残留农药，以及限制在中药材上使用的其他农药。④禁止使用壮根灵、膨大素等生长调节剂调节中药材收获器官生长。

此外，企业应当按照技术规程使用农药，做好培训、指导和巡检。企业应当采取措施防范并避免邻近地块使用农药对种植中药材的不良影响。应当避免灌溉水受工业废水、粪便、化学农药或其他有害物质污染。

突发病虫草害等或者异常气象灾害时，根据预案及时采取措施，最大限度降低对中药材生产的不利影响；要做好生长或者质量受严重影响地块的标记，单独管理。

采购农药、肥料等农业投入品应当核验供应商资质和产品质量，在接收、贮存、发放、运输环节应当保证其质量稳定和安全；使用应当符合技术规程要求。

2. 关于中药材的养殖规范

动物药材原料来自活体，有自身的生长发育和新陈代谢规律，因而涉及种源、居住环境、营养条件和疾病防控等特殊问题。其规范涉及饲料和饲料添加剂的使用、疫病的防治和药物使用等技术规程。

（1）制定养殖技术规程

企业应当根据药用动物生长发育习性和对环境条件的要求等制定养殖技术规程，主要包括以下环节：

①种群管理要求：种群结构、谱系、种源、周转等；②养殖场地设施要求：养殖功能区划分、饲料、饮用水设施，防疫设施、其他安全防护设施等；③繁育方法要求：选种、配种等；④饲养管理要求：饲料、饲喂、饮水、安全和卫生管理等；⑤疾病防控要求：主要疾病预防、诊断、治疗等；⑥药物使用技术规程；⑦药用动物属于陆生野生动物管理范畴的，还应当遵守国家人工繁育陆生野生动物的相关标准和规范。

企业应当按照制定的技术规程，根据药用动物生长、疾病发生等情况，及时实施养殖措施。企业应当及时建设、更新和维护药用动物生长、繁殖的养殖场所，及时调整养殖分区，并确保符合生物安全要求。应当根据养殖计划和育种周期进行种群繁育，及时调整养殖种群的结构和数量，适时周转。

（2）按规定使用饲料和饲料添加剂

按国务院农业农村行政主管部门有关规定使用饲料和饲料添加剂；禁止使用国务院农业农村行政主管部门公布禁用的物质以及对人体具有直接或潜在危害的其他物质；不得使用未经登记的进口饲料和饲料添加剂。

定时定点定量饲喂药用动物，未食用的饲料应当及时清理。

（3）制定突发性疫病防治预案

药用动物疾病防治应当以预防为主、治疗为辅，科学使用兽药及生物制品；应当制定各种突发性疫病发生的防治预案。应当保持养殖场所及设施清洁卫生，定期清理和消毒，防止外来污染。制定患病药用动物处理技术规程，禁止将中毒、感染疾病的药用动物加工成中药材。

另外，要按照要求接种疫苗；根据药用动物疾病发生情况，依规程及时确定具体防治方案；在突发疫病时，根据预案及时、迅速采取措施并做好记录。如果发现患病药用动物，应当及时隔离；要及时处理患传染病药用动物；对于患病药用动物尸体按相关要求进行无害化处理。

（4）制定药物使用技术规程

对于养殖过程中药物的使用，必须按国家相关规定、标准和规范制定预防和治疗药物的使用技术规程：

①遵守国务院畜牧兽医行政管理部门制定的兽药安全使用规定；②禁止使用国务院畜牧兽医行政管理部门规定禁止使用的药品和其他化合物；③禁止在饲料和药用动物饮用水中添加激素类药品和国务院畜牧兽医行政管理部门规定的其他禁用药品；经批准可以在饲料中添加的兽药，严格按照兽药使用规定及法定兽药质量标准、标签和说明书使用，兽用处方药必须凭执业兽医处方购买使用；禁止将原料药直接添加到饲料及药用动物饮用水中或者直接饲喂药用动物；④禁止将人用药品用于药用动物；⑤禁止滥用兽用抗菌药。

（5）健全常规管理

企业应当按照《中药材生产质量管理规范》的要求，制定有效的生产管理与质量控制、预防措施。配备必要的专业技术人员队伍和必要的设施、设备与工具。

企业应当按国家相关标准选择养殖场所使用的消毒剂。强化安全管理措施，避免药用动物逃逸，防止其他禽畜的不良影响。同时，企业应当按照国家相关规定来处理养殖及加工过程中的废弃物，确保环境符合标准。

《关于进一步加强中药科学监管促进中药传承创新发展的若干措施》中指出，"充分发挥 GAP 在中药材生产质量监管的重要作用"，要"分品种、分步骤研究明确部分重点或高风险中药品种生产使用的中药材应当符合 GAP 要求。中药注射剂生产所用的中药材，原则上应当符合 GAP 要求"。

（四）中药材生产的扶持政策

国家为加强中药材生产扶持项目管理，提高项目经济效益和社会效益，促进中药材生产发展，满足人民用药需求，制定了《中药材生产扶持项目管理办法》，把由中央财政资金安排的、促进中药材生产发展的项目列为中药材生产扶持项目。中药材生产扶持项目的安排对象为中药工商企业、药材专业种植养殖场和直接从事中药产业化科技开发的研究院所。

中药材生产扶持资金重点安排的项目包括：

野生药材资源保护和野生药材变家种家养的科研开发及成果推广应用；中药材种植养殖先进技术的研究和推广应用；大宗、紧缺品种的中药材基地建设，中药材种子种苗基地建设；中药材仓储技术及改善中药材仓储设施；中药饮片加工技术研究和推广应用。

申请中药材生产扶持资金的流程为：

首先，具有法人资格的单位向省、自治区、直辖市、计划单列市经贸委（医药行业管理部门）提出项目申请，并提交中药材生产扶持项目立项建议书；

其次，省、自治区、直辖市、计划单列市经贸委（医药行业管理部门）负责对申请项目进行初审，并将初审同意的项目汇总后报国家经贸委；

最后，国家经贸委组织专家委员会对项目建议书进行审定，编制年度项目计划。

另外，国家中医药管理局根据《中共中央国务院关于打赢脱贫攻坚战三年行动的指导意见》及重要政策措施分工方案要求，为了实施中药材产业扶贫行动计划，鼓励中医药企业到贫困地区建设中药材基地，会同原国务院扶贫办、工业和信息化部、原农业部、中国农业发展银行在 2017 年联合发起《中药材产业扶贫行动计划（2017—2020 年）》，意在贫困地区中实施中药材产业扶贫行动计划，以建立切实有效的利益联结机制为重点，将中药材产业发展和建档立卡人口精准脱贫衔接起来，基本实现户户有增收项目、人人有脱贫门路，通过引导百家药企在贫困地区建基地，发展百种大宗、地道药材种植、生产，带动农业转型升级，建立相对完善的中药材产业精准扶贫新模式。

第二节　中药材的采集加工与流通规范

中药材的采集加工是影响中药材质量的关键环节之一，包装和流通是保障质量不受影响的重要考核点。《中医药法》第 24 条规定："国务院药品监督管理部门应当组织并加强对中药材质量的监测，定期向社会公布监测结果。国务院有关部门应当协助做好中药材质量监测有关工作。采集、贮存中药材以及对中药材进行初加工，应当符合国家有关技术规范、标准和管理规定。国家鼓励发展中药材现代流通体系，提高中药材包装、仓储等技术水平，建立中药材流通追溯体系。药品生产企业购进中药材应当建立进货查验记录制度。中药材经营者应当建立进货查验和购销记录制度，并标明中药材产地。"其主要涉及中药材的采集加工、包装运输和购销贮存等。

一、中药材的采集加工规范

由于中药材的功效主治在于其性味归经，而不同季节和不同生长阶段以及不同部位的药材有着不同的性味归经。产地加工则是成为产品的第一步，所以中药材的采集和加工规范是保证中药材质量的重要环节。国家药监局在发布的《关于印发进一步加强中药科学监管促进中药传承创新发展若干措施的通知》（国药监药注〔2023〕1号）中指出，推动中药生产企业将药品质量管理体系向中药材种植加工环节延伸。省级药品监督管理部门要加强中药饮片生产企业采购产地加工（趁鲜切制）中药材监管。

根据《中药材生产质量管理规范》的相关规定，采收与产地加工应当符合下列技术规程和管理措施。

1. 制定采收与产地加工技术规程

企业应当制定种植、养殖、野生抚育或仿野生栽培中药材的采收与产地加工技术规程，明确采收的部位、采收过程中需除去的部分、采收规格等质量要求，主要包括以下环节。采收期要求：采收年限、采收时间等；采收方法要求：采收器具、具体采收方法等；采收后中药材临时保存方法要求；产地加工要求：拣选、清洗、去除非药用部位、干燥或保鲜，以及其他特殊加工的流程和方法。

2. 确定适宜采收时间

坚持"质量优先、兼顾产量"原则，参照传统采收经验和现代研究，明确采收年限范围，确定基于物候期的适宜采收时间。

根据中药材生长情况、采收时气候情况等，按照技术规程要求，在规定期限内，适时、及时完成采收。选择合适的天气采收，避免恶劣天气对中药材质量的影响。

3. 制定科学合理的采收流程

采收流程和方法应当科学合理；鼓励采用不影响药材质量和产量的机械化采收方法；避免采收对生态环境造成不良影响。

应当单独采收、处置受病虫草害等或者气象灾害等影响严重、生长发育不正常的中药材。

采收过程应当除去非药用部位和异物，及时剔除破损、腐烂变质部分。直接干燥使用的中药材，采收过程中应当保证清洁，不受外源物质的污染或者破坏。

4. 确定适宜干燥方法

企业应当在保证中药材质量前提下，借鉴优良的传统方法，确定适宜的中药材干燥方法；晾晒干燥应当有专门的场所或场地，避免污染或混淆的风险；鼓励采用有科学依据的高效干燥技术以及集约化干燥技术。

使用设施、设备干燥中药材，应当控制好干燥温度、湿度和干燥时间。

5. 采用适宜保鲜方法

应当采用适宜方法保存鲜用药材，如冷藏、砂藏、罐贮、生物保鲜等，并明确保存条件和保存时限；原则上不使用保鲜剂和防腐剂，如必须使用应当符合国家相关规定。

禁止将有毒、有害物质用于防霉、防腐、防蛀；禁止染色增重、漂白、掺杂使假等。

中药材采收后应当及时运输到加工场地，及时清洁装载容器和运输工具；运输和临时存放措施不应当导致中药材品质下降，不产生新污染及杂物混入，严防淋雨、泡水等。

6. 制定特殊药材加工技术规程

涉及特殊加工要求的中药材，如切制、去皮、去心、发汗、蒸、煮等，应根据传统加工方法，结合国家要求，制定相应的加工技术规程。应当严格按照制定的技术规程进行加工，如及时去皮、去心，控制好蒸、煮时间等。

毒性、易制毒、按麻醉药品管理中药材的采收和产地加工，应当符合国家有关规定。

7. 产地加工应当确保品质

应当按照统一的产地加工技术规程开展产地加工管理，保证加工过程方法的一致性，避免品质下降或者外源污染，避免造成生态环境污染。

拣选时应当采取措施，保证合格品和不合格品及异物有效区分。清洗用水应当符合要求，及时、迅速完成中药材清洗，防止长时间浸泡。应当及时进行中药材晾晒，防止晾晒过程雨水、动物等对中药材的污染，控制环境尘土等污染；应当阴干的药材不得暴晒。

应当在规定时间内加工完毕，加工过程中的临时存放不得影响中药材品质。应当及时清洁加工场地、容器、设备；保证清洗、晾晒和干燥环境、场地、设施和工具不对药材产生污染；注意防冻、防雨、防潮、防鼠、防虫及防禽畜。产地加工过程中品质受到严重影响的，原则上不得作为中药材销售。

在规范中药材采集加工过程中，还可以参照中国中药协会批准的《中药材产地加工（趁鲜切制）生产技术规范》（T/CATCM 029—2024）团体标准，该标准规定了中药材产地加工（趁鲜切制）生产过程、工艺流程、技术要求、可行性评价技术规范。

二、中药材的包装、储存和流通规范

根据《药品管理法》，药品的包装分内包装与外包装。内包装系指直接与药品接触的包装（如安瓿、注射剂瓶、铝箔等）。外包装系指内包装以外的包装，按由里向外分为中包装和大包装。根据《中药材生产质量管理规范》的规定，储运包括中药材的贮存、运输等。发运指企业将产品发送到经销商或者用户的一系列操作，包括配货、运输等。

（一）包装与储存规范

根据《中药材生产质量管理规范》的要求，中药材的包装、储存等应当符合下列规程要求：

1. 制定包装、放行和储运技术规程

企业应当制定包装、放行和储运技术规程，主要包括以下环节。包装材料及包装方法要求：包括采收、加工、贮存各阶段的包装材料要求及包装方法；标签要求：标签的样式、标识的内容等；放行制度：放行检查内容、放行程序、放行人等。贮存场所及要求：包括采收后临时存放、加工过程中存放、成品存放等对环境条件的要求；运输及装卸要求：车辆、工具、覆盖等的要求及操作要求；发运要求。

2. 包装器具应当有利于保持质量

采用可较好保持中药材质量稳定的包装方法，鼓励采用现代包装方法和器具。确保包装操作不影响中药材质量，防止混淆和差错。

包装材料应当符合国家相关标准和药材特点，能够保持中药材质量；禁止采用肥料、农药等包装袋包装药材；毒性、易制毒、按麻醉药品管理中药材应当使用有专门标记的特殊包装；鼓励使用绿色循环可追溯周转筐。

包装袋应当有清晰标签，不易脱落或者损坏；标示内容包括品名、批号、规格、产地、数量或重量、采收日期、包装日期、保质期、追溯标志、企业名称等信息。

包装前确保工作场所和包装材料已处于清洁或者待用状态，无其他异物。

此外，内包装应能保证药品在生产、运输、贮藏及使用过程中的质量，并便于医疗使用。外包装应根据药品的特性选用不易破损的包装，以保证药品在运输、贮藏、使用过程中的质量。

3. 确定仓储设施的条件

根据中药材对贮存温度、湿度、光照、通风等条件的要求，确定仓储设施条件；鼓励采用有利于中药材质量稳定的冷藏、气调等现代贮存保管新技术、新设备。有特殊贮存要求的中药材贮存，应当符合国家相关规定。

明确贮存的避光、遮光、通风、防潮、防虫、防鼠等养护管理措施；使用的熏蒸剂不能带来质量和安全风险，不得使用国家禁用的高毒性熏蒸剂；禁止贮存过程使用硫磺熏蒸。

4. 建立严格的中药材放行制度

应当执行中药材放行制度，对每批药材进行质量评价，审核生产、检验等相关记录；由质量管理负责人签名批准放行，确保每批中药材生产、检验符合标准和技术规程要求；不合格药材应当单独处理，并有记录。

5. 建立中药材贮存定期检查制度

应当建立中药材贮存定期检查制度，防止虫蛀、霉变、腐烂、泛油等的发生。

应当分区存放中药材，不同品种、不同批中药材不得混乱交叉存放；保证贮存所需要的条件，如洁净度、温度、湿度、光照和通风等。

《中药材生产质量管理规范》同时规定，中药材贮存应当按技术规程要求开展养护工作，并由专业人员实施。

（二）运输流通规范

国家药监局在2018年发布的《关于药品信息化追溯体系建设的指导意见》中细化了中药材信息化追溯体系，具体包括统一编制信息化追溯标准、推进追溯体系互联互通、拓展药品追溯数据价值、建立数据安全机制等，并明确药监部门应加强指导并监督追溯体系的建设。

根据《中药材生产质量管理规范》、《药品流通监督管理办法》和《药品经营质量管理规范实施细则》的要求，中药材的运输流通应当符合下列规范要求：

1. 出库时的管理规范

《药品经营质量管理规范实施细则》规定，药品出库时，应按发货或配送凭证对实物进行质量检查和数量、项目的核对。如发现以下问题应停止发货或配送，并报有关部门处理：药品包装内有异常响动和液体渗漏；外包装出现破损、封口不牢、衬垫不实、封条严重损坏等现象；包装标识模糊不清或脱落；药品已超出有效期。

药品批发企业在药品出库复核时，为便于质量跟踪所做的复核记录，应包括购货单位、品名、剂型、规格、批号、有效期、生产厂商、数量、销售日期、质量状况和复核人员等项目。

药品零售连锁企业配送出库时，也应按规定做好质量检查和复核。其复核记录包括药品的品名、剂型、规格、批号、有效期、生产厂商、数量、出库日期，以及药品送至门店的名称和复核人员等项目。

2. 装卸时的管理规范

《中药材生产质量管理规范》规定，企业应当按照技术规程装卸、运输；防止发生混淆、污染、异物混入、包装破损、雨雪淋湿等。

应当有产品发运的记录，可追查每批产品销售情况。

3. 运输时的管理规范

《药品经营质量管理规范实施细则》规定，药品运输时，应针对运送药品的包装条件及道路状况，采取相应措施，防止药品的破损和混淆。运送有温度要求的药品，途中应采取相应的保温或冷藏措施。《药品流通监督管理办法》第19条规定，药品说明书要求低温、冷藏储存的药品，药品生产、经营企业应当按照有关规定，使用低温、冷藏设施设备运输和储存。

为了严格中药材运输流通领域的规范，加强中药材质量的控制，把好从生产后到使用的各个环节，2019年5月31日，商务部等七部门联合印发《关于协同推进肉菜中药材等重要产品信息化追溯体系建设的意见》，要求推动中药材等产品的生产经营企业履行追溯主体责任，加强产品信息化工作，建设全面的中药材质量追溯体系。

三、中药材进货查验和购销记录规范

进货查验和购销记录也是建立中药材追溯体系的重要环节。《中医药法》

第 24 条第 3 款规定："药品生产企业购进中药材应当建立进货查验记录制度。中药材经营者应当建立进货查验和购销记录制度，并标明中药材产地。"

（一）药品生产企业进货查验记录制度

关于药品生产企业进货查验记录制度，《药品管理法》第 45 条作了概括性规定，即"生产药品所需的原料、辅料，应当符合药用要求、药品生产质量管理规范的有关要求"。根据《药品生产质量管理规范》第 9 条，确保采购和使用的原辅料和包装材料正确无误是质量保证系统任务之一。《药品生产质量管理规范》第 10 条规定，"正确的原辅料、包装材料和标签属于药品生产质量管理的基本要求"。均规定了药品生产企业必须建立进货查验制度，确保原辅料符合质量要求。

1. 关于原辅料、包材和油墨的规范

《药品生产质量管理规范》第 102 条规定："药品生产所用的原辅料、与药品直接接触的包装材料应当符合相应的质量标准。药品上直接印字所用油墨应当符合食用标准要求。进口原辅料应当符合国家相关的进口管理规定。"

《药品生产质量管理规范》第 106 条规定："原辅料、与药品直接接触的包装材料和印刷包装材料的接收应当有操作规程，所有到货物料均应当检查，以确保与订单一致，并确认供应商已经质量管理部门批准。"

物料的外包装应当有标签，并注明规定的信息。必要时，还应当进行清洁，发现外包装损坏或其他可能影响物料质量的问题，应当向质量管理部门报告并进行调查和记录。

2. 关于物料和产品的处理操作规程

《药品生产质量管理规范》对物料和产品的处理、物料供应商、物料运输、接受和贮存都作了相应的规定。这些规定同样适用于从事中药材采集加工和流通等经营者。

第 103 条规定："应当建立物料和产品的操作规程，确保物料和产品的正确接收、贮存、发放、使用和发运，防止污染、交叉污染、混淆和差错。物料和产品的处理应当按照操作规程或工艺规程执行，并有记录。"

第 104 条规定："物料供应商的确定及变更应当进行质量评估，并经质量管理部门批准后方可采购。"

第 105 条规定："物料和产品的运输应当能够满足其保证质量的要求，对运输有特殊要求的，其运输条件应当予以确认。"

第 107 条规定："物料接收和成品生产后应当及时按照待验管理，直至放行。"

第 108 条规定："物料和产品应当根据其性质有序分批贮存和周转，发放及发运应当符合先进先出和近效期先出的原则。"

3. 关于进货接收和查验的内容

《药品生产质量管理规范》第 106 条第 3 款对每次接收物料作了操作性规定，即："每次接收均应当有记录，内容包括：

（一）交货单和包装容器上所注物料的名称；

（二）企业内部所用物料名称和（或）代码；

（三）接收日期；

（四）供应商和生产商（如不同）的名称；

（五）供应商和生产商（如不同）标识的批号；

（六）接收总量和包装容器数量；

（七）接收后企业指定的批号或流水号；

（八）有关说明（如包装状况）。"

（二）药品经营企业进货查验记录制度

中药材经营者属于药品经营企业。《药品管理法》第 56 条规定，药品经营企业购进药品，应当建立并执行进货检查验收制度，验明药品合格证明和其他标识；不符合规定要求的，不得购进和销售。

1. 中药材经营企业应当做好进货查验记录

《药品经营质量管理规范》第 68 条规定："采购药品应当建立采购记录。采购记录应当有药品的通用名称、剂型、规格、生产厂商、供货单位、数量、价格、购货日期等内容，采购中药材、中药饮片的还应当标明产地。"《药品经营质量管理规范》第 80 条规定："验收药品应当做好验收记录，包括药品的通用名称、剂型、规格、批准文号、批号、生产日期、有效期、生产厂商、供货单位、到货数量、到货日期、验收合格数量、验收结果等内容。验收人员应当在验收记录上签署姓名和验收日期。中药材验收记录应当包括品名、产地、供货单位、到货数量、验收合格数量等内容。中药饮片验收记录应当包括品名、规格、批号、产地、生产日期、生产厂商、供货单位、到货数量、验收合格数量等内容，实施批准文号管理的中药饮片还应当记录批准文号。"

2. 中药材经营企业应当配备相关仪器设备

中药材经营企业还应当按照《药品经营质量管理规范实施细则》的规定配备相关仪器设备，主要有：

首先，药品检验室应开展化学测定、仪器分析（大中型企业还应增加卫生学检查、效价测定）等检测项目，并配备与企业规模和经营品种相适应的仪器设备。经营中药材和中药饮片的小型企业，还应配置水分测定仪、紫外荧光灯和显微镜。经营中药材、中药饮片的中型企业还应配置生物显微镜。经营中药材、中药饮片的大型企业在中小型企业配置基础上，增加片剂溶出度测定仪、真空干燥箱、恒温湿培养箱。

其次，药品批发和零售连锁企业应在仓库设置验收养护室，其面积大型企业不小于 50 平方米；中型企业不小于 40 平方米；小型企业不小于 20 平方米。验收养护室应有必要的防潮、防尘设备。如所在仓库未设置药品检验室或不能与检验室共用仪器设备的，应配置千分之一天平、澄明度检测仪、标准比色液等；经营中药材、中药饮片的企业还应配置水分测定仪、紫外荧光灯、解剖镜或显微镜。

最后，药品批发和零售连锁企业分装中药饮片应有固定的分装室，其环境应整洁，墙壁、顶棚无脱落物。

3. 中药材经营企业应当查验产品包装

在进货查验时还应当符合《药品经营质量管理规范实施细则》第 29 条的规定，尤其对中药材和中药饮片的包装必须符合要求，即"中药材和中药饮片应有包装，并附有质量合格的标志。每件包装上，中药材标明品名、产地、供货单位；中药饮片标明品名、生产企业、生产日期等。实施文号管理的中药材和中药饮片，在包装上还应标明批准文号"。

（三）医疗机构进货查验记录制度

《药品管理法》第 70 条对医疗机构采购药品作了原则性规定，即"医疗机构购进药品，应当建立并执行进货检查验收制度，验明药品合格证明和其他标识；不符合规定要求的，不得购进和使用"。

1. 医疗机构应当建立进货查验记录制度

《医疗机构药事管理规定》第 23 条规定："医疗机构应当根据《国家基本药物目录》、《处方管理办法》、《国家处方集》、《药品采购供应质量管理规范》等制订本机构《药品处方集》和《基本用药供应目录》，编制药品采购计划，按规定购入药品。"第26条规定："医疗机构应当制订和执行药品保管制度，定期对库存药品进行养护与质量检查。药品库的仓储条件和管理应当符合药品采购供应质量管理规范的有关规定。"

2. 医疗机构应当建立进货查验管理体系

《医疗机构药品监督管理办法（试行）》第4条规定："医疗机构应当建立健全药品质量管理体系，完善药品购进、验收、储存、养护、调配及使用等环节的质量管理制度，做好质量跟踪工作，并明确各环节中工作人员的岗位责任。"第11条规定："医疗机构应当建立健全中药饮片采购制度，按照国家有关规定购进中药饮片。"

3. 医疗机构进货查验管理的主要内容

《药品流通监督管理办法》明确规定了医疗机构购进药品的查验内容：

①医疗机构购进药品时，应当索取、查验、保存供货企业有关证件、资料、票据，包括：加盖生产或批发企业原印章的药品生产许可证或药品经营许可证和营业执照的复印件；加盖生产或批发企业原印章的所销售药品的批准证明文件复印件；购买进口药品时，应查验国家有关规定的相关证明文件；销售方为生产或批发企业销售人员的，应提供加盖生产或批发企业原印章的授权书复印件及本人身份证原件。

②医疗机构购进药品，必须建立并执行进货检查验收制度，并建有真实完整的药品购进记录。药品购进记录必须注明药品的通用名称、生产厂商（中药材标明产地）、剂型、规格、批号、生产日期、有效期、批准文号、供货单位、数量、价格、购进日期。

③药品购进记录必须保存至超过药品有效期1年，但不得少于3年。

四、地区性民间习用药材的管理

《药品管理法》第153条规定，地区性民间习用药材的管理办法，由国务院药品监督管理部门会同国务院中医药主管部门制定。原卫生部在1987年颁布《地区性民间习用药材管理办法（试行）》。2024年5月发布的《地区性民间习用药材管理办法》，对地区性民间习用药材的管理作了明确规定。

根据《地区性民间习用药材管理办法》第2条："本办法所称地区性民间习用药材，是指被本草、医籍、方志等记载，且国家药品标准未收载、不具有药品注册标准，而在局部地区有多年药用习惯的中药材。"对地区性民间习用药材的管理，目前主要有两项原则性规定。

（一）由省级政府药品管理部门制定标准

《地区性民间习用药材管理办法》第4条规定，省级药品监督管理部门应当对本行政区域内确有习用历史的地区性民间习用药材制定标准，作为省级中药材标准颁布实施。禁止无本地区习用历史或者缺少安全性、功能主治考证或者研究等情形的品种载入省级中药材标准。

1. 地区性民间习用药材省级标准的制定原则

省级药品监督管理部门制定修订地区性民间习用药材的省级中药材标准，应当坚持严谨、科学、客观、公开的原则，遵循中医药理论，符合当地用药习惯和特色要求，保障药材质量与用药安全。

省级中药材标准中记载的道地产区、生产方式、生长年限、采收时间、产地加工方法以及质量评价等应当尊重传统经验，符合地区性民间习用药材生产加工实际。鼓励传承传统经验和技术，支持应用现代科学技术表征传统质量评价经验和指标。

省级中药材标准的制定修订应当参照现行版《中国药典》和国家药品标准工作技术规范的格式和用语，必要时可以根据本行政区域内的省级中药材标准制定的具体技术要求以及药材的具体特点调整相关项目。对于具有安全性风险的药材，应当在标准中增加临床用药安全性提示信息，包括当前毒理研究等已经发现的毒性等内容。

2. 民间习用药材的命名规则

省级中药材标准收载的药材应当参照现行版国家药品标准工作技术规范中的中药材命名原则命名。原地区习用名称可以在标准中收载。

对与国家药品标准或者药品注册标准中的基原以及药用部位相同的药材，省级中药材标准不得通过另起他名（包括原地区习用名称）而收载；对与国家药品标准或者药品注册标准中的基原或者药用部位不相同的药材，省级中药材标准不得采用国家药品标准或者药品注册标准中已有的名称予以收载。

3. 新增地区性民间习用药材品种和转为国家标准

省级药品监督管理部门应当根据本行政区域内药品风险控制的需要，适时组织对已发布的省级中药材标准开展修订、提高工作。

省级中药材标准新增加品种，应当对其历史应用、基原、药用部位、采收加工、性味归经、功能主治、用法用量以及安全性等进行考证或者研究。

对具有安全性风险品种的收载应当慎重。

省级药品监督管理部门可以组织对省级中药材标准收载的品种按照相关技术要求进行研究，提出标准草案，向国家药典委员会申请新增国家药品标准，国家药典委员会依相关程序进行审核。

4. 地区性民间习用药材省级标准的备案和发布

省级药品监督管理部门应当在省级中药材标准发布后 30 日内，将发布文件、标准文本以及编制说明向国家药典委员会备案。

省级药品监督管理部门应当按照信息公开要求，及时将已经发布的省级中药材标准收载品种目录以及药材基原、药用部位等相关信息通过网站向社会公开，以便公众查询。

另外，省级中药材标准管理的要求除执行本办法的规定外，还应当按照《药品标准管理办法》以及中药标准管理专门规定的有关要求执行。

（二）原则上只在本地区行政辖区内使用

《地区性民间习用药材管理办法》第 21 条规定，地区性民间习用药材原则上在产地所在地省级药品监督管理部门行政区域内使用，确有临床使用需求的，可以跨省（自治区、直辖市）使用。跨省（自治区、直辖市）使用的，药品上市许可持有人、药品生产企业应当落实追溯制度，确保地区性民间习用药材相关的中药饮片、制剂等可追溯。

1. 跨地区使用地区性民间习用药材的标准适用

对于非民间习用药材所在地的使用者，使用地所在地省级药品监督管理部门已制定省级中药材标准的，地区性民间习用药材应当符合使用地所在地的省级中药材标准。使用地所在地省级药品监督管理部门未制定相应标准的，地区性民间习用药材应当符合生产地所在地的省级中药材标准。

2. 城乡集市贸易市场出售地区性民间习用药材

《地区性民间习用药材管理办法》规定，城乡集市贸易市场可以出售地区性民间习用药材，但是《医疗用毒性药品管理办法》中收载的毒性中药品种以及省级中药材标准中明确记载具有剧毒、大毒的中药材除外。

3. 中药材生产企业使用地区性民间习用药材的规定

直接收购地区性民间习用药材的中药材生产企业应当具有相关的硬件设施，验收人员应当具备鉴别药材真伪优劣的能力。

药品上市许可持有人、药品生产企业应当严格按照药品生产质量管理规范要求做好购进地区性民间习用药材的进货验收。

4. 临床上使用地区性民间习用药材的规定

医疗机构购进地区性民间习用药材应当建立并执行进货检查验收制度，建立真实完整的购进记录。购进记录应当注明药材的品名、执行标准、产地、采收（加工）日期、供货方、数量、购进日期等内容。

无需特殊加工炮制的地区性民间习用药材，村医疗机构执业的中医医师、具备中药材知识和识别能力的乡村医生根据当地临床实际需要可以自己种植、采收，在其所在的村医疗机构内使用，其监督管理按照国家有关规定执行。

处方药味涉及地区性民间习用药材中药新药注册上市的，应当按照《中药注册管理专门规定》有关要求办理。

同时，《地区性民间习用药材管理办法》规定，药品上市许可持有人、药品生产企业、医疗机构所购进使用的地区性民间习用药材不符合相应省级中药材标准的，应当按照《药品管理法》有关规定处理。

五、既是食品又是中药材的特殊管理

在生产、生活中，我们会遇到各种与药品有关的名词，如保健食品、特殊医学用途配方食品、食药物质、新食品原料等。它们在法律上的定义分别如下：

第一，药品。《药品管理法》第 2 条规定："本法所称药品，是指用于预防、治疗、诊断人的疾病，有目的地调节人的生理机能并规定有适应症或者功能主治、用法和用量的物质，包括中药、化学药和生物制品等。"

第二，食品和食用农产品。《食品安全法》第 150 条规定，食品是指各种供人食用或者饮用的成品和原料以及按照传统既是食品又是中药材的物品，但是不包括以治疗为目的的物品。而与之相关的食用农产品，根据《食用农产品市场销售质量安全监督管理办法》第 49 条，食用农产品，指来源于种植业、林业、畜牧业和渔业等供人食用的初级产品，即在农业活动中获得的供人食用的植物、动物、微生物及其产品，不包括法律法规禁止食用的野生动物产品及其制品。即食食用农产品，指以生鲜食用农产品为原料，经过清洗、去皮、切割等简单加工后，可供人直接食用的食用农产品。

第三，保健食品。《保健食品注册管理办法（试行）》第 2 条规定，保健食品是指声称具有特定保健功能或者以补充维生素、矿物质为目的的食品。即适宜于特定人群食用，具有调节机体功能，不以治疗疾病为目的，并且对人体不产生任何急性、亚急性或者慢性危害的食品。保健食品的命名必须符合《保健食品命名指南》。

第四，特殊医学用途配方食品。国家市场监督管理总局发布的《特殊医学用途配方食品生产许可审查细则》第 1 条规定，所称特殊医学用途配方食品，是指为满足进食受限、消化吸收障碍、代谢紊乱或者特定疾病状态人群对营养素或者膳食的特殊需要，专门加工配制而成的配方食品，包括适用于 0 月龄至 12 月龄的特殊医学用途婴儿配方食品和适用于 1 岁以上人群的特殊医学用途配方食品。

第五，新食品原料。原国家卫生和计划生育委员会发布的《新食品原料安全性审查管理办法》第 2 条规定，新食品原料是指在我国无传统食用习惯的以下物品：动物、植物和微生物；从动物、植物和微生物中分离的成分；原有结构发生改变的食品成分；其他新研制的食品原料。

第六，食药物质。国家卫生健康委员会印发的《按照传统既是食品又是中药材的物质目录管理规定》第 3 条规定，食药物质是指传统作为食品，且列入《中国药典》的物质。

所以，从上述定义来看，药品与食品有着严格的区别，但是又有着一定的联系。其中联系最紧密的就是既是食品又是中药材的物品（简称食药物质），俗称"药食同源"。"药食同源"类物品往往属于《神农本草经》中的上品。所以，《食品安全法》第 38 条规定，"生产经营的食品中不得添加药品，但是可以添加按照传统既是食品又是中药材的物质"。

（一）既是食品又是中药材物质的范围

国家有关部门对按照传统习惯既作为食品又能作为中药材的物质的范围规定分布在许多国家部委颁发的规范性文件和通知公告中，主要包括：

其一，1987 年，原国家卫生部公布《禁止食品加药卫生管理办法》，同时首次公布《既是食品又是药品的品种名单》，共 33 种物质。

其二，2002 年，原国家卫生部《关于进一步规范保健食品原料管理的通知》（卫法监发〔2002〕51 号），对之前的名单进行整合和补充，重新公布《既是食品又是药品的物品名单》，共 87 种物质可用于普通食品生产。

其三，2010 年，原国家卫生部发布《关于批准 DHA 藻油、棉籽低聚糖等 7 种物品为新资源食品及其他相关规定的公告》。

其四，2019 年，国家卫生健康委员会、国家市场监督管理总局发布《关于当归等 6 种新增按照传统既是食品又是中药材的物质公告》。

其五，2023 年，国家卫生健康委员会、国家市场监督管理总局发布《关于党参等 9 种新增按照传统既是食品又是中药材的物质公告》。

已经批准的既是食品又是中药材的物品名单：

丁香、八角茴香、刀豆、小茴香、小蓟、山药、山楂、马齿苋、乌梢蛇、乌梅、木瓜、火麻仁、代代花、玉竹、甘草、白芷、白果、白扁豆、白扁豆花、龙眼肉（桂圆）、决明子、百合、肉豆蔻、肉桂、余甘子、佛手、杏仁（甜、苦）、沙棘、牡蛎、芡实、花椒、赤小豆、阿胶、鸡内金、麦芽、昆布、枣（大枣、酸枣、黑枣）、罗汉果、郁李仁、金银花、青果、鱼腥草、姜（生姜、干姜）、枳椇子、枸杞子、栀子、砂仁、胖大海、茯苓、香橼、香薷、桃仁、桑叶、桑椹、桔红、桔梗、益智仁、荷叶、莱菔子、莲子、高良姜、淡竹叶、淡豆豉、菊花、菊苣、黄芥子、黄精、紫苏、紫苏籽、葛根、黑芝麻、黑胡椒、槐米、槐花、蒲公英、蜂蜜、榧子、酸枣仁、鲜白茅根、鲜芦根、蝮蛇、橘皮、薄荷、薏苡仁、薤白、覆盆子、藿香。

已经批准的可以用于保健食品中的物品名单：

人参、人参叶、人参果、三七、土茯苓、大蓟、女贞子、山茱萸、川牛膝、川贝母、川芎、马鹿胎、马鹿茸、马鹿骨、丹参、五加皮、五味子、升麻、天门冬、天麻、太子参、巴戟天、木香、木贼、牛蒡子、牛蒡根、车前子、车前草、北沙参、平贝母、玄参、生地黄、生何首乌、白及、白术、白芍、白豆蔻、石决明、石斛（需提供可使用证明）、地骨皮、当归、竹茹、红花、红景天、西洋参、吴茱萸、怀牛膝、杜仲、杜仲叶、沙苑子、牡丹皮、芦荟、苍术、补骨脂、诃子、赤芍、远志、麦门冬、龟甲、佩兰、侧柏叶、制大黄、制何首乌、刺五加、刺玫果、泽兰、泽泻、玫瑰花、玫瑰茄、知母、罗布麻、苦丁茶、金荞麦、金樱子、青皮、厚朴、厚朴花、姜黄、枳壳、枳实、柏子仁、珍珠、绞股蓝、胡芦巴、茜草、荜茇、韭菜子、首乌藤、香附、骨碎补、党参、桑白皮、桑枝、浙贝母、益母草、积雪草、淫羊藿、菟丝子、野菊花、银杏叶、黄芪、湖北贝母、番泻叶、蛤蚧、越橘、槐实、蒲黄、蒺藜、蜂胶、酸角、墨旱莲、熟大黄、熟地黄、鳖甲。

（二）既是食品又是中药材物质的种类

为规范食药物质的市场秩序，保障食品安全和维护公众的健康利益，《按照传统既是食品又是中药材的物质目录管理规定》对食药物质的种类作了原则性规定。

第 5 条规定，纳入食药物质目录的物质应当符合下列要求：有传统上作为食品食用的习惯；已经列入《中国药典》；安全性评估未发现食品安全问题；符合中药材资源保护、野生动植物保护、生态保护等相关法律法规规定。

第 4 条规定，由国家卫生与健康委员会会同国家市场监督管理总局制定、公布食药物质目录，对目录实施动态管理。

另外，有些中药材如人参（人工种植）、枇杷叶、赶黄草等通过申报新资源食品原料而成为食品原料使用，从而具有药用和食用两种属性。根据《新资源食品管理办法》第 2 条规定，新资源食品包括：

"（一）在我国无食用习惯的动物、植物和微生物；

（二）从动物、植物、微生物中分离的在我国无食用习惯的食品原料；

（三）在食品加工过程中使用的微生物新品种；

（四）因采用新工艺生产导致原有成分或者结构发生改变的食品原料。"

根据《新食品原料安全性审查管理办法》，新食品原料应当具有食品原料的特性，符合应当有的营养要求，且无毒、无害，对人体健康不造成任何急性、亚急性、慢性或者其他潜在性危害。

【案例 14】"葛花"案

基本案情：

原告王某在网上花 3000 元购买第三人龙岩宏晟农业科技开发有限公司生产销售的葛根茶 50 盒，葛根茶配料表标明为葛根、葛花。原告认为第三人生产销售的葛根茶添加了药材葛花，违反了《食品安全法》第 38 条，生产经营产品中不得添加药品。原告于 2019 年 4 月 18 日通过龙岩 12345 便民服务平台投诉第三人销售食品添加药品的行为，龙岩 12345 便民服务平台将投诉转交连城县市场监督管理局查办。连城县市场监督管理局认为葛花并非药品，第三人生产销售添加葛花的葛根茶的行为不存在违法行为，不予立案，并于 2019 年 4 月 23 日通过龙岩 12345 便民服务平台向王某作出回复意见，王某不服，向龙岩市市场监督管理局申请行政复议。龙岩市市场监督管理局于 2019 年 5 月 10 日受理后，于 2019 年 7 月 8 日作出行政复议决定书，维持连城县市场监督管理局作出的答复。王某不服结果，将连城县市场监督管理局、龙岩市市场监督管理局告上法庭。原告在举报第三人的同时，向第三人索赔，第三人于2019年6月26日转账给原告1万元。庭审中，被告连城县市场监督管理局主张第三人生产的葛根茶添加了葛花，符合国家食品药品监督管理总局办公厅食药监办稽函〔2017〕47号《关于非药品经营单位销售中药材有关问题的复函》第1条、第3条的规定："一、中药材有药用、食用、兽用等多种用途，判断中药材是否属于药品管理，关键在于界定其用途。三、未进入药用渠道的中药材，鉴于各地有不同食用传统，不宜强调其药品属性，经营者无需取得《药品经营许可证》。但经营此类中药材不得宣称功能主治、用法用量等相关内容。"

一审法院认为，葛花已被原卫生部列入中药材，而按照传统既是食品又是药品的物品名单中没有葛花，因此，应认定葛根茶添加了葛花属于食品中添加药品，违反了《食品安全法》第38条。一审法院认为，国家食品药品监督管理总局办公厅食药监办稽函〔2017〕47号复函仅是对非药品经营单位销售中药材有关问题答复，并不适用本案。被告连城县市场监督管理局认为第三人生产销售添加了葛花的葛根茶的行为不存在违法行为，属于适用法律、法规错误，其作出的答复行为应予以撤销，并重新对原告的投诉作出处理。被告龙岩市市场监督管理局作出的行政复议决定书也应予以撤销。

一审法院宣判后，原审被告连城县市场监督管理局、龙岩市市场监督管理局不服，提出上诉。二审法院基本沿用一审的审判思路，认为葛花属于中药材，其并未列入由法定部门制定和公布的按照传统既是食品又是中药材的物质目录中，亦未按照《新食品原料安全性审查管理办法》的规定申报批准，目前不在已经公告批准的新食品原料（新资源食品）名单中，原审第三人在属于食品的涉案葛根茶中添加中药材葛花，违反《食品安全法》第38条规定。最终判决维持原判。❶

案件评述：

本案的关键问题是：涉案葛根茶添加葛花是否违反《食品安全法》第38条的问题。《食品安全法》第38条规定："生产经营的食品中不得添加药品，但是可以添加按照传统既是食品又是中药材的物质。按照传统既是食品又是中药材的物质目录由国务院卫生行政部门会同国务院食品安全监督管理部门制定、公布。"目前我国已经批准的既是食品又是中药材的物品名单共包含87

---

❶ 福建省龙岩市中级人民法院行政判决书（2020）闽08行终57号。

种中药材，已经批准的可以用于保健食品中的物品名单共包含 114 种中药材，二者均不包含葛花。且葛花目前不在已经公告批准的新食品原料（新资源食品）名单中。虽然案发时《中国药典》未将葛花列入药品目录，但两级法院根据 1991 年 12 月 10 日中华人民共和国卫生部颁发的中药材药品标准第一册（即部颁标准），葛花被列入中药材中，认定葛花属于中药材，且不属于按照传统既是食品又是中药材的物质，最终认定原审第三人在属于食品的涉案葛根茶中添加中药材葛花，违反《食品安全法》第 38 条。

"葛花案"通过两审终审已经盖棺定论，但是围绕既能药用又能食用的中药材，被添加进食品中是否就一定违反我国《食品安全法》呢？值得我们进一步思考。司法实践中"藏红花案"❶"冬瓜皮案"❷均涉及中药材被添加于食品中的情形。在"藏红花案"中，一、二审法院均认为涉案产品系以藏茶、低聚木糖、藏红花配制而成的调味茶。藏红花虽收载于《中国植物志》和《中国药典》中，但也属于《中华人民共和国国家标准香辛料和调味品名称》（GB/T 12729.1—2008）、《中华人民共和国国家标准天然香辛料分类》（GB/T 21725—2017）、《中华人民共和国国家标准食品安全国家标准食品添加剂使用标准》（GB 2760—2014）中明确规定可以添加至食品中的食品用香料，不存在不符合食品安全标准的情形。❸在"冬瓜皮案"中，"冬瓜皮"作为药材被列入《中国药典》，属于药品，但未被相关部门确认为药食同源的物质。一审法院认为被告将"冬瓜皮"作为系争产品的配料，明显违法了《食品安全法》的强制性规定，系争产品依法属于不符合食品安全标准的食品。但二审法院认为，具备药品属性的药用原材料的"冬瓜皮"必须经一定处理，并在相关指标上达到相关特征要求。因此，"列入中国药典的物质不能一概认为属于药品""不能以是否列入中国药典来作为判定某种物质是否属于药品的法定依据"。产品中虽使用了"冬瓜皮"原料，但该产品是一款膳食补充产品，主要原料为膳食纤维和维生素矿物质等营养成分，其中冬瓜皮作为果蔬类膳食纤维原料之一予以添加。故职能部门经核查后并未认定涉案冬瓜皮为药品，在此情形下，原告若仍主张涉案冬瓜皮为药品，则应提供相关证据证

---

❶ 重庆市第一中级人民法院（2020）渝 01 民终 2698 号民事判决书。

❷ 上海一中院（2017）沪 01 民终 13973 号民事判决书。

❸ 重庆市第一中级人民法院民事判决书（2020）渝 01 民终 2698 号。

明上述认定存在错误，或提供其他更为充分的证据以证明其主张可成立。❶

通过对以上两案的分析，再来回顾本案。原审第三人龙岩宏晟农业科技开发有限公司述称"葛花作为传统习俗虽有药用，也被大量应用在食品领域。福建、广东一带自古以来就有食用葛花解酒养颜的历史"。如其有文献佐证，应当成为"葛花"具有食用属性的证据。中药材的"食用"属性，并不限于"药食同源"和新资源食品原料名录范围，也包括"各地有不同食用传统"的中药材。记载于古人撰写的游记、杂记、方志甚或碑文等文献，都可能成为中药材食用属性的证据。"葛花"即使属于中药材但不作为药品使用，添加到葛根茶中，并不违反《食品安全法》第38条的规定。❷

第三节　中药材的质量与道地药材保护

中药材的质量是指中药材作为一种产品在临床或者药品制备等使用时所发挥价值的大小。中药材的质量是中医药传承发展的物质基础，中药材质量与种质资源、土壤气候、种养殖、采猎、产地加工、炮制工艺、储存及使用方法等多因素有关，任何一个环节偏离操作规范都将影响中药材的质量。但是，在多个影响中药材质量的因素中，种质资源、产地、种养殖方法和炮制工艺显得更为重要。

一、中药材质量的法定标准

广义的中药包括中药材、中药饮片和中成药。中药材是中药饮片生产的原料，中药饮片则是直接供临床使用或中成药生产的原料，因此，中药材的质量不仅关系到临床疗效，也关系到中药的安全可控。中成药已经纳入药品管理，中药材和中药饮片分为实施审批管理的中药材、中药饮片和未实施审批管理的中药材、中药饮片两种情况。按照《药品管理法》的规定，实施审批管理的中药材和中药饮片需严格按照药品来进行管理。

（一）我国现行的药品标准由三个部分组成

法律规定，所有药品的生产必须符合国家药品标准。《药品管理法》第

---

❶　上海市第一中级人民法院民事判决书（2017）沪01民终13973号。

❷　魏均新 . 以案说法：中药材"葛花"到底能否作为食品原料使用？［EB/OL］.［2024-06-06］. https://new.qq.com/rain/a/20220207A098QU00.

28 条明确规定，药品应当符合国家药品标准。经国务院药品监督管理部门核准的药品质量标准高于国家药品标准的，按照经核准的药品质量标准执行；没有国家药品标准的，应当符合经核准的药品质量标准。

《药品管理法》第 28 条第 2 款规定了药品的标准，即"国务院药品监督管理部门颁布的《中华人民共和国药典》和药品标准为国家药品标准"。所以，《中华人民共和国药典》、原卫生部颁发的《中华人民共和国卫生部药品标准》和国务院药品监督管理部门颁发的《中华人民共和国药品标准》这三个标准都是在中国境内的生产者、销售者必须执行的法定标准。国家药典委员会在修订完善原卫生部颁发的《中华人民共和国卫生部药品标准》和国务院药品监督管理部门颁发的《中华人民共和国药品标准》中的品种标准后，将品种标准逐步纳入《中国药典》，已经被收入《中国药典》的药品，其标准必须按《中国药典》执行。

（二）中药材的质量标准与加工规范

由于中药材主要来源于植物，少部分来源于动物或矿物，所以绝大多数中药材的种植采收具有农副产品的属性，其种质、土壤、气候、水土、种植采收方法、产地加工技术、储存方法等都可能会成为影响中药材产品质量的因素。近年来，由于农药、化肥等化学试剂的使用，加上中药本身的化学成分结构复杂，使得中药材的质量标准和质量控制非常困难。

为解决中药材质量控制的问题，建立起具有中国特色的中药材质量标准，我国采用了以《中国药典》为依据的事后监管和以《中药材生产质量管理规范》为导向的事中监管。作为我国药品质量标准的《中国药典》对中药材质量作出了要求。主要规定了中药材的来源、药用部位、采收加工方法、采收年限、药材性状、中药材的相关检测项目和标准、中药材的专属性鉴别和整体质量控制等几个方面，每个中药材品种的生产必须严格按照《中国药典》中对每一个中药材品种的规定性要求进行生产。

对于残留农药、重金属及有害元素、生物毒素等有害残留物，则必须按照《中国药典》（2020 年版）中"中药有害残留物限量制定指导原则"的规定予以检测，虽然该指导原则只是提供了中药材中有害残留物理论上的最大限量（包括是否观察到中药材中有重金属及有害元素、农药残留、真菌毒素等任何与受试样品有关的毒性作用最大剂量、每日允许摄入量和急性参考剂量等），但它是中药材中有害残留物的限量，也是一个法定的标准，是中药材质量标准的一个重要组成部分。

当然，《中国药典》规定的中药材相关质量标准只是中药材生产质量监管的后期控制方法，对于中药材生产的前端质量控制则会更有利于中药材产品整体质量水平的提高，同样应当成为中药材质量控制的鼓励性标准之一。对于中药材质量前期控制，国家药监局等部门在 2022 年发布《中药材生产质量管理规范》，将其作为中药材规范化生产和管理的基本要求，以此实行中药材生产企业规范生产中药材的全过程管理。对于采用《中药材生产质量管理规范》的中药生产企业，可以参照药品标签管理的相关规定，在药品标签中适当位置标示"药材符合 GAP 要求"的词语，并且可以依法进行市场宣传。

由于中药材的复杂性和监管中涉及的炮制规范等问题，我国还有大量的中药材和中药饮片没有实施审批管理。但是，没有实施审批管理的中药材和中药饮片并不是没有法定标准，它们的生产规范和产品质量必须符合各地方制定的中药材炮制规范。2023 年 1 月 3 日，国家药监局在发布的《关于印发进一步加强中药科学监管促进中药传承创新发展若干措施的通知》中明确，充分发挥《中药材生产质量管理规范》（GAP）在中药材生产质量监管的重要作用，中药注射剂生产所用的中药材，原则上应当符合 GAP 要求。国家药监局将会同国家中医药管理局制定《实施审批管理的中药材品种目录》，依法对符合规定情形的中药材品种全面实施审批管理。

《中国药典》（2020 年版）规定，对于经产地加工后可直接作为中药饮片使用的，按中药饮片建立标准，其加工条件也应符合中药饮片生产规定，并按中药饮片生产管理。

二、《中药材生产质量管理规范》的法律效力

《中药材生产质量管理规范》是依据《中华人民共和国药品管理法》《中华人民共和国中医药法》的规定而制定的有关中药材生产质量的推荐性行为规范。它是建议性规范，而不是强制性规范，是否采纳该规范由企业自愿决定。所以，《中药材生产质量管理规范》并非部门规章，也不是行业认证标准，只是有关行政部门在行政管理时一个参照标准。

但是，国家药监局等部门在发布《中药材生产质量管理规范》的同时有一个公告（2022 年第 22 号公告），根据法理分析，该公告虽然由四个部委联合发布，但并没有以"令"的形式发布，也不属于部门规章范畴，可以将其

看作规范性文件，有关行政主管部门在管理该类事项时可以适用。

22 号公告根据《药品管理法》的规定指定了省级药品监督管理部门的行政权限，即，"省级药品监督管理部门应当加强监督检查，对应当使用或者标示使用符合本规范中药材的中药生产企业，必要时对相应的中药材生产企业开展延伸检查，重点检查是否符合本规范。发现不符合的，应当依法严厉查处，责令中药生产企业限期改正、取消标示等，并公开相应的中药材生产企业及其中药材品种，通报中药材产地人民政府"。

为了鼓励包括具有企业性质的种植、养殖专业合作社或联合社等中药材生产企业积极采用该规范，22 号公告规定了特殊标示的使用权，即"使用符合本规范要求的中药材，相关中药生产企业可以参照药品标签管理的相关规定，在药品标签中适当位置标示'药材符合 GAP 要求'，可以依法进行宣传。对中药复方制剂，所有处方成份均符合本规范要求，方可标示"。

另外，22 号公告还规定了国家药监局等四个职能部门在《中药材生产质量管理规范》贯彻落实方面的职能分工。农业农村部牵头做好中药材种子种苗及种源提供、田间管理、农药和肥料使用、病虫害防治等指导。林业和草原部牵头做好中药材生态种植、野生抚育、仿野生栽培，以及属于濒危管理范畴的中药材种植、养殖等指导。中医药管理部门协同做好中药材种子种苗、规范种植、采收加工以及生态种植等指导。药品监督管理部门对相应的中药材生产企业开展延伸检查，做好药用要求、产地加工、质量检验等指导。

此外，在中药材流通管理方面，我国还有《进出境中药材检疫监督管理办法》、《进口药材管理办法（试行）》、《进出境中药材检疫监督管理办法》和《中华人民共和国海关对旅客携带和个人邮寄中药材、中成药出境的管理规定》等管理规定，在进出境中药材时应当予以对照执行。

三、道地药材生产基地与名称核准

实际上，中药材的质量标准自古就有，道地药材就是中药材的质量标准，道地药材就是高质量中药材，其功效和价格都高于普通中药材。所以，我国在中药材质量管理上，历来强调从道地药材建设工作来强化中药材整体质量。

《中医药法》第 23 条规定，"国家建立道地中药材评价体系，支持道地中药材品种选育，扶持道地中药材生产基地建设，加强道地中药材生产基地生态环境保护，鼓励采取地理标志产品保护等措施保护道地中药材"。在把控中药材质量中，除了要建立中药材质量管理的各个环节和规程，要求中药材生产企业严格执行《中药材生产质量管理规范》外，抓住道地药材这一"牛鼻子"，可以带动整个中药材行业的质量提升。因为道地药材是在中医长期临床实践中，通过选择而形成的优质中药材，在中医药行业内已经形成了相对固定的种子、产区和炮制加工技术，是中医药传统知识的精华。中共中央、国务院在2019年10月20日发布的《关于促进中医药传承创新发展的意见》中，提出加强中药材质量控制，其主要措施就是强化中药材道地产区环境保护，规划道地药材基地建设，引导资源要素向道地产区汇集。评定一批国家、省级道地药材良种繁育和生态种植基地。建立道地药材生产技术标准体系、等级评价制度。可见，国家有关部门已经在实践中把道地药材作为提高中药材质量的主要抓手。

（一）道地药材的品种确定及其生产基地

虽然道地药材是中国的宝贵财富，是约定俗成、行业首肯的高质量标志，但一直没有法定的名称和品种确定。为了推动我国的道地药材建设工作，国家农业农村部、国家药监局和国家中医药管理局联合印发的《全国道地药材生产基地建设规划（2018—2025年)》（农农发〔2018〕4号）中将全国道地药材基地划分为七大区域，涉及道地药材144种，这是目前最为具体的、由官方颁布的道地药材产地，具有一定的指导作用。具体为：

东北道地药材产区，包括内蒙古东北部、辽宁、吉林及黑龙江等省（区），中药材种植面积约占全国的5%。主要品种有人参、鹿茸、北五味、关黄柏、辽细辛、关龙胆、辽藁本、赤芍、关防风九种。

华北道地药材产区，包括内蒙古中部、天津、河北、山西等省（区、市），中药材种植面积约占全国的7%。主要品种有黄芩、连翘、知母、酸枣仁、潞党参、柴胡、远志、山楂、天花粉、款冬花、甘草、黄芪十二种。

华东道地药材产区，包括江苏、浙江、安徽、福建、江西、山东等省，中药材种植面积约占全国的11%。主要品种有浙贝母、温郁金、白芍、杭白芷、浙白术、杭麦冬、台乌药、宣木瓜、牡丹皮、江枳壳、江栀子、江香薷、茅苍术、苏芡实、建泽泻、建莲子、东银花、山茱萸、茯苓、灵芝、铁皮石斛、菊花、前胡、木瓜、天花粉、薄荷、元胡、玄参、车前子、丹参、百合、青皮、覆盆子、瓜蒌三十四种。

华中道地药材产区，包括河南、湖北、湖南等省，中药材种植面积约占全国的 16%。主要品种有怀山药、怀地黄、怀牛膝、怀菊花、密银花、荆半夏、蕲艾、山茱萸、茯苓、天麻、南阳艾、天花粉、湘莲子、黄精、枳壳、百合、猪苓、独活、青皮、木香二十种。

华南道地药材产区，包括广东、广西、海南等省（区），中药材种植面积约占全国的 6%。主要品种有阳春砂、新会皮、化橘红、高良姜、佛手、广巴戟、广藿香、广金钱草、罗汉果、广郁金、肉桂、何首乌、益智仁十三种。

西南道地药材产区，包括亚热带季风气候及温带、亚热带高原气候，是川药、贵药、云药主产区。包括重庆、四川、贵州、云南等省（市），中药材种植面积约占全国的 25%。主要品种有川芎、川续断、川牛膝、黄连、川黄柏、川厚朴、川椒、川乌、川楝子、川木香、三七、天麻、滇黄精、滇重楼、川党、川丹皮、茯苓、铁皮石斛、丹参、白芍、川郁金、川白芷、川麦冬、川枳壳、川杜仲、干姜、大黄、当归、佛手、独活、青皮、姜黄、龙胆、云木香、青蒿三十五种。

西北道地药材产区，包括内蒙古西部、西藏、陕西、甘肃、青海、宁夏、新疆等省（区），中药材种植面积约占全国的 30%。主要品种有当归、大黄、纹党参、枸杞、银柴胡、柴胡、秦艽、红景天、胡黄连、红花、羌活、山茱萸、猪苓、独活、青皮、紫草、款冬花、甘草、黄芪、肉苁蓉、锁阳二十一种。

（二）关于道地药材的名称核准

所谓中药道地药材，是指在特定的自然条件、生态环境和土壤气候等因素的影响下所生产出的药材，其物种与产地整体环境适宜，品种优良，栽培采收和加工炮制讲究，疗效较同种药材突出且生产较为集中，带有明显的地域性特征，为世人公认且久负盛名的中药材。[1]《中医药法》第 23 条第 2 款规定，道地中药材，是指经过中医临床长期应用优选出来的，产在特定地域，与其他地区所产同种中药材相比，品质和疗效更好，且质量稳定，具有较高知名度的中药材。如著名的川芎、川黄连、广藿香、阳春砂、怀地黄、怀牛膝等。

道地药材是历史形成的还是官方评估的，或者说一个地方的中药材是否属于道地药材，能否使用"道地药材"这四个字？目前在法律上还没有一个

---

[1] 宋晓亭. 中医药知识产权保护指南 [M]. 北京：知识产权出版社，2008：206.

明确的规定。由于道地药材的形成有一个过程，历史上对道地药材的认识也并不一致，我国不同的时期、不同的学者对一味中药材是否属于道地药材有着不同的看法，但是中药学界普遍认为，明代的官修本草《本草品汇精要》是最早注明药材"道地"的书籍，其所收载的道地药材有300余种。

目前社会上各种组织自行开展道地药材称号的评选活动，如"某某中药材之乡""道地中药材产业县""药都"等，均无法律依据，容易导致市场中对道地药材认识的混淆，应当予以规范。目前的争议是，"道地药材"是民间对质量上乘中药材的俗称，还是应当为官方对质优效佳中药材的称号。为整顿中药材质量，保护道地药材市场，国家有关部门和地方政府正在积极探索道地药材的认定和管理工作。

甘肃省在2015年发布《甘肃省道地药材认定管理办法（试行）》（甘卫发〔2015〕199号），是我国比较早制定认定管理办法的省份之一。其试行办法规定，同时符合以下四个方面的条件，方可申报甘肃省道地药材：一是药材产区为中药材种植适宜区，生态环境良好，申请单位注重对资源、环境的保护；二是种植相对集中，具有一定的规模效应和种植历史，特色鲜明，质量优异；三是生产企业或基地以发展中药材种植为主体，在种植和加工方面有较强实力，示范带动作用明显；四是具有较好的技术条件，有高等学校、科研机构和企业等作为技术支撑。通过省级专家认定委员会评审并公示无异议后，授予其道地药材证书，发放道地药材标识，有效期为三年。

贵州省积极响应国家有关部门关于道地药材发展战略的意见，2021年8月10日，由省农业农村厅、省中医药管理局、省药品监督管理局联合发布《关于推荐贵州省道地（民族）药材目录的通知》，其中贵州省道地药材的遴选条件具体要求为：

第一，有文字记载证明为本省境内的中药材，包括如下：①贵州地方志；②省外地方志；③正规出版的医药本草；④医药文史著作；⑤学术期刊；⑥其他形式文字记载。

第二，在本省资源普查中有记录的中药材。

第三，经专家组集体评议，符合传承性（在历代本草典籍、地方志及中药民族药研究文献中有记载）、广泛性（在贵州有分布，对特定产区的生态环境有独特依赖性）、应用性（经中医临床长期应用优选出具有品质佳、疗效好、安全的药材，在药材品质、药效等方面较其他产地有较高认可度及知名度）、重要性（市场需求量大，临床应用广泛，或为中药饮片、中成药、民族药产品及其他健康产品的原料药材）、成长性（市场容量和生产技术标准、生产组织化程度高，在其产区形成了规范化、标准化生产技术）等五个基本原则。❶

山东省卫生健康委员会、山东省发展和改革委员会、山东省科学技术厅、山东省工业和信息化厅、山东省自然资源厅、山东省农业农村厅、山东省药品监督管理局在 2021 年 10 月 8 日发布《山东省道地药材和特色药材认定办法》（鲁卫中医药产业字〔2021〕3 号），对于山东省道地药材的认定标准确定为，必须同时符合下列五项条件：

第一，被《中国药典》或《山东省中药材标准》收载；

第二，在山东省行政区划范围内有资源分布或有一定种植、养殖、加工规模；

第三，药用历史较为悠久，在中华人民共和国成立之前的医药文献或地方史志中有记载；

第四，药材品质优良，得到国内中医药界公认并享有较高知名度；

第五，现今流通药材基原或加工工艺与文献记载一致。

目前，广西壮族自治区在 2021 年 1 月 22 日确定并发布了第一批道地药材（十种，即"桂十味"）。贵州省在 2021 年 11 月 15 日发布了第一批道地药材目录（共 95 种）。黑龙江省在 2022 年 4 月 2 日发布了第一批道地药材目录（共 62 种）。湖南省在 2022 年 6 月 8 日发布了第一批道地药材目录（共 35 种）。其他省份也在积极筹划制定中。

道地药材名称核准是一项非常重要的工作，它关系到我国中药材整体质量的提高和发展方向，也是当地发展中药材经济的关键策略。我国应当统一道地药材名称的核准条件，根据历史记载、临床疗效和地域生态情况统筹道地药材的名称和种植地域，防止地方为争夺资源而产生歧义。国务院在 2016 年发布的《中医药发展战略规划纲要（2016—2030 年）》中已经明确提出要制定国家道地药材目录，各地方省份应当以此来规范道地药材名称的核准和使用工作，并以国家认证认可监督管理委员会 2021 年 11 月 4 日发布、2022 年 1 月 1 日实施的《道地药材评价通用要求》（国际标准分类号 03. 120. 20）和中国中医科学院中药研究所（中药资源中心）组织起草的《道地药材标准编制

---

❶ 参见《贵州省道地药材、民族药材和重点教材目录评选工作方案》。

通则》（国际标准分类号 11.120.01）为基础，建立道地药材的名称核准标准和程序。

四、道地药材的法律保护

道地药材的保护工作分为道地药材的行政保护和道地药材的知识产权保护。道地药材的行政保护就是国家有权行政机关（如国家中医药管理局、国家农业农村部等）针对道地药材工作中有关国家政治、经济、文化和社会公共事务时所制定的管理政策和对行政相对人实施的法定保护行为。行政保护既有扶持功能和服务功能，又有管理功能和引导功能。如制定国家或地方性的道地药材目录、发展道地药材种植基地和道地药材自然保护区，等等。而道地药材的知识产权保护是指公民、法人或者其他组织对其与道地药材有关的智力成果依照有关知识产权法律而享有的占有、使用、收益和处分的专有权利。在其上述权利受到未经许可的使用或者篡改、假冒等侵害时，有权要求侵权人停止侵害、消除影响、赔偿损失。如道地药材的专利保护、道地药材的地理标志保护和道地药材的遗传资源保护等。

下面对我国现行的道地药材保护的主要政策和法律分别进行介绍。

（一）道地药材的行政保护

1. 制定道地药材目录

目前，我国对道地药材行政保护的主要措施之一是制定国家或区域性的道地药材目录。由于道地中药材是经过中医临床长期应用优选出来的，产区特定，质量稳定，其品质和疗效相比其他地区所产同种中药材要更好，所以道地药材具有较高的市场知名度，是当地经济发展的增长点，也是当地企业参与市场竞争的有力无形资产。但是，我国目前尚没有官方认定或发布的道地药材目录。2016 年 2 月 26 日，国务院发布《中医药发展战略规划纲要（2016—2030 年)》，其中明确指出了要制定国家道地药材目录。

《全国道地药材生产基地建设规划（2018—2025 年)》在指出目前道地药材发展中存在无序开发、品种创新不足、质量安全水平不高，影响中医药持续健康发展的同时，提出道地药材的遴选标准，即通过历代本草考证，参考道地药材相关专著和标准，依据临床使用频次高、用量大的原则，选定一批重点道地药材。即道地药材的遴选至少符合两个条件，一是历史印证。通过历代本草考证，并参考道地药材相关专著和标准。二是临床疗效。主要是临床使用频次高、用量大。该遴选基本标准体现了道地药材的本质特征。

虽然我国目前还没有一部国家颁发的全国道地药材目录，但是《全国道地药材生产基地建设规划（2018—2025 年)》已经确定了全国道地药材七大基地区域，涉及道地药材 144 种。2019 年 10 月 20 日，中共中央、国务院发布《关于促进中医药传承创新发展的意见》，其中指出"规划道地药材基地建设，引导资源要素向道地产区汇集，推进规模化、规范化种植。评定一批国家、省级道地药材良种繁育和生态种植基地。到 2022 年，基本建立道地药材生产技术标准体系、等级评价制度"。为落实《关于促进中医药传承创新发展的意见》，各地纷纷制定了实施意见，并着手地方道地药材的认定管理工作。目前已经开展地方道地药材认定工作的省份有广西壮族自治区、贵州省、黑龙江省、湖南省等。

因此，设法将本地中药材纳入道地药材目录或者被认定为道地药材品种是地方农业经济发展的重要路径，也是中药材生产经营企业占领中药材市场的有力武器。但是，地方优质中药材品种要纳入国家道地药材目录或者认定为道地药材品种，必须符合《中医药法》第 23 条第 2 款的规定，有能够证明该品种为道地药材的历史文献，有能够证明该品种为临床大量使用并具有相当种植能力的证据。

2. 建立"道地药材生产基地"

我国道地药材行政保护的另一项主要措施是政府主导并建立道地药材生产基地。《中医药发展战略规划纲要（2016—2030 年）》明确指出，"加强道地药材良种繁育基地和规范化种植养殖基地建设"。《中医药法》第 23 条规定，"国家建立道地中药材评价体系，支持道地中药材品种选育，扶持道地中药材生产基地建设，加强道地中药材生产基地生态环境保护"。

《全国道地药材生产基地建设规划（2018—2025 年)》提出了"以品种为纲、产地为目，定品种、定产地和定标准相结合，优化道地药材生产布局"的建设规划。将全国道地药材基地划分为东北道地药材产区、华北道地药材产区、华东道地药材产区、华中道地药材产区、华南道地药材产区、西南道地药材产区和西北道地药材产区 7 大区域，涉及道地药材 144 种，以道地药材生产基地建设来推动我国道地药材工作的继承和发展。

除了全国性的道地药材生产基地建设，各省份也根据《全国道地药材生产基地建设规划（2018—2025 年)》的要求，提升当地的中药质量和中药材产业水平，助力乡村振兴工作的建设。如 2021 年 3 月 31 日江西省发布本省道地药材生态种植示范基地建设项目（包括"赣十味、赣食十味"20 个品种），2021 年 6 月，湖南省开展了本省道地药材生态种植示范基地项目（包括"湘九味"等）。2021 年 10 月，陕西省开展了本省 10 个道地药材种植示范基地建设项目。2021 年 5 月 8 日吉林省开展的第一批 10 个品种的优质道地药材科技示范基地建设项目，2022 年 5 月 16 日吉林省又开展第二批 15 个品种的优质道地药材科技示范基地建设。

申请成为道地药材生产基地需要具备申报单位提供其基本情况、申报单位组织与管理情况以及药材种植（养殖）质量管理情况等，符合《全国道地药材生产基地建设规划（2018—2025 年)》的要求和本省道地药材种养殖示范基地条件都可以申报。当然，获得道地药材生产（或种养殖）基地项目的单位也负有一定的责任，如在建设期内对道地药材新品种选育、良种繁育，推进特色品种提纯复壮，提高道地药材供种供苗能力，或者对道地药材生产方式、种养殖规范进行改进和技术推广等。

3. 开展"定制药园"工作

我国目前对道地药材行政保护的第三个主要措施是定制药园，《中药材产业扶贫行动计划（2017—2020 年)》指出，要开展"百企帮百县"活动，推动百家以上医药企业到贫困县设立"定制药园"作为原料药材供应基地。鼓励公立中医医院优先采购以"定制药园"中药材为主要原料的药品（含中药饮片）。可见，"定制药园"是政府部门为了贯彻落实脱贫攻坚的战略部署，充分发挥中药材在地方经济中的优势而由政府主导制定的、在中药材种植主产区脱贫县设立的中药材定点种植计划，从而带动当地农户种植大宗、道地中药材。

"定制药园"工作虽然不直接针对道地药材，但是从实际效果上看，确实保护了道地药材的种植和发展。全国多省市按照国家有关部门的文件精神，纷纷出台相应的规划。如吉林省中医药管理局等部门在 2018 年 6 月 27 日共同印发《吉林省中药材产业扶贫行动计划工作方案》；贵州省中医药局联合省发改委等部门在 2019 年 11 月 8 日下发《贵州省全面推进"定制药园"建设工作方案》，在 2020 年 5 月，贵州省中医药局制定又发布了《贵州省"定制药园"建设规范（试行）》；江西省中医药管理局等六部门发布《中药材产业扶贫分工实施方案》（赣中医药产业字〔2019〕02 号）和《定制药园项目建设专项资金管理办法》；陕西省中医药管理局等部门在 2019 年 7 月共同印发《陕西省实施中药材"定制药园"工作方案》；广西壮族自治区中医药管理局等部门在 2020 年 7 月 7 日联合印发《关于开展"定制药园"建设助力农民脱贫增收的通知》（桂中医药规划发〔2019〕5 号）；云南省中医药管理局也会同其他部门共同发布《云南省实施"定制药园"工作方案》（云卫中医发〔2018〕9 号）和《云南省卫生健康委办公室关于组织开展 2019 年"定制药园"申报工作的通知》；此外，原四川省卫计委和有关部门在 2017 年 9 月共同印发《四川省中药材产业扶贫行动方案（2017—2020 年)》；甘肃省卫生健康委员会在 2019 年 11 月 28 日发布《中医药健康扶贫行动计划（2019—2020 年)》，开展评审认定"中药材产业扶贫基地"和"定制药园"等工作。广西壮族自治区人民政府在《关于加快中医药壮瑶医药特色发展若干政策措施》（桂政办发〔2022〕58 号）中提出，鼓励中医医疗机构全面参与"定制药园"建设，推动将三级、二级公立中医医院参与"定制药园"建设情况纳入广西公立中医医院绩效考核。

各地开展"定制药园"工作主要有如下做法。

其一，由地方中医药主管等部门依照《中药材产业扶贫行动计划（2017—2020 年)》发布建设工作方案或建设规范；

其二，建设项目申报由建设基地、建设单位、合作单位三部分组成，由中药材示范基地、流通企业和医疗机构三方联合申报；

其三，申报单位必须具有独立法人的企业或医疗服务机构等进行项目申请并完成相应的建设任务；

其四，形成建设基地、建设企业、医疗机构三者相互促进的、稳定的优质中药材供应订单模式。

"定制药园"工作主要围绕当地贫困地区的大宗中药材，尤其是道地药材的规范化种植和产业化，是地方发展道地药材经济的一个良好抓手，虽然国家倡导的中药材产业扶贫行动计划截止到 2020 年，但是，陕西省、贵州省、江西省、湖南省和广西壮族自治区等省份充分感悟到"定制药园"所带来的益处，后续继续全面推进开展该项工作。因而，"定制药园"工作不但是发展当地农业经济的一个亮点，也是保护道地药材的一项有力措施。

（二）道地药材的知识产权保护

我国对道地药材的知识产权保护措施有多种，包括道地药材的专利保护、道地药材的地理标志保护、道地药材的遗传资源保护和道地药材植物新品种保护等。但是，运用专利制度保护道地药材只不过是把道地药材看作普通的中药材，对运用现代科学技术提取、分离、纯化中药中的某些有效成分或活性物质的医药用途或者所使用的物理化学方法，形成一个技术方案来予以专利保护。或者把道地药材作为普通中药材对待，对其具有新颖性或创造性的种植加工或者炮制技术进行专利保护。运用植物新品种保护制度保护道地药材，其实质是鼓励对道地药材进行改良并发现新的品种，但是，道地药材之所以道地，既是因为其当地的气候土壤独特，也是因为其种质的遗传资源独特，所以，运用植物新品种保护制度并不能有效保护道地药材。道地药材的知识产权保护主要采用地理标志保护制度和与遗传资源相关的传统知识保护两种方式。

1. 道地药材的地理标志保护

《中医药法》第 23 条明确规定，"鼓励采取地理标志产品保护等措施保护道地中药材"。关于地理标志的概念，根据 TRIPs 协定第 22 条第 1 款的规定，地理标志是"辨别某商品来源于世界贸易组织某成员境内或该境内的某地区或某地方的标记，而该商品的特定质量、声誉或其他特性主要归因于其地理来源"。我国相关的地理标志法律规定主要有三个，一是原国家质量监督检验检疫总局在 2005 年 5 月 16 日颁布的《地理标志产品保护规定》，其规定"地理标志产品，是指产自特定地域，所具有的质量、声誉或其他特性本质上取决于该产地的自然因素和人文因素，经审核批准以地理名称进行命名的产品"。二是原国家农业部在 2007 年 12 月 6 日颁布的《农产品地理标志管理办法》，其规定"本办法所称农产品地理标志，是指标示农产品来源于特定地域，产品品质和相关特征主要取决于自然生态环境和历史人文因素，并以地域名称冠名的特有农产品标志"。2019 年修改时保留该条款。三是全国人大常委会第九届第二十四次会议于 2001 年 10 月 27 日通过的《商标法》增加了地理标志的内容，其第 16 条第 2 款规定，"前款所称地理标志，是指标示某商品来源于某地区，该商品的特定质量、信誉或者其他特征，主要由该地区的自然因素或者人文因素所决定的标志"。该条在后续修改中也一直被保留并且原国家工商行政管理总局在 2003 年 4 月 17 日发布了《集体商标、证明商标注册和管理办法》，2023 年 12 月 29 日国家知识产权局局务会审议通过《集体商标、证明商标注册和管理规定》，自 2024 年 2 月 1 日起施行。所以，目前我国现行的地理标志相关法律制度包括"集体商标"和"证明商标"注册保护、"地理标志产品保护"登记保护以及"农产品地理标志"认证保护三种类型。❶

虽然《中医药法》明确提出"鼓励采取地理标志产品保护等措施保护道地中药材",但是我们不能简单地理解为只采用"地理标志产品保护"来保护道地药材,而是要同样运用"集体商标"、"证明商标"制度和"农产品地理标志"制度等来保护道地药材。当然,无论是"集体商标"、"证明商标"保护制度,还是"地理标志产品保护"保护制度,或者"农产品地理标志"保护制度,都需要被保护的对象在下列四个方面有清晰的描述:该产品的特征(品质或者生产方式);该产品生产的地理范围;该产品的特征与产地自然因素和人文因素之间的密切关系;该产品的技术规范和产品标准。

一个产品具体运用哪个法律制度来保护,要根据本产品的基本情况和历史情况来决定。可以申报一个,也可以同时申报多个。

【案例15】霍山县霍山石斛产业协会、西山药库霍山石斛公司诉青阔公司侵害商标权纠纷案

基本案情:

"霍山石斛"被认定为地理标志保护产品。霍山县霍山石斛产业协会系"图片"地理标志证明商标的权利人,授权许可西山药库霍山石斛公司使用该商标并进行维权。霍山石斛协会等发现青阔公司经营的网店"补善堂旗舰店"销售铁皮枫斗、石斛花、石斛粉等产品,在商品销售链接图片中突出显示"霍山石斛花""霍山原产石斛粉""正宗霍山石斛""霍山铁皮石斛"等文字标识,商品链接名称及商品详情等多处使用"霍山石斛"文字进行宣传展示。霍山石斛协会等认为青阔公司使用"霍山石斛"文字或标识进行商业宣传的行为违反了商业道德,侵犯其商标权,遂起诉要求其停止侵权、赔偿损失、支付合理开支等。

一审法院认为,"图片"地理标志证明商标依法受法律保护。霍山石斛专指主产于大别山区安徽省霍山县的俗称为米斛的草本植物。青阔公司所售商

---

❶ 2020年4月3日,国家知识产权局颁发《地理标志专用标志使用管理办法(试行)》,标志着我国地理标志从三种类型逐步统一为专用标志的开始,为我国建立地理标志统一认定制度打下重要基础。

品为铁皮石斛产品，铁皮石斛与霍山石斛（米斛）虽同属兰科石斛属草本植物，但并非同一物种。青阔公司未经许可，在网店中突出使用"霍山石斛"文字销售铁皮石斛，容易使消费者产生混淆与误认，侵害了霍山石斛协会等享有的地理标志证明商标专用权，遂判决责令青阔公司立即停止侵权行为，赔偿霍山石斛协会、西山药库公司损失及维权合理开支 45000 元。一审判决后，当事人均未上诉。❶

案件评述：

本案是保护著名道地药材"霍山石斛"地理标志的典型案例。《中医药法》第 23 条规定："国家建立道地中药材评价体系，支持道地中药材品种选育，扶持道地中药材生产基地建设，加强道地中药材生产基地生态环境保护，鼓励采取地理标志产品保护等措施保护道地中药材。前款所称道地中药材，是指经过中医临床长期应用优选出来的，产在特定地域，与其他地区所产同种中药材相比，品质和疗效更好，且质量稳定，具有较高知名度的中药材。"道地药材往往产自特定地区，基于该地区独特的自然及气候条件，使得产于该地区的中药材拥有独特的品质和疗效，这是产自其他地区的同种中药材所不具有的天然优势。我国拥有丰富的道地药材种类，应用地理标志证明商标保护道地药材是最佳手段。霍山石斛作为一种道地药材，品质优良，功效显著，是历代医家公认的滋补圣品，为消费者所钟爱。本案中，法院依法认定商家在网店销售链接图片、商品名称、详情等多处突出使用"霍山石斛"文字，以"霍山石斛"名义销售"铁皮石斛"产品，易使一般消费者产生混淆或误认，构成商标侵权，并责令侵权人承担相应法律责任。本案判决体现了依法维护中药材公平竞争、道地药材品质和信誉的价值导向，有利于推动道地药材产业规范健康发展。

2. 道地药材的遗传资源保护

道地药材的遗传资源保护是道地药材知识产权保护的重要内容，也是一项新兴的工作。根据联合国环境规划署颁布的《生物多样性公约》的规定，生物资源（Biological Resources）包括遗传资源、有机体及其组成部分、种群或者对人类具有现实或潜在使用价值及其他价值的生态系统的生物组成部分。"遗传资源"是指具有实际或潜在价值的遗传材料。"遗传材料"是指来自植

---

❶ 江苏省连云港市中级人民法院民事判决书（2022）苏 07 民初 411 号。

物、动物、微生物或其他来源的任何含有遗传功能单位的材料。

中药材的价值虽然与其生长环境及其种植加工技术有关，但中药材中蕴含的遗传资源是其功效的决定性因素，如枸杞子之所以具有滋补肝肾、益精明目的功效，关键在于其中有确定的、可以量化的植物遗传物质。药用植物遗传资源是中药新药研发、优良品种选育的基础，是关系到中医药行业、国民经济与人民生活的基础性资源，是国家的重要战略物资。❶ 黄璐琦院士认为，道地性可以看作道地药材特有属性的简称，道地性与道地药材的表型、遗传背景及环境三者有关。❷ 生物多样性是道地药材产生和确立的基础。道地性越明显，其基因特化越显著。❸ 所以，中药材尤其是道地药材中的遗传资源是我国应当加以重点保护的战略资源。

中药材尤其是道地药材的遗传资源保护工作涉及对中药材遗传资源的获取和开发利用等问题，一些团体与个人可能利用现代科学技术从道地药材中获取其中的关键遗传信息，并利用该遗传信息来进行商业活动，虽然可以获取相当的经济利益，但将对道地药材本身的传统使用带来威胁。为解决这一利益不平衡问题，世界知识产权组织在 2000 年成立了知识产权与遗传资源、传统知识和民间文学艺术政府间委员会（Intergovernmental Committee on Intellectual Property and Genetic Resources, Traditional Knowledge and Folklore, IGC），专门讨论包括遗传资源保护在内的传统知识保护立法问题。2011 年 8 月，国家中医药管理局启动了第四次全国中药资源普查试点工作。其中的一项重要任务就是开展与中药资源相关传统知识调查，挖掘、传承和保护与中药资源相关传统知识。我国目前尚没有建立专门针对遗传资源保护的相关法规，有些地区只是把中药材当作一种资源来予以保护，如《广西壮族自治区药用野生植物资源保护办法》，并没有作为传统知识的一种，即遗传资源来进行保护。

为保护我国宝贵的生物遗传资源，原国家环境保护部根据《生物多样性公约》的原则精神，在 2017 年 3 月制定发布《生物遗传资源获取与惠益分享管理条例（草案）》（征求意见稿）。2021 年 10 月，国家中医药管理局根据

---

❶ 陈士林，吴问广，王彩霞，等 . 药用植物分子遗传学研究 ［J］. 中国中药杂志，2019，44（12）：2421-2432.

❷ 黄璐琦 . 分子生药学 ［M］. 2 版 . 北京：北京医科大学出版社，2006.

❸ 黄璐琦，陈美兰，肖培根 . 中药材道地性研究的现代生物学基础及模式假说 ［J］. 中国中药杂志，2004，29（6）：494.

《中华人民共和国中医药法》有关规定，起草了《中医药传统知识保护条例（草案征求意见稿）》，都涉及中药材尤其是道地药材的遗传资源保护问题，具体包括建立相关数据库和保护名录，对与遗传资源相关传统知识的获取、利用和获益分享等作出相应的法律规定。2021 年 10 月，中共中央办公厅、国务院办公厅印发《关于进一步加强生物多样性保护的意见》指出，到 2025 年，生物遗传资源收集保藏量保持在世界前列，初步形成生物多样性可持续利用机制。到 2035 年，生物遗传资源获取与惠益分享、可持续利用机制全面建立。

中医药有关企事业单位应当根据《中医药法》第 34 条的规定和国家有关部门的文件规定，积极将自身拥有或掌握的与遗传资源相关传统知识，尤其是具有科学、历史、文化价值的，面临失传且有传承发展价值的传统知识，向国家设立的中医药传统知识保护数据库进行登记，并争取使之被纳入保护名录。以抵抗他人未经许可获取并利用与遗传资源相关传统知识，保持自己在市场上的信誉和地位，实现可持续发展。

第四节　中药饮片的炮制与质量安全管理

我国 2007 年修订的《药品管理法》附则中规定，药品，是指用于预防、治疗、诊断人的疾病，有目的地调节人的生理机能并规定有适应症或者功能主治、用法和用量的物质，包括中药材、中药饮片、中成药、化学原料药及其制剂、抗生素、生化药品、放射性药品、血清、疫苗、血液制品和诊断药品等。可见，我国药品管理中与中药有关的是中药材、中药饮片和中成药三种。中药材的管理规范我们在前面已经介绍，本章介绍中药饮片的管理规范，中成药的管理放在后面的章节。

所谓中药饮片，根据《中国药典》的规定："饮片是指经过加工炮制的中药材，可直接用于调配或制剂。"所以，中药饮片是特指中药材经过减毒增效等方面的加工炮制工艺后，因其功效主治更为明显并可以直接作为药品在临床进行配伍使用或者可以作为成药的原料直接投入使用，从而成为药品管理中的一个重要组成部分。

一、中药饮片质量的法定标准

中药饮片的质量除了与中药材本身的种养殖过程规范有关，其加工炮制技术是其主要的技术环节。《药品管理法》第44条第2款规定："中药饮片应当按照国家药品标准炮制；国家药品标准没有规定的，应当按照省、自治区、直辖市人民政府药品监督管理部门制定的炮制规范炮制。不符合国家药品标准或者不按照省、自治区、直辖市人民政府药品监督管理部门制定的炮制规范炮制的，不得出厂、销售。"中药饮片的质量标准必须符合《中国药典》《中华人民共和国卫生部药品标准》《中华人民共和国药品标准》的规定以及全国及各省制定的中药材炮制规范的规定。当然，目前我国的大部分中药饮片的质量标准仍然是各个品种的炮制规范。

必须说明的是，无论是药品的标准或者是炮制规范，都是中药饮片质量的合格标准，或者说是应当达到的最低标准，低于该标准的将承担相应的法律责任。《药品管理法》第98条规定，中药材成品中所含成分与国家药品标准规定的成分不符的，为假药；中药材成分的含量不符合国家药品标准的，为劣药。政府行政管理部门将根据情节承担没收违法生产、销售的药品和违法所得，责令停产停业整顿，吊销药品批准证明文件，并处以罚款等法律责任。

二、中药饮片的炮制规范

不同于中药材的初加工，炮制始终是中药饮片制作乃至中药生产的关键技术。"中药炮制技术"被纳入我国第一批非物质文化遗产名录就是其重要性的具体体现。作为我国中医药领域中一项独有的技术，中药的炮制加工技术直接影响药物的疗效。对于同一味中药材而言，炮制工艺和技术的不同，药效往往差别很大。加工炮制技术不仅可以除去中药的杂质和非药用部分，还具有减毒增效的功用。经过精细的、特定炮制和加工，中药材能够充分发挥其药效。因此炮制技术和工艺对于整个中医药事业的发展非常重要。《中医药法》第27条规定："国家保护中药饮片传统炮制技术和工艺，支持应用传统工艺炮制中药饮片，鼓励运用现代科学技术开展中药饮片炮制技术研究。"

中药炮制是按照中医药理论，根据药材自身性质，以及调剂、制剂和临床应用的需要，所采取的一项独特的制药技术。《中国药典》中专设炮制通则来规范中药的炮制技术。它规定，药材凡经净制、切制或炮炙等处理后，均称为"饮片"。药材必须净制后方可进行切制或炮炙等工艺的处理。

《中国药典》规定的饮片规格，系指临床配方使用的饮片规格。制剂中使用的饮片规格，应当符合相应制剂品种实际工艺的要求。1988 年原卫生部药政管理局编制了《全国中药炮制规范》，要求全国统一执行。但是在实践中，由于各地特色中药饮片较多，同一味中药不同的炮制方法可能产生不同的功效。所以中药界的炮制规范分为全国性的中药炮制规范和地方制定的炮制规范。

为加强各地方中药饮片的质量，提高对中药饮片的质量管理，国家药品监督管理局在 2018 年 4 月 17 日发布《省级中药饮片炮制规范修订的技术指导原则》，要求各省、自治区、直辖市药品监督管理部门及时组织在本行政区域内生产、流通、使用饮片炮制规范的研究修订工作。为进一步统一全国的炮制规范技术标准，2022 年 12 月 30 日，国家药监局发布《关于实施〈国家中药饮片炮制规范〉有关事项的公告》，其中明确规定，《国家中药饮片炮制规范》（以下简称《国家炮制规范》）属于中药饮片的国家药品标准。并且规定，自实施之日起，生产《国家炮制规范》收载的中药饮片品种应当符合《中国药典》和《国家炮制规范》的要求，中药饮片生产企业应当按照《国家炮制规范》及时更新工艺规程等文件，并遵照执行。同时设置 12 个月的实施过渡期，但是，在《国家炮制规范》实施之前已按原标准生产并符合相关规定的中药饮片可以在实施之后继续流通、使用。各省级药品监督管理部门应当根据《国家炮制规范》及时调整各省级中药饮片炮制规范目录，废止与《国家炮制规范》中品名、来源、炮制方法、规格均相同品种的省级中药饮片炮制规范。

可见，我国企业对中药饮片的生产活动，必须符合《中国药典》和《国家炮制规范》的规定，《国家炮制规范》中未收载的各地方在临床中习用的中药饮片品种或者炮制方法，应当符合各省制定的地方中药饮片炮制规范。另外，在执行中，我们还可以参照国家药品监督管理局药品审评中心在 2020 年 10 月 10 日发布的《中药新药用饮片炮制研究技术指导原则（试行）》，以及由中国中药协会批准的《中药饮片质量评价新技术应用指南》（T/CATCM 028—2024）团体标准，该标准规定了中药饮片质量评价技术的内容、基本原则、技术特点及推荐使用的饮片类型和炮制环节。

【案例 16】中药饮片"莲子"案

基本案情：

原告许某某在湖北心连心大药房马鹦路店购买了千海公司生产的中药饮

片"莲子"一袋，向被告东西湖区食药监局寄交举报信，反映千海公司生产的"莲子"违反了《药品管理法》第 10 条第 2 款的规定，依据该法第 49 条的规定，属于劣药的情形，请求依法查处其违法行为。被告东西湖区食药监局受案后依法查处，并作出《关于对举报"莲子"的回复》，告知原告许某某千海公司生产的莲子未采取切开取心工艺，而是穿心取心，不属劣药或按劣药处理之情形。原告许某某不服，向东西湖区法院提起行政诉讼。一审法院驳回许某某的诉讼请求，许某某提起上诉。

二审法院认为，依据《药品管理法》第 49 条，劣药是指药品成分的含量不符合国家标准的药品。原告许某某投诉的中药饮片"莲子"，只是将传统的"切开去心"炮制工艺改变成"打孔去心"的炮制工艺，生产方式的改变是否减损了药品的药用成分而成为劣药，只有通过司法鉴定（检验）才能发现。许某某在上诉状中承认《中国药典》并未对莲子的药用成分作出规定，所以送检结果必然是因没有标准而被退回，因此许某某在二审中再次申请将涉案药品进行检验，法院不予支持。同时《中医药法》第 27 条规定，国家保护中药饮片传统炮制技术和工艺，支持应用传统工艺炮制中药饮片，鼓励运用现代科学技术开展中药饮片炮制技术研究。可见运用现代科学技术炮制中药饮片不但不违法并且是国家鼓励的，因此无证据证明涉案产品中药饮片"莲子"属劣药，东西湖食药监局的答复事实清楚、程序合法、适用法律正确。武汉市食药监局作出行政复议决定程序合法。许某某的上诉理由不能成立，其上诉请求二审法院不予支持。驳回上诉，维持原判。❶

案件评述：

中药炮制是按照中医药理论，根据药材自身性质，以及调剂、制剂和临床应用的需要，所采取的一项独特的制药技术。中药材经过加工炮制不仅可以除去杂质和非药用部分，而且还能够减毒增效。经过精细的、特定炮制和加工，中药材能够充分发挥其药效。《中国药典》专设炮制通则来规范中药的炮制技术。其规定，药材凡经净制、切制或炮炙等处理后，均称为"饮片"。本案涉及中药饮片"莲子"的炮制工艺，传统的"莲子"炮制工艺为"切开去心"，涉案"莲子"的炮制工艺为"打孔去心"。根据《药品管理法》第49 条规定，劣药是指药品成分的含量不符合国家标准的药品。本案中并无证据表明生产方式的改变减损了药品的药用成分而成为劣药。且《中医药法》

---

❶ 湖北省武汉市中级人民法院行政判决书（2019）鄂 01 行终 247 号。

第 27 条规定："国家保护中药饮片传统炮制技术和工艺，支持应用传统工艺炮制中药饮片，鼓励运用现代科学技术开展中药饮片炮制技术研究。"因此"莲子""打孔去心"的炮制工艺并不导致莲子成为劣药。

三、中药饮片炮制的法定主体

对中药材进行炮制加工，使之成为可以直接临床使用或直接成为中成药原料，其过程饱含大量的技术成分，需要专业的技术人员在专业的机构内进行。根据法律规定，有资格进行中药饮片的炮制加工的法定主体主要有两种。

（一）中药饮片生产企业

由于中药饮片属于药品的管理范围，包括炮制在内的中药饮片生产活动在法律上属于一般性禁止的行为，需要国家有关行政管理机关根据行政相对人的申请，通过颁发行政许可或者执照来依法赋予特定的行政相对人实施生产中药饮片的行为。根据《药品生产监督管理办法》第 7 条，从事制剂、原料药、中药饮片生产活动，申请人应当按照本办法和国家药品监督管理局规定的申报资料要求，向所在地省、自治区、直辖市药品监督管理部门提出申请。

生产中药饮片企业如果配备了相应的设备、厂房和专业人员，经申请后可以获得药品生产许可证，其生产条件符合《药品生产质量管理规范》（GMP）并获得药品 GMP 证书后，便可以开展中药饮片的生产活动。当然其生产活动必须符合《药品管理法》第 39 条，即中药饮片生产企业履行药品上市许可持有人的相关义务，对中药饮片生产、销售实行全过程管理，建立中药饮片追溯体系，保证中药饮片安全、有效、可追溯。

（二）医疗机构

医疗机构实质上是药品的使用单位，并不当然地参与药品生产活动。但是，由于临床对中药饮片品种使用比较广，市场上的中药饮片还不能满足中医临床的实际需要。法律允许中医医疗机构在一定条件下可以自己进行中药饮片的炮制和生产。《中医药法》第 28 条第 1 款规定，"对市场上没有供应的中药饮片，医疗机构可以根据本医疗机构医师处方的需要，在本医疗机构内炮制、使用"。此外，《中医药法》第 28 条第 2 款规定，"根据临床用药需要，医疗机构可以凭本医疗机构医师的处方对中药饮片进行再加工"。可见，法律赋予医疗机构对中药饮片炮制和再加工的权利。

但是法律同时规定，医疗机构对中药饮片进行炮制加工必须事先向药品行政管理部门进行登记备案后方可开展相关活动。《中医药法》第28条规定，医疗机构炮制中药饮片，应当向所在地设区的市级人民政府药品监督管理部门备案。医疗机构应当遵守中药饮片炮制的有关规定，对其炮制的中药饮片的质量负责，保证药品安全。

如何认识乡村医生在自种自采自用中草药中的炮制行为。对于在村医疗机构中执业的中医医师、具备中药材知识和识别能力的乡村医生，按照规定自种、自采地产中药材使用的，是否具有炮制生产中药饮片的资格？根据国家中医药管理局在2006年7月31日发布的《关于加强乡村中医药技术人员自种自采自用中草药管理的通知》精神，自种自采自用中草药是指乡村中医药技术人员自己种植、采收、使用，不需特殊加工炮制的植物中草药。所以，中医医师或乡村医生使用自种、自采地产中药材只能进行产地初加工，其不具有炮制中药饮片的资质，不属于炮制生产中药饮片的主体。

【案例17】隆昌山药堂中医诊所与市场监管局行政诉讼案

基本案情：

根据群众举报，被告隆昌市食品药品监督管理局的执法人员对原告隆昌山药堂中医诊所进行检查，发现原告库房31种中药饮片均用编织袋包装，外包装袋上均未标识产品名称、产品批号、生产日期、生产厂家、生产许可证号等内容，该诊所现场无法提供以上31种中药饮片的购进票据、供货方资质及厂家资质。被告隆昌市食品药品监督管理局根据调查情况，对原告作出了行政处罚决定：没收违法购进的28种中药饮片、没收违法所得及罚款共计35322.30元，并送达责令改正通知书、没收物品凭证。原告向被告缴纳了行政处罚罚款以后，不服该处罚决定，于2018年11月诉至四川省隆昌市人民法院，后因不服一审法院的行政判决，提起上诉。

二审法院认为，本案诉讼中的争议焦点是被上诉人（隆昌市食品药品监督管理局）作出本案行政处罚查处的药品属于中药材还是中药饮片。法院经审理后认为，被上诉人查处的28种药品中，收录在《中国药典》中的18种有饮片项和炮制项的药品，均属已按《中国药典》相应药品项下的炮制方法进行炮制后的饮片；本案查处收录在《中国药典》中、属于炮制品的2种药品本身就属于饮片；本案查处未收录在《中国药典》和《四川省中药饮片炮制规范》中的4种药品，按《安徽省中药饮片炮制规范》规定，属于炮制后的中药饮片；本案查处的收录在《中国药典》中的没有饮片项和炮制项的4种药品，因上诉人购买或取得药品的目的就是直接用于处方，且已经实际用于处方，应当认定上诉人购进或取得的该4种药品属于中药饮片。据此，法院认为，上诉人（隆昌山药堂中医诊所）认为其根据2002年的《中药材生产质量管理规范》第55条和第30条的规定，所购进经过初加工的中药材不属于中药饮片的理由不能成立。被上诉人根据《药品管理法》第79条和《四川省药品裁量权适用规则》第9条第1款第1项的规定作出本案行政处罚，认定事实清楚，程序合法，适用法律正确。上诉人的上诉理由不能成立。二审法院判决，驳回上诉，维持原判。❶

案件评述：

根据2015年版《中国药典》中关于"药材经过炮制后可直接用于中医临床或制剂生产使用的处方药品"属于中药饮片的定义，中药饮片有两个特点：一是药材经过炮制，二是可直接用于中医临床或制剂生产使用的处方。国家对中药材的炮制加工有明确的规定，有资格进行中药饮片的炮制加工的法定主体主要有二种：一是中药饮片生产企业，二是医疗机构。医疗机构一般情况下不参与药品的生产活动，但《中医药法》第28条第1款规定，"对市场上没有供应的中药饮片，医疗机构可以根据本医疗机构医师处方的需要，在本医疗机构内炮制、使用"。此外，《中医药法》第28条第2款规定，"根据临床用药需要，医疗机构可以凭本医疗机构医师的处方对中药饮片进行再加工"。可见，法律赋予医疗机构对中药饮片炮制和再加工的权利。《中医药法》第28条还规定，医疗机构炮制中药饮片，应当向所在地设区的市级人民政府药品监督管理部门备案。医疗机构应当遵守中药饮片炮制的有关规定，对其炮制的中药饮片的质量负责，保证药品安全。因此，对于市场上有供应的中药饮片，应按照《药品管理法》第34条的规定，从有资质的企业购买。

涉案的28种中药饮片均不属于"市场上没有供应的中药饮片"，可在市场上购得，隆昌山药堂中医诊所无法提供涉案中药饮片的购进票据、供货方资质及厂家资质，法院遂认定涉案28种中药饮片均不是来源于具有药品生产、经营资格的企业，违反了《药品管理法》第34条的规定，隆昌市食品药品监督管理局作出的行政处罚正确。

---

❶　四川省内江市中级人民法院行政判决书（2019）川10行终16号。

四、中药配方颗粒的管理规范

中药配方颗粒即颗粒性饮片，是由单味中药饮片经水加热提取、分离、浓缩、干燥、制粒而成的颗粒，在中医药理论指导下，按照中医临床处方调配后，供患者冲服使用。所以，中药配方颗粒是单味中药的浓缩颗粒剂，属于一种特殊的中药饮片，目前中药配方颗粒已被纳入中药饮片的管理范围。

（一）中药配方颗粒生产备案的条件

2021 年 2 月 1 日，国家药监局、国家中医药局、国家卫生健康委和国家医保局联合发布《关于结束中药配方颗粒试点工作的公告》，决定自 2021 年 11 月 1 日起，中药配方颗粒不再实施批准文号管理，各个品种实施备案管理。中药配方颗粒在上市前由生产企业报所在地省级药品监督管理部门备案，生产中药配方颗粒的企业在备案时应当具备的条件有：

首先，生产企业应当取得药品生产许可证，并同时具有中药饮片和颗粒剂生产范围。

其次，生产企业应当具备中药炮制、提取、分离、浓缩、干燥、制粒等完整的生产能力，且符合药品生产质量管理规范（GMP）相关要求。

最后，生产企业应当具备与其生产、销售的品种数量相应的生产规模。生产企业应当自行炮制用于中药配方颗粒生产的中药饮片。

备案信息包括中药配方颗粒名称、生产企业、生产地址、备案号及备案时间、规格、包装规格、保质期、中药配方颗粒执行标准、中药饮片执行标准、不良反应监测信息（若有）、炮制及生产工艺资料、内控药品标准等。除炮制及生产工艺资料和内控药品标准等资料外，其他信息全部公开。

中药配方颗粒的生产企业在上市销售前，应当通过"国家药品监督管理局网上办事大厅"（https：//zwfw.nmpa.gov.cn/）"药品业务应用系统-中药配方颗粒备案模块"进行备案，并获取备案号。❶

各省级药品监督管理部门应当在企业备案信息公布后 30 日内完成对备案品种的审查，必要时组织开展现场核查与检验。监督检查中发现存在以下情

---

❶ 用户注册流程参考《国家药监局关于药品注册网上申报的公告》。

形之一的，省级药品监督管理部门应当取消备案，并在中药配方颗粒备案模块公开相关信息：备案资料不真实的；备案资料与实际生产、销售情况不一致的；生产企业的生产许可证被依法吊销、撤销、注销的；备案人申请取消备案的；备案后审查不通过的；存在严重质量安全风险的；依法应当取消备案的其他情形。

（二）中药配方颗粒质量控制的基本要求

由于中药配方颗粒在临床上是作为饮片使用，所以对其质量进行控制，保障其疗效非常重要。根据《中药配方颗粒质量控制与标准制定技术要求》的规定，中药配方颗粒应符合下列基本要求：

第一，具备汤剂的基本属性。中药配方颗粒的制备，除成型工艺外，其余应与传统汤剂基本一致，即以水为溶媒加热提取，采用以物理方法进行固液分离、浓缩、干燥、颗粒成型等工艺生产。

第二，符合颗粒剂通则有关要求。除另有规定外，中药配方颗粒应符合《中国药典》现行版制剂通则颗粒剂项下的有关规定。根据各品种的性质，可使用颗粒成型必要的辅料，辅料用量以最少化为原则。除另有规定外，辅料与中间体（浸膏或干膏粉，以干燥品计）之比一般不超过1∶1。

第三，符合品种适用性原则。对于部分自然属性不适宜制成中药配方颗粒的品种，原则上不应制备成中药配方颗粒。

第四，国家药品监督管理部门已经发布中药配方颗粒国家药品标准的，应当按照国家标识进行生产。

五、中药饮片的标签管理规范

中药饮片的包装和标签使用涉及中药饮片的生产、流通和使用安全性等环节的监督管理。中药饮片的包装、标签属于中药饮片质量安全管理的内容之一。《药品管理法实施条例》第44条规定，中药饮片包装必须印有或者贴有标签。中药饮片的标签必须注明品名、规格、产地、生产企业、产品批号、生产日期。

国家中医药管理局在1998年4月7日发布《中药饮片包装管理办法（试行）》（国中医药生〔1998〕11号），原国家食品药品监督管理总局在2003年12月18日发布《关于加强中药饮片包装监督管理的通知》（国食药监办〔2003〕358号），2006年3月15日发布《药品说明书和标签管理规定》，

2023 年 7 月 12 日，国家药监局为了进一步规范中药饮片的包装标签，使得各级药监部门的执法更加科学有效，特颁布《关于发布〈中药饮片标签管理规定〉的公告》，对中药饮片包装标签的规范化、科学化和有利溯源等作了更具体的规定。除药品生产企业自行炮制的中药饮片并直接用于药品生产的情形外，都应当遵守下列规范。

（一）中药饮片包装的标签及文字规定

根据《药品说明书和标签管理规定》，在中华人民共和国境内上市销售的药品，其药品包装必须按照规定印有或者贴有标签。由于中药饮片在我国是按照药品管理，所以中药饮片的包装必须印有或者贴有标签。

根据《中药饮片标签管理规定》，中药饮片标签收载的内容一般可包括如下项目：特殊药品标识、产品属性、品名、药材基原、药材产地、规格、装量、执行标准、批准文号、炮制辅料、性味与归经、功能与主治、用法与用量、注意、生产企业、生产地址、产品批号、生产日期、保质期等。同时，还必须附有质量合格标志。

标签的标识内容应当符合国家有关规定，并以相应的国家药品标准（含国家中药饮片炮制规范）或者省、自治区、直辖市人民政府药品监督管理部门制定的炮制规范为依据。标签的文字表述应当客观、科学、规范、准确、简练，不能带有暗示性、误导性和不适当宣传的语言。

标签所用词汇应当采用国家统一颁布或规范的专用词汇，度量衡单位应当符合国家有关规定。中药饮片标签应当使用国家语言文字工作委员会公布的规范化汉字，增加其他文字对照的，应当以汉字表述为准。

标签中的文字应当清晰易辨，字体大小应当确保易于辨认与识读。标识应当清楚、醒目、持久，不得有印字脱落或者粘贴不牢等现象；不得以粘贴、剪切、涂改等方式进行修改。标签的填写不得采用手写，可以打印或者签章，应当选择适宜的色泽。

标签中的内容应当真实、准确、完整，不得印有误导使用和不适当宣传产品的文字和标识。中药饮片标签应当标注"中药饮片"字样，明示产品属性，以示与中药材、食品、农产品等类商品进行区分。

另外，中药饮片企业撰写的中药饮片包装标签，还应符合《中药饮片标签撰写指导原则（试行）》的规定。中药饮片标签使用注册商标的，其应当印制在包装标签的边角。

（二）中药饮片的内、外标签规定

根据《中药饮片标签管理规定》第10条，中药饮片标签分为内标签和外标签两种。内标签系指直接接触中药饮片的包装的标签；外标签系指内标签以外的其他包装的标签。

中药饮片的内、外标签均应当标注产品属性、品名、规格、药材产地、生产企业、产品批号、生产日期、装量、保质期、执行标准等内容。实施审批管理的中药饮片还应当按规定注明药品批准文号。对需置阴凉处、冷处、避光或者密闭保存等贮藏有特殊要求的中药饮片，应当在标签的醒目位置注明。如国家药品标准或者省级中药饮片炮制规范对规格项没有规定的，可以不标注产品规格。

中药饮片内标签因包装尺寸原因无法全部标注上述内容的，至少应当标注产品属性、品名、药材产地、规格或者装量、产品批号和保质期等内容。

用于运输中药饮片的包装，至少应当标注产品属性、品名、药材产地、调出单位、生产日期，也可以根据需要注明包装数量、运输注意事项或者其他标记等内容。

对煎煮方法有特殊要求的中药饮片，在其包装上可以注明特殊煎煮方法或者遵医嘱。

按《中药材生产质量管理规范》（GAP）要求生产的中药饮片，可以按有关规定在标签适当位置标示"药材符合 GAP 要求"。使用从境外进口药材生产的中药饮片，标签上可以标注相应进口药材的通关单编号。

此外，中药饮片生产企业可以根据需要在标签上标注中药饮片的药材基原、炮制辅料、生产地址、生产许可证编号、药品信息化追溯体系中的追溯码、物流单元标识代码、医保信息业务编码、防伪标识、投诉服务电话等与药品使用相关的内容。也可以根据实际需要在标签上增加标注相关项目，如性味与归经、功能与主治、用法与用量和注意等，内容应当与其执行的国家药品标准或者省级中药饮片炮制规范相应内容一致。

（三）特殊中药饮片的标签规定

我国《药品管理法》第49条规定，麻醉药品、精神药品、医疗用毒性药品、放射性药品、外用药品和非处方药的标签、说明书，应当印有规定的标志。毒性中药材是指按已经公布的相关法规和法定药材标准中标注为"大毒（剧毒）""有毒"的药材，其中属于大毒的中药材，是指国务院 1988 年颁布的《医疗用毒性药品管理办法》中28种毒性中药材品种。❶《中药饮片标签管理规定》第18条规定，属于医疗用毒性药品、麻醉药品的中药饮片，其标签应当印有规定的专用标识，避免医疗使用中出现差错。

国家药监局发布的《中药饮片标签撰写指导原则（试行）》规定，医疗用毒性药品和麻醉药品等专用标识在标签右上方标注。其中罂粟壳饮片标签应当用淡红色纸张印制。纳入《医疗用毒性药品管理办法》的毒性中药饮片应当按规定在产品标签的右上方标示黑底白字的"毒"字字样。按照麻醉药品管理的中药饮片的标签，应当按规定印有蓝白相间带有"麻"字字样的专用标志。

《中药饮片标签管理规定》第4条规定了中药饮片的责任主体，即中药饮片生产企业应当对其生产中药饮片标签内容的真实性、准确性、完整性、规范性负责，承担中药饮片质量安全责任，接受社会监督。中药饮片经营企业应当依据其经营的中药饮片执行标准，核实标签内容的准确性、完整性、规范性。各省、自治区、直辖市药品监督管理部门负责辖区内生产、流通的中药饮片包装、标签的监管。

第五节　中成药的生产制造与临床使用

中医药是典型的传统医药，不但要进行传承，更要注重创新发展。《中医药法》第29条开宗明义地指出，国家鼓励和支持中药新药的研制和生产，并在第29条第2款中规定了中药发展的两种思路：第一，国家保护传统中药加工技术和工艺，支持传统剂型中成药的生产；第二，国家鼓励运用现代科学技术研究开发传统中成药。

一、开办中成药生产企业的条件

在《中医药法》中，并没有对中成药的生产资质和管理作具体的规定，但在《药品管理法》中，中成药被视为药品的种类之一。所以，对中成药生产的管理规定仍然按照《药品管理法》的一般性规定，这是对于药品生产企

---

❶ 即砒石（红砒、白砒），砒霜，水银，生马钱子，生川乌，生草乌，生白附子，生附子，生半夏，生南星，生巴豆，斑蝥，青娘虫，红娘虫，生甘遂，生狼毒，生藤黄，生千金子，生天仙子，闹羊花，雪上一枝蒿，红升丹，白升丹，蟾酥，洋金花，红粉，轻粉，雄黄。

业生产能力的最低要求。根据《药品管理法》第 41 条和第 42 条的规定，以及国家市场监督管理总局发布的《药品生产监督管理办法》第 26 条，从事药品（包括中成药）生产活动，必须符合下列程序和条件。

（一）必须取得药品生产许可证

药品是一种特殊的商品，关系到人民的生命健康安全。《药品管理法》第 41 条规定，从事药品生产活动，应当经所在地省、自治区、直辖市人民政府药品监督管理部门批准，取得药品生产许可证。无药品生产许可证的，不得生产药品。

（二）应当符合药品生产质量管理规范

《药品管理法实施细则》规定，省级以上人民政府药品监督管理部门应当按照《药品生产质量管理规范》（GMP）和国务院药品监督管理部门规定的实施办法和实施步骤，组织对药品生产企业的认证工作；符合《药品生产质量管理规范》的，发给认证证书。但是，国家药监局在《关于贯彻实施〈中华人民共和国药品管理法〉有关事项的公告》中明确，自 2019 年 12 月 1 日起，取消药品 GMP、GSP 认证。但是根据 2020 年 7 月 1 日起施行的《药品生产监督管理办法》第 26 条，从事药品生产活动，应当遵守药品生产质量管理规范，建立健全药品生产质量管理体系。所以，《药品生产质量管理规范》虽然已不再是开办药品生产企业的强制性条件，但是仍作为药品监督管理的主要内容之一，并作为药品日常监管的内容和是否可以再注册的条件之一。所以，开办药品生产企业应当符合《药品生产质量管理规范》的要求。

（三）具备相应的人员、设备和规章制度

根据《药品管理法》第 42 条和《药品生产监督管理办法》第 6 条，从事药品生产活动，应当具备如下条件：

有依法经过资格认定的药学技术人员、工程技术人员及相应的技术工人；有与药品生产相适应的厂房、设施和卫生环境；有能对所生产药品进行质量管理和质量检验的机构、人员及必要的仪器设备；有保证药品质量的规章制度，并符合国务院药品监督管理部门依据本法制定的药品生产质量管理规范要求。

【案例 18】宾某某生产、销售假药案

基本案情：

2015 年起，被告人宾某某在未办理药品生产许可证、药品经营许可证，

未取得从业许可证的情况下，根据自学掌握的中医学知识，参考《本草纲目》《中华药典》《中国药典》等，在长沙市高桥市场购进中药材、打粉配制成通脉灵茶、脉管炎茶、尿毒症茶、排毒祛湿茶、降血糖茶等"宾氏中药茶"系列中药茶饮，宣称能治疗皮肤病、糖尿病、肾炎等各种疾病，给熟人和朋友介绍前来就诊的病人开具中药茶服用。宾某某一般会让病人先到医院开具病情诊断，出具常规检查的化验单，根据其病情、症状，开具中药茶交由病人服用或通过邮寄方式销售中药茶。宾某某向林某某、蔡某某、艾某等人销售中药茶，共计人民币 34250 元。2016 年 11 月 25 日刘某某在宾某某处购买了 4 包共计 320 元的中药茶。2016 年 12 月 30 日刘某某向长沙市食品药品监督管理局举报，所购药品无标签标识、无生产和保质期，服后病情加重。2017 年 1 月 2 日长沙市食品药品监督管理局将案件交由天心区食品药品监督管理局调查，2017 年 2 月 15 日天心区食品药品监督管理局对宾某某居住的房间进行检查，现场查获了 86 种销售价值共计 36880 元的成品包装的"宾氏中药茶"、大量中药材、一台打粉机、电子秤。长沙市食品药品监督管理局认定上述中药茶均应按假药论处。

法院认为宾某某违反国家药品管理法现，未经批准生产、销售中药茶，价值人民币 34250 元，其行为构成生产、销售假药罪。公诉机关指控的罪名成立。但宾某某本人学习了中医药理论知识，根据中国中医秘方大全中的方剂作了一些调整，从正规渠道购买药材，自行配制中药茶；开具药方结合了病人的病症、参考了病人的尿、血指标，没有造成危害后果。根据《最高人民法院最高人民检察院关于办理危害药品安全刑事案件适用法律若干问题的解释》第 11 条：销售少量根据民间传统配方私自加工的药品，或者销售少量未经批准进口的国外、境外药品，没有造成他人伤害后果或者延误诊治，情节显著轻微危害不大的，不认为是犯罪。本案宾某某销售的中药茶价值人民币 34250 元，不能认定为少量，但与一般销售假药的情形相比，情节轻微，可予免予刑事处罚。最终判决被告人宾某某犯生产、销售假药罪，免予刑事处罚。❶

案件评述：

本案中被告人通过自学中医学知识，在未办理药品生产许可证、药品经营许可证，未取得从业许可证的情况下生产、销售中药茶，其行为构成生产、销售假药罪，但法院认定宾某某没有造成危害后果。根据《最高人民法院最

---

❶ 湖南省长沙市芙蓉区人民法院刑事判决书（2017）湘 0102 刑初 761 号。

高人民检察院关于办理危害药品安全刑事案件适用法律若干问题的解释》第11条的规定对其免于刑事处罚。我国《药品管理法》对于药品的生产销售进行了严格规定，并对生产销售假药行为进行严厉打击，传统中药的生产销售也要遵循相关的规定。

二、企业生产中成药的基本规范

药品生产企业在生产过程中必须符合相应的技术标准和行为规范，它是衡量药品生产企业所生产产品质量在技术上的导向性要求。目前，企业生产中成药的基本规范主要包括两部分：一是有关药品生产质量管理的一般规范，二是有关中药注册管理的专门规定。

（一）有关药品生产质量管理的规范

生产中成药，不但要遵守原卫生部颁布的《药品生产质量管理规范》的相关规范，还要符合《中药注册管理专门规定》的要求。

1. 药品生产质量管理规范

药品生产质量管理规范（Good Manufacturing Practices）是世界卫生组织在1968年倡导的全球药品流通质量规范，之后在世界各国被予以吸收采纳。药品生产质量管理规范可以确保药品的生产和质量始终符合其预期的用途和产品要求。中国从2004年开始实行药品生产质量管理规范，要求药品生产企业实行全面的质量管理体系，确保生产过程的每一个方面都得到有效控制，从而保证所生产药品的安全性和质量可控。

根据《药品管理法》第43条、第44条的规定，企业在生产药品时应当遵守药品生产质量管理规范，建立健全药品生产质量管理体系，保证药品生产全过程持续符合法定要求。企业所生产的药品应当按照国家药品标准和经药品监督管理部门核准的生产工艺进行生产。《药品管理法》第45条规定，生产药品所需的原料、辅料，应当符合药用要求、药品生产质量管理规范的有关要求。《药品管理法实施细则》第9条规定，药品生产企业生产药品所使用的原料药，必须具有国务院药品监督管理部门核发的药品批准文号或者进口药品注册证书、医药产品注册证书；但是，未实施批准文号管理的中药材、中药饮片除外。

在《药品生产质量管理规范》附录5中，专门设立了中药制剂的质量管理规范，要求中成药生产企业在中药材前处理、中药提取和中药制剂的生产、质量控制、贮存、发放和运输中予以执行。民族药（如藏药、苗药、蒙药等）参照该附录执行。对企业在生产中成药过程中所涉及的机构与人员、厂房设施、物料、文件管理、生产管理、质量管理和委托生产等作了专门的规范要求。另外，国家药品监督管理局药品审评中心针对中药口服制剂还发布了《中药口服制剂生产过程质量控制研究技术指导原则（试行)》。

2. 中药注册管理专门规定

《药品管理法》第 24 条规定，在中国境内上市的药品，应当经国务院药品监督管理部门批准，取得药品注册证书。第 44 条规定，药品应当按照国家药品标准和经药品监督管理部门核准的生产工艺进行生产。所以，一个企业要生产药品，不但其生产条件要符合药品生产质量管理规范，而且计划生产的药品必须经过国家药品行政管理部门的批准，获得药品注册证书。

为了保证药品的安全、有效和质量可控，国家药品监督管理局制定了《药品注册管理办法》，它适用于所有在中华人民共和国境内以药品上市为目的，从事药品研制、注册及监督管理等活动。但是中成药的生产有一定的特殊性，为了遵循中医药研究规律，适应中药新药的研制与注册管理，国家药品监督管理局制定了《中药注册管理专门规定》自 2023 年 7 月 1 日开始施行。按照规定，中药注册分类包括中药创新药、中药改良型新药、古代经典名方中药复方制剂、同名同方药等四种类型。同时规定，凡是《中药注册管理专门规定》中未涉及的药品注册管理的一般性要求均按照《药品注册管理办法》执行。

【案例 19】 倪某甲生产销售假药案

基本案情：

金华市婺城区人民检察院以被告人倪某甲等人犯生产、销售假药罪，于 2012 年 5 月 7 日向浙江省金华市婺城区人民法院提起公诉。金华市婺城区人民法院经审理查明：2009 年 3 月，被告人倪某甲在金华市区环城西路开设金华市婺城区海清民间草药研究所，业务范围为有关草药的自然生态、人工培植与药理机能的研究，由其本人担任该研究所法人代表。后在明知未经国家药监部门批准的情况下，被告人倪某甲和他人在海清民间草药研究所和金华市婺城区白龙桥镇怡村村一民房中生产标记为"海清中草药肿瘤研究所研究成果"［后生产、销售的药品标记为"A1""A1（丸）送""A2""×××"

等］的药品并进行销售。后被告人倪某甲在金华协和门诊部设立中医肿瘤科，聘请蔡某为坐诊医生，并于2011年2月将海清民间草药研究所搬迁至金华协和门诊部。其间，被告人倪某甲先后在婺城区环城西路海清民间草药研究所及金华协和门诊部中医肿瘤科内向上门求医的患者销售标记为"海清中草药肿瘤研究所研究成果"等的药品，声称该药品系治疗恶性肿瘤的"特效药"。在生产、销售上述药品期间，被告人倪某甲负责配制、生产药品，接待病患者及销售药品，同时还通过在《浙江工人日报》等报刊上刊登广告、在互联网上设置"海清中草药研究所"的专门网站和专门热线电话等方式推广该药品。

2011年10月17日，被告人倪某甲在金华市婺城区白龙桥镇怡村村生产药品地点被公安机关控制，并当场查获制药机械19台，醋酸泼尼松片药品12箱，空药瓶6箱，在被告人倪某甲位于金华市江南开发区新都会小区2幢2单元3202室住处查获分别标有"A1""A1（丸）送""A2""痔疮"字样的药品70箱。经浙江省食品药品检验所检验，送检的碳酸氢钠、醋酸泼尼松按《中国药典》（2010年版）检验，结果不符合规定；标记为"A1"、"A1（丸）送"、"A2"、"痔疮"以及"海清中草药肿瘤研究所研究成果"的药品中均检测出不得检出的醋酸泼尼松，不符合规定。经浙江省食品药品监督管理局认定，标有"海清中草药肿瘤研究所研究成果"的片剂产品鉴定为假药。最终，金华市婺城区法院认为，被告人倪某甲非法生产、销售假药，涉案金额五十万元以上，情节特别严重，其行为已构成生产、销售假药罪。公诉机关指控的罪名成立。被告人倪某甲犯生产、销售假药罪，判处有期徒刑十年，并处罚金人民币一百万元。❶

本案一审作出后，倪某甲不服该判决上诉至浙江省金华市中级人民法院，二审法院仍以生产、销售假药定罪，但认为原判对倪某甲量刑过重，改判倪某甲犯生产、销售假药罪，判处有期徒刑七年，并处罚金人民币一百万元。

案件评述：

倪某甲通过偶得的民间秘方研制出了治疗晚期癌症的中草药秘方，救治了数百名晚期癌症病人。2009年，他成立了海清民间草药研究所，之后获得了肿瘤内服中草药片剂国家发明专利。但其研制的中草药片剂并无生产许可证及药品管理部门批准文号而被界定为"假药"，其本人也被浙江省金华市婺

---

❶　浙江省金华市中级人民法院刑事判决书（2013）浙金刑二终字第202号。

城区法院一审以生产销售假药罪判处十年有期徒刑，罚款一百万元。本案一审判决作出后不仅引起全国媒体和社会的广泛热议，也在中医药界掀起轩然大波。《中国经济周刊》记者对其进行长达一年多的跟踪报道，《中国中医药报》记者发表报道通过本案反思民间中医生存与管理现状，中国社会科学院中医药国情调研组组织相关中医药、法律界等专家、学者召开专题研讨，以倪某甲案件为切入点，讨论在我国现行的医药法规和管理体制下，中医药生存发展存在的问题及民间中医行医用药中存在的管理问题和改进方向等。此后还有诸多专家学者撰写文章对我国中医药管理制度及刑法中生产、销售假药罪等问题进行深入探讨。

本案之所以引起舆论如此广泛的关注，一是倪某甲被判处十年有期徒刑的从重判决结果引起争议；二是本案中的"假药"是由民间秘方得来，因为没有取得药品批准文号而被界定为"假药"，于是就出现"假药"治癌，有效却有罪的矛盾局面，引发学者们对"假药"认定标准的讨论。通过本案也折射出长期以来我国建立的以西医药为标准的医药管理制度与传统中医药之间的矛盾冲突。

2011 年 2 月 25 日，《刑法修正案（八）》对生产、销售假药罪作出了修改，将"足以严重危害人体健康"删去，侵犯的犯罪客体从"人的身体健康权利"变成了"国家对药品的管理制度"，该罪因此从结果犯变成了行为犯，即只要实施了该行为，生产销售了药物，即使没有严重危害健康也构成犯罪。在二审庭审中，检察机关解释了一审法院判决的依据：2012 年 10 月，浙江省高级人民法院等联合发布《关于办理危害食品、药品安全犯罪案件适用法律问题的会议纪要》，其中认定有下列情形之一的，属《刑法》第 141 条生产、销售假药罪和第 144 条生产、销售有毒、有害食品罪中"有其他特别严重情节"：生产、销售假药和有毒、有害食品，涉案金额五十万元以上的。依此标准，倪某甲案的涉案金额超过了五十万元，属"有其他特别严重情节"。本案中，药物的疗效应该是案件关注的焦点问题。尽管倪某甲治好了上百位晚期癌症病人，且有十位患者愿意出庭为他作证，但法庭以病人的疗效与本案无关为由拒绝了申请。有学者指出："如果药真的有疗效，没有造成严重的危害后果，还用不着刑事犯罪这种手段来解决这个问题。"还有学者呼吁："审批中药要以临床疗效作为主要标准，而不是以西医的药物成分分析为主要标准。反之会增加了中药审批难度，使许多民间的好药不能服务于社会、服务于患者。这是时代的悲哀，也已极大地阻碍中医药的发展。"

本案距今已有十多年，在此期间《药品管理法》经过两次修订，其中对"生产、销售假药罪"的认定愈来愈从形式趋向于实质。在 2015 年的修订中，仍然将依照《药品管理法》必须批准而未经批准生产、进口的，按假药论处；而在 2019 年的修订中则将该情形剔除出假药概念，只作为禁止性行为并苛以相应的行政法律责任和刑事法律责任。但是《药品管理法》第 24 条规定："在中国境内上市的药品，应当经国务院药品监督管理部门批准，取得药品注册证书；但是，未实施审批管理的中药材和中药饮片除外。" 2017 年 7 月 1 日《中医药法》开始实施，其中第 30 条规定：生产符合国家规定条件的来源于古代经典名方的中药复方制剂，在申请药品批准文号时，可以仅提供非临床安全性研究资料。第 31 条规定：国家鼓励医疗机构根据本医疗机构临床用药需要配制和使用中药制剂，支持应用传统工艺配制中药制剂，支持以中药制剂为基础研制中药新药。医疗机构配制中药制剂，应当依照《药品管理法》的规定取得医疗机构制剂许可证，或者委托取得药品生产许可证的药品生产企业、取得医疗机构制剂许可证的其他医疗机构配制中药制剂。

可以看出《中医药法》已经对传统中药的研发和上市作出了回应，简化了注册审批的条件和程序，为民间中医药的合法转化带来了希望。但是《中医药法》第 30 条仅规定经典名方中药复方制剂在申请药品批准文号时，可以仅提供非临床安全性研究资料，同时第 31 条规定了医疗机构配制或者委托配制中药制剂的内容，并没有明确众多民间偏方、祖传秘方及验方能否适用简化审批程序，也并未明确拥有这些偏方、祖传秘方及民间验方的个人是否可以配制中药制剂。现行《中医药法》与中医药从业者的理想仍存差距。但不管怎么样，《中医药法》的颁布于中医药从业者而言，总算看到了一丝曙光，它的出台也让大家对未来中医药法律制度的完善充满了信心和期待。

（二）涉及古代经典名方中药复方制剂的特殊规定

古代经典名方，是指至今仍广泛应用、疗效确切、具有明显特色与优势的古代中医典籍所记载的方剂。《中医药法》第 29 条第 2 款指出，"国家保护传统中药加工技术和工艺，支持传统剂型中成药的生产"。因此，对生产来源于古代经典名方的中药复方制剂作了专门的规定，《中医药法》第 30 条规定，"生产符合国家规定条件的来源于古代经典名方的中药复方制剂，在申请药品批准文号时，可以仅提供非临床安全性研究资料。具体管理办法由国务院药品监督管理部门会同中医药主管部门制定"。

1. 关于《古代经典名方目录》

2018 年 4 月 13 日，国家中医药管理局发布了第一批《古代经典名方目录》，包括桃核承气汤、旋覆代赭汤、竹叶石膏汤等 100 个经典名方。2023 年 8 月又发布第二批《古代经典名方目录》，包括汉族医药 93 个，藏医药 34 个，蒙医药 34 个，维医药 38 个，傣医药 18 个。

在《中药注册分类及申报资料要求》中单设一类"古代经典名方中药复方制剂"，包括按古代经典名方目录管理的中药复方制剂和其他来源于古代经典名方的中药复方制剂（包括未按古代经典名方目录管理的古代经典名方中药复方制剂和基于古代经典名方加减化裁的中药复方制剂）。

2. 关于古代经典名方的注册申请

在申请生产古代经典名方中药复方制剂时，应简述古代经典名方的处方、药材基原、药用部位、炮制方法、剂量、用法用量、功能主治等关键信息。按古代经典名方目录管理的中药复方制剂，应说明与国家发布信息的一致性。

根据《中药注册管理专门规定》的规定，按古代经典名方目录管理的中药复方制剂申请上市，申请人应当开展相应的药学研究和非临床安全性研究。其处方组成、药材基原、药用部位、炮制规格、折算剂量、用法用量、功能主治等内容原则上应当与国家发布的古代经典名方关键信息一致。其他来源于古代经典名方的中药复方制剂的注册申请，除提供相应的药学研究和非临床安全性试验资料外，还应当提供古代经典名方关键信息及其依据，并应当提供对中医临床实践进行的系统总结，说明其临床价值。对古代经典名方的加减化裁应当在中医药理论指导下进行。

根据《中药注册管理专门规定》的规定，古代经典名方中药复方制剂处方中不含配伍禁忌或者药品标准中标有剧毒、大毒及经现代毒理学证明有毒性的药味，均应当采用传统工艺制备，采用传统给药途径，功能主治以中医术语表述。该类中药复方制剂的研制不需要开展非临床有效性研究和临床试验。药品批准文号给予专门格式。目前，已有化湿败毒颗粒等品种获得批准上市。

三、医疗机构生产院内制剂的规范

医疗机构的主要服务范围是开展医疗服务，但同时为了满足临床的需要，国家允许医疗机构在一定范围内配制生产内部使用的制剂。中医医疗机构的院内制剂是充分发挥人用经验对医疗机构中药制剂的安全性、有效性的支持，是将中医临床中疗效确切、特色优势明显，不良反应少的中药制剂品种向新药转化的主要路径。《中医药法》第31条第1款规定，"国家鼓励医疗机构根据本医疗机构临床用药需要配制和使用中药制剂，支持应用传统工艺配制中药制剂，支持以中药制剂为基础研制中药新药"。医疗机构生产院内制剂主要有如下规范。

（一）应取得医疗机构制剂许可证

《药品管理法》第74条规定，医疗机构配制制剂，应当经所在地省、自治区、直辖市人民政府药品监督管理部门批准，取得医疗机构制剂许可证。无医疗机构制剂许可证的，不得配制制剂。《中医药法》第31条第2款规定，"医疗机构配制中药制剂，应当依照《中华人民共和国药品管理法》的规定取得医疗机构制剂许可证，或者委托取得药品生产许可证的药品生产企业、取得医疗机构制剂许可证的其他医疗机构配制中药制剂。委托配制中药制剂，应当向委托方所在地省、自治区、直辖市人民政府药品监督管理部门备案"。

2005年4月14日发布的《医疗机构制剂配制监督管理办法（试行)》规定，医疗机构设立制剂室，应当向所在地省、自治区、直辖市（食品）药品监督管理部门提交申请材料并取得医疗机构制剂许可证，医疗机构制剂许可证有效期为5年。《医疗机构制剂注册管理办法（试行)》第5条规定，"医疗机构制剂的申请人，应当是持有《医疗机构执业许可证》并取得《医疗机构制剂许可证》的医疗机构"。

（二）生产的制剂原则上应获得药品监管部门的批准

《药品管理法》规定，所有进入市场销售的药品都要经过药品监督管理部门的批准，即获得批准文号。根据原国家食品药品监督管理总局发布的《医疗机构制剂注册管理办法（试行)》规定，申请医疗机构制剂必须符合下列要求：

①应当进行相应的临床前研究，包括处方筛选、配制工艺、质量指标、药理、毒理学研究等。

②申请医疗机构制剂注册所报送的资料应当真实、完整、规范。

③申请制剂所用的化学原料药及实施批准文号管理的中药材、中药饮片必须具有药品批准文号，并符合法定的药品标准。

④申请人应当对其申请注册的制剂或者使用的处方、工艺、用途等，提供申请人或者他人在中国的专利及其权属状态说明；他人在中国存在专利的，申请人应当提交对他人的专利不构成侵权的声明。

⑤医疗机构制剂的名称，应当按照原国家食品药品监督管理总局颁布的药品命名原则命名，不得使用商品名称。

⑥医疗机构配制制剂使用的辅料和直接接触制剂的包装材料、容器等，应当符合原国家食品药品监督管理总局有关辅料、直接接触药品的包装材料和容器的管理规定。

⑦医疗机构制剂的说明书和包装标签由省、自治区、直辖市（食品）药品监督管理部门根据申请人申报的资料，在批准制剂申请时一并予以核准。

《中医药法》第32条规定，"医疗机构配制的中药制剂品种，应当依法取得制剂批准文号。但是，仅应用传统工艺配制的中药制剂品种，向医疗机构所在地省、自治区、直辖市人民政府药品监督管理部门备案后即可配制，不需要取得制剂批准文号"。所以，对于仅应用传统工艺配制的中药制剂品种，采用的是备案制，无须经过药品监督管理部门的批准。原国家食品药品监督管理总局为此专门发布《关于对医疗机构应用传统工艺配制中药制剂实施备案管理的公告》，第1条规定，传统中药制剂包括：

"（一）由中药饮片经粉碎或仅经水或油提取制成的固体（丸剂、散剂、丹剂、锭剂等）、半固体（膏滋、膏药等）和液体（汤剂等）传统剂型；

（二）由中药饮片经水提取制成的颗粒剂以及由中药饮片经粉碎后制成的胶囊剂；

（三）由中药饮片用传统方法提取制成的酒剂、酊剂。"

第3条规定："医疗机构所备案的传统中药制剂应与其《医疗机构执业许可证》所载明的诊疗范围一致。但是，属于下列情形之一的，不得备案：

（一）《医疗机构制剂注册管理办法（试行）》中规定的不得作为医疗机构制剂申报的情形；

（二）与市场上已有供应品种相同处方的不同剂型品种；

（三）中药配方颗粒；

（四）其他不符合国家有关规定的制剂。"

（三）院内制剂的生产过程应符合法定要求

《药品管理法》第75条规定，"医疗机构配制制剂，应当有能够保证制剂质量的设施、管理制度、检验仪器和卫生环境。医疗机构配制制剂，应当按照经核准的工艺进行，所需的原料、辅料和包装材料等应当符合药用要求"。即，医疗机构配制院内制剂，既要有硬件方面的要求（设施、设备、仪器等），又要有软件方面的要求（管理制度、工艺、原料、辅料和包装材料等的要求）。

《医疗机构制剂配制监督管理办法（试行）》第5条规定："医疗机构配制制剂应当遵守《医疗机构制剂配制质量管理规范》。"其中包括机构与人员的要求，房屋与设施的要求，制剂配制和检验的设备要求，制剂配制所用的物料要求，制剂室的卫生要求，相关文件的管理要求，配制规程和标准操作规程的要求，质量管理与自检的要求，制剂的使用要求等。

《关于对医疗机构应用传统工艺配制中药制剂实施备案管理的公告》规定，医疗机构应用传统工艺配制中药制剂的实行备案管理，但所制备的传统中药制剂应当符合下列要求：由中药饮片经粉碎或仅经水或油提取制成的固体（丸剂、散剂、丹剂、锭剂等）、半固体（膏滋、膏药等）和液体（汤剂等）传统剂型；由中药饮片经水提取制成的颗粒剂以及由中药饮片经粉碎后制成的胶囊剂；由中药饮片用传统方法提取制成的酒剂、酊剂。

（四）院内制剂原则上只能在本院内部临床使用

《药品管理法》第76条规定，"医疗机构配制的制剂，应当是本单位临床需要而市场上没有供应的品种，并应当经所在地省、自治区、直辖市人民政府药品监督管理部门批准；但是，法律对配制中药制剂另有规定的除外。医疗机构配制的制剂应当按照规定进行质量检验；合格的，凭医师处方在本单位使用。经国务院药品监督管理部门或者省、自治区、直辖市人民政府药品监督管理部门批准，医疗机构配制的制剂可以在指定的医疗机构之间调剂使用。医疗机构配制的制剂不得在市场上销售"。

《医疗机构制剂注册管理办法》（试行）第26条规定，"医疗机构制剂一般不得调剂使用。发生灾情、疫情、突发事件或者临床急需而市场没有供应时，需要调剂使用的，属省级辖区内医疗机构制剂调剂的，必须经所在地省、自治区、直辖市（食品）药品监督管理部门批准；属国家食品药品监督管理总局规定的特殊制剂以及省、自治区、直辖市之间医疗机构制剂调剂的，必须经国家食品药品监督管理总局批准"。

为促进中药院内制剂的发展，国家药监局在2023年1月3日发布《关于印发进一步加强中药科学监管促进中药传承创新发展若干措施的通知》，其中指出规范调剂使用医疗机构中药制剂，支持通过调剂在不同医疗机构内开展多中心临床研究。

四、临床使用中成药的规范

按照《中成药临床应用指导原则》规定，中成药是在中医药理论指导下，以中药饮片为原料，按规定的处方和标准制成具有一定规格的剂型，可直接用于防治疾病的制剂。根据米内网（https：//www. menet. com. cn/）提供的数据，我国目前上市的中成药数量约为 58388 种类（含 54 种进口中成药），占全部上市药品的 36.8%，涉及 2700 家生产企业。中成药中非 OTC（处方药）的有 25103 种，OTC（非处方药）的有 33285 种（其中甲类 13602 种，甲类双跨 8230 种，乙类 6574 种，乙类双跨 4879 种）。已经纳入《国家基本药物目录（2018 年）》的中成药有 28608 个，占国家基本药物目录总数的 35.9%。纳入《国家基本医疗保险、工伤保险和生育保险药品目录（2021年）》的中成药有 22761 个，占国家医保目录总数的 39.9%。我国有各类医疗机构（包括医院、卫生院、卫生室、诊所等）576285 家，其中中医（综合）医院 4830 家，中西医结合医院 1056 家。无论是中成药的品种数量还是使用中成药的主体都具有相当的规模。

中成药的临床使用，除了遵循《中医药法》《药品管理法》《医疗机构管理条例》和《医疗机构管理条例实施细则》等法律法规，还应当遵照有关规范性文件。

（一）开展中医服务应当运用中医药技术方法

《中医药法》第 16 条规定，"中医医疗机构配备医务人员应当以中医药专业技术人员为主，主要提供中医药服务"。《中医药法》第 17 条规定，"开展中医药服务，应当以中医药理论为指导，运用中医药技术方法，并符合国务院中医药主管部门制定的中医药服务基本要求"。这是医疗机构提供中医服务的原则要求。所以，中医医疗机构在提供中医服务时，应当使用包含中成药在内的各种中医药技术方法，各种中医服务机构应当成为中成药使用的主力军。

但是，中医医师在使用中医中药技术的同时，也不排斥其对现代医药的使用。《中医药法》第 16 条第 1 款规定，"经考试取得医师资格的中医医师按照国家有关规定，经培训、考试合格后，可以在专业活动中采用与其专业有关的现代科学技术方法"。同时，在中成药与西药、中西药注射剂联合使用时，应符合《中成药临床应用指导原则》中的规定。

（二）使用中成药必须符合药品管理的法律规定

《医疗机构管理条例》第 35 条规定，医疗机构必须按照有关药品管理的法律、法规，加强药品管理。《医疗机构管理条例实施细则》第 59 条规定，医疗机构不得使用假劣药品，过期和失效药品以及违禁药品。《药品管理法》第 72 条规定，医疗机构应当坚持安全有效、经济合理的用药原则，遵循药品临床应用指导原则、临床诊疗指南和药品说明书等合理用药，对医师处方、用药医嘱的适宜性进行审核。医疗机构以外的其他药品使用单位，应当遵守《药品管理法》有关医疗机构使用药品的规定。

为了提高中成药的临床疗效，规范中成药使用，减少中药不良反应发生，保障患者的用药安全，国家中医药管理局和原卫生部在 2010 年专门制定了《中成药临床应用指导原则》，作为中成药临床使用的具体规范。

（三）开具中成药必须取得相应的处方权

《处方管理办法》第 8 条规定，经注册的执业医师在执业地点取得相应的处方权。《医师法》第 22 条规定，医师在执业活动中享有下列权利：在注册的执业范围内，按照有关规范进行医学诊查、疾病调查、医学处置、出具相应的医学证明文件，选择合理的医疗、预防、保健方案。可见，对医师的处分权的原则规定是，必须在注册执业的范围内。

执业医师对于中成药的处方权，国家卫生与健康委员会和国家中医药管理局在《关于印发第一批国家重点监控合理用药药品目录（化药及生物制品）的通知》（国卫办医函〔2019〕558 号）中作了下列规定。

其一，对于中药，中医类别医师应当按照《中成药临床应用指导原则》《医院中药饮片管理规范》等规定，遵照中医临床基本的辨证施治原则开具中药处方。

其二，其他类别医师的中成药处方权，在经过不少于一年系统学习中医药专业知识并考核合格后，遵照中医临床基本的辨证施治原则，可以开具中成药处方。

其三，取得省级以上教育行政部门认可的中医、中西医结合、民族医医学专业学历或学位的，或者参加省级中医药主管部门认可的二年以上西医学习中医培训班（总学时数不少于 850 学时）并取得相应证书的，或者按照《传统医学师承和确有专长人员医师资格考核考试办法》有关规定跟师学习中医满三年并取得传统医学师承出师证书的，既可以开具中成药处方，也可以开具中药饮片处方。

对于西医开具中成药，全国各地也有更为具体的规定，如上海市卫健委发布的《非中医类别执业医师开展中医诊疗活动执业管理办法》、重庆市卫健委制定的《重庆市非中医类别医师中医药知识培训考核工作方案（试行)》、河北省下发的《关于非中医类别医师提供中医药服务有关事项的通知》等都规定，非中医类别医师按照国家有关规定，经培训和考核合格后，可以在执业活动中开具中成药。

第三章　传承与发展

中医药是传统医药，传统医药的典型特征之一是传承，而发展是传统医药的活力源泉。所以，传承与发展是中医药事业发展的两大主线，中医药的传承与发展离不开中医药人的接力与努力，中医药人才培养是中医药文化传承发展的重要依托。

第一节　中医药人才培养

对于中医药人才的培养，《中医药法》专设第四章对中医药人才培养的目的宗旨、基本原则、主要内容、方式方法和责任主体等作了相应的规定。本节将根据《中医药法》第四章的规定，结合国家有关部门既往颁发的规范性文件进行归纳。

一、中医药人才培养的基本原则

中医药人才的培养是中医药事业发展的根本，也是促进中医药事业健康发展的关键。为此，《中医药法》第33条对中医药人才培养作了专门规定："中医药教育应当遵循中医药人才成长规律，以中医药内容为主，体现中医药文化特色，注重中医药经典理论和中医药临床实践、现代教育方式和传统教育方式相结合。"该条规定了中医药人才教育所应当遵循的四项基本原则。

原则一，中医药人才培养应当遵循中医药人才成长规律。国务院2009年4月21日颁发的《关于扶持和促进中医药事业发展的若干意见》中指出，中医药院校教育应坚持以中医药专业为主体，按照中医药人才成长规律施教，强化中医药基础理论教学和基本实践技能培养。2019年10月20日，中共中央、国务院颁发《关于促进中医药传承创新发展的意见》，提出中医药人才培养模式要"强化中医思维培养"。

原则二，中医药人才培养应以中医药内容为主，体现中医药文化特色。中医药反映了中华民族对生命、健康和疾病的认识，是具有悠久历史传统和独特理论及技术方法的医药学体系。中医药人才培养应以中医药内容为主，尤其是中医药经典理论的培养。中共中央、国务院在《关于促进中医药传承创新发展的意见》中指出，要"提高中医类专业经典课程比重"。中医药吸收和融合了各个时期先进的科学技术、哲学思想和人文精神，形成了具有中医药自身特色和独特优势的生命观、健康观、疾病观、防治观。掌握中医药文化精髓，有利于对中医药知识和技能的认识，有利于保障中医药的传承和发展始终在正确的道路上。

原则三，中医药人才培养应注重中医药理论和中医药临床实践相结合。中医药虽然是一门实践科学，但也形成了自身的理论体系。理论与临床相结合既是人才培养的基本手段，又是人才培养的最终目的。中医药理论的传授是学员领会、掌握、应用、提升中医药临床技能的前提与基础，中医药临床技能的熟稔也是中医药人才应有的职业素养，它是医务人员为病患提供安全并有效的诊疗服务的前提，也是治病救命的重要依托。目前的"院校—师承—家传"临床型人才培养、跟师学习、注重经典、反复临床的"院校—师承"人才培养模式等无不体现理论与实践相结合的基本原则。

原则四，中医药人才培养应注重现代教育方式和传统教育方式相结合。❶中医药现代教育即指中医药院校教育，它具备专业体系完整、教学内容稳定、培养规模较大等特点，是当前中医药人才培养的主要方式；中医药传统教育即指中医药师承教育，它以家传师授为主，重视学员临床能力的培养，教学具有实践性、因材施教等特点，是中医学术经验传承的传统方式，与中医药人才成长规律十分契合，具有不可替代的优势。国家中医药管理局发布的《关于深化中医药师承教育的指导意见》（国中医药人教发〔2018〕5号）指出，"发展与院校教育相结合的师承教育"。院校教育与师承教育各有所长，应当并重。

二、中医药人才培养的形式与内容

根据国务院新闻办公室 2016 年 12 月发布的《中国的中医药》白皮书可

---

❶ 宋大涵，王国强，袁曙宏，等. 中华人民共和国中医药法释义［M］. 北京：中国民主法制出版社，2017：119-120.

知，我国已基本形成院校教育、毕业后教育、继续教育有机衔接，师承教育贯穿始终的中医药人才培养体系，初步建立社区、农村基层中医药实用型人才培养机制，实现从中高职、本科、硕士到博士的中医学、中药学、中西医结合、民族医药等多层次、多学科、多元化教育全覆盖。《中医药法》对中医药人才培养的院校教育、师承教育、继续教育和培训教育分别作了相应的规定。

（一）中医药人才院校教育

《中医药法》第 34 条对中医药院校教育作了指导性规定："国家完善中医药学校教育体系，支持专门实施中医药教育的高等学校、中等职业学校和其他教育机构的发展。中医药学校教育的培养目标、修业年限、教学形式、教学内容、教学评价及学术水平评价标准等，应当体现中医药学科特色，符合中医药学科发展规律。"

1. 院校教育的基本状况

在中国历史上，很早便设立医学官方教育，主要讲授传统医学知识，19世纪早期，作为"孟河医派"的丁甘仁和谢观等创立上海中医专门学校，是中国近代史上比较正规的中医院校教育机构，后改名为私立上海中医学院。中华人民共和国成立以后，院校教育已经成为中医药人才培养的主要渠道。尤其是从 1956 年国务院批准设立北京、上海、广州、成都四所中医学院以来，中医药高等教育的规模不断扩大，学科专业结构不断优化，教育改革不断深化，教育质量不断提升。目前，全国有高等中医药院校 42 所，其中独立设置的本科中医药高等院校 25 所，❶ 设置中医药专业的高等院校 238 所。硕士授予权单位 46 个，博士授予权单位 17 个。院校教育已成为中医药高等教育的主体，实现了由传统教育方式向现代教育方式的转变，初步形成了以院校教育为主体，多层次、多类型协调发展的办学格局。❷

---

❶ 独立设置的本科中医药院校分别为上海中医药大学、北京中医药大学、南京中医药大学、广州中医药大学、天津中医药大学、浙江中医药大学、成都中医药大学、辽宁中医药大学、黑龙江中医药大学、江西中医药大学、湖北中医药大学、湖南中医药大学、山东中医药大学、河南中医药大学、福建中医药大学、广西中医药大学、安徽中医药大学、长春中医药大学、河北中医学院、陕西中医药大学、云南中医药大学、贵州中医药大学、甘肃中医药大学、山西中医药大学、西藏藏医药大学。

❷ 教育部高等教育司新闻发布会散发材料《中医药高等教育改革发展情况》载于教育部网站 http://www.moe.gov.cn/。

2. 院校教育的政策保障

为促进中医药教育事业发展，国家中医药管理局、国家教育部等部门联合下发了系列专门文件，对中医药院校教育的招生方式改革、专业结构优化、课程体系改革和人才培养模式创新等方面提出了要求，如原国家教委、国家中医药管理局发布的《关于中医药教育改革和发展的若干意见》（教高〔1997〕14号），教育部、国家中医药管理局发布的《关于医教协同深化中医药教育改革与发展的指导意见》（教高〔2017〕5号），教育部、国家卫生健康委和国家中医药管理局发布的《关于深化医教协同进一步推动中医药教育改革与高质量发展的实施意见》（教高〔2020〕6号）等。

此外，还有一些中医药政策及规范性文件也涉及中医药人才院校教育的发展，如1978年《关于认真贯彻党的中医政策，解决中医队伍后继乏人的问题的报告》、2009年《国务院关于扶持和促进中医药事业发展的若干意见》、2016年《中医药发展战略规划纲要（2016—2030年)》、2016年《中国的中医药》等都有促进中医药院校教育发展的具体规定及相关措施。

3. 院校教育的模式与内容

为加强中医药教育宏观管理，规范高等中医药教育专业设置，不断提高中医药教育质量，教育部、国家中医药管理局共同制订了《高等学校本科教育中医学专业设置基本要求（试行)》《高等学校本科教育中药学专业设置基本要求（试行)》《高等学校专科教育中医学专业设置基本要求（试行)》《高等学校专科教育中药学专业设置基本要求（试行)》等规范，为高等中医药教育如何体现中医药特色提供了制度引导，主要规定如下。

（1）中医学本科教育

按照《高等学校本科教育中医学专业设置基本要求（试行)》，中医学本科教育的培养目标在于培养适应社会主义现代化建设和中医药事业发展需要的，德、智、体、美全面发展，系统掌握中医药基础理论、基本知识和基本技能，具有一定的现代医学基本知识，掌握一定的人文社会科学、自然科学和中国传统文化知识，能从事中医学临床、教学、科研等方面工作，具有良好的医学职业道德，具有较强实践能力和较大发展潜力，富有创新意识的中医专门人才。其修业年限为5年，主要课程有中医基础理论、中医诊断学、中药学、方剂学、中医内科学、中医外科学、中医妇科学、中医儿科学、针灸学、诊断学基础、内科学及中医经典类、基础医学类课程。其实践性教学环节课间见习时间不少于 10 周，毕业实习时间不少于 48 周。本科中医学专业学生在完成学业时，专业水平应达到以下要求：掌握系统的中医药基础理论和中医临床知识，掌握中医的思维方法和基本技能，具备一定的中医药科学研究思维方法与能力。掌握一定的现代医学基础理论、基本知识和基本技能。具有运用四诊八纲、理法方药对常见病、多发病进行辨证论治能力和对急、难、重症的初步处理能力。熟悉国家卫生和中医药工作方针、政策和法规。掌握医古文的基本知识，具备熟练阅读中医古典医籍的能力。具备一定的人文社会科学、自然科学和中国传统文化知识。掌握一门外语，能查阅本专业外文资料。熟练运用计算机，掌握文献检索、资料查询的基本方法。了解中医药学科及其相关学科的学术发展动态。

（2）中医学专科教育

按照《高等学校专科教育中医学专业设置基本要求（试行）》，中医学专科教育的培养目标在于培养适应社会主义现代化建设和中医药事业发展需要的、德、智、体、美全面发展，适应医疗、预防、保健服务等第一线需要的高等技术应用型中医专门人才。若生源为高中毕业生，其修业年限为 3 年；若生源为初中毕业生，其修业年限为 5 年。主要课程为中医基础学（中医基础理论和中医诊断学）、中药学、方剂学、现代医学基础、中医内科学、中医外科学、针灸学、诊断学基础、内科学。其实践性教学环节课间见习不少于 4 周，毕业实习不少于 32 周。专科中医学专业学生在完成学业时，专业水平应达到以下要求：掌握必备的中医药基础理论、中医临床各科基本知识，熟悉一定的现代医学知识，具备中医技术应用的能力。掌握中医的思维方法和基本技能；具备对临床常见病、多发病的辨证论治能力以及急症的预处理能力；具备适应初级卫生保健的实践能力。具备一定的人文社会科学和自然科学知识；熟悉计算机应用技术，能借助辞典查阅外文医学资料；具备良好的医学道德和综合职业素质。

（3）中药学本科教育

按照《高等学校本科教育中药学专业设置基本要求（试行）》，中药学本科教育的培养目标在于培养适应社会主义现代化建设和中医药事业发展需要的、德、智、体、美全面发展，具备中药学基础理论、基本知识、基本技能以及相关的中医学、药学等方面的知识和能力，掌握一定的人文社会科学、自然科学和中国传统文化知识，能从事中药生产、科研、教学、管理等方面工作，具有良好职业道德和职业素质，富有创新意识的中药专门人才。修业年限为 4 年，主要课程有中医学基础、中药学、方剂学、药用植物学、中药鉴定学、中药分析、中药化学、药理学、中药药理学、中药炮制学、中药药剂学、药事管理学，毕业实习时间不少于 22 周。本科中药学专业学生在完成学业时，专业水平应达到以下要求：掌握中医药基础理论和临床用药的基本知识，掌握常用中药的性能、功效、中药七情配伍和用药禁忌、用药方法、常用剂量；掌握中药品种鉴定、质量分析的基本理论与技能；掌握中药化学成分的提取、分离和检测的基本原理与技能；掌握中药药理学与毒理学的基本理论与实验技能；掌握中药炮制加工、制剂制备和制剂分析的基本理论与技能；熟悉药事管理的法规、政策与营销的基本知识；具备一定的自然科学和人文社会科学知识；掌握一门外国语，能查阅本专业外文资料；熟练运用计算机，掌握文献检索、资料查询的基本方法；具有一定的科学研究和实际工作能力；了解中药学科及相关学科的学术发展动态。

（4）中药学专科教育

按照规范，中药学专科教育的培养目标在于培养适应社会主义现代化建设和中医药事业发展需要的，德、智、体、美全面发展，适应中药栽培、生产、经营、鉴定、炮制、质检、调剂、管理等第一线需要的高等技术应用型中药专门人才。若生源为高中或中专毕业生，修业年限为 3 年；若生源为初中毕业生，修业年限为 5 年。主要课程有中医学概要、中药方剂学、中药化学、中药药理学、药理学、药用植物学、中药鉴定技术、中药炮制技术、中药药剂技术、中药制剂分析技术、药事管理与经济法规。课间见习不少于 4 周，毕业实习不少于 16 周。专科中药学专业学生在完成学业时，专业水平应达到以下要求：掌握中医药基础理论和临床合理用药的基本知识；掌握中药化学成分的提取、分离和检测的基本知识与技能；掌握中药品种鉴定与质量分析的基本知识与技能；掌握中药炮制、调剂、制剂制备及制剂分析的基本知识与技能；掌握药用植物学与中药药理学的基本知识与技能；熟悉药事与经济管理相关的法律、法规及政策；熟悉医药营销与现代企业管理的基本知识与技能；熟悉计算机应用技术，能借助辞典阅读本专业外文资料；具备一定的人文社会科学和自然科学知识；具有良好的职业道德和综合职业素质。

4. 院校教育的管理要求

根据国家教育部、国家卫生健康委和国家中医药管理局等联合印发的

《关于加强新时代中医药人才工作的意见》等文件精神，中医药类院校教育的目前任务主要有下列几项。

改革院校招生方式。积极采取措施吸引优质生源报考中医学类专业，提高生源质量。自2021年开始，原则上停止中职中医专业招生。将中医药传统文化、中医特殊技能等纳入研究生复试考核内容。坚持按需招生、以用定招，根据人才需求和医学教育资源状况，合理确定中医学类、中西医结合类专业招生计划，逐步增加中医（全科医学领域）专业学位硕士研究生招生计划。❶

创新中医药人才培养模式。优化教育结构，适应社会发展对各类中医药人才培养的需要。扎实推进卓越医生（中医）教育培养计划和中药类专业教育教学改革，健全完善中医药长学制教育，适度增加具有推免资格的中医药院校为"5+3"一体化招生院校。改革中医硕士专业学位研究生教育培养模式，推进研究生教育与中医住院医师规范化培训的深度融合。❷改革中西医结合教育。试点开展九年制中西医结合教育，培养少而精、高层次、高水平的中西医结合人才。探索"西学中"中西医结合人才培养新模式，允许攻读中医专业学位的临床医学类专业学生参加中西医结合医师资格考试和中医住院医师规范化培训，研究生毕业须达到中医专业学位授予标准。❸加快培养一批既掌握中医药专业知识、又精通外语，能从事中医药对外交流与合作的高层次、外向型人才。推动高等中医药院校同外国高等学校交流与合作办学，积极发展来华中医药留学生教育。重视和扶植民族医药教育。根据各民族医药学科发展的实际状况，采取开办专业、职业培训、师带徒及培训班等各种形式培养急需的民族医药人才。❹

优化学科专业结构。加强中医药重点学科建设，打造一批世界一流的中医药名校和学科。构建服务生命全周期的中医药学科专业体系，加强中医护理人才培养力度，鼓励有条件的高校试办中医药健康服务学院，设立中医养生、中医康复、健康管理等专业，加大应用型中医药健康服务专门人才培养。以加强高层次中西医结合人才培养为重点，开展中西医结合教育改革，鼓励临床医学专业学生报考中医专业学位研究生和西医离职学习中医，建立更加

❶❸《关于深化医教协同进一步推动中医药教育改革与高质量发展的实施意见》。
❷《关于医教协同深化中医药教育改革与发展的指导意见》。
❹《关于中医药教育改革和发展的若干意见》。

完善的西医学习中医制度。大力发展民族医药教育，鼓励和扶持民族地区和高校开办民族医药专业，支持有条件的高校开展民族医药研究生教育。❶

完善课程体系设计。探索建立以中医药课程为主线、先中后西的本科中医药类专业课程体系，强化中医思维培养。2021级起，将中医药课程列为本科临床医学类专业必修课和毕业实习内容，增加课程学时。在高职临床医学专业中开设中医基础与适宜技术必修课程。临床、口腔、公共卫生类别医师应接受必要的中医药继续教育。❷ 构建以中医药传统文化与经典课程为根基，以提升中医药健康服务能力为导向的课程体系。提高中医学类专业经典课程比重，将中医药经典融入中医基础与临床课程。开展中医药经典能力等级考试，逐步实现本科中医药专业学生和中医住院医师规范化培训人员全覆盖，将等级考试纳入学生学业评价体系和规范化培训考核体系。加强基础与临床课程的贯通，实现理论与实践的融合。推动中药类专业课程体系改革，增设中医疫病相关课程。加强中药鉴定学、中药炮制学、临床中药学等课程教学。❸ 推动中医药人文社科振兴发展，促进中医药人文教育与专业教育的有机结合。加强思政课程和课程思政建设，推进思政课程与中医药人文的融合，把精神文明建设与专业教育有机地结合起来。

加强实践教学能力建设。制定完善各类中医临床教学基地标准和准入制度，开展临床教学基地认定审核工作。支持符合条件的中医医院（含中西医结合医院、少数民族医医院）成为中医药院校临床教学基地，允许中医药院校将符合条件的综合医院中医科、中医门诊部、中医诊所等纳入中医临床教学体系。实施中医临床教学基地能力建设专项，建设国家中医临床教学培训示范中心。❹ 中药类专业要保证必要的实验教学，安排一定的时间进入中药流通或生产领域进行生产实习。❺ 理顺中医药院校与附属医院关系，强化附属医院临床教学主体职能，围绕中医药人才培养需求健全教研室等教学组织机构，建立以科室主任、学科带头人、名老中医药专家为主体，相对稳定的专兼职教学主任、教学秘书和临床教师团队。❻

强化中医药师资队伍建设。建设国家中医药教师教学发展示范中心，实

---

❶ 《关于医教协同深化中医药教育改革与发展的指导意见》。
❷❸❹ 《关于深化医教协同进一步推动中医药教育改革与高质量发展的实施意见》。
❺ 《关于中医药教育改革和发展的若干意见》。
❻ 《关于深化医教协同进一步推动中医药教育改革与高质量发展的实施意见》。

施卓越中医药师资培训计划，逐步提高"双师型"教师比例。❶ 各中医药院校及其附属医院要建立以名老中医药专家、教学名师为核心的教师团队，支持中医课程教师从事中医临床工作，支持中药类课程教师积极参与中药科研与生产实践。加强中医药基础课程教师、中医药经典理论教师、临床教师培养。鼓励名老中医药专家"上讲台"，中青年教师"做临床"，临床医师"授经典"。❷ 增加师资培训的经费投入，组织教师参加教学研究和改革。建立健全教师教学质量考核评价制度，采取有力措施调动教师投身教学工作的积极性。

提高中医药教育质量。首先，深化教学领域改革，提高教学质量。中医药教学内容、课程结构的改革，要根据不同层次、类型教育特点展开，注重研究中医药课程，吸收学科新进展、新成果。加强对学生中医药基础理论和基本技能的培训。其次，加强中医药教育质量评价。将医师资格考试通过率、规范化培训结业考核通过率等作为人才培养质量评价的重要内容。建立预警和退出机制，对承担中医药人才培养任务的高校和医疗卫生机构实施动态管理，质量评估与专业认证不合格者限期整改，整改后不达标者取消相关专业招生（收）资格。❸ 最后，健全中医药教育质量保障体系。充分发挥国家高等中医药教育质量监测中心作用，加强对中医药学科建设、专业建设、教学质量、需求与就业等的监测、分析、评价与信息发布，定期发布国家高等中医药教育质量监测年度报告。❹

（二）中医人才师承教育

《中医药法》第35条对中医药人才的师承教育作了规定。国家发展中医药师承教育，支持有丰富临床经验和技术专长的中医医师、中药专业技术人员在执业、业务活动中带徒授业，传授中医药理论和技术方法，培养中医药专业技术人员。该条法律确定了师承教育是中医药人才培养的法定模式之一。

1. 师承教育的基本状况

师承教育是自古以来培养中医药人才的重要途径，已有两千多年的历史记载。在师承教育中，教育者言传身教，学习者侍诊于师，耳闻目染。与院

---

❶❸　《关于深化医教协同进一步推动中医药教育改革与高质量发展的实施意见》。
❷❹　《关于医教协同深化中医药教育改革与发展的指导意见》。

校教育相比，它更强调教学的实践性，重视临床技能的培养，注重因材施教，符合中医药学作为传统医学的形成发展规律以及中医药人才的成长规律。师承教育不但可以继承、总结、凝练名老中医的经验，而且可以在实践中培养出临床实用人才。因此，师承教育方式一直沿袭至今。目前，我国中医药人才师承教育制度基本形成，并且随着《中医药法》的颁布，中医人才的师承教育已经成为法定的形式。中医药师承教育独具特色，符合中医药人才成长和学术传承规律，发展中医药师承教育，对发挥中医药特色优势、加强中医药人才队伍建设、提高中医药学术水平和服务能力具有重要意义。但是，由于各地发展的不平衡，各地的师承教育还有不够理想的地方，许多管理机制还有待完善。

2. 师承教育的政策保障

为进一步推进师承教育的发展，《中医药法》第 35 条规定："国家发展中医药师承教育，支持有丰富临床经验和技术专长的中医医师、中药专业技术人员在执业、业务活动中带徒授业，传授中医药理论和技术方法，培养中医药专业技术人员。"

为建立健全中医药师承教育制度，深化中医药师承教育，2018 年 2 月，国家中医药管理局出台了《关于深化中医药师承教育的指导意见》。为推进中医药人才队伍建设和中医药事业传承发展指明了方向。2023 年 4 月，国家中医药管理局又印发《中医药专业技术人员师承教育管理办法》的通知（国中医药人教函〔2023〕63 号），以管理规范的形式对以师承方式学习中医的师承教育作了具体的规定。此外，为规范师承人员的考核考试等事项，《传统医学师承和确有专长人员医师资格考核考试办法》《中医医术确有专长人员医师资格考核注册管理暂行办法》《中医药法》《中华人民共和国医师法》对相关事项作了具体规定。

3. 师承教育的具体规定

（1）关于师承人员与指导老师的规定

《传统医学师承和确有专长人员医师资格考核考试办法》第 7 条规定，师承人员应当具有高中以上文化程度或者具有同等学力，并连续跟师学习满三年。第 8 条规定，师承人员的指导老师应当同时具备下列条件：具有中医类别中医或者民族医专业执业医师资格；从事中医或者民族医临床工作十五年以上，或者具有中医或者民族医副主任医师以上专业技术职务任职资格；有丰富的临床经验和独特的技术专长；遵纪守法，恪守职业道德，信誉良好；在医疗机构中坚持临床实践，能够完成教学任务。

《中医医术确有专长人员医师资格考核注册管理暂行办法》规定，以师承方式学习中医的，申请参加医师资格考核应当同时具备下列条件：首先，连续跟师学习中医满五年，对某些病证的诊疗，方法独特、技术安全、疗效明显，经指导老师评议合格。其次，由至少两名中医类别执业医师推荐，推荐医师不包括其指导老师。指导老师同时带徒不超过四名，且应当具有中医类别执业医师资格，从事中医临床工作十五年以上或者具有中医类副主任医师以上专业技术职务任职资格。

（2）关于出师考核考试的规定

《传统医学师承和确有专长人员医师资格考核考试办法》第 12 条规定，出师考核内容应当包括职业道德和业务水平，重点是传统医学专业基础知识与基本技能，学术经验、技术专长继承情况；方式包括综合笔试和临床实践技能考核。具体考核内容、标准及办法由国家中医药管理局制定。

申请出师考核的应当提交下列材料：传统医学师承出师考核申请表；本人身份证明；二寸免冠正面半身照片 2 张；学历或学力证明；指导老师医师资格证书、医师执业证书、专业技术职务任职资格证书，或者核准其执业的卫生行政部门、中医药管理部门出具的从事中医、民族医临床工作 15 年以上证明；经公证的师承关系合同；省级以上中医药管理部门要求提供的其他材料。❶

省级中医药管理部门对申请出师考核者提交的材料进行审查，符合考核条件的，发放准考证；不符合考核条件的，在受理申请后 15 个工作日内向申请出师考核者说明理由。❷ 出师考核每年进行一次，具体时间由省级中医药管理部门确定，考核工作开始前 3 个月在辖区内进行公告。❸ 出师考核合格者由省级中医药管理部门颁发由国家中医药管理局统一式样的传统医学师承出师证书。❹

师承人员取得传统医学师承出师证书后，在执业医师指导下，在授予传

---

❶ 《传统医学师承和确有专长人员医师资格考核考试办法》第 14 条。
❷ 《传统医学师承和确有专长人员医师资格考核考试办法》第 15 条。
❸ 《传统医学师承和确有专长人员医师资格考核考试办法》第 16 条。
❹ 《传统医学师承和确有专长人员医师资格考核考试办法》第 17 条。

统医学师承出师证书的省（自治区、直辖市）内的医疗机构中试用期满 1 年并考核合格，可以申请参加执业助理医师资格考试。师承人员取得执业助理医师执业证书后，在医疗机构中从事传统医学医疗工作满 5 年，可以申请参加执业医师资格考试。师承人员申请参加医师资格考试应当到规定的考点办公室报名，并提交下列材料：二寸免冠正面半身照片 2 张；本人身份证明；传统医学师承出师证书；试用机构出具的试用期考核合格证明；执业助理医师申报执业医师资格考试的，还需同时提交执业助理医师资格证书和医师执业证书复印件；报考所需的其他材料。其他报考程序按医师资格考试的有关规定执行。考试成绩合格的，获得统一印制的医师资格证书。❶

《中医医术确有专长人员医师资格考核注册管理暂行办法》规定，以师承方式学习中医的，申请参加中医医术确有专长人员医师资格考核的，应当提交以下材料：国家中医药管理局统一式样的中医医术确有专长人员医师资格考核申请表；本人有效身份证明；中医医术专长综述，包括医术的基本内容及特点描述、适应症或者适用范围、安全性及有效性的说明等，以及能够证明医术专长确有疗效的相关资料；至少 2 名中医类别执业医师的推荐材料；跟师学习合同，学习笔记、临床实践记录等连续跟师学习中医满 5 年的证明材料，以及指导老师出具的跟师学习情况书面评价意见、出师结论。❷

中医医术确有专长人员医师资格考核实行专家评议方式，通过现场陈述问答、回顾性中医医术实践资料评议、中医药技术方法操作等形式对实践技能和效果进行科学量化考核。考核专家应当对参加考核者使用中医药技术方法的安全性进行风险评估，并针对风险点考核其安全风险意识、相关知识及防范措施。根据参加考核者使用的中医药技术方法分为内服方药和外治技术两类进行考核。考核专家根据参加考核者的现场陈述，结合回顾性中医医术实践资料等，围绕相关病证的疗效评价关键要素进行分析评估并提问，对其医术专长的效果进行现场评定。必要时可采用实地调查核验等方式评定效果。经综合评议后，考核专家对参加考核者作出考核结论，并对其在执业活动中能够使用的中医药技术方法和具体治疗病证的范围进行认定。考核合格者，由省级中医药主管部门颁发中医（专长）医师资格证书。❸

---

❶ 《传统医学师承和确有专长人员医师资格考核考试办法》第 27~29 条、第 31 条。
❷ 《中医医术确有专长人员医师资格考核注册管理暂行办法》第 11 条。
❸ 《中医医术确有专长人员医师资格考核注册管理暂行办法》第 13~14 条、第 18~20 条。

中医（专长）医师实行医师区域注册管理。取得中医（专长）医师资格证书者，应当向其拟执业机构所在地县级以上地方中医药主管部门提出注册申请，经注册后取得中医（专长）医师执业证书。中医（专长）医师按照考核内容进行执业注册，执业范围包括其能够使用的中医药技术方法和具体治疗病证的范围。中医（专长）医师在其考核所在省级行政区域内执业。中医（专长）医师跨省执业的，须经拟执业所在地省级中医药主管部门同意并注册。取得中医（专长）医师执业证书者，即可在注册的执业范围内，以个人开业的方式或者在医疗机构内从事中医医疗活动。❶

在《中医医术确有专长人员医师资格考核注册管理暂行办法》实施前已经按照《传统医学师承和确有专长人员医师资格考核考试办法》规定取得传统医学师承出师证的，可以按照《中医医术确有专长人员医师资格考核注册管理暂行办法》规定，在继续跟师学习满 2 年后申请参加中医医术确有专长人员医师资格考核。

4. 师承教育的管理要求

根据《国家中医药管理局关于深化中医药师承教育的指导意见》，师承教育应在遵循规律、特色发展，注重质量、规范发展，统筹兼顾、协调发展，深化改革、创新发展的原则下，以构建师承教育与院校教育、毕业后教育和继续教育有机结合，贯穿中医药人才发展全过程的中医药师承教育体系，基本建立内涵清晰、模式丰富、机制健全的中医药师承教育制度为总体目标，逐步实现中医药人员在不同阶段均可参与师承教育。达成以上目标可着力采取以下措施。

发展与院校教育相结合的师承教育。支持国医大师、名老中医药专家、中医学术流派代表性传承人"进课堂"传授学术思想和临床（实践）经验。鼓励有条件的中医药院校开设中医药师承班，逐步实现将师承教育全面覆盖中医药类专业学生。探索师承教育制度与学位和研究生教育制度衔接的政策机制，进一步完善全国老中医药专家学术经验继承工作与中医专业学位衔接政策，支持符合条件的继承人申请中医硕士、博士专业学位。

加强与毕业后教育相结合的师承教育。发挥师承教育在毕业后教育中的作用，遴选中医住院医师规范化培训的师承指导老师，强化中医住院医师中医思维培养，将师承考核作为中医住院医生规范化培训结业考核的重要内容。

---

❶ 《中医医术确有专长人员医师资格考核注册管理暂行办法》第 26~29 条。

试点开展以传承名老中医药专家学术思想与临床经验，提升中医医师专科诊疗能力与水平为主要内容的中医医师专科规范化培训。

推进与继续教育相结合的师承教育。省级及以上中医药主管部门应当在中医药继续教育项目中设置师承教育专项，开展不同层次的以师承教育为主要模式、以名老中医药专家学术经验和技术专长为主要内容的中医药继续教育，引导中医药专业技术人员获取师承教育专项学分，逐步将师承教育专项学分作为中医药人员专业技术职称评审与岗位聘用的重要依据。参加省级以上老中医药专家学术经验继承工作的中医药专业技术人员，经考核合格，符合职称晋升有关规定的，在同等条件下优先评审高一级职称。

实施中医药人才培养专项推动师承教育。组织实施中医药传承与创新"百千万"人才工程（岐黄工程），持续推进全国老中医药专家学术经验继承工作、全国中医临床优秀人才研修项目、全国名老中医药专家和中医学术流派传承工作室建设等国家级中医药师承教育人才培养专项。省级中医药主管部门应当根据本地区实际，组织开展省级中医药师承教育人才培养工作。探索以学术共同体为特征的师承教育资源的共享模式，加强师承教育的相互交流。

支持以师承方式学习中医中药的师承教育。鼓励临床医学（含口腔、公卫）专业人员以师承教育学习中医，省级及以上中医药主管部门应当制定西医学习中医的政策措施，建立更加完善的西医学习中医制度，引导西医人员通过师承方式学习掌握中医药理论和诊疗技术，开展中西医结合临床诊疗工作。

加强师承教育指导老师队伍建设。结合实际制定不同层级指导老师的遴选条件和准入标准，建立健全结构合理、相对稳定、不同层级有序衔接的指导老师队伍，逐步实现指导老师认证管理。指导老师自主开展带徒授业等师承教育活动，应当与继承人签订正式的跟师学习合同，明确学习时间、学习内容、职责规范及达到的预期目标，并向当地中医药主管部门申请备案，当地中医药主管部门可根据具体情况进行相关审核。国医大师、全国名中医和教学名师等中医药专家应当在省级中医药主管部门备案，并在师承教育中发挥示范带头作用。

加强师承教育考核管理。各级中医药主管部门及机构组织开展的师承教育，要结合其模式与特点，制定相应的考核及出师管理办法，确保师承教育质量。各级中医药主管部门要规范指导老师和师承人员自主开展的师承教育，根据其备案的师承内容、跟师时间与职责规范，经师承人员申请后，采取指导老师评价、现场陈述回答、实践操作等不同方式进行出师考核，并将出师的师承人员名单在本区域内予以公布并提供查询。

【案例20】 张某峰与江苏省卫健委等行政诉讼案

基本案情：

2018年11月8日，江苏省卫健委发布《2018年江苏省中医医术确有专长人员医师资格考核公告》，组织开展江苏省中医医术确有专长人员医师资格考核工作。张某峰于2018年11月报名参加江苏省中医医术确有专长人员医师资格考核，提交了江苏省中医医术确有专长人员（多年实践）医师资格考核申请表和相关材料，2018年12月，其报名材料经秦淮区卫生健康行政部门初审公示、南京市卫生健康行政部门复审后报送至江苏省卫健委审核。审核中，江苏省卫健委发现张某峰的报名材料未能证明其"具有医术渊源"（包括未见到医术渊源支撑材料；申请材料中提供了家族人员行医材料，但并未师从家族人员，而是自学，不是专长的来源）并备注"张某峰自述姑祖父谷某英行医，但未提供有效的两人关系证明；且未提供师从证明；外省跟师建议在天津报名考核"。不符合《中医医术确有专长人员医师资格考核注册管理暂行办法》第6条和《中医医术确有专长人员医师资格考核注册管理实施细则》第7条规定的中医医术确有专长人员（经过多年中医实践的）医师资格考核报名条件。在公示的同时，省卫健委要求各设区市卫生健康委员会在公示期间及时电话通知张某峰审核结果，并做好解释说明工作。

张某峰不服江苏省卫健委的审核意见，于2019年9月10日向江苏省政府申请行政复议，请求责令省卫健委纠正错误审核。省政府于2019年9月16日向张某峰作出受理通知书，并根据《中华人民共和国行政复议法》第23条，向省卫健委作出提出答复通知书。经审查双方意见，省政府认为省卫健委作出的审核未予通过行为事实清楚，证据充分，程序合法。因此，江苏省政府根据《中华人民共和国行政复议法》第28条第1款第1项和《中华人民共和国行政复议法实施条例》第43条的规定，于2019年9月29日作出（2019）苏行复不字第201号《行政复议决定书》（以下简称201号《行政复议决定书》），决定维持省卫健委对张某峰作出的2018年江苏省中医医术确有专长人员医师资格考核报名审核未予通过的行为。

张某峰不服江苏省政府的复议决定书，遂提起行政诉讼。一审庭审中张某峰认可其提供的材料确实反映不出谷某英是张某峰的家族成员，也反映不了张某峰跟随谷某英研习中医。一审法院认为，根据规定，申请人提供医术渊源的相关证明材料，证明自己具有"医术渊源"是以经过多年中医术实践身份参加医师资格考核的必要条件。本案中，张某峰自述其医术来自其姑祖父谷某英，但关于医术渊源的证明材料仅提供了谷某英行医记载记录和谷某英医籍文献等相关资料图片，无法认定谷某英系张某峰家族有关人员，张某峰对此也予以认可。因此，张某峰在报名过程中未能提供充分材料证明其具有医术渊源，不符合申请参加中医医术确有专长人员医师资格考核（多年中医医术实践的）应当具备的条件。江苏省卫健委认定张某峰不符合报名条件证据充分，适用法律法规正确。一审法院认为张某峰对省卫健委就其审核结果及原因的主张，缺乏依据，依法不予采纳，判决驳回张某峰的诉讼请求。

张某峰不服一审判决，提起上诉，认为：1. 张某峰提交的材料充分，可以证明"具有医术渊源"，符合医师资格考核的报名条件。2. 相关法律、法规均未规定申请人应当提供"家庭成员关系证明"及"师从证明"，张某峰的医术确实来源于谷某英。3. 省政府作出201号《行政复议决定书》维持省卫健委决定是错误的。请求撤销原审判决，改判支持其诉讼请求。被上诉人省卫健委、省政府未向二审法院提交书面答辩意见。

二审法院认为，张某峰在报名申请表中自述其于1991年7月1日至1996年7月1日跟随姑祖父谷某英研习中医，但其只提交了谷某英行医记载记录、谷某英的医籍文献（原天津市红桥区卫生局主编的《老中医经验集》、谷某英编著的《常用中药主治及配伍》）等材料不能证明谷某英是其家族成员，亦不能证明其曾跟随谷某英研习中医。张某峰自己亦认为其提供的材料确实无法反映上述事实。所以，省卫健委认定张某峰不具有医术渊源，不符合中医医术确有专长人员（经过多年中医实践的）医师资格考核报名条件具有事实根据和法律依据。江苏省政府于2019年11月6日作出201号《行政复议决定书》维持省卫健委未予审核行为符合《中华人民共和国行政复议法》第28条第1款第1项、第31条第1款等规定。

因此，上诉人张某峰的上诉请求和理由缺乏事实根据和法律依据，二审法院不予支持。一审法院驳回张某峰的诉讼请求并无不当，依法应予维持。

依照《中华人民共和国行政诉讼法》第 89 条第 1 款第 1 项的规定，驳回上诉，维持原判。❶

案件评述：

《中华人民共和国中医药法》第 15 条第 2 款确立了师承方式学习中医和经多年实践医术确有专长人员的从业资格考核制度。其规定，由至少两名中医医师推荐，经实践技能和效果考核合格后，即可取得中医医师资格；按照考核内容进行执业注册后，即可在注册的执业范围内，以个人开业的方式或者在医疗机构内从事中医医疗活动。这对于通过师承方式学习中医和经多年实践医术确有专长人员想取得执业资格确实开辟了一条捷径。

但是在师承方式学习中医的人员要取得执业资格，应当符合《传统医学师承和确有专长人员医师资格考核考试办法》等相关规定，要有一个拜师学艺的过程，比如指导老师的资质、师徒合同、学习过程记录、出徒考核等形式要件，从而符合相关规定中的医术渊源。原国家卫生和计划生育委员会制定的《中医医术确有专长人员医师资格考核注册管理暂行办法》第 6 条规定，申请参加医师资格考核应当具有医术渊源，在中医医师指导下从事中医医术实践活动满五年或者《中医药法》施行前已经从事中医医术实践活动满五年的……经多年中医医术实践的，还应当提供医术渊源的相关证明材料，以及长期临床实践所在地县级以上中医药主管部门或者所在居委会、村委会出具的从事中医医术实践活动满五年证明，或者至少十名患者的推荐证明。《江苏省中医医术确有专长人员医师资格考核注册管理实施细则》规定，经多年中医医术医疗实践报名人员，具有医术渊源的相关证明材料包括中医医疗服务类非物质文化遗产传承脉络、家族行医记载记录、医籍文献等。

本案中，张某峰提供的材料不能证明在 1991 年 7 月 1 日至 1996 年 7 月 1 日跟随其姑祖父谷某英研习中医的经历，也不能证明其具有医术渊源或确有专长，因此，其不符合师承方式学习中医和经多年实践医术确有专长人员参加医师资格考核报名条件。此外，本案也给申请参加师承和确有专长考核的人员敲响了警钟，申请材料必须严格按照国家和地方规定的要求提供，证明材料应当完备扎实，更不能弄虚作假。

---

❶　江苏省高级人民法院行政判决书（2020）苏行终 1346 号。

【案例21】陈某东、曹某东传统按摩技艺培训纠纷案

基本案情：

曹某东是"曹氏传统中医古法点穴技艺"辽阳市宏伟区第四批非物质文化遗产保护项目传承人，具有四级按摩师资质。陈某东从事保健养生行业，在网上与曹某东结识，得知曹某东从事中医按摩行业，有祖传手艺，能够调理糖尿病和高血压等疾病，且有很好的效果，陈某东经实地考察后，决定向曹某东拜师学习。2019年3月4日，陈某东缴纳了学习调理糖尿病的按摩手法学费25800元，又于2019年7月22日缴纳了学习调理高血压的按摩手法学费19800元。陈某东在每次交费时均本人到曹某东处实践学习。后陈某东认为曹某东传授的技艺手法没有效果，遂向一审法院起诉请求：1. 判决被告给付原告45600元；2. 诉讼费由被告承担。

一审法院认为，陈某东与曹某东之间实际达成的"传统按摩技艺培训合同"，是基于双方合意自愿达成，不存在合同无效的条件，也不存在欺诈等可撤销的条件，该合同应受到法律保护。陈某东为学习曹某东按摩技艺，交纳学艺费用，虽然曹某东在宣传过程中存在使用诸如"根治"等夸大事实的词语，但陈某东作为成年自然人，且本身也从事保健养生行业，对于曹某东所做宣传介绍应具有辨别真伪能力，尤其是陈某东所称曹某东传授技艺手法没有效果，但其两次交费间隔长达四个多月，其自述部分与事实自相矛盾，目前曹某东已将两项技艺传授完毕，且承诺允许陈某东终身学习，应视为案涉合同义务已履行。为了维护合同的稳定性，在陈某东所述事实并无其他证据予以证明的情况下，陈某东应承担举证不能的不利后果。对陈某东的诉讼请求，不予支持。判决驳回陈某东的全部诉讼请求。

陈某东不服一审判决，向上级法院提起上诉。上诉人陈某东认为，首先，被告从事医疗培训教学属于超范围经营。被告从事保健按摩服务，工商部门颁发的执照并没有许可其从事医疗培训教学服务。被告承诺为原告进行医疗教学培训，可以达到根治高血压和糖尿病的效果，这已经超出了保健的范畴，属于医疗治疗的范畴，应当取得卫生部门的许可，否则是违法经营。其次，被告不仅是夸大宣传，而是违法虚假宣传。被告明确承诺经过几次点穴治疗，可以根治高血压和糖尿病，有原告提交的原告与被告的微信记录可以证明。由于被告的明确承诺，原告才把钱给付被告。如果被告仅仅告诉原告可以调

理高血压和糖尿病，原告是不会把钱交给被告的。再次，被告对原告承诺的不是健康保健的培训，而是医学治疗，是根治高血压和糖尿病。被告在微信里明确告诉原告经过几次治疗就可以根治高血压和糖尿病。而一审认定原告与被告达成的是"传统按摩技艺培训合同"是与事实不符的。双方达成的不是"传统按摩技艺培训合同"，这个名称是法院予以认定的，是对事实的曲解。通过微信可以看出被告承诺其可以根治高血压和糖尿病。高血压是不可能通过几次按摩就达到根治的效果的。糖尿病分为不同种类的糖尿病，治疗方案也是不同的，只能缓解，而不能根治。被告明确告诉原告可以根治这就是欺诈，已经超出保健的范畴，属于违法行医教学培训。最后，庭审中被告明确表示，没有对原告进行培训，笔录也记录在案，原审判决却避而不谈。被告仅仅简单告诉原告如何点穴。被告违法从事医疗教学培训，非法收取费用，虚假承诺可以根治高血压和糖尿病，这种违法行为不应当得到法律的支持。因此，上诉人陈某东请求二审法院依法支持上诉人的诉讼请求。

曹某东辩称，一审认定事实清楚，适用法律正确，上诉人陈某东的上诉理由不能成立，请求二审法院驳回上诉，维持原判。理由为，第一，上诉人称"被告从事医疗培训教学属于超范围经营"，是没有法律依据的。上诉人与答辩人之间达成的"传统按摩技艺培训合同"，是基于双方合意自愿达成的，不存在任何欺诈行为。答辩人作为"曹氏传统中医古典法点穴技艺"传承人和按摩师，用传统的按摩技艺，为许多患者调理好了高血压、糖尿病等慢性疾病。答辩人向自愿和答辩人达成学习"传统按摩技艺合同"的人员传授技艺，不违反任何法律规定，与"超范围经营"毫无关系。任何一个公民，只要不违反法律强制性规定和公序良俗，都有向他人传授自身技艺的权利。第二，上诉人称："被告不仅是夸大宣传，而是违法虚假宣传"，是没有事实根据的。上诉人与答辩人在网上相识，并都是从事保健服务工作职业的。上诉人知道答辩人用"曹氏传统中医古典法点穴技艺"可以治愈高血压和糖尿病等慢性疾病，和答辩人谈好学习价格后，就亲自到店内调查了解，与正在接受答辩人调理的患者沟通，得知治疗效果很好后，才将学习调理糖尿病的手法学费交给答辩人。学习结束后，上诉人很满意，主动请答辩人父子吃饭。4个多月后，又主动要求到店来学习调理高血压的手法，再一次交给答辩人学习调理高血压的学费，并与患者说：曹老师的技艺效果特别好。学完后又一次主动请答辩人父子喝酒庆祝，表示对学习结果很满意，对答辩人一再表示感谢。多年来，答辩人使用"曹氏传统中医古典法点穴技艺"调理手法已经治愈了许许多多的高血压、糖尿病的患者。有的患者病好后，主动要求付费向答辩人学习，为自己的亲朋调理高血压等慢性疾病。上诉人也从事此职业，又间隔4个多月的时间，再次到店内考察学习。如果第一次学习后，上诉人认为这种技艺调理治疗无效，也不会在4个月后再一次缴费学习。第三，上诉人称"被告对原告承诺的不是健康保健的培训，而是医学治疗，是根治高血压和糖尿病"。答辩人使用"曹氏传统中医古典法点穴技艺"可以治愈糖尿病和高血压，已经有近三十年的实践临床经验，是有大量治愈好的糖尿病、高血压的病例加以证明的。这一点上诉人已经到店内调查了解过，是完全知道的，不然，作为同行，也不会缴费学习。在我国各种医疗保健康复机构，使用传统中医按摩、针灸等手法调理治疗糖尿病、高血压等慢性疾病是很普遍的，国家对使用传统中医技艺康复治疗慢性疾病也是加以鼓励的。综上所述，对答辩人与其微信聊天所说的使用"曹氏传统中医古典法点穴技艺"可以治愈糖尿病和高血压，上诉人完全具有辨别能力。上诉人在学习完糖尿病调理手法4个月后，又再一次主动要求学习调理高血压的手法技艺，从此行为可以看出，上诉人是使用学到的手法技艺产生了好的效果，才主动要求再一次学习的，上诉人与答辩人双方自愿达成的合同，合法、真实有效。

二审法院认为，曹某东具有四级按摩师资质，属于具有确有专长人员。陈某东主张返还的理由，无事实及法律依据，一审未予支持，并无不当。二审法院遂作出判决：驳回上诉，维持原判。❶

案件评述：

本案是发生在师承教育与传承中的合同效力问题。师承教育是千百年来培养中医药人才的主要模式，在传承中医药学术思想、临床经验和技术专长方面一直发挥着不可替代的重要作用。历代中医药名家独到的学术经验，需要一代又一代的后学者长期跟师实践，通过朝夕临诊，耳濡目染，口授心传，来领悟其间精髓，让中医的薪火得以相传。本案中，陈某东在曹某东行医地点观摩考查后，主动师承于曹某东学习按摩技艺，其行为是对曹某东"技艺"的认可。在曹某东答应传授后，陈某东又交纳了学习费用，从客观上来说，双方已经意思表示一致，并且已经开展实际履行，因而，双方之间的合同已经成立。对于学习培训的效果或者学员的收获，从学习者的角度而言，因个

---

❶ 辽宁省辽阳市中级人民法院民事判决书（2022）辽10民终961号。

人素质、文化程度的差异，其对事物的理解、认知及感悟能力亦不尽相同，所以每名教师所教学生的成绩也各有不同，不能因个体的差异而否定教师的能力。民事主体从事民事活动，当遵循诚信原则，秉持诚实，恪守承诺。争议双方师承关系的建立和履行均并不违反法律规定。因此，一审和二审法院作出的判决并无不当。

（三）中医医师规范化培训

《中医药法》第 36 条规定："国家加强对中医医师和城乡基层中医药专业技术人员的培养和培训。"国家中医药管理局印发的《"十四五"中医药人才发展规划》（国中医药人教发〔2022〕7 号）明确指出，要健全中医药毕业后教育。完善中医医师规范化培训模式，突出中医思维培养和临床实践能力训练。强化培训基地动态管理，加强内涵建设，改善培训条件，完善管理制度，提升培训质量。

1. 规范化培训的基本状况

规范化培训是指医学生在医学院校完成基本教育后、正式从事临床工作前的教育培训，是医学临床专家形成过程的关键环节。它对于培训临床高层次医师，提高医疗质量极为重要，规范化培训是医学生走向临床执业前的培训，所以它不属于继续医学教育范围。2013 年 12 月，《关于建立住院医师规范化培训制度的指导意见》（国卫科教发〔2013〕56 号）发布，自此，我国开始实行住院医师规范化培训工作。截至 2020 年 12 月，我国共遴选出三批中医住院医师规范化培训基地共计 392 家（不含中医类别全科医生规范化培养基地）。十年来，我国对中医住院医师的规范化培训工作已经建立了严格的住院医师招收、培训和结业全过程管理，保障了中医类住院医师的学术水平，并建立了相应的分流退出机制。

2. 规范化培训的政策保障

住院医师规范化培训是指医学专业毕业生在完成医学院校教育之后，以住院医师的身份在认定的培训基地接受以提高临床能力为主的系统性、规范化培训。中医住院医师规范化培训是中医药专业学生毕业后教育的重要组成部分，是中医临床医师队伍建设的基础环节，其目标是为各级各类医疗机构培养具有良好的职业道德，掌握扎实的中医基础理论、专业知识、临床技能和必要的西医知识与技术，能独立承担常见病、多发病及某些疑难危重病证诊疗工作的合格中医住院医师，特别是为城乡基层医疗卫生机构培养能够胜任岗位要求的中医类别全科医生。

为贯彻落实《国务院关于建立全科医生制度的指导意见》《关于建立住院医师规范化培训制度的指导意见》，规范中医住院医师规范化培训，根据《住院医师规范化培训管理办法（试行）》，国家中医药管理局、原国家卫生和计划生育委员会会同教育部组织制定了《中医住院医师规范化培训实施办法（试行）》《中医住院医师规范化培训标准（试行）》《中医住院医师规范化培训基地认定标准（试行）》《中医类别全科医生规范化培养基地认定标准（试行）》，并于 2014 年 12 月 1 日颁布实施。2023 年 9 月 28 日又对上述中医住院医师规范化培训的三个文件进行了修订。

3. 规范化培训的内容与培训基地管理

根据《中医医师规范化培训实施办法》第 5 条，国家中医药管理局对全国中医规范化培训（简称规培）工作进行统筹管理，建立健全政策、制度与规范，制订工作规划与计划，指导监督各地工作。省级中医药主管部门负责本地区中医规培的组织实施和管理监督，并会同相关部门，依据本地医疗卫生工作对中医临床医师的培养需求和基地培训能力，制订年度培训计划，下达培训任务，并在培训名额分配上向中医全科专业倾斜。

关于培训的对象，《中医医师规范化培训实施办法》第 3 条规定，中医规培对象包括：拟从事中医临床医疗工作的中医学类（含中西医结合类）专业本科及以上学历毕业生；已从事中医临床医疗工作并获得执业医师资格，需要接受培训的人员；其他需要接受培训的人员。

关于培训的内容，《中医医师规范化培训实施办法》第 19 条规定，中医规培以中医思维培养和临床技能培训为重点，采取理论学习、病房培训、门诊培训和跟师学习相结合的方式进行。《中医医师规范化培训实施办法》第 17 条、第 18 条规定，中医规培分为中医专业和中医全科专业，按照国家规定分别组织实施。培训时间为 3 年（不少于 33 个月），分为两个阶段实施。第一阶段主要在中医内科、中医外科、中医妇科、中医儿科、针灸推拿、中医骨伤、中医眼科、中医耳鼻咽喉科等学科科室轮转培训。第二阶段根据培训对象预期从事的专业选择在相应的学科及相关科室培训。培训学科由国家中医药管理局统一规定。《中医医师规范化培训标准》对培训方式、培训时间与要求、培训考核作了原则性的规定，并对第一阶段培训和第二阶段培训的标准、计划、内容与要求作了更为具体的规定。

关于培训基地的管理，《中医医师规范化培训实施办法》第 8 条对中医医师规范化培训基地（简称培训基地）的基本条件作了规定，即，为三级甲等中医医院；达到中医医师规范化培训基地认定标准要求；经所在地省级中医药主管部门组建的专家委员会或其指定的行业组织、单位认定合格；医院整体经营情况良好，有意愿承担中医规培任务，能够保障培训对象在培期间相关待遇；设置中医规培专职管理部门，按比例配备专职管理人员，逐步建立中医规培专门管理体系。

《中医医师规范化培训实施办法》第 9 条对协同单位作了规定，即，培训基地可以根据当地中医医疗资源实际情况和培训基地条件，将符合条件的其他三级中医医院、综合医院作为协同单位。协同单位数量原则上不超过 1 家，参与培训的科室数量不超过 4 个，培训时间不超过 1 年。《中医医师规范化培训实施办法》第 10 条规定，培训基地应加强对协同单位的管理，将日常管理、理论学习、临床培训、师资培养、督导考核等工作纳入基地工作计划，整体推进实施。

《中医医师规范化培训实施办法》第 11 条规定了培训基地将实行动态管理。国家中医药管理局委托中国医师协会负责中医规培日常管理和技术规范建设，对全国培训基地进行评估。对评估不合格的培训基地限期整改，整改仍不合格者，报国家中医药管理局批准，取消培训基地资格。

4. 规范化培训的考核与人员管理

中医医师规范化培训结束后必须进行考核。培训考核包括过程考核、师承考核和结业考核。过程考核、师承考核合格并获得执业医师资格证书，方能参加结业考核。❶ 过程考核包括日常考核、出科考核、模块考核。日常考核包括医德医风、出勤情况、临床实践能力、培训指标完成情况和参加理论学习情况，由培训轮转科室负责。应在出科考核前完成。出科考核依据培训标准，考核本专业基础理论、基本知识和基本技能。由培训科室、培训基地共同组织实施。应在出科前 3 天内完成。模块考核包括中医经典理论、中药方剂知识、接诊能力、中医特色技能、西医基本技能（含急救）等，由培训基地组织实施。所有模块考核应在培训对象进入第二阶段培训前完成。❷ 师承考核是对培训对象跟师学习过程的综合评价，包括临床跟师考勤、跟师心得、

---

❶ 《中医医师规范化培训实施办法》第 22 条。
❷ 《中医医师规范化培训实施办法》第 23 条。

典型医案总结和指导老师临床经验总结。师承考核由培训基地负责组织实施，省级中医药主管部门对考核结果进行复核。应在结业考核前完成。❶ 结业考核包括理论考核和临床实践能力考核，由省级中医药主管部门或其指定的有关行业组织、单位，按照《住院医师规范化培训考核实施办法（试行）》组织实施。应在每年的 6 月底前完成。❷ 通过结业考核的培训对象，颁发统一制式的住院医师规范化培训合格证书，该合格证书全国范围内有效。未通过结业理论考核、临床实践能力考核或其中任一项者，可申请参加次年结业考核。3 年内未通过结业考核者，如再次申请结业考核，需重新参加培训，培训相关费用由个人承担。

对于培训基地师资队伍和参加培训人员的管理，《中医医师规范化培训实施办法》第 12 条规定，培训基地应加强师资队伍建设与管理，建立健全师资队伍遴选、考核、激励机制，营造尊师重教的良好氛围。并对带教师资的数量和质量、师资队伍的培训与考核和对带教师资的专项补贴等作了规定。《中医医师规范化培训实施办法》第 13 条规定，培训基地应将培训对象作为基地住院医师队伍的一部分，在确保医疗安全的前提下，为培训对象创造更多的临床实践机会，不断提升临床诊疗能力。加强思想政治教育，建立党（团）组织。应关心关爱培训对象，落实必要的学习、生活和培训条件。第 15 条规定，培训基地依法与面向社会招收的培训对象签订劳动合同，明确培训期间双方权利义务。劳动合同到期后依法自动终止，培训对象自主择业。

另外，《中医医师规范化培训实施办法》第 14 条专门规定了"两个同等对待"，即面向社会招收的普通高校应届毕业生培训对象培训合格当年在医疗卫生机构就业的，在招聘、派遣、落户等方面，按当年应届毕业生同等对待；对经住培合格的本科学历临床医师，在人员招聘、职称晋升、岗位聘用、薪酬待遇等方面，与临床医学、中医专业学位硕士研究生同等对待。

【案例 22】 李某扬与淄博市中心医院确认劳动关系纠纷案

基本案情：

2017 年 8 月 15 日，淄博市中心医院发布 2017 年度住院医师规范化培训招生简章，招收社会化学员、外单位委派学员、本单位学员，培训年限为三

---

❶ 《中医医师规范化培训实施办法》第 24 条。
❷ 《中医医师规范化培训实施办法》第 25 条。

年，培训采取理论学习与临床实践相结合的方式，以临床实训为主，按照培训标准要求实施规范化培训。2017 年 9 月 1 日，李某扬与淄博市中心医院签订《住院医师规范化培训社会学员协议书》，约定为使李某扬达到住院医师规范化培训的合格要求，淄博市中心医院对李某扬进行思想政治教育、法律法规常识培训，严格按照国家卫计委专科医师及山东省临床住院医师规范化培训大纲要求，对李某扬进行规范化培训和考核。2017 年 9 月 1 日至 2020 年 8 月 31 日期间，李某扬在淄博市中心医院多个科室进行了规范化培训学习。在培训期间，淄博市中心医院为李某扬发放了"工资"，并给李某扬报销了社保费 26801.11 元。后李某扬以在淄博市中心医院工作期间提供正常的劳动，接受淄博市中心医院的管理和定期考核，从业资格证书也注册在淄博市中心医院等为由，向法院提出确认他和淄博市中心医院在 2017 年 9 月 1 日至 2020 年 8 月 31 日期间存在劳动关系的诉讼请求。

一审法院经审理认为，第一，原告李某扬系基于被告淄博市中心医院所公开发布的《淄博市中心医院 2017 年度住院医师规范化培训招生简章》报名参加培训。原、被告双方签订《住院医师规范化培训社会学员协议书》，协议书明确约定"规培期间，双方系培训关系而非劳动关系，被告向原告提供的生活补助、补贴，无论其数额大小，均不表明双方存在劳动和人事关系"，可见原告李某扬在签订上述规培协议书时，已对此明知并自愿签署。双方并未签订劳动合同，在意思表示上亦无建立劳动关系的一致合意；第二，劳动关系是指用人单位招用劳动者为其成员，劳动者在用人单位的管理下提供有报酬的劳动而产生的权利义务关系，兼有人身属性与财产属性。淄博市中心医院接收李某扬进行住院医师规范化培训，其目的并非招录李某扬为其成员。李某扬参加规范化培训也系以提升临床能力、通过考核认证、获得住院医师规范化培训合格证书为目的。李某扬在淄博市中心医院接受的住院医师规范化培训，系属于医学专业毕业生在完成医学院校教育后，在培训基地接受以提高临床能力为主的系统性、规范化培训，内容包含医德医风、政策法规、临床实践技能、专业理论知识、人际沟通交流等，李某扬在淄博市中心医院日常值班等系提高临床诊疗能力的必要学习形式，是培训内容的组成部分。淄博市中心医院对培训学员进行管理，是为了维护培训秩序、实现培训目标，而非获取劳动力。根据文件指示，淄博市中心医院作为规范化培训基地向原告发放的生活补助、补贴也并非全部由淄博市中心医院自有资金支付，不能因淄博市中心医院向李某扬发放的款项显示为"工资"，就认定双方存在劳动关系。综上，原告李某扬要求确认与被告淄博市中心医院于 2017 年 9 月 1 日至 2020 年 8 月 31 日期间存在劳动关系，不予支持。

李某扬不服一审判决，提起上诉。二审法院在确认一审查明的案件事实的基础上认为，建立劳动关系，应当订立书面劳动合同。淄博市中心医院与李某扬并未订立书面劳动合同，双方亦未形成事实劳动关系。李某扬系根据《淄博市中心医院 2017 年度住院医师规范化培训招生简章》报名参加住院医师培训，双方签订的住院医师规范化培训社会学员协议书亦明确双方系确立培训关系而非建立劳动用工关系。李某扬意在通过住院医师培训以提升临床能力并获得住院医师规范化培训合格证书，并非向用人单位提供劳动获取报酬；淄博市中心医院安排李某扬在不同业务科室工作是为了完成对李某扬的培训，而非获取其劳动力，双方之间的管理与接受管理也并非劳动人事管理，而是培训管理。双方不具备劳动关系的基本要件，一审判决认定双方不存在劳动关系，并无不当。❶

案件评述：

住院医师的规范化培训是医学生毕业后教育的重要组成部分，是临床医师队伍建设的基础环节，其目标是为各级各类医疗机构培养合格的住院医师。

根据《劳动合同法》第 7 条："用人单位自用工之日起即与劳动者建立劳动关系。"所以，劳动关系的建立并不以订立劳动合同的时间为准。在实际生活中，参加培训的人员是否与培训单位建立劳动关系，可以参考原劳动与社会保障部 2005 年 5 月 25 日发布的《关于确立劳动关系有关事项的通知》（劳社部发〔2005〕12 号）：用人单位招用劳动者未订立书面劳动合同，但同时具备下列情形的，劳动关系成立。（1）用人单位和劳动者符合法律、法规规定的主体资格；（2）用人单位依法制定的各项劳动规章制度适用于劳动者，劳动者受用人单位的劳动管理，从事用人单位安排的有报酬的劳动；（3）劳动者提供的劳动是用人单位业务的组成部分。

（四）中医药继续教育

《中医药法》第 37 条第 1 款对政府主管部门在中医药继续教育中的职责作了规定，"县级以上地方人民政府中医药主管部门应当组织开展中医药继续

教育，加强对医务人员，特别是城乡基层医务人员中医药基本知识和技能的培训"。《中医药法》第37条第2款对中医药专业技术人员接受继续教育的义务作了规定，"中医药专业技术人员应当按照规定参加继续教育，所在机构应当为其接受继续教育创造条件"。由于中医药学是一门实践科学，在实践中创造，在实践中发展，进行学术交流有利于实践经验的提高。所以，从事中医药的专业技术人员应当与西医药从业人员一样，必须接受从业期间的继续教育培训。

1. 继续教育的基本状况

医学是随着国内外的科学技术发展而不断进步的，所以要对临床从业人员进行不断的再教育。新中国成立早期主要是委派进修形式，即由医师所在单位根据本院业务发展需要，委派本单位的医务人员到上级医院或专科医院进行短期学习。受国外继续医学教育理念的影响，原国家人事部在1995年颁布了《全国专业技术人员继续教育暂行规定》，2000年原卫生部也根据医疗卫生界的具体情况，颁布了《继续医学教育规定（试行）》，从而开始了我国医疗卫生行业从业人员的继续教育工作。目前，山东、成都、浙江、陕西、湖南、广州、南京、北京、河南、长春、天津、云南、河北、湖北、辽宁、广西、江西、贵州、安徽、黑龙江等中医药大学均建立了继续教育学院，并且建设了一批包括远程教育在内的国家级或省级中医药继续教育信息化管理平台。国家中医药管理局、各省中医药管理部门和学会每年均发布相关的继续教育项目，鼓励有条件的单位举办继续教育培训。

2. 继续教育的政策保障

《中医药法》除了第37条规定了中医药继续教育，还专设第36条，强调"国家加强对中医医师和城乡基层中医药专业技术人员的培养和培训。国家发展中西医结合教育，培养高层次的中西医结合人才"，使得中医药从业人员的继续教育和西医学习中医有了专门的法律规定。

为继承和发展中医药学，提高中医药专业技术人员素质，推动中医药继续教育工作，我国加强并修订中医药继续教育相关规定，逐步建立起了中医药继续教育体系和制度。国家中医药管理局曾在1997年制定《国家级中医药继续教育项目申报、认可办法》，在2002年对《国家级中医药继续教育项目申报、认可办法》进行了修订。2006年11月3日，国家中医药管理局印发《中医药继续教育规定》和《中医药继续教育登记办法》。在2007年10月18

日颁发《国家级中医药继续教育项目管理办法》和《中医药继续教育学分管理办法》《国家中医药管理局中医药继续教育委员会章程》，并废除了《国家级中医药继续教育项目申报、认可办法》。规定了中医药继续教育的任务在于增强中医药专业技术人员职业道德，继承、更新、补充、拓展专业知识和技能，不断提高专业技术水平和创新能力。参加中医药继续教育是中医药专业技术人员的权利和义务。2015 年 8 月，国家中医药管理局出台《关于进一步加强国家级中医药继续教育项目管理的通知》（国中医药继教办〔2015〕1 号），《"十四五"中医药人才发展规划》中也专门对中医药继续教育提出了更高的要求。

国家中医药管理局在 2006 年成立中医药继续教育委员会，负责组织和指导全国中医药继续教育工作。各省、自治区、直辖市中医药管理部门也相继成立中医药继续教育委员会，负责组织和指导本地区中医药继续教育工作。地（市）、县两级中医药管理部门成立中医药继续教育工作小组，负责贯彻落实上级中医药管理部门的中医药继续教育计划和要求，组织实施本地区中医药继续教育活动。根据《中医药继续教育规定》第 12 条，各级中医药管理部门应当依托中医药医疗、教育、科研机构以及具备条件的其他机构，建立中医药继续教育基地，逐步健全和完善中医药继续教育实施网络。

3. 继续教育的内容与形式

根据《中医药继续教育规定》，中医药继续教育项目和中医药人才培养专项是实施中医药继续教育的重要形式。中医药继续教育的内容应当体现中医药学的特点，遵循继承与创新相结合的原则，继承中医药学术，学习中医药及相关领域的新理论、新技术、新方法、新信息，注重针对性、实用性和先进性。

《中医药继续教育规定》第 18 条规定，中医药继续教育要坚持理论联系实际，按需施教，讲求实效，注重借鉴国内外经验，根据学习对象、学习内容等具体情况，采取培训班、进修班、研修班、跟师学习、学术讲座、网络教育、学术会议、业务考察、撰写论著以及有计划、有考核的自学等方式组织实施。

第 17 条规定，各类中医药专业技术人员应当结合本职工作，不断提高专业技术水平，按照相应要求，接受继续教育。其中，初级中医药专业技术人员应当重点充实中医药基础理论、基本知识，加强中医药专业技能培训，培养中医辨证思维及独立从事中医药专业技术工作的能力。中级中医药专业技术人员应当重点增新和拓展中医药专业知识，完善知识结构，进一步提高中医辨证思维能力及中医药专业技术水平。高级中医药专业技术人员应当重点学习其从事的中医药学科和相关学科发展的前沿知识和技术，提高中医药继承与创新能力。

4. 继续教育的登记与考核管理

《中医药继续教育规定》第 21 条规定，中医药专业技术人员接受继续教育实行登记制度。中医药继续教育登记的内容包括中医药专业技术人员接受继续教育活动的项目名称、项目实施时间、项目实施形式、学时量和学分数、考核结果等基本情况，作为中医药专业技术人员接受继续教育的有效凭证和考核的重要内容。

第 22 条规定，对中医药专业技术人员接受继续教育的考核实行学分制。中医药专业技术人员参加继续教育活动所获继续教育学分每年不少于 25 学分。学分的计算和授予，按照国家中医药管理局中医药继续教育委员会颁发的有关规定执行。第 26 条规定，中医药专业技术人员接受中医药继续教育并获得规定的学分，作为年度和任期考核、专业技术职务晋升、聘任和执业再注册的必备条件之一。中医药机构开展中医药继续教育工作的情况，作为上级主管部门对单位年终考核和领导干部考核的内容之一。

5. 盲人医疗按摩人员的继续教育

为了促使盲人医疗按摩人员保持高尚的职业道德，继承、增新、补充、拓展专业知识和技能，不断提高专业技术水平，保障医患双方合法权益。2014 年 8 月 28 日，中国残疾人联合会和国家中医药管理局发布《盲人医疗按摩继续教育暂行规定》，其中第 5 条规定，"参加和接受继续教育是盲人医疗按摩人员的权利和义务"。即，已取得盲人医疗按摩人员从事医疗按摩资格证书，并从事医疗按摩活动的盲人医疗按摩人员必须参加和接受继续教育。《盲人医疗按摩继续教育暂行规定》第 23 条规定，对盲人医疗按摩人员接受继续教育的考核实行学分制。盲人医疗按摩人员参加继续教育活动所获继续教育学分每 2 年不少于 25 学分，其中国家级（Ⅰ类）30 学时 10 学分，省级（Ⅱ类）90 学时 15 学分。

《盲人医疗按摩继续教育暂行规定》规定了盲人医疗按摩继续教育的内容应当体现中医推拿学及盲人医疗按摩的特点，遵循继承与创新相结合的原则，学习中医推拿和盲人医疗按摩及相关领域的新理论、新技术、新方法、新信息，注重针对性、实用性和先进性。

《盲人医疗按摩继续教育暂行规定》同时规定了不同类别的人员的重点培训内容。即，初级职称的盲人医疗按摩人员应当重点充实医疗按摩基础理论、基本知识，加强医疗按摩专业技能培训，培养独立从事医疗按摩工作的能力。中级职称的盲人医疗按摩人员应当重点增新和拓展医疗按摩专业知识，完善知识结构，进一步提高中医辨证思维能力及医疗按摩专业技术水平。高级职称的盲人医疗按摩人员应当重点学习中医推拿学科和相关学科发展的前沿知识和技术，提高医疗按摩继承与创新能力。

根据《盲人医疗按摩管理办法》，盲人医疗按摩人员属于卫生技术人员，应当具备良好的职业道德和执业水平，其依法履行职责，受法律保护。

【案例23】 王某与沈阳张氏师承中医药信息咨询有限公司培训纠纷案

基本案情：

王某酷爱中医调理养生职业，想取得中医调理养生方面的资质证书。在网络上搜寻该方面的信息及培训机构后，与沈阳张氏师承中医药信息咨询有限公司达成了中医医术确有专长医师资格培训及考试方面的合意。王某于2017年10月交纳一年培训费9000元后，由沈阳张氏师承中医药信息咨询有限公司对其进行培训。王某后于2018年9月15日交纳第二年培训费用4500元。2019年10月27日，沈阳张氏师承中医药信息咨询有限公司通知王某参加2019年专长实践技能、笔试考试，收取王某考试报名费8000元。2019年12月，沈阳张氏师承中医药信息咨询有限公司收取王某冲刺辅导费3000元。王某后被沈阳张氏师承中医药信息咨询有限公司告知没有通过考试，王某遂要求沈阳张氏师承中医药信息咨询有限公司按照承诺给其复考一次的机会，但沈阳张氏师承中医药信息咨询有限公司告知王某明年重新报考，且须重新交付报考费用，为此双方发生争执，王某遂将沈阳张氏师承中医药信息咨询有限公司告至法院。

王某认为沈阳张氏师承中医药信息咨询有限公司在未取得中医确有专长教育培训资质的情况下，在网上做虚假宣传，致使他在沈阳张氏师承中医药信息咨询有限公司处报名参加培训，并交纳培训费用、报考费用、冲刺费用。

沈阳张氏师承中医药信息咨询有限公司的行为存在虚假宣传、夸大其词的嫌疑，法院应保护其权益。

沈阳张氏师承中医药信息咨询有限公司则辩称其有合法手续，营业执照的经营范围包含培训项目，王某的陈述与事实不符。

法院经审理后认为当事人对自己的诉讼主张和请求有责任提供证据加以证明，举证不能或者举证不充分应当承担不利的诉讼后果。王某交纳了培训费用，沈阳张氏师承中医药信息咨询有限公司对王某进行了教育培训，双方形成培训合同关系。双方均应按照合同的约定全面履行自身的义务。沈阳张氏师承中医药信息咨询有限公司对原告进行培训后已履行相应的义务，王某要求沈阳张氏师承中医药信息咨询有限公司退还培训费、冲刺辅导费缺乏法律依据，不予支持。关于王某主张沈阳张氏师承中医药信息咨询有限公司承诺考试不过免费补考的问题，根据双方确认的宣传册，王某参加的为学习班而非确保报名班，对该主张不予认可。

关于王某主张沈阳张氏师承中医药信息咨询有限公司无培训资质、超范围经营的问题，沈阳张氏师承中医药信息咨询有限公司在变更前的经营范围仅为中医药信息咨询，其超范围经营在不违反法律强制性规定的前提下不必然导致双方培训合同的无效，王某的主张缺乏法律依据，不予支持。关于沈阳张氏师承中医药信息咨询有限公司收取王某的报名费8000元，该笔费用的收取应有明确的依据，沈阳张氏师承中医药信息咨询有限公司主张已交付他人但未能提供相应证据，故该笔费用应退还王某。❶

案件评述：

中医药法确立了学习中医的多种路径，吸引了越来越多的中医爱好者学习中医，中医药需要通过多种教育模式得到传承和发展。目前法律规定的中医药人才的培养有以下几种途径。第一，中医药人才院校教育。如通过中医、药学的本专科教育培养中医药人才。第二，中医人才师承教育。师承教育不但可以继承、总结、凝练名老中医的经验，而且可以在实践中培养出临床实用人才。国家对师承教育的条件、程序和要求都作了明确规定。如指导老师的要求、师承合同的公证、师承的年限、出师考核的程序、以师承方式学习中医的申请参加中医医术确有专长人员医师资格考核的程序和规则等。第三，中医医师规范化培训。规范化培训是指医学生在医学院校完成基本教育后、

---

❶ 辽宁省沈阳市沈河区人民法院民事判决书（2021）辽0103民初10000号。

正式从事临床工作前的教育培训，是医学临床专家形成过程的关键环节。我国从 2013 年开始实行住院医师规范化培训。第四，中医药继续教育。中医药法规定县级以上地方人民政府中医药主管部门应当组织开展中医药继续教育，加强对医务人员，特别是城乡基层医务人员中医药基本知识和技能的培训。因此，从事中医药的专业技术人员必须接受从业期间的继续教育培训。

但是，上述教育或培训通道，都是政府部门或其授权的有关机构举办的，医学教育和从业资质属于一般性禁止行为，需要行政审批或者许可后方可进行。社会力量举办的各种培训，只是对中医药知识的学习或者传播，如果不涉及资质的授予，政府管理部门一般是予以鼓励的。所以，中医药人才的培养必须通过合法的、有资质的培训机构进行。中医爱好者想要学习中医，取得相应资质，必须通过合法途径学习并经过考试或者考核后方可取得行医资格，不能轻信某些培训机构的夸大宣传，避免自己的合法权益受到损害。

第二节　中医药科学研究

中医药科学研究是指运用各种方法不断深化对生命与疾病的认识。它从中医药学的基本理论和实践出发，探究对生命和疾病发展规律的认知，从而提高运用中医药防治疾病、减轻病痛。《中医药法》专设第五章对中医药科学研究的主体、方法和重点领域等作了四条纲领性的法律规定。

一、科学研究的主体

《中医药法》第 38 条规定："国家鼓励科研机构、高等学校、医疗机构和药品生产企业等，运用现代科学技术和传统中医药研究方法，开展中医药科学研究，加强中西医结合研究，促进中医药理论和技术方法的继承和创新。"本条规定了中医药科学研究的主体、方法与任务。

根据《中医药法》第 38 条的规定，中医药科学研究的主体包括至少四个方面。

（一）科研机构

科研机构是指专门从事某一方面科学问题研究的机构，它在科学进程中发挥着关键性的作用，对科学知识作出贡献。中医药科研机构是从事与中医中药相关问题研究的机构，主要指国家设立或者各地政府财政支持的事业单位，它们是中医药科学研究的主力军，如中国中医科学院等机构。随着社会和经济的发展，某些企业举办的科研机构也开展中医药方面的科学研究，并且呈越来越多的趋势。

（二）高等院校

高等院校是指按照国家规定的标准设置并通过行政部门批准举办的，以教授专业知识和专业研究为主要目的的院校。通常通过全国招生统一考试或单独考试入学。中医药高等院校主要传授中医药专业知识并开展中医药方面的科学研究。由于中医药高等院校拥有较好的师资力量，尤其是前沿技术引领教材建设的理念，使得国内的高等院校已经成为国内中医药科学研究的主要力量之一。

（三）医疗机构

医疗机构是指按照国家医疗机构设立标准，经法定行政程序设立的从事疾病诊断、治疗活动的卫生机构。中医医疗机构是由各级中医医院、各级综合医院中医科室、乡镇卫生院中医科、村卫生室中医服务等一系列组成的开展中医医疗诊治活动的卫生机构。目前，中医医疗机构根据自身特色，不断增强临床研究能力，如在全国各地设立的国家中医临床研究基地建设单位（医疗机构），以患者为中心的药物研究和临床试验成为医疗机构的核心职能之一。

（四）药品生产企业

药品生产企业是指按照《药品生产质量管理规范》的要求，经所在地省、自治区、直辖市人民政府药品监督管理部门批准，取得药品生产许可证，从事药品生产活动的企业。其中中药生产企业是从事中成药、中药饮片等中药生产的企业。中药生产企业通过自己设立或者联合建立研发机构等形式开展研究工作。中药生产企业的科研工作主要围绕中药的物质基础、疗效发挥、中药质量标准等方面。

中医药的创新发展离不开各个方面的齐心协力，为此，国家鼓励建立健全各个层次的中医药协同创新体系。如《中医药发展战略规划纲要（2016—2030年）》指出："健全以国家和省级中医药科研机构为核心，以高等院校、医疗机构和企业为主体，以中医科学研究基地（平台）为支撑，多学科、跨部门共同参与的中医药协同创新体制机制，完善中医药领域科技布局。统筹利用相关科技计划（专项、基金等），支持中医药相关科技创新工作，促进中医药科技创新能力提升，加快形成自主知识产权，促进创新成果的知识产权化、商品化和产业化。"《"十四五"中医药发展规划》也强调，要加强中医药学与相关领域协同创新研究。

所以，中医药科学研究的各个主体应根据不同主体的特性，努力激发其优势。其一，应充分发挥科研院所和高等院校在中医药理论研究及创新方面的主体作用；其二，应充分发挥各级各类医疗机构在中医药临床实践及创新中的主体作用和优势；其三，应充分发挥医药企业在中医药技术创新、新产品研发及创新成果转化中的主体作用和优势。

二、科学研究的方法与评价

中医药的科学研究方法应当包括下列三个方面。

（一）运用现代科学技术对中医药挖掘研究

在现代科学技术愈趋发达的今天，我们应当有效利用现代科学技术开展中医药研究。中医药的继承与发展，包括对其进行深刻的研究开发都应当有效利用先进的方法和仪器设备展开科学研究，借鉴吸收植物药发达的国家及地区的医药技术及相关理念，促进中医药技术创新发展。鼓励基于经典名方、医疗机构中药制剂等的中药新药研发，促进其成为新药开发的源泉。例如可以运用生物技术、信息技术等方法与手段来解析中医药的本质，促进中医药理论与技术的传承与创新。

运用现代科学技术对中药的挖掘，在成果进入市场前必须符合国务院食品药品监督管理部门的有关规定，如国家药品监督管理局药品审评中心组织制定的《中药新药用药材质量控制研究技术指导原则（试行）》《中药新药用饮片炮制研究技术指导原则（试行）》《中药新药质量标准研究技术指导原则（试行）》，以及国家药品监督管理局颁布的《中药注册管理专门规定》等。

（二）运用学术整理等传统思维和方法来开展中医药研究

《中医药法》第39条规定，"国家采取措施支持对中医药古籍文献、著名中医药专家的学术思想和诊疗经验以及民间中医药技术方法的整理、研究和利用"。中医药是典型的传统医药，对传统知识研究的一个重要方法是文献整理，通过整理各种资料来梳理其理论和思想，并进一步挖掘其中的道理。所以，无论是古籍整理还是名老中医学术思路的梳理，都是运用传统技艺的思维方法来研究中医药，从而推动中医药的发展。所以，中医药传统研究方法经过数千年的传承和发展，吸收并融合了不同时期的思维方式与科学理念，与中医药自身发展特点和规律相契合，具有"推崇整体、强调个体、重在思辨、渐进发展"等特点，虽然具有无法通过现代计量方法进行量化或者无法通过理化结构加以表达等局限，但是数千年的中医药发展史和临床运用史充分证明了它的科学价值。所以，中医药的研究必须重视运用传统的思维和方法。

运用传统思维和方法开展对中药的研究，其成果在进入市场前必须符合《中医药法》第 30 条的规定，即"生产符合国家规定条件的来源于古代经典名方的中药复方制剂，在申请药品批准文号时，可以仅提供非临床安全性研究资料"。在药品监管中应当符合国家药品监督管理部门的有关规定，如《关于印发进一步加强中药科学监管促进中药传承创新发展若干措施的通知》（国药监药注〔2023〕1 号）、《古代经典名方中药复方制剂简化注册审批管理规定》等。

（三）建立符合中医药特点的科学技术评价体系

《中医药法》在规定中医药科学研究方法的同时，单设第 40 条，即"国家建立和完善符合中医药特点的科学技术创新体系、评价体系和管理体制，推动中医药科学技术进步与创新"。建立符合中医药特点的科学技术评价体系是事关中医药科学研究的基础性工作，是促进中医药高质量发展的战略部署。

2016 年 12 月，国家中医药管理局印发《关于加快中医药科技创新体系建设的若干意见》（国中医药科技发〔2016〕38 号）提出"遵循中医药科技发展规律和特点，立足中医药发展现状，面向'健康中国'建设与中医药事业发展重大需求，更好地发挥各级中医药管理部门的支持与引导作用，严格按照国家有关深化科技体制改革、鼓励科技创新创业和促进成果转化有关政策要求，改革完善中医药科技创新的政策环境与管理机制，着力于创新主体、资源配置、平台建设、管理机制、人才培育等中医科技创新关键要素"的总体思路。2021 年，国家中医药管理局与国家科技部共同制定了《推动中医药科技创新体系建设的实施方案》，提出要构建"国家—行业—地方"三级中医药科技创新体系。

《"十四五"中医药发展规划》明确指出，建立符合中医药特点的评价体系包括以下七个方面。

建立完善科学合理的中医医疗机构、特色人才、临床疗效、科研成果等评价体系；健全公立中医医院绩效考核机制，常态化开展三级和二级公立中医医院绩效考核工作；完善各类中医临床教学基地标准和准入制度；建立完善符合中医药特点的人才评价体系，强化中医思维与临床能力考核，将会看病、看好病作为中医医师的主要评价内容；研究建立中医药人才表彰奖励制度；研究优化中医临床疗效评价体系，探索制定符合中医药规律的评价指标；通过同行评议、引进第三方评估等方式，完善有利于中医药创新的科研评价机制。

（四）遵循中医药临床研究管理规范

中医药的科学研究，除了基础理论研究和产品开发研究，还有中医药各科室对各种病证辨证论治规律的临床应用研究。目前，中医药临床研究尤其是中医药防控心脑血管疾病、糖尿病等重大慢病及重大传染性疾病的临床研究已经在全国各地广泛开展。中医药临床研究不但要遵循临床流行病学和循证医学的基础要求，还要遵循《药物临床试验质量管理规范》、《中医药临床研究伦理审查管理规范》和《基于人用经验的中药复方制剂新药临床研发指导原则（试行）》等，以尊重和保护参加中医药临床研究受试者的权益与安全。根据上述规范的要求，中医药临床研究的基本规范如下。

1. 成立伦理专家委员会

根据《中医药临床研究伦理审查管理规范》，国家和省级中医药管理部门负责建立本行政区域内的伦理专家委员会。开展中医药临床研究的医疗卫生机构、科研院所、高等院校等，负责设立本机构的伦理委员会。

伦理专家委员会应当由 5 名以上委员组成，包括医药专业（含中医临床专业）、非医药专业、法律专业以及外单位人员，并且应有不同性别的委员。伦理委员会委员可通过招聘或推荐等方式产生。伦理委员会委员应当同意公开其姓名、职业和隶属关系，承诺对有关审查项目、受试者信息等保密，遵守利益冲突管理规定。

伦理专家委员会受管理部门委托开展如下工作：针对重大伦理问题进行研究讨论并提出政策咨询意见；对重大科研项目进行伦理审查；对辖区内机构伦理委员会工作进行指导、监督；开展伦理培训和学术交流。伦理委员会对中医药临床研究项目进行审查可以行使以下权力：批准/不批准一项中医药临床研究；对批准的中医药临床研究进行跟踪审查；终止或暂停已经批准的中医药临床研究。伦理委员会的审查决定不受研究者、申办者及其主管部门的影响。

2. 对科研项目开展全过程伦理审查

伦理审查以遵循现行法律法规为前提，审查研究方案的科学性和伦理性，主要审查内容和要求包括：

①研究的设计与实施。应当符合公认的科学原理，基于中医药长期的临床使用经验；研究设计与研究目的相符；研究人员具有相应的资格与经验，并有充分的时间、条件与设备来保障实施的进行。

②试验的风险控制。风险应在可能的范围内最小化，研究对受试者的风险相对于预期受益来说是合理的；对受试者健康的考虑应优先于科学和社会的利益。

③受试者人群合理。在受试者招募中，研究的负担和受益在研究目标疾病人群中公平分配，受试者人群相对于研究目标疾病人群具有代表性。

④知情同意书信息全面。在告知的信息中说明是临床研究，而非临床医疗；告知预期风险与受益；说明是否获得报酬和承担费用；明确是否会识别受试者身份的有关记录；明确受试者是否自愿参加研究以及发生损害时的赔偿；受试者的联系人及联系方式等。

⑤知情同意全过程。科研全程中应当符合完全告知、充分理解、自主选择的原则。知情同意书语言和表述符合受试者理解水平。对如何获得知情同意有详细的描述。

⑥受试者的医疗和保护。研究者的资格和经验与研究要求相适应；在研究过程中和研究结束后，应向受试者提供相应的医疗保障。发生与研究相关的损害时的治疗和赔偿。

⑦隐私和保密。保护受试者个人信息和隐私的措施恰当；有可以查阅受试者个人信息（包括病历记录、生物学标本）人员的规定。

⑧涉及弱势群体的特别规定。当研究对弱势群体受试者不提供直接受益可能时，研究风险一般不得大于最小风险，除非伦理委员会同意风险程度可略有增加。受试者不能给予充分知情同意时，要获得其法定代理人的知情同意。

⑨涉及特殊疾病、特定地区人群或族群的规定。该研究应有利于当地的

发展,如加强当地的医疗保健服务,提升研究能力以及应对公共卫生需求的能力等。

3. 符合人用经验研究的一般规则

《中药注册管理专门规定》第5条规定:"来源于中医临床实践的中药新药,应当在总结个体用药经验的基础上,经临床实践逐步明确功能主治、适用人群、给药方案和临床获益,形成固定处方,在此基础上研制成适合群体用药的中药新药。鼓励在中医临床实践过程中开展高质量的人用经验研究,明确中药临床定位和临床价值,基于科学方法不断分析总结,获得支持注册的充分证据。"该条规定明确了中药人用经验在临床研究中的作用和地位,并且作为中药注册审评证据体系之一。

对于中药人用经验的收集整理规范,《中药注册管理专门规定》第18条规定:"申请人可以多途径收集整理人用经验,应当对资料的真实性、可溯源性负责,人用经验的规范收集整理与评估应当符合有关要求。"具体的规范,可以参阅《基于人用经验的中药复方制剂新药药学研究技术指导原则(试行)》《中医药真实世界研究技术规范基于证据的中药有效性及安全性评价》和《中药人用经验研究质量管理指南》等,包括开展人用经验研究医疗机构条件、研究者、申办者、药学关键信息及要求、研究方案、伦理审查要点、研究实施过程的要求、人用经验研究风险管理与受试者保护等。

三、科学研究的范围

《中医药法》第39条规定:"国家采取措施支持对中医药古籍文献、著名中医药专家的学术思想和诊疗经验以及民间中医药技术方法的整理、研究和利用。国家鼓励组织和个人捐献有科学研究和临床应用价值的中医药文献、秘方、验方、诊疗方法和技术。"可见,《中医药法》确定的中医药科学研究的对象包括中医药古籍文献,著名中医药专家的学术思想和诊疗经验,民间中医药技术方法,有科学研究和临床应用价值的中医药文献、秘方、验方、诊疗方法和技术四个部分。

(一)中医药古籍文献

中医药古籍文献,是指记载历代医药学家丰富的学术思想与宝贵的临床经验的各种文献资料。由于中医药古籍文献反映了历代医史上中医药学的理论发展脉络和实践经验的积累,所以它是中医药学传承、发展的重要载体,也是研究中医药的最重要路径。研究中医药古籍文献，不但要整理挖掘古籍中所包含的文化因素，还要进行文献梳理，以确保文献的准确性和学术研究价值。目前采取的方式主要包括将中医古籍文献的整理纳入国家中华典籍整理工程，开展中医古籍文献资源普查，抢救濒临失传的珍稀与珍贵古籍文献，推动中医古籍数字化，编撰出版《中华医藏》，加强海外中医古籍影印和回归工作等。

（二）著名中医药专家的学术思想和诊疗经验

著名中医药专家是中医药理论和临床实践的领军人才，他们理论功底深厚，临床技能精湛，他们的学术思想和诊疗经验是历代名老中医在不断总结借鉴前人经验的基础上，在临床实践中所积累的具有特色的学术思想和辨证论治、遣方用药的个体经验。由于中医药始终强调因时因地因人等辩证思想，所以在中医药发展过程中往往会形成各具特色的学术流派和学术思想。研究著名中医药专家的学术思想和诊疗经验既有利于中医药的传承，也有利于促进中医药按自身规律发展。目前采用的方法主要有全面继承历代各家学术理论、流派及学说，系统梳理当代名老中医药专家学术思想和临床诊疗经验，研究分析名老中医的临床诊疗特色和规律，分析发展传统制药、鉴定、炮制技术及老药工的经验。

（三）民间中医药技术方法

民间中医药技术方法，通常是指个体行医者在临床实践中所掌握使用的、安全有效的技术方法，以及流传在民间、尚未得到政府指定机构认证的诊疗技术、方法、方药和器械等。民间中医药是我国中医药（含民族医药）的有机组成部分，对于学术价值和运用价值乃至整个中医药事业的发展具有重要的现实意义。由于许多民间中医药技术方法在历代文献中没有记载或者记载较少，所以对流传在民间的中医药技术方法的研究和整理是中医药科学研究的任务之一。目前研究的方法主要是对中医药民间特色诊疗技术的调查、挖掘、整理，研究评价中医药民间特色诊疗技术并推广应用等。

（四）有科研和临床应用价值的中医药文献、秘方、验方、诊疗方法和技术

有科学研究和临床应用价值的中医药文献、秘方、验方、诊疗方法和技术，是指隐藏在民间、具有一定普适性或较高临床价值的中医药诊疗方法和

技术。由于这些散在的文献、秘方、验方、诊疗方法和技术面临失传或灭失等风险，所以国家鼓励组织和个人捐献有科学研究和临床应用价值的中医药文献、秘方、验方、诊疗方法和技术，其目的是可以作为临床适宜技术的遴选目标，用来在全国或地方中医临床上推广使用，以提高全体人民的健康水平。目前采取的主要方法为积极鼓励组织和个人向各级中医药主管部门捐献有科学研究和临床应用价值的中医药文献、秘方、验方、诊疗方法和技术，各省开展中医药传统知识收集整理工作，对在民间至今仍在传承应用，具有活态性，具有较高的医疗、技术或经济价值的中医药传统知识进行调查、挖掘和整理，并按要求录入数据库。

四、科学研究的重点领域

国务院在《中医药发展战略规划纲要（2016—2030年）》中明确了2030年之前中医药科学研究的三个重点任务：其一，理论研究。"运用现代科学技术和传统中医药研究方法，深化中医基础理论、辨证论治方法研究，开展经穴特异性及针灸治疗机理、中药药性理论、方剂配伍理论、中药复方药效物质基础和作用机理等研究，建立概念明确、结构合理的理论框架体系。"其二，重大疾病防治。"加强对重大疑难疾病、重大传染病防治的联合攻关和对常见病、多发病、慢性病的中医药防治研究，形成一批防治重大疾病和治未病的重大产品和技术成果。"其三，器械与药物开发。"综合运用现代科技手段，开发一批基于中医理论的诊疗仪器与设备。探索适合中药特点的新药开发新模式，推动重大新药创制。鼓励基于经典名方、医疗机构中药制剂等的中药新药研发。针对疾病新的药物靶标，在中药资源中寻找新的候选药物。"

《中医药法》颁布后，国家以法律的形式规定了中医药科学研究的重点领域，《中医药法》第41条规定："国家采取措施，加强对中医药基础理论和辨证论治方法，常见病、多发病、慢性病和重大疑难疾病、重大传染病的中医药防治，以及其他对中医药理论和实践发展有重大促进作用的项目的科学研究。"可见，《中医药法》以"加强"的方式确定了中医药科学研究的重点领域，主要在三个方面：一是中医药基础理论和辨证论治方法的研究；二是常见病、多发病、慢性病和重大疑难疾病、重大传染病的中医药防治研究；三是其他对中医药理论和实践发展有重大促进作用的项目研究。

（一）中医药基础理论和辨证论治方法

中医药理论是中华民族在几千年生产生活实践和与疾病做斗争中逐步形成并不断丰富发展的，对人与自然、人体生命活动、健康与疾病规律性认识的医学知识体系，是中医药学的基础与核心。中医药理论以其内在的普遍性和规律性来指导、规范中医药界的思想、逻辑和发展方式。加强中医理论传承创新，对于促进中医理论实践应用，发挥中医药原创优势，提高我国科技自主创新能力，保障中医药事业健康发展，加快建设创新型国家，促进健康中国建设具有重要意义。2016 年国家中医药管理局发布了《关于加强中医理论传承创新的若干意见》，将"加强中医药古籍文献整理研究，加强中医理论传承研究，加强中医理论实践创新，加强中医理论内涵诠释，加强中医理论重点领域研究，加强中医理论传承创新方法探索"作为主要任务。

（二）常见病、多发病、慢性病、重大疑难疾病和重大传染病

中医药无论是在常见病、多发病、慢性病及疑难病的防治上，还是在重大疫情防治上都有其独特的理论和鲜明的特点，且在中国历史上都发挥了重要作用。《国务院关于扶持和促进中医药事业发展的若干意见》指出："加强重大疾病的联合攻关和常见病、多发病、慢性病的中医药防治研究。"《中医药发展战略规划纲要（2016—2030 年）》规定："加强对重大疑难疾病、重大传染病防治的联合攻关和对常见病、多发病、慢性病的中医药防治研究，形成一批防治重大疾病和治未病的重大产品和技术成果。综合运用现代科技手段，开发一批基于中医理论的诊疗仪器与设备。探索适合中药特点的新药开发新模式，推动重大新药创制。鼓励基于经典名方、医疗机构中药制剂等的中药新药研发。针对疾病新的药物靶标，在中药资源中寻找新的候选药物。"

（三）其他对中医药理论和实践发展有重大促进作用的项目

除上述科研重点领域外，其他对中医药理论和实践发展有重大促进作用的项目，也是《中医药法》规定的科研重点领域。《关于印发中医药振兴发展重大工程实施方案》系统地提出了对中医药理论和实践发展有重大促进作用的建设项目，如中医药健康服务高质量发展工程、中西医协同推进工程、中医药传承创新和现代化工程、中医药特色人才培养工程（岐黄工程）、中药质量提升及产业促进工程、中医药文化弘扬工程、中医药开放发展工程和国家中医药综合改革试点工程。其中共包括中医药服务体系"扬优强弱补短"等

26 个建设项目。

【案例 24】 吴某成与南京政治学院科技成果奖励纠纷案

基本案情：

原告吴某成系我国著名老中医、当代蚂蚁疗法的开拓人。长期以来，由于原告以蚂蚁为君药治疗各类疑难疾病领域所作出的杰出贡献，被业界誉为"金陵蚂蚁王"。

1988 年 8 月 1 日，南京政治学院卫生处（门诊部）与原告签订聘用合同，原告以蚂蚁食疗专家的身份担任门诊部的技术顾问兼蚂蚁类风湿科主任。自 1988 年起原、被告即开始根据双方约定，在原告吴某成验方的基础上，研制出蚂蚁类风湿灵、乙肝宁等蚂蚁药用和食用制剂用于治疗。1990 年 11 月，经南京政治学院卫生处申报，蚂蚁类风湿灵获得中国人民解放军总后勤部卫生部颁发的科学技术成果鉴定证书，在主要研究人员名单中，原告系该药的主要研究人员之一，其对成果的创造性贡献是方案设计、主持课题、撰写论文。此后双方为获得新药审批，开始进行相关新药研究试验。1999 年 8 月 13 日，国家药品监督管理局出具新药证书及生产批件，载明：玄七通痹胶囊，中药第三类，研究单位为南京政治学院卫生处，申请生产单位为南京中山制药厂，批准文号为国药准字 Z19990041，主要成分为蚂蚁、黄芪、重楼、老鹳草等。玄七胶囊的新药证书正本持有者为南京政治学院卫生处，副本持有者为南京中山制药厂。南京中山制药厂在玄七胶囊获得新药证书及生产批件前后，分两次向南京政治学院汇款人民币 40 万元和 100 万元，共计支付 140 万元转让款。南京政治学院向中山制药厂转让了新药生产批件。

1994 年，原告利用自己的验方成功研制了治疗病毒性乙型肝炎的新药，即蚂蚁乙肝宁。1994 年 6 月 22 日，蚂蚁乙肝宁获得中国人民解放军南京军区后勤部卫生部出具的科学技术成果鉴定证书，成果完成单位为南京政治学院卫生处，在主要研究人员名单中，原告系该药的主要研究人员之一，其对成果的创造性贡献记载为：方案设计、主持课题、撰写论文。自 1994 年开始，原、被告为使乙肝宁制剂获得新药审批，开始进行相关新药研究试验。1996 年，乙肝宁获得南京市医院制剂注册，2000 年 3 月该制剂获得军队医疗机构非标准制剂批件。2002 年 11 月 14 日南京政治学院将乙肝宁的二期临床成果以 100 万元的价格转让给中国中医药科技开发交流中心。

2001 年 8 月 14 日，中国人民解放军总后勤部给予在玄七胶囊的研究中作出贡献者吴某成三等奖励。原告吴某成在玄七胶囊 140 万元的转让价款中获得 5 万元奖励，在乙肝宁 100 万元的转让价款中获得 1 万元奖励。

2012 年，原告吴某成起诉南京龙蟠医院和南京政治学院，主张玄七胶囊和乙肝宁两药属其非职务科技创造成果，转让费 240 万元应归其所有。经一审法院审理作出判决，认定涉案两项技术成果均为职务技术成果，驳回了原告吴某成的诉讼请求。原告吴某成遂针对玄七胶囊和乙肝宁两药转让费 240 万元主张职务技术成果奖励，另行提起诉讼。

一审法院认为，《中华人民共和国促进科技成果转化法》第 29 条规定，科技成果完成单位将其职务科技成果转让给他人的，单位应当从转让该项职务科技成果所取得的净收入中，提取不低于 20% 的比例，对完成该项技术成果及其转化作出重要贡献的人员给予奖励。一审法院根据庭审查明的事实，原告吴某成在玄七胶囊和乙肝宁两项科技成果的转化过程中，是主要研究人员，贡献较大。因此，原告吴某成主张获得相应的奖励，主体适格。根据上述规定，提取奖励金额，首先应当确定技术转让所得的净收入。本案中，双方对涉案两项技术成果转让款为 240 万元无异议，对于两药研发过程中成本构成及金额意见不一。双方在合作协议中亦约定，原告吴某成不参与甲方财务管理，因此，两被告对玄七胶囊和乙肝宁的研发投入资金额超出 240 万元的主张负有举证责任。原告吴某成在庭审中认可制剂在向新药转化过程中所进行的实验确需投入资金五六十万元，但对其余费用不予认可。被告对所主张投入成本未能举证证明，故一审法院对原告吴某成关于研发投入资金额五六十万元的主张予以采信。因此，一审法院认定转让本案两项职务科技成果所取得的净收入为 185 万元。根据《中华人民共和国促进科技成果转化法》第 29 条关于"提取不低于 20% 的比例"的规定，一审法院将依法酌情认定奖励金额，原告已获得的 6 万元奖励不应重复计算。因上述转让所得均已汇入南京政治学院，故本案所确定奖励款项，应由南京政治学院承担给付义务。最终判决如下：被告南京政治学院于本判决生效之日起十日内一次性给付原告吴某成 328500 元；驳回原告吴某成其他诉讼请求。后南京政治学院不服该判决提起上诉，二审法院驳回上诉，维持原判决。❶

---

❶ 江苏省南京市中级人民法院民事判决书（2015）宁知民终字第 209 号。

案件评述：

中医药在传承发展过程中，中医药名家在中医药理论和临床实践中的经验总结对中医药创新发展具有重要作用。由于中医药始终强调因时因地因人等辩证思想，它的发展注重实践性和个性化诊疗，历代名老中医在不断总结借鉴前人经验的基础上，在临床实践中所积累的具有特色的学术思想和辨证论治、遣方用药的个体经验需要得到继承和发扬，他们是中医药事业创新发展的源泉。在中医药科技创新发展的过程中尊重知识的贡献者和科技创新劳动成果，保护研发人员的知识产权权益，对中医药成果作出主要努力的贡献者进行奖励或利益分享是非常必要的。为此，《促进科技成果转化法》对于科技成果转化过程中相关人员的奖励及报酬作了明确规定，这对于保护中医药传统知识贡献者、研发者的利益，鼓励创新具有重要意义。

本案中两级法院均认可原告为玄七胶囊和乙肝宁两药物的主要研究人员，贡献较大。判决原告应当基于两项技术成果转让获得奖励，保护了中医药研发人员的合法权益。我国现行《促进科技成果转化法》第45条规定："科技成果完成单位未规定、也未与科技人员约定奖励和报酬的方式和数额的，按照下列标准对完成、转化职务科技成果做出重要贡献的人员给予奖励和报酬：（一）将该项职务科技成果转让、许可给他人实施的，从该项科技成果转让净收入或者许可净收入中提取不低于百分之五十的比例；（二）利用该项职务科技成果作价投资的，从该项科技成果形成的股份或者出资比例中提取不低于百分之五十的比例；（三）将该项职务科技成果自行实施或者与他人合作实施的，应当在实施转化成功投产后连续三至五年，每年从实施该项科技成果的营业利润中提取不低于百分之五的比例。国家设立的研究开发机构、高等院校规定或者与科技人员约定奖励和报酬的方式和数额应当符合前款第一项至第三项规定的标准。国有企业、事业单位依照本法规定对完成、转化职务科技成果做出重要贡献的人员给予奖励和报酬的支出计入当年本单位工资总额，但不受当年本单位工资总额限制、不纳入本单位工资总额基数。"

该项规定大大提高了对科研人员的奖励和报酬比例，对鼓励创新，促进中医药科技成果转化具有重要意义。

2023年12月11日修改的《专利法实施细则》对职务发明的范围、发明人和用人单位的约定、职务发明人的报酬获得等作了最新规定。

关于职务发明的定义，是指在本职工作中作出的发明创造；履行本单位交付的本职工作之外的任务所作出的发明创造；退休、调离原单位后或者劳动、人事关系终止后 1 年内作出的，与其在原单位承担的本职工作或者原单位分配的任务有关的发明创造。本单位，包括临时工作单位；本单位的物质技术条件，是指本单位的资金、设备、零部件、原材料或者不对外公开的技术信息和资料等。

关于发明人或者设计人，是指对发明创造的实质性特点作出创造性贡献的人。在完成发明创造过程中，只负责组织工作的人、为物质技术条件的利用提供方便的人或者从事其他辅助工作的人，不是发明人或者设计人。

关于发明人或者设计人的奖励和报酬，规定被授予专利权的单位可以与发明人、设计人约定或者在其依法制定的规章制度中规定《专利法》第 15 条规定的奖励、报酬的方式和数额。鼓励被授予专利权的单位实行产权激励，采取股权、期权、分红等方式，使发明人或者设计人合理分享创新收益。被授予专利权的单位未与发明人、设计人约定也未在其依法制定的规章制度中规定《专利法》第 15 条规定的奖励的方式和数额的，应当自公告授予专利权之日起 3 个月内发给发明人或者设计人奖金。一项发明专利的奖金最低不少于 4000 元；一项实用新型专利或者外观设计专利的奖金最低不少于 1500 元。由于发明人或者设计人的建议被其所属单位采纳而完成的发明创造，被授予专利权的单位应当从优发给奖金。被授予专利权的单位未与发明人、设计人约定也未在其依法制定的规章制度中规定《专利法》第 15 条规定的报酬的方式和数额的，应当依照《促进科技成果转化法》的规定，给予发明人或者设计人合理的报酬。

第四章　保护与保障

对中医药的法律保护从理论上可以分为两个主要部分：一是作为公民或集体所拥有的私权，法律上赋予其一定的权利，权利人进行自我救济或通过法律途径来予以权利保护；二是国家或政府根据公共利益的需要，为实现社会公平正义而利用公权力调整私权社会的关系和矛盾，从而实现利益平衡。《中医药法》中既规定了行政机关对中医药理论和技术方法的管理，也规定了中医药传统知识持有人所拥有的权利。其中第六章规定了中医药传承与文化传播，主要涉及知识技艺传承与中医药传统知识保护方面的内容；第七章规定了本法实施的保障措施，主要涉及发展经费、收费标准、医保目录和行业标准等一些保障措施。

第一节　中医药理论和技术方法的传承与保护

根据《中医药法》第六章的规定，对中医药理论和技术方法的传承与保护应当采取建立学术传承工作室、作为非物质文化遗产保护、作为传统知识保护、作为国家秘密保护和作为传统文化宣传普及保护五个方面的保护措施。

一、建立学术传承工作机制

《中医药法》第 42 条规定，对具有重要学术价值的中医药理论和技术方法，省级以上人民政府中医药主管部门应当组织遴选本行政区域内的中医药学术传承项目和传承人，并为传承活动提供必要的条件。传承人应当开展传承活动，培养后继人才，收集整理并妥善保存相关的学术资料。属于非物质文化遗产代表性项目的，依照《中华人民共和国非物质文化遗产法》的有关规定开展传承活动。法律对传承重点和责任主体等作了规定，即省级以上人民政府中医药主管部门应当对具有重要学术价值的中医药理论和技术方法组织开展传承活动并提供必要的条件。截至 2021 年 9 月，我国已累计建设 1482 个全国名老中医药专家传承工作室，1102 个全国基层名老中医药专家传承工作室。❶

（一）学术流派、传承人的遴选

国家中医药管理局在 2012 年发布了《关于开展中医学术流派传承工作室建设项目申报工作的通知》（国中医药办人教函〔2012〕170 号），规定了学术流派的遴选和传承建设工作的基本条件。

1. 流派的遴选条件

①该流派至目前的代表性传承人已传承三代以上并有明确传承脉络；

②具有流派学术思想和学术观点；

③具有独特的流派临床诊疗技术和显著的临床疗效；

④流派临床诊疗技术仍广泛服务和应用于临床；

⑤在申报所在地区乃至全国范围内具有广泛影响和良好声誉；

⑥拥有仍活跃在中医药临床一线、在行业内具有代表性和影响力、积极开展流派学术传承和诊疗活动、能承担"流派工作室"建设任务的代表性传承人或主要传承人。

2. 代表性传承人的遴选条件

①具有丰富的临床经验和独特的技能技艺，以家传或师承等形式全面、系统掌握并传承、应用和推广本流派学术思想、诊疗技艺、特色用药达 15 年以上；

②在本流派及行业内被公认为具有代表性和影响力；

③能积极开展流派学术传承与推广活动，愿意培养流派传承后继人才。

3. 主要传承人的遴选条件

①通过家传或师承学习本流派学术思想和临床技术达 5 年以上，被代表性传承人及本流派所公认；

②较系统掌握本流派主要学术思想、诊疗技艺，并能熟练应用于临床；

③具备中医执业医师资格，从事中医药临床工作 10 年以上；

④在政府举办的中医、民族医机构工作的，需受聘中医高级专业技术职称 5 年以上；在非政府举办的中医、民族医机构工作的，需受聘中医中级专

---

❶ 国家中医药管理局：我国已累计建设 1482 个全国名老中医药专家传承工作室［EB/OL］.［2024-01-15］. https：//www.rmzxb.com.cn/c/2021-09-17/2956197.shtml.

业技术职称 5 年以上。

（二）国医大师、全国名中医的评选

1. 国医大师、全国名中医的评选

《国医大师、全国名中医学术传承管理暂行办法》第 2 条对国医大师和全国名中医的遴选作了规定，即"国医大师、全国名中医是指由人力资源和社会保障部、国家卫生和计划生育委员会、国家中医药管理局三部门联合评选表彰的中医药行业杰出代表"。

根据《关于评选国医大师、全国名中医的通知》（人社部函〔2016〕282号）、《关于评选第二届全国名中医的通知》（国中医药人教函〔2021〕202号）的要求，评选实行自下而上、逐级推荐、差额评选、民主择优的方式。被评选人应当具备下列条件。

①拥护中国共产党的领导和中国特色社会主义制度，坚决贯彻执行党的路线方针政策，自觉增强"四个意识"、坚定"四个自信"、做到"两个维护"，在思想上政治上行动上同党中央保持高度一致。

②热爱中医药事业，全心全意为人民群众健康服务，为推动中医药事业发展作出重大贡献，在中医药行业有较大影响，得到人民群众广泛认可。

③从事中医临床或炮制、鉴定等中药临床使用相关工作 30 年以上，仍坚持临床工作，经验丰富，技术精湛，疗效明显。

④中医药理论造诣较为深厚，学术成果丰硕，学术思想或技术经验较为独到，在传承学术、培养继承人和传承团队建设方面有显著成效，具有代表性专著，培养的代表性继承人具有较高专业水平。

⑤医德高尚，品行端正，遵纪守法，廉洁自律，无违法违纪违规等问题。

⑥一般应具有主任医师、主任药师或同等专业技术职务。

⑦一般应为省级名中医、全国中医药专家学术经验继承工作指导老师、全国中医药杰出贡献奖获得者、中医药高等学校教学名师、岐黄学者或全国优秀中医临床人才。

2. 国医大师、全国名中医的权利义务

国医大师和全国名中医是中医药理论和技术方法传承过程中的主要力量。2018 年，国家中医药管理局印发《国医大师、全国名中医学术传承管理暂行办法》，明确了国医大师、全国名中医在学术传承中的权利和义务。其中第 3 条规定，国医大师、全国名中医应当承担传承发展中医药学术的责任与义务，承担各级中医药主管部门组织开展的中医药学术传承及人才培养工作，并根据自身实际情况自主开展相关学术传承活动。

在权利的设置上，第 5 条规定国医大师、全国名中医应当优先承担省级及以上中医药主管部门组织开展的老中医药专家学术经验继承工作、传承工作室建设等高层次中医药人才培养项目；第 6 条规定国医大师、全国名中医有权自主开展学术传承活动，根据学术特点并结合自身健康状况及实际的带教能力，明确学术传承人的遴选标准和传承工作室的建设标准，以合理确定数量并确保人才培养和学术传承质量。

有关国医大师、全国名中医在学术传承中的义务，第 4 条规定，国医大师、全国名中医开展学术传承活动应当珍惜荣誉，强化榜样意识，争做道德楷模，坚持正确的价值观，遵守行业规范，坚持继承和弘扬学术思想和临床实践经验，以培养高层次中医药人才，推进中医药学术传承与创新。第 7 条则规定开展学术传承活动时，国医大师、全国名中医当与学术传承人签订跟师学习合同，明确学习时间、内容、职责规范及达到的预期成效，还应与传承工作室依托单位签订建设任务合同，明确建设任务、职责规范及预期目标，并向所在地省级中医药主管部门备案，省级中医药主管部门根据具体情况进行相关审核。

【案例 25】广西科学技术出版社涉嫌虚假宣传案

基本案情：

广西科技出版公司在其 2013 年 6 月印刷发行的《养骨能救命》一书封面上，印有"国宝级中医骨科大师""全国名老中医""世界手法医学与传统疗法大师"等字样。经举报，船营工商分局于 2013 年 12 月 6 日对原告广西科技出版公司涉嫌《反不正当竞争法》第 9 条规定的虚假宣传行为进行立案调查。经函询国家中医药管理局并得到书面答复：一、根据《全国老中医药专家学术经验继承工作管理规定（试行）》（国人部发〔2008〕32 号），经广西壮族自治区中医药管理局申报，广西中医药大学骨研所韦某康教授被确定为第四批全国老中医药专家学术经验继承工作指导老师。经过三年带教，2012 年由人力资源和社会保障部、国务院学术委员会、教育部、原卫生部、国家中医药管理局颁发全国老中医药学专家学术经验继承指导老师证书。二、我局未开展"全国名老中医"、"国宝级中医骨科大师"及"世界手法医学与传统疗法大师"等评选工作。国家中医药管理局认为，广西科技出版公司在《养骨能救命》一书作者未获得国家中医药主管机关（机构）授予（核准、颁发）相关荣誉称号（证书）的前提下，称该作者韦某康系"全国名老中医、世界手法医学与传统疗法大师""国宝级中医骨科大师"的行为，违反了《反不正当竞争法》第9条第1款的规定，依据《反不正当竞争法》第24条第1款的规定，决定对广西科技出版公司作出责令停止违法行为，消除影响，并处罚款5万元的行政处罚。

广西科技出版公司不服，向吉林市工商行政管理局申请行政复议。2015年1月26日吉林市工商行政管理局作出行政复议决定书，维持了原行政处罚。原告广西科技出版公司不服，向法院提起诉讼。

法院认为，本案中，图书出版物作为一种商品，封面、封底是对商品进行介绍和宣传的重要载体，其内容应当遵守国家法律法规对于商品宣传管理的相关规定。原告广西科技出版公司作为图书的出版发行单位，负有对其出版物外包装文字即产品宣传内容进行审慎审查的义务，在封面上对作者的介绍应以严谨客观为原则，即使需要使用渲染性形容词进行描述，也应以不引起公众误解为前提和界限。原告在没有取得充分、确实依据予以证明的情况下，使用"全国名老中医""国宝级中医骨科大师""世界手法医学与传统疗法大师"等词语形容《养骨能救命》一书作者，以达到吸引受众注意力、提高商品市场竞争力之目的，足以引起相关公众的误解，构成了《反不正当竞争法》规定的虚假宣传行为。被告船营工商分局在作出行政处罚的过程中认定事实清楚、程序合法、适用法律法规正确。判决驳回原告广西科学技术出版社有限公司的诉讼请求。❶

案件评述：

本案中，原告广西科技出版公司诉称2012年韦某康教授由人力资源和社会保障部、国务院学术委员会、教育部、原卫生部、国家中医药管理局颁发"全国老中医药学专家学术经验继承指导老师"证书。因此名称过长，对同类人员主管部门与本单位都简称"全国名老中医"，有关媒体也是这样报道的。韦某康于2011年获批成立全国先进名医工作站韦贵康名医工作室。根据上述两项事实，韦某康可被称为"全国名老中医"，不存在虚假。关于"世界手法医学与传统疗法大师"问题，是由美国注册的世界手法医学联合会评组织评

---

❶ 吉林市船营区人民法院行政判决书（2015）船行初字第9号。

定，由多个国家专家组成评委会，以无记名投票形式评定出来的，不属虚假。关于"国宝级中医骨科大师"问题，该称号并非国家认定的头衔称号，是一种荣誉性赞誉的表述，在美国《侨报》、《广西日报》等新闻报道中相继提到韦某康教授是国宝级骨科专家。联系韦某康是桂派中医大师、国医大师提名人、全国老中医药专家学术经验继承指导老师，称其为"国宝级中医骨科大师"不过是综合引用《广西日报》等报道。

虽然本案原告诉称宣传的"称号"都有出处，不属于虚假，但是公众并不清楚中医药行业的各种非官方"荣誉称号"等的真实性。公众普遍比较认可的是国家荣誉称号，如"国医大师""全国名中医"等。一些非官方评选出来的称号是否名副其实，公众无从知晓。在这种情况下广西科技出版公司在《养骨能救命》一书中使用"全国名老中医""世界手法医学与传统疗法大师""国宝级中医骨科大师"等字样，容易使公众将其与官方荣誉称号"国医大师""全国名中医"等联系起来，造成混淆和误认。

国医大师和全国名中医是中医药理论和技术方法传承过程中的主要力量。我国自2009年组织首届国医大师评选开始，每五年组织一次，每次评选30位国医大师，至2024年已评选出四届共120位国医大师。全国名中医评选自2017年首届开始，至今评选出两届共201位全国名中医。本案发生时韦某康教授并未获评"国医大师""全国名中医"等称号，其于2017年获评第三届国医大师。

本案带给我们的启示为在中医药事业的发展过程中，有许多涉及中医药人物的官方或者非官方的评选、荣誉称号等，由于中医药事关人体健康，宣传不当容易造成误解从而影响患者的利益。所以在中医药出版物、著作、教材、报刊、网络资料等的宣传中，对作者的介绍需要严谨客观，有确实充分的依据，对宣传内容应审慎审查，需要使用渲染性形容词进行描述时，也应以不引起相关公众误解为前提和界限，否则容易违反《反不正当竞争法》的规定，构成虚假宣传。

（三）省级以上人民政府主管部门履行传承职责

《中医药法》第42条规定了省级以上人民政府中医药主管部门在中医药理论和技术方法传承工作中应承担两项职责，一是组织遴选本行政区域内的中医药学术传承项目和传承人，二是为传承活动提供必要的条件。

此外，《国医大师全国名中医学术传承管理暂行办法》还规定了地方政府在传承管理中的具体职责，包括：各级中医药主管部门应当积极营造氛围、创造条件、制定举措，为国医大师、全国名中医开展学术传承做好服务与管理工作；应当鼓励支持国医大师、全国名中医开展学术传承活动和培养学术传承人，支持国医大师、全国名中医及其团队申报以学术思想和临床实践经验为主要内容的中医药继续教育项目、科研课题，推广其学术思想和临床实践经验，组织开展相关研究等；省级中医药主管部门应按照属地管理的原则，与本地区的国医大师、全国名中医建立经常性联系制度，履行学术传承服务管理责任，掌握其基本情况，做好关爱支持、服务管理和示范引领等工作。

此外，地方人民政府主管部门还负有传承行为予以管理的职责，《关于深化中医药师承教育的指导意见》（国中医药人教发〔2018〕5 号）规定，各级中医药主管部门及机构组织开展的师承教育，要结合其模式与特点，制定相应的考核及出师管理办法，确保师承教育质量。各级中医药主管部门要规范指导老师和师承人员自主开展的师承教育，根据其备案的师承内容、跟师时间与职责规范，经师承人员申请后，采取指导老师评价，或现场陈述回答，或实践操作等不同方式进行出师考核，并将出师的师承人员名单在本区域内予以公布并提供查询。

二、作为非物质文化遗产保护

中医药传统知识与技艺是中华民族极为宝贵的科技文化遗产，是对人类文明和生命科学的伟大贡献。加强对中药传统知识与技艺的挖掘整理和研究，可以不断强化对我国中医药知识产权的保护意识，并逐步建立中医药传统知识综合保护体系，其中的重要一环便是作为非物质文化遗产保护。

《中医药法》第 42 条规定："对具有重要学术价值的中医药理论和技术方法，省级以上人民政府中医药主管部门应当组织遴选本行政区域内的中医药学术传承项目和传承人，并为传承活动提供必要的条件。传承人开展传承活动应当收集整理并妥善保存相关的学术资料，属于非物质文化遗产代表性项目的，依照《中华人民共和国非物质文化遗产法》的有关规定开展传承活动。"

非物质文化遗产是联合国教科文组织根据 2003 年的《保护非物质文化遗产公约》中确定的法律概念，保护非物质文化遗产的目的意在实现文化多样性和保存人类共同文明的成果。按照我国建立的国家级非物质文化遗产代表性项目名录，目前我国中医药非物质文化遗产项目属于传统医药类别，包括中医生命疾病认知、中医诊疗方法、中药炮制技艺、中医传统制剂方法、中医针灸、中医正骨疗法、中医养生、老字号传统中医药文化、民族医药九个方面项目。

（一）保护的意义与作用

1. 保护的意义

传统医药非物质文化遗产往往出现在特定的区域并反映出这一区域的医药文化，也是这一区域建设发展的有机组成部分。我国有着非常丰富的传统医药文化资源，在当地传统医学工作者的不断努力下，不少地区形成了别具特色的医药体系，包括医药理论、医药运用经验和实践操作等，它们构筑了中医药宝库的重要内容。推动中医药非物质文化遗产的保护对于中医药事业的振兴发展具有重要意义：一方面可以进一步提升中医药在国内的接受度，推进中医药的民众认同感；另一方面推动中医药在世界范围内的广泛传播，提高国际社会对中医药传统知识的了解和认知。

2. 保护的作用

中医药是临床实用性很强的一类医疗体系。它重视人与自然的关系，并带有丰富的文化内涵。将中医药理论和技术纳入非物质文化遗产项目来进行保护，可以借助政府的引导作用在全社会范围内形成对中医药价值的正确认知，其作用表现如下：一是有利于实现中医药知识体系的系统性完整性传承；二是有利于中医药知识在全社会的推广和传播；三是有利于维护公众的生命健康；四是有利于传承传统医药的中国特色，丰富传统医药的内涵。

【案例 26】石氏针灸非法行医与非物质文化遗产保护案

基本案情：

2018 年 7 月 20 日，被告济源市卫计委在监督检查中发现原告石某兴未取得医师资格证书、医师执业证书和医疗机构执业许可证，在沁园街道办事处学苑路长基 7 号楼门面房内擅自开展医疗活动，于 2018 年 7 月 23 日对其立案。经调查取证，认定其行为违反了《中华人民共和国执业医师法》第 14 条第 2 款的规定。被告对原告作出：罚款人民币 10000 元整、没收违法所得人民币 4900 元整的行政处罚，同时对原告开办的石氏针灸予以取缔。原告于 2019 年 1 月 23 日自觉履行行政处罚决定，上缴违法所得人民币 4900 元整及交纳罚款人民币 10000 元整。后原告不服该处罚，提起本案诉讼。

另查明，石氏针灸在 2013 年 4 月 12 日被济源市人民政府公布为"济源市第二批市级非物质文化遗产项目"，在 2015 年 9 月 10 日被河南省人民政府公布为"河南省第四批非物质文化遗产代表性项目和扩展项目"。2017 年 3 月 27 日，原告被济源市人民政府命名为"济源市第二批非物质文化遗产项目石氏针灸代表性传承人"。

本案中，虽然石氏针灸属于"济源市第二批市级非物质文化遗产项目"和"河南省第四批非物质文化遗产代表性项目和扩展项目"，原告石某兴也获得"济源市第二批非物质文化遗产传承人"称号，但原告从事的石氏针灸活动实际属于一种行医行为，并不单纯系非物质文化遗产的传承活动，被告作为县级以上人民政府卫生行政部门，依法有权对非法行医活动实施管理和作出处罚。被告对原告作出的行政处罚决定书事实清楚，依据充分，程序合法，原告要求撤销该处罚决定依据不足，法院不予支持。驳回原告石某兴的诉讼请求。❶

案件评述：

《中医药法》第 42 条规定，对具有重要学术价值的中医药理论和技术方法，省级以上人民政府中医药主管部门应当组织遴选本行政区域内的中医药学术传承项目和传承人并为传承活动提供必要的条件。传承人开展传承活动应当收集整理并妥善保存相关的学术资料，属于非物质文化遗产代表性项目的，依照《非物质文化遗产法》的有关规定开展传承活动。按照《非物质文化遗产法》第 31 条的规定，非物质文化遗产代表性项目的代表性传承人应当履行下列义务：开展传承活动，培养后继人才；妥善保存相关的实物、资料；配合文化主管部门和其他有关部门进行非物质文化遗产调查；参与非物质文化遗产公益性宣传。非物质文化遗产代表性项目的代表性传承人无正当理由不履行前款规定义务的，文化主管部门可以取消其代表性传承人资格，重新认定该项目的代表性传承人；丧失传承能力的，文化主管部门可以重新认定该项目的代表性传承人。

本案中，石某兴作为传承人有义务开展传承活动，即实施针灸医疗活动。但目前，传统知识保护尚处于国际知识产权问题的前沿，我国的法律法规还不够健全，法律之间的冲突和不协调仍然存在，导致中医药非物质文化遗产传承人如果开展传承活动有可能面临非法行医的风险，不开展传承活动又会违反《非物质文化遗产法》的规定，传承人陷入两难境地。对于中医药的执法行

---

❶ 河南省孟州市人民法院行政裁定书（2019）豫 0883 行初 84 号。

为不能仅从执业管理的角度进行，还应兼顾考虑中医药作为一种实践性非常强的非物质文化遗产的现实情况因素，增强管理的灵活性以及制度的协调性，从而避免使传承人陷入非法的境地，促进中医药传统知识的保护、传承和发展。

（二）保护的主体、客体和内容

1. 保护的主体

中医药非物质文化的保护主体是指实施保护措施的实践者与行动者以及参与中医药非物质文化遗传传承的传承者和受承者等。从实践看实施上述保护措施的主体主要包括以下几类。

（1）传承人

在中医药领域中，"传承人"并不是一个明确的概念，只是一种约定俗成的表达。其认定包含两个环节，一是"传"，二是"承"。它要求接受者首先以传习的方式通过学习知识和技艺来领悟其中的内涵，这即所谓的"承"；然后是接受者在传习过程中寻求机会不断予以创新，从而赋予所学习的知识或技术更为丰富的内涵并将其延续下去，这就是所谓的"传"。传承人可以是个人，也可以是集体，也可以是更大范围的群体。

①传承人的传承职责。根据《中华人民共和国非物质文化遗产法释义》，中医药学术传承人应当熟练掌握其传承的中医药理论和技术方法，传承人应对其传承的内容有着深刻的认识；积极开展传承活动，传承人应当担负起主动选择和培养新的传人的责任，使具有重要学术价值的中医药理论和技术方法世代相传。若传承人无正当理由不履行前款规定义务的，文化主管部门可以取消其代表性传承人资格，重新认定该项目的代表性传承人；丧失传承能力的，文化主管部门可以重新认定该项目的代表性传承人。❶

②传承人的认定条件：熟练掌握其传承的非物质文化遗产；在特定领域内具有代表性，并在一定区域内具有较大影响；积极开展传承活动。认定非物质文化遗产代表性项目的代表性传承人，应当参照执行非物质文化遗产法有关代表性项目评审的规定，并将所认定的代表性传承人名单予以公布。

（2）政府

政府是中医药非物质文化遗产保护的重要主体。从非遗保护的发展历程来看，其兴起便是一种由政府发起的自上而下的活动。《非物质文化遗产法》

---

❶　信春鹰.中华人民共和国非物质文化遗产法释义［M］.北京：法律出版社，2011：288.

第7条规定："国务院文化主管部门负责全国非物质文化遗产的保护、保存工作；县级以上地方人民政府文化主管部门负责本行政区域内非物质文化遗产的保护、保存工作。"这都体现出政府在非遗保护工作中的重要地位。国际上的《保护非物质文化遗产公约》和我国的《关于加强我国非物质文化遗产保护工作的意见》都确立了"政府主导、社会参与"的非遗保护思路，政府在保护工作中负有引导、组织、管理的基本职责。

（3）中医药科学研究机构

从非物质文化遗产保护兴起至今，包括中医药研究机构、中医药高等院校等在内的科学研究机构一直致力于中医药传统知识的保护工作。在为非遗保护提供理论支持的同时，这些科研机构也为政府的相关决策提供了重要咨询，在中医药保护领域发挥着积极的作用。其工作重心包括积极参与中医药的收集、整理、研发和创新以及开展中医药文化领域的交流，扩大中医药的国内外影响力。

（4）中医药产业机构

中医药产业机构对中医药非物质文化遗产的保护主要表现为利用性和生产性保护措施，即通过产业化开发使中医药知识和技术进入市场流通。这一过程在获得产业收益的同时也扩大了中医药受众的范围。

2. 保护的内容

《非物质文化遗产法》第3条指出："国家对非物质文化遗产采取认定、记录、建档等措施予以保存，对体现中华民族优秀传统文化，具有历史、文学、艺术、科学价值的非物质文化遗产采取传承、传播等措施予以保护。"该条确立了保护的措施主要包括对中医药非物质文化遗产的认定、记录、建档、传承、传播等。

3. 保护的客体

中医药非物质文化遗产保护的客体是明确保护什么的基础，目前关于中医药传统知识非遗保护客体的研究，主要集中在对部分中医药传统知识，如对经典方剂、道地药材等客体的保护，它们具有比较清晰的保护范围和明确的级别分类。具体来说，包括如下几个方面。

其一，对人类生命与疾病的认知方法。以中医学为例，它的天人相应的自然观、阴阳五行的整体观、脏象经络的生理观、六淫七情的疫病观、辨证论治的诊疗观，在世界医学史上独一无二。

其二，对民族医药和民间医药中口传心授的口头文化的保护。例如壮医药、苗医药、瑶医药、土家医药、侗医药等。

其三，对养生、保健、医疗活动中传统技艺的保护。例如太极拳、八段锦等养生方法，推拿、按摩、针灸、拔罐、刮痧等传统医术，中药和民族药的加工、炮制、制作工艺等。

其四，对有关传统医药的民俗、节庆、礼仪的保护。如饮食宜忌、卫生民谚等。

其五，对一些医疗单位的传统院内制剂、中医药老字号或民间流传下来的单方、验方、秘方、秘技等的保护。

【案例 27】 吴某某诉国家商标评审委员会行政诉讼案

基本案情：

"刘三屋刘氏正骨术"由刘氏家族第十五世刘某祥老先生开创，第六代传承人刘某楹及其子创办的刘集卫生院骨伤科合并至当地刘集骨伤专科医院，后改名为新洲县公立刘集乡卫生所，之后又改名为武汉市新洲区中医骨伤专科医院（本案第三人），至诉争之时，刘氏后人刘某林等人仍在第三人处工作。

2014 年 12 月 8 日，武汉市新洲区中医骨伤专科医院申请注册"刘三屋"第 44 类（第 15880279 号）商标，于 2018 年 6 月 14 日获核准注册。2016 年 9 月，又申请注册第五类（第 21439667 号）商标，于 2018 年 11 月获核准注册。

2015 年 8 月，"刘三屋刘氏正骨术"被列入武汉市第五批非物质文化遗产名录。第九代传承人刘某浩及其妻吴某某被遴选为"刘三屋刘氏正骨术"非物质文化遗产项目代表性传承人。而吴某某等已于 2015 年 3 月创建武汉文昌中医骨伤医院有限公司，2016 年 4 月更名为武汉刘三屋中医骨伤医院有限公司。

2016 年，吴某某认为武汉市新洲区中医骨伤专科医院申请"刘三屋"商标有攀附之嫌，遂向国家工商行政管理总局商标评审委员会提起无效宣告，商标评审委员会经审理后认为，诉争商标未构成《商标法》第 10 条第 1 款第 7 项及第 32 条所指情形，故作出裁定，维持诉争商标的有效性。吴某某不服裁定，于 2018 年 9 月向北京知识产权法院提起行政诉讼，将国家工商行政管理总局商标评审委员会作为被告，请求法院依法撤销其裁定，并判令被告重新作出裁定。

原告吴某某认为：第一，诉争商标违反了《商标法》第10条第1款第7项的规定，应予以无效宣告。原告作为"刘三屋刘氏正骨术"传承人具有代表性，虽然第三人为"刘三屋刘氏正骨术"主要代表人物刘某楹生前工作单位，且至今其部分后人仍在第三人处工作，但第三人在对"刘三屋刘氏正骨术"疗法上存在很大差异，第三人并未完全继承"刘三屋刘氏正骨术"，第三人对外使用诉争商标容易造成消费者混淆；第二，诉争商标违反了《商标法》第32条的规定，应予以无效宣告。原告对外经营的武汉刘三屋中医骨伤医院于2015年3月11日成立，而第三人在2016年6月1日才申请注册诉争商标。第三人明知原告系"刘三屋刘氏正骨术"的传承人而为了攀附"刘三屋正骨术"的知名度和影响力才恶意抢注诉争商标，造成消费者混淆误认，损害了原告企业的在先知名度及字号权。

被告国家工商行政管理总局商标评审委员会辩称：被诉裁定认定事实清楚，适用法律正确，作出程序合法，请求法院依法驳回原告的诉讼请求。

第三人武汉市新洲区中医骨伤专科医院述称：同意被告意见。第一，第三人是由湖北名医刘某楹及其儿子创办的刘集卫生院骨伤科延续发展而来的，且目前刘某楹的传承人也是在第三人处工作，为第三人的核心员工。第三人作为国家公立医疗机构，对刘氏骨伤疗法在传承上具有连贯性，诉争商标的使用在医疗服务上不会造成相关公众的混淆误认，未违反《商标法》第10条第1款第7项的规定。第二，第三人于2014年12月8日就已在第44类医疗服务商申请注册了另外一个"刘三屋"商标，该商标目前已经被核准注册，所以说诉争商标是对该商标的延续注册。第三人该在先商标的申请注册日期远早于原告经营的武汉市刘三屋中医骨伤医院有限公司成立时间，故诉争商标未侵犯原告经营医院的字号权，未违反《商标法》第32条的规定。

法院经审理后认为，本案中，从原告提交的证据中可以看出，原告为政府认可的"刘三屋刘氏正骨术"非物质文化遗产项目代表性传承人。从第三人提交的医院历史介绍及相关人员的人事档案等证据中可以看出，第三人为"刘三屋刘氏正骨术"主要代表人物刘某楹生前工作单位，刘某楹部分后人现仍为第三人核心工作人员，第三人对于刘氏家族传统骨伤疗法的传承具有连贯性。原告与第三人在医疗商品及服务上使用"刘三屋"标志由来已久，均具有正当性，均不会对相关公众造成欺骗和误导，双方均不应排除对方的正当使用。故诉争商标的申请注册未构成《商标法》第 10 条第 1 款第 7 项所指情形。对原告提出诉争商标的注册违反《商标法》第 10 条第 1 款第 7 项的理由不予支持。被诉裁定对此认定正确。遂驳回原告吴某某的诉讼请求。❶

案件评述：

以针灸为代表的中医药非物质文化遗产在我国文化维系和医疗保健中发挥了重要的作用。随着知识产权意识的加强，更多的社会主体会将一些具有代表性的标记符号注册为商标，而非物质文化遗产中也有大量具有市场价值的标志符号。但是，在中医药非物质文化遗产保护中，如何协调非物质文化遗产的公共权益、代表性传承人的权益以及利用现行知识产权制度而获得的权益之间的矛盾和冲突，非常值得社会各界的关注和研究。

《商标法》第 32 条规定，申请商标注册不得损害他人现有的在先权利，也不得以不正当手段抢先注册他人已经使用并有一定影响的商标。该条款关于在先权利的规定对在先使用的字号权予以保护应具备两个条件：第一，该字号在先登记使用，已具有一定知名度；第二，诉争商标的注册使用容易导致相关公众混淆。

本案中，刘三屋是刘氏家族创建的、在当地具有很高知名度的字号。原告作为代表性传承人的非物质文化遗产项目名称为"刘三屋刘氏正骨术"，当然有权利使用"刘三屋刘氏正骨术"或者刘三屋的名称。第三人注册的第 15880279 号"刘三屋"商标也是有效商标，拥有合法的商标权。本案中第三人在先注册的第 15880279 号"刘三屋"商标的申请日期早于原告经营的武汉市刘三屋中医骨伤医院有限公司企业名称的变更日期，亦早于该公司成立时间，故不属于应当予以打击的商标"抢注"行为。此外，"刘三屋正骨术"是刘氏家族传统技艺名称，从历史渊源和现实情况看，原告与第三人均在传承和使用，在社会上已经形成了并存的状态。诉争商标的注册使用很难使得相关公众产生混淆误认，所以法院认为第三人注册的商标并没有损害原告的字号权，诉争商标的申请注册未构成《商标法》第 32 条所指情形。本案说明，非物质文化遗产项目代表性传承人对字号使用的权利并不能成为阻却他人商标注册或使用的当然理由。

由于历史原因，有些非物质文化遗产的技艺或者名称分布在不同的传承

---

❶　北京知识产权法院行政判决书（2018）京 73 行初 9421 号。

人之间，甚至传承人与非物质文化遗产的实际经营者也分属不同的主体，在现实中便会发生诸多利益冲突。而这些冲突主要表现为商标权益的纷争上。通常来说，在处理涉及非物质文化遗产案件的商标问题时，尤其是家族成员之间的利益纠纷，应当综合考虑该技艺在家族传承的脉络、实际使用情况、社会习俗、当地有关部门的认定以及商标保护的基本原则等多个因素来处理。非物质文化遗产项目代表性传承人应加强知识产权意识，统筹家族各方的利益，积极利用商标制度来保护有关标记符号。

三、作为传统知识保护

《中医药法》第 43 条规定，国家建立中医药传统知识保护数据库、保护名录和保护制度。中医药传统知识持有人对其持有的中医药传统知识享有传承使用的权利，对他人获取、利用其持有的中医药传统知识享有知情同意和利益分享等权利。根据《中医药传统知识保护条例（草案征求意见稿）》，中医药传统知识是基于中华民族长期实践积累、世代传承发展、具有现实或者潜在价值的中医药理论、技术和标志符号，包括但不限于中医药古籍经典名方、单验方、诊疗技术、中药炮制技术、制剂方法、养生方法等。

当前我国中医药传统知识保护的主要问题在于相当一部分已进入所谓的公有领域的中医药知识和技术无法再被纳入知识产权保护的范畴，从而面临被他国不当开发和不当攫取的可能。为此，我国的《中医药法》规定了建立中医药传统知识保护数据库和保护名录的制度，有关《中医药传统知识保护条例》的制定工作也在积极进行中，这为中医药传统知识获得有效保护提供了新的思路。

（一）建立中医药传统知识数据库

2015 年 3 月，国家中医药管理局中医药传统知识保护研究中心建立并发布了中医药传统知识保护名录数据库（Traditional Knowledge of TCM Database，TKTCMD）。该数据库共分为方剂、传统诊疗技术、中药炮制技艺、养生方法、其他五个子库。截至目前已发布推出传统名方数据库。数据库已收录宋元以前方剂类图书中约四万首方剂。该数据库一个重要功能是，在注册后可为国家知识产权局专利审核员提供审核帮助，通过在相关专利页面对专利进行标记，与待审核的申请专利的对比，以减少对中医药传统知识的不当占有。

1. 中医药传统知识数据库载入的内容

中医药传统知识数据库所载入的内容应当全面和权威。一般认为，中医药传统知识包括"中医药理论知识、中药方剂、诊疗技术以及与中医药传统知识有关的药材资源、中药材加工炮制技术、中医药特有标志符号等"。凡是属于这些方面的中医药传统知识都应当被载入保护数据库。

为实现对中医药传统知识的精确保护，在创建数据库时应当根据中医药传统知识的公开程度区分不同的开放标准和保密等级，可分为完全保密、相对公开、完全公开三种情形。其中完全保密是指只有数据库的主管机关依照职责可以进行访问，其他任何组织和个人都无权访问；相对公开是指部分具有权限或经批准的组织和个人可以进行访问；完全公开是指任何组织和个人都可以进行访问。

2. 中医药传统知识数据库的数据来源

数据库的数据来源主要有两个：一是固态中医药传统知识，主要留存的是中医药典籍、出土文献及其他相关资料；二是活态中医药传统知识，主要是通过固态形式不能获得、在一定区域和人群传承、至今仍然在应用中的民间医药传统知识，这类知识经地方政府普查、建立档案而获得，从而实现源头保护和整体保护。

（二）建立中医药传统知识保护名录

建立保护名录是各国保护非物质文化遗产的成熟经验，也是我国构建有中国特色非物质文化遗产保护制度的重要组成部分。中医药传统知识保护名录的建立与非物质文化遗产普查工作密切关联，名录需要在各级政府普查的基础上建立，根据中医药传统知识的流失风险应考虑建立分级保护名录体系，对于其中流失风险程度高或濒于失传的知识和技术，应根据普查结果重点建档。

在具体操作措施上，中医药传统知识保护名录的具体收录内容可以参考"国家级非物质文化遗产代表性项目名录"，收录的内容包括编号、名称、类别、来源、等级、登记时间、权利主体（知识持有人）、核心理念、表现形式所属地区等并在完成后对社会公开。

（三）建立专门性保护制度

中医药传统知识的专门性保护制度旨在防止对中医药传统知识的非法使用与占有。《中医药法》第 43 条对国家建立中医药传统知识保护制度的内涵作了列举性规定。即中医药传统知识持有人对其持有的中医药传统知识享有传承使用的权利，对他人获取、利用其持有的中医药传统知识享有知情同意和利益分享等权利。

专门性保护制度的构建思路主要包括：一是尽量与国际协议相一致。作为传统知识的组成部分，中医药传统知识在保护思路上需要与世界知识产权组织、世界卫生组织等制定的相关国际条约的目标精神相一致。二是促进中医药传统知识的传播。中医药传统知识的价值在于动态的应用，只有广泛传播才能发挥其价值。三是持续鼓励中医药传统知识的创新使用。保护中医药传统知识的动机不仅在于防止其灭失，更在于推动知识的创新。四是利益分享原则。中医药传统知识具有巨大的商业价值，为推动知识的共享，传统知识使用人应对传统知识持有人应给予公平合理的利益补偿。根据《中医药法》第43条第2款，中医药传统知识持有人对其持有的中医药传统知识享有传承使用的权利，对他人获取、利用其持有的中医药传统知识享有知情同意和利益分享等权利。该规定即是对利益分享原则的表达，在内容上与国际社会通过的《名古屋议定书》相衔接。《中医药传统知识保护条例（草案征求意见稿）》对上述内容作了进一步的细化，具体要求如下。

1. 传承使用权

中医药传统知识持有人对其持有的中医药传统知识享有以下传承使用的权利：开展授徒、传艺、交流等活动；利用中医药传统知识并取得收益；许可他人使用其所持有的中医药传统知识；其他依法享有的权利。

2. 知情同意权

中医药传统知识持有人有权知悉他人获取、利用其所持有的中医药传统知识的真实信息并有权对使用和收益情况进行监督。

获取、利用中医药传统知识，应当事先取得中医药传统知识持有人的同意。知情同意的内容包括但不限于下列信息：获取、利用人以及其他共同参与人的基本情况；利用中医药传统知识的方式、用途、范围、期限等；利用中医药传统知识活动的预期结果和影响；利用中医药传统知识活动产生的各种利益以及分享方案。

3. 利益分享权

中医药传统知识持有人有权分享利用中医药传统知识获得的利益，利益分享应当遵循公平、公正、诚实信用、共同商议的原则。

利益分享的内容和形式数额可以根据利用中医药传统知识的方式、用途、范围、期限和收益等合理确定。利益分享的内容一般包括：基于其中医药传统知识开发和研究而获得的权益；商业性使用其中医药传统知识所获的利益；其他可预期的利益。

【案例28】 郑某冰与云南腾药中医药传统知识利益分享纠纷案

基本案情：

清康熙年间天津名医郑禹某创制妇科良药女金丹（补气养血、调经安胎）。其后人迁居云南，在昆明开设体德堂药铺制售郑氏女金丹等中药，并根据南方气候和发病情况对女金丹原方适当加减成38味复方。抗战结束前后，郑某臣（原告郑某冰之祖父）在药铺附近设立制药厂，继续生产郑氏女金丹等药品。

1956年公私合营，郑家人将体德堂资产、制药配方折股后加入药材公司云南省昆明市公司，并由昆明市药材采购供应站向郑某臣（1955年逝世）的妻子赵某丰颁发公私合营企业股权凭证，赵某丰从1957年领取股息至1966年。公私合营后，昆明中药制药厂按照配方生产郑氏女金丹（其方剂、制法、功效先后被编入《昆明市人民政府卫生局审查合格国药八十一种成药配方目录》《云南省药品标准》《卫生部药品标准中药成方制剂第十九册》等药品书籍）中。

1981年6月，腾冲制药厂向相关部门申报郑氏女金丹药丸的生产，其处方来源于《昆明市人民政府卫生局审查合格国药八十一种成药配方目录》。2001年4月15日云南省药监局核准腾冲制药厂生产郑氏女金丹。2002年6月21日国家药监局向腾冲制药厂颁发郑氏女金丹的药品注册证，药品配方来源于《卫生部药品标准中药成方制剂第十九册》，经云南省药监局批准（注册有效期到2020年6月8日）。腾冲制药厂原属国有企业，于2011年9月15日变为股份公司，更名为云南腾药制药股份有限公司。

2014年郑某声（原告郑某冰之父）去世，郑氏女金丹祖传药方现为其子郑某冰持有。2018年，郑某冰将云南腾药制药股份有限公司作为被告，向法院起诉，要求将云南腾药制药股份有限公司生产的郑氏女金丹的方剂、制法等工艺归属于郑家所有。理由是《中医药法》第43条第2款规定："中医药传统知识持有人对其持有的中医药传统知识享有传承使用的权利，对他人获取、利用其持有的中医药传统知识享有知情同意和利益分享等权利。"该立法赋予中医药传统知识持有人新的法定权利。依此规定，中医药传统知识无论是否处于公众领域，只要他人获取、利用了中医药传统知识产生了利益，都应当保障中医药传统知识持有人享有利益分享的法定权利。郑某冰作为中医药传统知识持有人，应当享有法律赋予的利益分享权。

被告腾药公司抗辩认为：

一、郑氏女金丹不属于中医药学术传承项目，不属于《中医药法》所规定的中医药传统知识。中医药传统知识的认定专业性较强，应经过主管部门组织遴选，列入保护数据库或保护名录完成赋权行为，方能被视为中医药传统知识。郑氏女金丹未经中医药主管部门遴选予以行政赋权，不能认定为中医药传统知识。

二、是否属于中医药传统知识或者中医药传统知识持有人的问题，带有社会管理的性质，属于行政管理范畴，不应由人民法院认定。

三、经许可按国家标准生产销售药品，是我国现行的药品生产许可制度，药品生产企业取得药品批准文号后即可生产药品。被告无论是配方标准还是生产销售，均有法律和政策支持。如在未经中医药主管部门赋权认定的情况下，贸然确认中医药传统知识及其持有人，甚至支持其利益分享权，必将对中药生产企业造成巨大影响，势必会直接导致全国范围内药品生产企业不再生产部分中药药品，进而导致药品匮乏，严重影响公众利益，阻碍中医药事业的发展。

一审法院经审理后认为：

郑氏女金丹的方剂、制法、功效属于中医药传统知识范畴。郑某冰持有郑氏女金丹原始方剂，也是郑氏女金丹创制人郑禹某的后裔，应属郑氏女金丹中医药传统知识的持有人。但是，公私合营期限届满之后，原体德堂的资产，包括郑氏女金丹的方剂、制法等已经转化为全民所有，这是一个历史事实；国家和相关地方政府已通过公开发行的相关书籍将该药品的方剂、制法、功效对外公布，其已属于公有领域的公众财富。对于公有领域的知识，人人都可根据自己的需要取而用之，不需要支付费用。

云南腾药制药股份有限公司经国家相关部门许可，生产销售郑氏女金丹，系对进入公有领域的中医药传统知识的合法利用，郑某冰对郑氏女金丹不享有《中医药法》规定的知情同意和利益分享的权利，其主张分享腾药公司因生产销售郑氏女金丹中成药所获得利益的诉讼请求没有事实及法律依据，一审法院不予支持。郑某冰不服一审判决，提起上诉。

二审法院经审理后认为，郑氏女金丹的配方、制法、名称等知识具有现实和潜在的商业价值，符合中医药传统知识的定义，一审将其认定为中医药传统知识，有事实依据和法律根据。依据《中医药法》，中医药传统知识作为一种新类型的知识产权，依法已经成为法定权利，无须再由行政机关另行授权（赋权）。目前国家在全国范围正在推进的中医药传统知识调查、保护名录和数据库建设工作、传统方剂类古籍入库工作等，都只是落实法律规定的保护该知识产权的方法和措施，不是授权（赋权）行为。二审法院进一步认为，在《中医药法》施行之前，国家和相关地方政府通过公开发行的书籍公之于众的中医药传统知识，确实属于公知公用领域的财富，任何个人或团体都不享有权利或权益，人人都可根据自己的需要免费取而用之，其持有人即使想主张权利，也因为于法无据而停下脚步。但是，《中医药法》从2017年7月1日开始施行，中医药传统知识持有人可以依法主张相关权利，即便经过国家相关部门批准使用他人的中医药传统知识，使用人也不能免除此项义务。

二审法院认为，虽然现有证据没有列明入股财产包括郑氏女金丹药方，但从客观上看，公私合营后从1956年开始，昆明中药制药厂便按照郑氏女金丹配方生产郑氏女金丹药丸，却是一个双方当事人无争议的事实；并且，自从公私合营之后，郑家再没有生产销售过郑氏女金丹。说明在1956年公私合营时，郑氏家庭将郑氏女金丹药方献出，交给国家，具体由昆明中药制药厂使用，郑氏家庭定期从国家（具体是昆明市药材采购供应站）领取股息至1966年，该股息既包括体德堂实物资产的股息，也包括郑氏女金丹无形财产的股息。由此，国家已经通过支付对价的方式，获得了郑氏女金丹药方的权利（或权益），成为郑氏女金丹药方的实际权利（权益）人。因郑氏家庭已经让渡郑氏女金丹的权利（权益）而获取郑氏女金丹的对价（股息），郑家对郑氏女金丹药方的持有只能是一种事实状态的持有，不是《中医药法》所规定的"持有"，因此，郑某冰不是郑氏女金丹中医药传统知识法律意义上的持有人，其以持有人身份提起诉讼主张权利，不符合法律规定。遂驳回上诉，维持原判。

案件评述：

《中医药法》对中医药传统知识的保护规定了持有人制度，目的在于避免中医药传统知识处于公知状态，遭遇不当开发和不当攫取。《中医药法》第43条规定，国家建立中医药传统知识保护数据库、保护名录和保护制度。中医药传统知识持有人对其持有的中医药传统知识享有传承使用的权利，对他人获取、利用其持有的中医药传统知识享有知情同意和利益分享等权利。该条确立了中医药传统知识专门保护的思路以及利益分享的表达，防止中医药传统知识被非法占有及使用。该条中的"持有"为法律意义上的持有，郑氏女金丹药方在1956年公私合营时由国家通过支付对价的方式取得药方的权利（或权益），国家成为郑氏女金丹药方的实际权利（权益）人，是中医药传统知识法律意义上的持有人。按照《中医药传统知识保护条例（草案征求意见稿）》的规定，持有人享有对中医药传统知识的传承使用权、知情同意权、利益分享权、表明身份权、完整保护权、要求说明来源权以及禁止不正当使用的权利。但是，中医药传统知识保护在当前是一个立法上的难题，对其法律性质和保护方法还存在不同意见，还需要不断的研究和探索。

4. 表明身份权

中医药传统知识持有人可以通过口头、书面或者使用等方式表明自己作为中医药传统知识持有人的身份。

5. 完整保护权

任何单位和个人在使用中医药传统知识时，应当尊重其表现形式和内容，不得进行歪曲、篡改或者贬损。

6. 要求说明来源权

依赖中医药传统知识完成的创新成果，在公开发表、申请专利或者商业性使用时应当明确说明其来源。

7. 禁止不当使用

未经持有人同意，任何单位和个人不得披露、不当获取或者利用其持有的中医药传统知识。未经持有人同意，任何单位和个人不得将与中医药传统知识有关的特有名称、标记、符号、描述词语等申请注册商标、外观设计专利、注册域名等。

在《中医药传统知识保护条例》还没有正式出台之前，相关管理工作和纠纷处理应严格按照《中医药法》第43条的规定执行，可以参照《民法典》、《专利法》、《商标法》、《著作权法》和《反不正当竞争法》以及有关司法案例的做法。

【案例29】 陈某娣、方某姗与柏桐堂公司其他科技成果权纠纷案

基本案情：

灵应茶饼是我国南方地区的一种传统茶，它通常由上等茶叶掺入一些草药或中药材混合炮制而成。方某超将"灵应茶饼"的配方进行了改良，包括配方重组、改良炮制工艺等。之后，方某超与福建省安溪制药厂签订《在安溪制药厂生产传统药品〈灵应茶饼〉协议书》（有效期为1992年8月22日至2002年8月22日）。该协议书约定：一、甲方（安溪制药厂）出租厂房供乙方（方某超）改造后使用，租期10年、租金5000元/年。二、甲方出具一切证明，以甲方名义协助乙方办理报批工作。产品批准文号由乙方专用，报批费用全部由乙方承担。乙方生产药品均称以安溪制药厂出品，且使用安溪制药厂的商标参玄堂，标明方某超监制，甲方每年向乙方收取管理费15000元；三、乙方应确保药品质量及传统药品荣誉。乙方生产的所有产品按批号经甲方检验合格后方可出厂，甲方按批收取检验费用。四、乙方利用甲方厂房进行生产、供应、销售（包括出口渠道），经营期间乙方自主管理、独立经营、独立核算、自立账户、自行提供生产设备，一切费用及资金来源均由乙方自负，甲方不提供资金货款担保，乙方独立行使管理权。五、甲方应供给乙方生产中的用水、用电，并实行计量按标准收费，逐月缴纳。协议签订二个月后，福建省安溪制药厂灵应茶饼公司成立，经营范围：灵应茶饼。企业法定代表人为方某超（2002年11月22日，该公司被吊销）。1994年6月16日，原福建省卫生厅下发《关于同意生产灵应茶饼的批复》，同意安溪制药厂按随文件发的质量标准生产灵应茶饼，产品注明安溪制药厂灵应茶饼公司研制，安溪制药厂生产。1998年，"灵应茶饼"由闽卫药健字转申请国药准字，制定产品质量标准、说明书，并更名为"桔香祛暑和胃茶"。2002年11月30日，"桔香祛暑和胃茶"获批。2011年3月17日，安溪制药厂更名为柏桐堂公司。

2014年11月23日方某超去世。2015年柏桐堂公司并入太平洋公司。太平洋公司随后对"桔香祛暑和胃茶"进行了再注册。

陈某娣（方某超之妻）、方某姗（方某超长女）、方某祥（方某超长子）等认为柏桐堂公司的决定不妥，向法院提起诉讼，要求法院确认方义超是"桔香祛暑和胃茶"药品技术的唯一研发人；要求法院确认陈某娣、方某姗、方某祥为方某超的法定继承人，享有"桔香祛暑和胃茶"的技术成果权；判

令柏桐堂公司和太平洋公司停止生产、销售"桔香祛暑和胃茶"，并赔偿陈某娣等经济损失 100 万元；判令柏桐堂公司和太平洋公司承担制止侵权产生的合理费用 3 万元。

一审法院经审理后认为，《中华人民共和国民法通则》第 97 条、第 118 条均对科技成果权作出了规定。所谓的科技成果权，系指除民法通则外，尚无专门的知识产权法律法规明确作出规定的、发现和发明之外的其他科技成果所享有的相关权益。依据《中华人民共和国继承法》的相关规定，陈某娣等作为方某超的法定继承人，依法有权继承方某超生前享有的财产性权利，本案诉争的科技成果权亦在法定继承之列。陈某娣等原告主张方某超作为传统中药制剂"灵应茶饼"的传承人，倾其一生研制、完善"灵应茶饼"，即后来的"桔香祛暑和胃茶"，是唯一的研发人，理应享有相应的科技成果权。一审法院认为，虽然涉案药品批文记载的生产企业是柏桐堂公司和太平洋公司，但实际上桐柏堂公司及其前身仅为挂靠企业。从陈某娣等提供的证据看，方某超作为传统中药制剂"灵应茶饼"的传承人，其为涉案科技成果"桔香祛暑和胃茶"的研发投入了最初的技术，并至少在协议约定的十年期限内，主导了整个研发过程，从安溪制药厂出具的《关于我厂灵应茶饼公司情况汇报》及陈某娣等现仍持有部分报批文件等事实可以得到证实；同时，柏桐堂公司亦承认在协议约定期限内，由方某超作为负责人的安溪制药厂灵应茶饼公司，专职负责药品研发报批等工作，所取得的产品批准文号亦由方某超专用。因此，方某超作为涉案科技成果"桔香祛暑和胃茶"研发人的身份应予确认。但方某超是否是唯一的研发人，依据现有证据尚不足以判断。

至于方某超是否享有"桔香祛暑和胃茶"的科技成果权，一审法院认为应结合双方协议约定内容进一步分析。作为柏桐堂公司前身的安溪制药厂与方义超所签订的协议，主体适格，是当事人真实的意思表示，内容不违反有关法律的强制性或禁止性规定，应认定为有效合同。从协议的内容看，双方同意合作生产"灵应茶饼"，一方提供技术、资金，另一方提供企业资质、生产条件等，符合合作开发合同的特征。因该协议签订于 1992 年，应适用当时的法律，即《中华人民共和国技术合同法》。依据该法第 32 条第 3 项"委托开发或者合作开发所完成的非专利技术成果的使用权、转让权以及利益的分配办法，由当事人在合同中约定。合同没有约定的，当事人均有使用和转让的权利"的规定，作为协议合同当事人的方某超及安溪制药厂，在协议对科技成果权益归属未明确约定的情况下，对依据协议合作开发完成的"桔香祛暑和胃茶（灵应茶饼）"共同享有相应的权益。陈某娣等作为方某超的法定继承人，主张方某超对涉案"桔香祛暑和胃茶"享有相应的科技成果权，于法有据，应予支持。

关于陈某娣等要求被告柏桐堂公司、太平洋公司赔偿经济损失100万元及合理费用3万元是否有依据。一审法院认为，涉案"桔香祛暑和胃茶"的科技成果权益由协议合同当事人方某超和安溪制药厂共同享有。柏桐堂公司通过改制承继了安溪制药厂的权利义务，理应继续享有"桔香祛暑和胃茶"的科技成果权益。而太平洋公司通过兼并的方式承继了柏桐堂公司的相关权利义务，同样享有"桔香祛暑和胃茶"的科技成果权益。因此，柏桐堂公司和太平洋公司依据其享有的权益实施相应的行为，并不侵害陈某娣等作为方某超法定继承人与柏桐堂公司和太平洋公司共同享有的"桔香祛暑和胃茶"科技成果权益。基于此，陈某娣等主张柏桐堂公司和太平洋公司侵害其享有的科技成果权益并据此要求柏桐堂公司和太平洋公司赔偿其经济损失与合理费用，与事实不符，不予支持。柏桐堂公司和太平洋公司关于其对涉案"桔香祛暑和胃茶"享有合法权益，不存在侵权之说的抗辩成立，应予采信。

最终，一审法院判决：确认方某超系"桔香祛暑和胃茶"科技成果的研发人并享有相应的科技成果权；驳回陈某娣等的其他诉讼请求。陈某娣等不服一审判决，提起上诉。二审法院经审理后判决，维持一审判决第二项；变更一审判决第一项为：陈某娣、方某姗、方某祥享有"桔香祛暑和胃茶"药品技术的科技成果权。陈某娣等仍不服二审判决，向最高人民法院申请再审，后被驳回。❶

案件评述：

本案涉及中医药传统知识传承人对自己在传承使用过程中取得的科技成果的权利问题。由于本案跨越了《中医药法》颁布施行的前后，所以对于司法实践中如何处理中医药传统知识传承人的利益问题很有借鉴意义。

法院对方某超在"桔香祛暑和胃茶"形成过程中的贡献予以肯定，并尊重民事行为的自治原则，由于原被告双方之间存有协议，故一审法院坚持从

---

❶ 泉州市中级人民法院（2015）泉民初字第1666号民事判决，福建省高级人民法院（2016）闽民终1121号民事判决书，最高人民法院（2018）最高法民申4957号再审审查与审判监督民事裁定书。

约定入手。陈某娣等作为方义超的法定继承人，可以依法继承方义超享有的"桔香祛暑和胃茶"药品技术的其他科技成果权。而二审法院则进一步从药品监管的角度来认为问题，认为药品批件管理是国家通过行政许可的方式对药品生产的一种管理手段，批准文号的持有人只能是在中国境内合法登记的法人机构，通常为药品生产企业，自然人不能持有批准文号。所以并没有认可陈某娣等在二审中坚持的方某超是"桔香祛暑和胃茶"药品技术的唯一研发人，陈某娣等独享有"桔香祛暑和胃茶"的药品技术成果权的请求。

《中医药法》已经实施多年，《中医药传统知识保护条例》也正在紧锣密鼓的立法程序中，中医药传统知识在司法实践中还没有得到广泛认可，对于中医药传统知识保护如何与药品管理制度、现行知识产权制度等相衔接，还值得社会各界的关注和探索，中医药传统知识持有人在许可他人使用中医药传统知识时面临独占权的再分配风险，中医药应用、发展与保障等根本问题在于权利归属的进一步明确和法律救济制度的不断完善。

四、作为国家秘密保护

中医药从道地药材、饮片加工炮制、配伍组方到临床使用与评价，形成了一整套系统的理论与实践紧密结合的技术和方法，其中涉及诸多技术类秘密信息。《中医药法》第43条第3款规定，国家对经依法认定属于国家秘密的传统中药处方组成和生产工艺实行特殊保护。

1992年实行的中药品种保护制度对特定疾病有特殊疗效或用于预防和治疗特殊疾病等的中药品种实行一级保护，并且规定，中药一级保护品种的处方组成、工艺制法，在保护期限内由获得中药保护品种证书的生产企业和有关的药品监督管理部门及有关单位和个人负责保密，不得公开。

但由于中药保密品种的数量、保密范围以及与其他管理制度的协调等问题，原国家科技保密办公室在2005年下发《关于做好2005年度国家秘密技术定密工作的通知》（国科计（密）函〔2005〕1号），要求对新研究开发形成的秘密技术成果或者原来密级或保密期限需要变更的国家秘密技术项目进行申报，由各地、各部门科技主管部门组织申报和初步审查工作，然后由国家科技保密办公室审核并内部通告。原国家食品药品监督管理局按国科计（密）函〔2005〕1号的要求，结合中药品种保护工作的实际情况，在下发的《关于中药品种国家秘密技术项目申报与审批等有关事宜的通知》（国食药监注〔2005〕176 号）中明确，根据《中华人民共和国保守国家秘密法》《科技技术保密规定》等有关规定，只有列入国家秘密技术项目的中药品种才能确定为保密品种。并且，国家局将对所有国家药品标准中处方、剂量、制法等内容没有公开或没有完全公开的中药列入国家秘密技术项目的"标准未公开中药品种"，国家局一律不按保密品种管理，并按规定公开其质量标准中的处方、剂量、制法等相关内容。所以，传统中药处方和生产工艺只有被确定为国家技术秘密才能够成为"国家秘密"，才可能成为中药保密品种获得一级行政保护。

　　根据《中华人民共和国保守国家秘密法》（以下简称《保密法》）规定，国家秘密是关系国家安全和利益，依照法定程序确定，在一定时间内只限一定范围的人员知悉的事项。属于国家秘密的传统中药处方和生产工艺等中医药技术和信息的使用和管理，应遵循相关法律的一般性规定（见表 3）。

表 3　涉及国家秘密的相关法律规范

效力层级	法律规范名称及实施年份	备注
法律	《中华人民共和国保守国家秘密法》（2024 修订）	有效
	《中华人民共和国科学技术进步法》（2022）	有效
行政法规	《中华人民共和国保守国家秘密法实施条例》（2024）	有效
司法解释	《最高人民法院关于审理为境外窃取、刺探、收买、非法提供国家秘密、情报案件具体应用法律若干问题的解释》（2001）	有效
部门规章	《国家秘密定密管理暂行规定》（2014）	有效
	《国家秘密技术出口审查规定》（1998）	有效
	《关于禁止邮寄或非法携运国家秘密文件、资料和其他物品出境的规定》（1995）	有效
	《邮电部门保守国家秘密实施细则》（1992）	有效
	《气象部门保守国家秘密实施细则》（1992）	有效
	《交通部门保守国家秘密实施细则》（1991）	有效
	《科学技术保密规定》（2015）	有效
	《国家中医药管理局关于〈中医药行业国家秘密及其具体范围的规定〉的说明》（1992）	有效
	《保密事项范围制定、修订和使用办法》（2017）	有效

续表

效力层级	法律规范名称及实施年份	备注
规范性文件	《国家信访局国家秘密定密管理办法》（2014）	有效
	《安全生产工作国家秘密定密管理办法》（2014）	有效
	《国家秘密载体印制资质管理办法》（2012）	有效
	《卫生工作国家秘密范围的规定》（2011）	有效
	《银行业金融机构工作中国家秘密范围的规定》（2009）	有效
	《涉及国家秘密的计算机信息系统集成资源资质年度审查、延续及事项变更管理实施细则》（2007）	有效
	《司法行政工作中国家秘密及其密级具体范围的补充规定》（2002）	有效
	《化学工业部机关工作人员保守国家秘密的有关规定》（1995）	有效
	《国家科学技术秘密持有单位管理办法》（2018）	有效
	《国家科学技术秘密定密管理办法》（2018）	有效
	《对外经济合作提供资料保密暂行规定》（1993）	有效
	《中西药品、医疗器械科学技术保密细则》（1983）	有效
党内法规	《关于国家秘密载体保密管理的规定》（2001）	有效

（一）国家秘密的确定、变更和解除

保密工作的源头和基础是定密。定密工作是指国家秘密的确定、变更和解除，以及与其相关的定密组织、指导、授权和监督管理等各项工作的总和，相关内容如图 1 所示。

定密是专业性很强的工作，需要熟悉相关知识和程序。定密依据是机关、单位确定、变更和解除国家秘密的根据、标准，常见的定密依据是国家秘密及其密级的具体范围，简称保密事项范围，是确定、变更和解除国家秘密事项的具体标准和依据。保密事项范围由国家保密行政管理部门分别会同外交、公安、国家安全和其他中央有关机关规定。军事方面的国家秘密及密级的具体范围，由中央军事委员会规定。保密事项范围应当根据情况变化及时调整。2014 年国家保密部门修订的《国家秘密及其密级具体范围的规定汇编》，收录了保密事项范围 97 个，供各级机关、单位定密时"对号入座"。

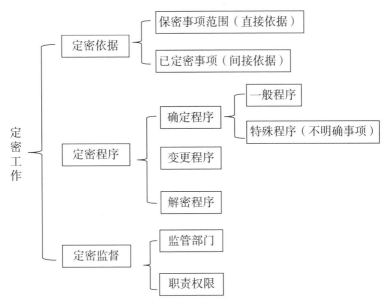

图 1　定密工作的主要内容

定密程序在我国分为三个程序，分别是国家秘密确定、变更和解除。确定程序又分为一般程序和特殊程序。定密的一般程序是，先由承办人对照保密事项范围提出定密的具体意见，再由定密责任人审核批准，其程序如图 2 所示。

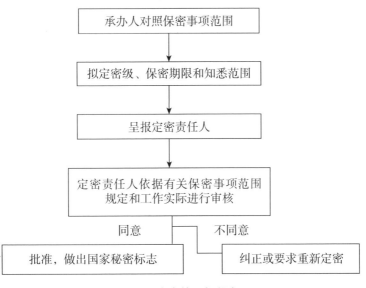

图 2　定密的一般程序

定密的特殊程序是指，没有明确保密事项的，有关机关、单位应拟定密级、保密期限和知悉范围等，并采取一定的保密措施，同时报国家保密行政管理部门或者省、自治区、直辖市保密行政管理部门确定。对于相互交叉而又一时分不清的，可按较高密级执行。

国家秘密的变更，包括密级的降低或提高、保密期限的缩短或延长、知悉范围的缩小或扩大。三者既可以单独变更，也可以同时变更。国家秘密有下列情形之一的，应当及时变更：一是国家秘密确定时所依据的保密事项范围已作调整；二是该事项泄露后对国家安全和利益的损害程度发生明显变化。

国家秘密的解除，是指国家秘密的属性消失后，机关、单位按照法定程序将其从国家秘密事项分离出来，不再受到有关法规制度保护，是定密工作的重要组成部分。对不需要保密的事项及时解密，有利于节约保密资源，集中人力、物力和财力做好国家秘密的保护工作，有利于信息资源的合理利用。主要有两种解密方式：自行解密和审查解密。解密的国家秘密事项并不意味着可以公开，有的国家秘密事项解密后，可能需要作为工作秘密或内部事项进行管理。需要公开的，应当由解密的机关、单位经过审查后作出决定。

在上海市发布的《技术及技术秘密评估技术标准》中规定，衡量一项技术是否构成技术秘密，要遵循以下流程（见图3）。

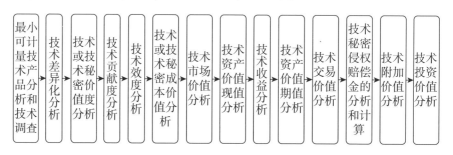

图3　技术秘密认定流程（以上海市企业标准为例）

（二）国家秘密的范围、密级和期限

《保密法》第13条规定，下列涉及国家安全和利益的事项，泄露后可能损害国家在政治、经济、国防、外交等领域的安全和利益的，应当确定为国家秘密：国家事务重大决策中的秘密事项；国防建设和武装力量活动中的秘密事项；外交和外事活动中的秘密事项以及对外承担保密义务的秘密事项；国民经济和社会发展中的秘密事项；科学技术中的秘密事项；维护国家安全活动和追查刑事犯罪中的秘密事项；经国家保密行政管理部门确定的其他秘密事项。

政党的秘密事项中符合前款规定的，属于国家秘密。

根据《保密法》第 14 条，国家秘密的密级分为绝密、机密、秘密三级。绝密级国家秘密是最重要的国家秘密，泄露会使国家安全和利益遭受特别严重的损害；机密级国家秘密是重要的国家秘密，泄露会使国家安全和利益遭受严重的损害；秘密级国家秘密是一般的国家秘密，泄露会使国家安全和利益遭受损害。

根据《保密法》第 20 条，国家秘密的保密期限，应当根据事项的性质和特点，按照维护国家安全和利益的需要，限定在必要的期限内；不能确定期限的，应当确定解密的条件。国家秘密的保密期限，除另有规定外，绝密级不超过三十年，机密级不超过二十年，秘密级不超过十年。

（三）与中医药国家秘密相关的法律文件

我国对属于国家秘密的中医药技术认定及管理的法律规范立法较早，近年变化不大。相关的主要法律规范有《中医药法》《药品管理法》《中药品种保护条例》《专利法实施细则》等，具体规范如表 4 所示。

表 4　与中医药国家秘密相关的法律规范

法律	《药品管理法》（2019）第 63 条
	《中医药法》（2016）第 43 条
	《外商投资法》（2019）第 23 条、第 39 条
	《专利法》（2020）第 4 条、第 19 条
法规	《中药品种保护条例》（2018）第 13 条、第 14 条
	《专利法实施细则》（2023）第 7 条、第 8 条、第 9 条
部门规章	《中医药专利管理办法》（1995）第 11 条
	《国家级非物质文化遗产保护与管理暂行办法》（2006）第 22 条
	《卫生工作国家秘密范围的规定》（2011）
规范性文件	《中西药品、医疗器械科学技术保密细则》（1983）第 2 条、第 13 条
	《国家中医药管理局工作规则》（2008）第 66 条
	《关于中药品种国家秘密技术项目申报与审批等有关事宜的通知》（2005）
	《中医药工作国家秘密范围的规定》（2015）

（四）中医药国家秘密的范围

从《中医药工作国家秘密范围的规定》的文件看，目前国家中医药局所确定的中医药国家秘密主要包括两类内容：

1. 信息类

①国家军需、战备、重大疫情以及应急用中药的储备总体布局、实际储备量及相关情况；

②涉及国家重点中医药科研的中长期规划、年度计划；

③涉及国家重点高技术或特殊用途的中医药科研项目计划和具体实施情况；

④特殊渠道获取的涉及中医药的有关资源及成果在国内使用情况；

⑤中医药涉外合作项目的内部考虑、谈判对策及底线等。

2. 技术类

①濒危动植物中药材人工合成品的配方、用量、生产工艺及相关技术；

②传统中成药的特殊生产工艺和中药饮片炮制的关键技术。

典型的有云南白药、片仔癀、六神丸、麝香保心丸等。

【案例30】罗某某与云南白药公司等侵权责任纠纷案

基本案情：

云南白药系列产品由云南白药公司生产。1989 年 3 月 11 日，云南省人民政府作出云政函〔1989〕23 号批复，同意由云南省医药管理局、国家保密局、卫生厅、科学技术委员会发布施行《云南白药保密规定》。同年 5 月 10 日，上述四部门联合作出云医药字第〔1989〕16 号文件，发布施行《云南白药保密规定》，其中第 3 条第 1、2 款规定：云南白药的处方、生产工艺、质量标准及其说明和实验研究资料都属于国家秘密。前款国家秘密事项，由省国家保密局按照《中华人民共和国保守国家秘密法》及其实施办法的有关规定确定密级和保密期限。同日，云南省医药管理局、云南省国家保密局联合下发云医药字〔1989〕17 号文件，其中规定：云南白药的配方、工艺诀窍定为国家绝密级项目保密，对外不参观、不介绍、不拍照、不提供配方、工艺。保密期限按国家规定的绝密级固定保密期限执行。2006 年 5 月 16 日，国家科学技术部、国家保密局共同颁布编号为×××的证书，载明以下内容：根据《中华人民共和国保守国家秘密法》及《科学技术保密规定》，经国家秘密技术审查领导小组审查、核准，云南白药系列产品（云南白药、云南白药酊、云南白药膏）的配方工艺质量标准为机密级国家秘密技术。定密时间1994年11月23日，保密期限为长期，技术完成单位为云南白药集团股份有限公司。现行云南白药说明书及标签于2007年4月24日经云南省食品药品监督管理局核准，2010年9月14日修改，均在原国家食品药品监督管理局官方网站备案公示，其中云南白药说明书中未载明药品成分与含量。

2012年5月23日，罗某某收到委托朋友从美国购买并寄来的标示批准文号为国药准字Z53020798的云南白药。2012年6月26日，罗某某以12.1元的价格在被告百姓大药房公司购买了被告云南白药公司生产的批准文号为国药准字Z53020798的云南白药1瓶。2013年2月19日，原告罗某某托朋友从香港森永大药房购买了标示批准文号为国药准字Z53020798、中成药注册编号为HKP-00775的云南白药。通过对上述所购药品说明书的比对，罗某某发现在美国销售的云南白药之说明书有成分与含量说明，在香港销售的云南白药之说明书列明了主要成分与含量，而在中国内地销售的云南白药之说明书却没有公布成分与含量。原告罗某某认为其在被告百姓大药房公司购买的被告云南白药公司生产的云南白药已构成对其民事权益的侵犯，遂向原审法院提起诉讼，请求法院判令二被告立即停止侵害行为（被告百姓大药房公司立即停止销售批准文号为国药准字Z53020798的云南白药，被告云南白药公司立即召回批准文号为国药准字Z53020798的云南白药）；要求二被告连带赔偿其损失120元；要求被告云南白药公司在云南白药说明书中按《药品说明书和标签管理规定》要求列出含有乌头碱毒性成分药材名称；要求被告云南白药公司在云南白药说明书中按《药品说明书和标签管理规定》要求列出含有乌头碱中度引起的所有不良反应症状及抢救方案与措施。

一审法院认为：原告罗某某作为消费者，依法享有知情权、人格尊严得到尊重等民事权利；在遭遇缺陷产品时，享有要求缺陷产品生产者或者经营者赔偿损失的权利。但本案中，云南白药的配方、工艺诀窍在1989年被定为国家绝密级项目保密，云南白药系列产品（云南白药、云南白药酊、云南白药膏）的配方工艺质量标准在2006年被确定为机密级国家秘密技术。根据国家保密法律法规的相关规定，国家秘密在解密之前的知悉范围应根据工作需要限定在最小范围。原国家食品药品监督管理局为贯彻实施《药品说明书与标签管理规定》，在2006年6月22日发布的国食药鉴注〔2006〕283号《关于印发中药、天然药物处方药说明书格式内容书写要求及撰写指导原则的通知》的附件 2 即《中药、天然药物处方药说明书内容书写要求》中，已明确载明对于处方已列为国家秘密技术项目的品种，以及获得中药一级保护的品种，在药品说明书中可不列明"成分"。本案讼争的云南白药药品说明书及标签均依照法定程序经过有权行政机关的核准与备案，被告云南白药公司在药品说明书中不列明药品成分的做法符合上述规范性文件的规定，亦符合国家保密与药品管理法律法规的规定。消费者的知情权在面对国家秘密时负有容忍义务，罗某某主张云南白药公司侵犯其知情权，缺乏事实和法律依据，不予认定。云南白药系列产品在境外市场销售过程中，其审批程序以及药品说明书的撰写要求均依照销售国家或地区的法律法规进行，不予审查，如确有与国内不同之处，亦仅为国家或地区间法律制度不同所致，罗某某据此认为其作为中华人民共和国公民的人格尊严遭受歧视系其个人主观判断，于法无据，不予支持。《中华人民共和国产品质量法》第 46 条规定，"本法所称缺陷，是指产品存在危及人身、他人财产安全的不合理的危险；产品有保障人体健康和人身、财产安全的国家标准、行业标准的，是指不符合该标准"，罗某某未能举证证明云南白药存在危及人身、他人财产安全的不合理危险，认为"药品说明缺陷"即为产品质量缺陷，与法相悖，不予采纳。罗某某要求被告云南白药公司、百姓大药房公司连带赔偿其损失 120 元（包括的购药费用 12.1 元和精神损害抚慰金 107.9 元）的诉讼请求，缺乏事实与法律依据，不予支持。对于罗某某的其他诉讼请求，均属于企业内部经营管理或者行政机关行政管理权限范围，不属于人民法院民事诉讼审理范围，不作审查。因此，一审法院依照《中华人民共和国侵权责任法》第 2 条、第 3 条，《中华人民共和国民事诉讼法》第 3 条、第 64 条第 1 款，《最高人民法院关于民事诉讼证据的若干规定》第 2 条之规定，驳回原告罗某某的诉讼请求。

原告罗某某不服一审民事判决，向上级法院提起上诉。二审法院经审理认为，在本案中，一方面罗某某未能提供证据证明云南白药公司、百姓大药房公司在生产销售涉案云南白药的行为存在过错或涉案云南白药存在缺陷，其所提供的相关证据，或者为云南白药公司在我国民法法域外销售的同类产品及行为，该同类产品及销售行为不受我国民法管辖和调整，亦不能成为该类产品及生产、销售行为在我国民法法域内参照或比照的标准和对象；或者证据与本案缺乏关联性；或者证据不具有证明力，不能达到认定云南白药公司、百姓大药房公司存在过错或涉案产品存在缺陷的证明目的。另一方面罗某仅提供证据证明其购买了涉案的云南白药产品并支付了价款的事实，而未能提供证据证明其因使用涉案产品而造成人身、财产、精神损害的事实，更无从盖然性推定云南白药公司、百姓大药房公司存在过错或涉案产品存在缺陷。相反，云南白药公司提供证据证明其产品的生产、销售行为符合相关法律和行政规范性文件的规定，履行了相关审核、备案、公示程序，不存在过错；以及其生产、销售的云南白药产品质量合格。因此，罗某某的上诉主张不成立，法院不予支持。遂判决驳回上诉，维持原判。❶

案件评述：

本案是关于我国一级中药保护品种云南白药的案例，云南白药由于其疗效显著、工艺配方独特，涉及国家经济和利益，被作为国家秘密中的科技秘密受到特别保护，其保密主体是生产单位和主管部门。但是在现实生活中，消费者的知情权和国家秘密之间可能会产生冲突。

对于国家秘密，《中华人民共和国保守国家秘密法》第5条明确规定，国家秘密受法律保护。一切国家机关和武装力量、各政党和各人民团体、企业事业组织和其他社会组织以及公民都有保密的义务。任何危害国家秘密安全的行为，都必须受到法律追究。所以，每个个人或社会其他组织都必须遵守国家关于保守国家秘密的法律规定。

对于消费者的知情权，《中华人民共和国消费者权益保护法》第8条规定，消费者享有知悉其购买、使用的商品或者接受的服务的真实情况的权利。消费者有权根据商品或者服务的不同情况，要求经营者提供商品的价格、产地、生产者、用途、性能、规格、等级、主要成分、生产日期、有效期限、检验合格证明、使用方法说明书、售后服务，或者服务的内容、规格、费用等有关情况。所以，消费者的知情权也是法律赋予公民个人的一项权利。

在两种权利之间存在重合或者交叉，甚至产生冲突的时候应当如何协调？根据权利冲突的一般基本原则，可以通过分析两种权利的位阶、权利的适当限制以及当事人之间的协商等理念进行处理。在司法实践中，往往采用社会利益优先原则，一般利益优于特殊利益等原则。在本案中，法官即采用了这种原则，即"消费者的知情权在面对国家秘密时负有容忍义务"，个人或社会其他组织不能以产品知情权被侵犯为由要求有关部门对其秘密予以披露。当

---

❶　湖南省衡阳市中级人民法院民事判决书（2014）衡中法民四终字第20号。

然，作为政府部门，应当尽量减少与人民生活息息相关产品中涉及国家秘密的数量，最大程度尊重公民的权益，实现社会福利最大化。

五、作为传统文化宣传普及

中医药具有文化性特征，中医药文化是中华文化的重要表现形式之一。2009 年国家中医药管理局在发布的《中医医院中医药文化建设指南》中，对中医药文化的内涵作出了界定："中医药文化是中华民族优秀传统文化的重要组成部分，是中医药学发生发展过程中的精神财富和物质形态，是中华民族几千年来认识生命、维护健康、防治疾病的思想和方法体系，是中医药服务的内在精神和思想基础。"2021 年中央宣传部在印发的《中华优秀传统文化传承发展工程"十四五"重点项目规划》中，又进一步明确将中医药文化弘扬工程列入 23 个重点项目之一。弘扬传承中医药文化是传承发展中华优秀传统文化的具体行动，涉及多个层次、多个方面的工作。

（一）中医药文化的具体内容

根据《中医医院中医药文化建设指南》，中医药文化在内容上包括与中医药相关的精神和器物以及凝结在其中的思维方式、价值观念和行为规范等。既包括中医学发生发展的历史演变及其背后的社会经济背景，也包括中医药自身的发展规律、价值理念和思维方式，同时也包括与其相关的历史故事、特有词语、历史文献、文物遗迹等。

中医药文化的核心价值是中医药文化的灵魂，决定着中医药文化的存在和发展，是中医药几千年发展进程中积累形成的文化精髓，也是中华民族深邃的哲学思想、高尚的道德情操和卓越的文明智慧在中医药中的集中体现。对于中医药文化的核心价值，主要体现为以人为本、医乃仁术、天人合一、调和致中、大医精诚等理念，即仁、和、精、诚。

"仁"，体现了中医仁者爱人、生命至上的伦理思想，以救死扶伤、济世活人为宗旨，表现为尊重生命、敬畏生命、爱护生命。

"和"，体现了中医崇尚和谐的价值取向，表现为天人合一的整体观，阴阳平和的健康观，调和致中的治疗观，以及医患信和、同道谦和的道德观。

"精"，体现了中医的医道精微，要求精勤治学，精研医道，追求精湛的医术。

"诚"，体现了中医人格修养的最高境界，要求心怀至诚于内，言行诚谨，表现在为人处事、治学诊疗、著述科研等方面贵诚笃端方，戒诳语妄言、弄虚作假。

（二）政府的职责

中共中央办公厅、国务院办公厅在 2017 年印发的《关于实施中华优秀传统文化传承发展工程的意见》中，对各级党委和政府在传承发展中华优秀文化中的职责时作了一般性规定，即各级党委和政府要从坚定文化自信、坚持和发展中国特色社会主义、实现中华民族伟大复兴的高度，切实把中华优秀传统文化传承发展工作摆上重要日程，加强宏观指导，提高组织化程度，纳入经济社会发展总体规划，纳入考核评价体系，纳入各级党校、行政学院教学的重要内容。各级党委宣传部门要发挥综合协调作用，整合各类资源，调动各方力量，推动形成党委统一领导、党政群协同推进、有关部门各负其责、全社会共同参与的中华优秀传统文化传承发展工作新格局。各有关部门和群团组织要按照责任分工，制定实施方案，完善工作机制，把各项任务落到实处。

《中医药法》第 45 条对县级以上人民政府宣传普及中医药文化作了规定，即县级以上人民政府应当加强中医药文化宣传，普及中医药知识，鼓励组织和个人创作中医药文化和科普作品。

国家中医药局等部门在《"十四五"中医药文化弘扬工程实施方案》中进一步规定：

首先，在中华优秀传统文化传承发展工程的总体框架下，完善中医药主管部门牵头组织、有关部门协同推进、社会力量共同参与的联动机制和工作格局。中医药主管部门将中医药文化工作摆在中医药全局工作的重要位置，成立领导机构，主要领导负责，精心组织实施中医药文化弘扬工程。

其次，加大对中医药文化弘扬工程专项资金的支持力度，进一步完善和优化投入机制，统筹利用现有资金渠道，支持重点项目。鼓励社会力量参与，依法依规推动政府和社会资本合作，发挥企业、基金会和有关单位的积极作用，建立健全社会力量参与中医药文化工作长效机制。

最后，中医药主管部门牵头定期对本地中医药文化弘扬工程开展评估考核，对重点任务进展进行评估，对重大项目资金使用开展监测评估，及时总结工程实施情况，报送评估考核报告，发现重大问题及时报告。

（三）普及宣传的规则

《"十四五"中医药文化弘扬工程实施方案》对中医药普及宣传工作的基

本规则作了原则性规定。

1. 坚持党的全面领导

把党的领导落实到中医药文化工作方方面面，为实现中医药文化高质量发展提供根本保障。坚持中国特色社会主义文化发展道路，推进文化自信自强，坚持马克思主义在意识形态领域指导地位的根本制度，传承发展中华优秀传统文化，弘扬社会主义核心价值观，充分发挥中医药文化特色优势，助力建设社会主义文化强国。

2. 坚持以人为本

以人民为中心，尊重人民主体地位，满足人民群众对中医药的健康需求和精神需求，注重文化熏陶和实践养成，推动中医药成为群众促进健康的文化自觉，不断增强人民群众的中医药文化参与感、获得感和认同感。

3. 坚持传承创新

遵循中医药自身发展规律，突出原创性、保持民族性、延续传统性、体现时代性，传承精华，守正创新，弘扬富有中华文明魅力、具有时代价值的中医药文化，推动创造性转化和创新性发展。

4. 坚持交流互鉴

坚守中华文化立场，加快推动中医药文化海外传播，满足各国民众对中医药文化的多层次需求，积极参与世界传统医学的对话交流，互学互鉴，助力中华文明传播力影响力增强，为推动构建人类命运共同体搭建沟通桥梁。

5. 坚持统筹协调

推动形成政府主导、部门联动、社会参与、多元投入的中医药文化工作格局，推动形成有利于中医药文化传承发展的体制机制和社会环境。

《中医药法》第 46 条对中医药文化宣传和知识普及作出了以下限制性规定。

第一，不得进行虚假宣传，牟取非法利益。

《中医药法》第 46 条第 1 款规定，开展中医药文化宣传和知识普及活动，应当遵守国家有关规定。任何组织或者个人不得对中医药作虚假、夸大宣传，不得冒用中医药名义牟取不正当利益。该规定意在防止歪曲宣传和贬损宣传，同时也为了维护市场秩序和保护消费者的合法权益。

【案例 31】 张某等假借中医之名行网络诈骗案

基本案情：

2020 年以来，被告人张某、李某等人商议以成立"保和药房"为幌子，假借"保和中医"的名义，招募不具备中医资质、中医专业知识的业务员冒充著名老中医或其助理，通过电信网络实施诈骗活动，逐步形成了以张某为首要分子，李某、陈某等人为主犯，赵某为从犯的犯罪集团，该犯罪集团通过百度、抖音等网络平台或软件进行虚假宣传，诱使被害人添加作案微信，后由业务员冒充老中医或其助理按照"公司"下发的"话术"帮被害人"分析""诊断"男性疾病，虚构"亲自配药""一人一方对症治疗"等事实，虚假承诺产品疗效，诱使被害人购买该犯罪集团随意配置的"三无"产品。该犯罪集团分为行政和业务两个部门，业务部门又分为一线和二线。行政部门主要负责业务统计、资产管理、发放工资以及发货等工作；业务部门的一线负责诈骗新进线的被害人，二线负责对已被诈骗过的被害人继续诈骗。该犯罪集团涉案金额共计人民币3400余万元。

溧阳市人民法院经审理后认为，被告人张某组织、领导被告人李某、陈某、赵某等人利用电信网络技术手段诈骗他人钱财，数额特别巨大，其行为已构成诈骗罪，系共同犯罪。依法判处被告人张某、李某、陈某、赵某犯诈骗罪，分别判处有期徒刑十四年、十二年十个月、十年八个月、三年六个月，分别并处罚金人民币一百万元、五十万元、五十万元、三万元，责令四名被告人共同对被害人承担退赔责任。一审宣判后，陈某不服，提起上诉。2022年6月30日，常州市中级人民法院二审裁定，驳回上诉，维持原判。❶

案件评述：

随着现代网络科技的发展，新犯罪手段层出不穷，以电信网络诈骗为代表的新型网络犯罪甚嚣尘上。电信网络诈骗是指以非法占有为目的，利用电信网络技术手段，通过远程、非接触等方式，诈骗公私财物的行为。其具有手段翻新快、远程非接触性、受害群体范围大等特点。本案是假借中医之名成立犯罪集团，划分行政和业务两部门，组织内人员分工明确，在群众常用的抖音、百度等网络平台和软件，虚构产品疗效，诱使被害人购买该犯罪集团随意配置的"三无"产品，网络诈骗金额高达3400余万元，给众多被害人带来了较大的经济损失。《中华人民共和国中医药法》第15条规定：从事中医医疗活动的人员应当依照《中华人民共和国执业医师法》的规定，通过中

---

❶ 江苏省常州市中级人民法院发布2022年度十大典型案例［EB/OL］．［2023-02-20］. https：//www.pkulaw.com/pal/a3ecfd5d734f711d9de04f2e376d8082d50215b0d5a6e2febdfb.html.

医医师资格考试取得中医医师资格，并进行执业注册。以师承方式学习中医或者经多年实践，医术确有专长的人员，由至少两名中医医师推荐，经省、自治区、直辖市人民政府中医药主管部门组织实践技能和效果考核合格后，即可取得中医医师资格；按照考核内容进行执业注册后，即可在注册的执业范围内，以个人开业的方式或者在医疗机构内从事中医医疗活动。第 19 条规定：医疗机构发布中医医疗广告，应当经所在地省、自治区、直辖市人民政府中医药主管部门审查批准；未经审查批准，不得发布。发布的中医医疗广告内容应当与经审查批准的内容相符合，并符合《中华人民共和国广告法》的有关规定。《中华人民共和国广告法》第 16 条规定："医疗、药品、医疗器械广告不得含有下列内容：（一）表示功效、安全性的断言或者保证；（二）说明治愈率或者有效率……"根据上述规定，从事中医医疗服务需要取得合法的执业资质，且进行中医医疗广告宣传需要获得省、自治区、直辖市人民政府中医药主管部门审查批准，同时，根据广告法的规定，医疗、药品、医疗器械广告不得含有表示功效、安全性的断言或者保证。承诺产品疗效即是违法广告。网络具有隐蔽性，患者在网络平台上购药或进行医疗咨询时，应提高警惕，注意识别电信网络诈骗方式、套路，树立正确的养生、保健理念，增强防诈杜骗意识，切实守住自己的"钱袋子"。

第二，不得使用非专业人员宣传专业知识。

《中医药法》第 46 条第 2 款规定，广播、电视、报刊、互联网等媒体开展中医药知识宣传，应当聘请中医药专业技术人员进行。该规定意在使中医药知识得以本色传承和正当使用，同样也为了维护消费者的合法权利不受侵害。

第二节　贯彻中医药法的相关保障措施

《中医药法》第 47～52 条规定了本法实施的保障措施，主要涉及财政政策、医保政策、定价政策、行业标准政策、评审专业化政策和少数民族医药的扶持政策等一些保障措施。

一、中医药领域的法律、法规与政策

我国政府始终对国家中医药事业非常关心和支持，民间社会对中医药的信赖度和使用率也有增无减，对中医药事业的认识也愈渐深刻。

（一）新中国成立以来中医药政策与法律演变

我国始终对中医药事业的发展政策予以高度重视，中医药的发展经历了"中医科学化"阶段、"西医学习中医"阶段、"中西医结合"阶段和"中西医并重"阶段，每个阶段的发展都与国家卫生发展政策和经济发展政策密切相关。

"中医科学化"阶段（1949—1954年）明确了"团结中西医"作为新中国三大卫生方针之一。"西医学习中医"阶段（1955—1978年）将中医药事业纳入国家发展的大政方针，中医药的政治地位和社会地位得到确立。

1978年中共中央转发卫生部《关于认真贯彻党的中医政策，解决中医队伍后继乏人问题的报告》标志着中医药事业的发展进入了"中西医结合"阶段（1979—1991年）。报告指出，当前卫生工作的紧迫任务之一，就是要根据中央的指示，加快落实党的中医政策，解决中医队伍后继乏人问题。报告对认真贯彻落实党的中医药政策、办好中医院校、培养中医药人才、办好中医医院、加强中医药研究机构建设、组织西医学习中医等提出了明确要求和措施。1982年，我国将"发展现代医药与我国传统医药"写进了宪法，为中医药发展提供了进一步的法律保障。

"中西医并重"阶段（1992年至今）中医药迎来了高速发展期。1991年，七届人大四次会议通过《中华人民共和国国民经济和社会发展十年规划和第八个五年计划纲要》，首次将"中西医并重"列为新时期卫生工作的五大方针之一。

表5　各年度代表性中医药相关政策与法律❶

年度	代表性政策或法律
1951	《中医师暂行条例》《中医诊所管理暂行条例》
1952	《医师、中医师、牙医师、药师考核暂行条例》
1954	党中央对《关于改进中医工作问题的报告》作了重要批示
1958	毛泽东对原卫生部党组《关于组织西医学习中医班总结报告》作了重要批语
1980	原卫生部发布《关于加强中医和西医结合工作的报告》

---

❶　现行由国家中医药管理局颁布的规范性文件见附录：国家中医药管理局现行有效的规范性文件（国中医药通〔2024〕1号发布）。

续表

年度	代表性政策或法律
1982	《中华人民共和国宪法》第 21 条规定：国家发展医疗卫生事业，发展现代医药和我国传统医药
1992	《中药品种保护条例》
2003	《乡村医生从业管理条例》
2003	《中医药条例》
2006	《传统医学师承和确有专长人员医师资格考核考试办法》
2008	《乡村医生考核办法》
2009	国务院发布《关于扶持和促进中医药事业发展的若干意见》
2015	《中医药法（草案)》发布
2017	《中医药法》施行
2017	《中医医术确有专长人员医师资格考核注册管理暂行办法》
2017	《中医诊所备案管理暂行办法》
2018	《国医大师、全国名中医学术传承管理暂行办法》
2021	国务院发布《关于加快中医药特色发展的若干政策措施》
2021	国家卫生健康委等发布《关于进一步加强综合医院中医药工作推动中西医协同发展的意见》
2022	《中医药统计工作管理办法（试行)》
2023	《中医药专业技术人员师承教育管理办法》
2023	国家中医药局综合司、国家卫生健康委办公厅《社区卫生服务中心 乡镇卫生院中医馆服务能力提升建设标准》《社区卫生服务站村卫生室中医阁建设标准》

随着各级政府相继颁布一些扶持中医药的相关制度文件，中医药管理规范和政策体系逐渐清晰。其中比较有代表性的法规和政策包括《中医药条例》、《中医药法》和《关于扶持和促进中医药事业发展的若干意见》等。

2003 年颁布实施的《中医药条例》属于行政法规，明确了继承和发展中医药学，保障和促进中医药事业的发展，统筹安排中医医疗机构的设置和布局，完善城乡中医服务网络等要求。该条例的实施填补了我国在中医药事业传承、发展与保障方面的制度空缺，逐渐形成了相对完善的中医药政策体系。但作为《药品管理法》的下位法，有关中药的研制、生产、经营、使用和监督管理等按照《药品管理法》的要求执行，因此该条例未顾及中医药传统知识的特殊性，例如经多年实践证实安全有效的中药上市审批周期长、知识产权保护方面法律依据缺失、中医药技术创新与师承条件较差等问题显著。

2009 年国务院发布《关于扶持和促进中医药事业发展的若干意见》提出"随着健康观念变化和医学模式转变，中医药越来越显示出独特优势"，因此要充分认识扶持和促进中医药事业发展的重要性和紧迫性，意见明确要求从中医药服务、中医药继承和创新、人才队伍建设、产业发展水平、国际化发展推进等角度加大对中医药的扶持，提高管理水平和管理能力。

虽然等级政府高度重视中医药发展，在各方面加大对中医药的扶持和投入，但政策法规仍倾向于现代医学思维模式制定，未能充分考虑中医药事业的特殊性，难以顾及中医药作为传统知识在师承、实践、创新、发展方面的特殊性政策需求。随着中医药在国民经济社会发展中的地位与作用愈加突出，党和国家高度重视中医药的健康发展，如何从制度上保障中医药健康发展已是迫切需要解决的问题，多年的制度探索终于使《中医药法》在 2016 年 12 月通过。

（二）《中医药法》的地位与作用

《中医药法》的颁布从法律地位上明确了中医药与西医药的平等地位，明确了遵循中医药发展规律、继承和创新相结合、扶持与规范并重等立法原则。创新性地提出诊所备案制、师承和医术确有专长人员的中医医师资格考核制、针对仅应用传统工艺配置的医疗机构中药制剂品种实行备案制等符合中医药传统知识发展规律的制度。同时系统提出了规范种植养殖管理、公开药品质检结果、落实国家技术规范、提高包装储存水平、建立流通追溯体系、深化中医药体系建设、建立传统知识保护数据库等制度要求以保障中医药传承与发展。

《中医药法》对相关保障措施作出了规定：明确了各级人民政府在规划编制、中医药管理体系建设、经费保障、医药卫生政策制定等方面的责任和义务；明确了各级人民政府及其有关部门在中医医疗服务收费项目、标准制定和扶持中医药发展方面的责任和义务；明确了有关部门在基本医疗保险制度建设中，扶持中医药发展的责任和义务；建立同行评议制度，要求开展与中医药有关的评审、评估、鉴定活动，应当成立专门组织或有中医药专家参加。

随后出台的一系列政策为《中医药法》的贯彻落实提供了政策保障。《中医药"一带一路"发展规划（2016—2020 年)》提出"五通"任务：政策沟通，完善政府间交流合作机制；资源互通，与沿线国家共享中医药服务；民心相通，加强与沿线国家人文交流；科技联通，推动中医药传承创新；贸易畅通，发展中医药健康服务业，为加强与"一带一路"沿线国家在中医药领域的交流与合作，开创中医药全方位对外开放新格局提供政策保障。《"健康中国 2030"规划纲要》作为推进健康中国建设的行动纲领，提出了一系列振兴中医药发展、服务健康中国建设的任务和举措。《中医药发展战略规划纲要（2016—2030 年》把中医药发展上升为国家战略，对新时期推进中医药事业发展作出系统部署。这些决策部署，描绘了全面振兴中医药、加快医药卫生体制改革、构建中国特色医药卫生体系、推进健康中国建设的宏伟蓝图。《中国的中医药》白皮书，是中国政府首次就中医药发展发表白皮书。其系统介绍了中医药的发展脉络及其特点，充分介绍了中国发展中医药的国家政策和主要措施，展示了中医药的科学价值和文化特点。

二、政府的财政支持政策

《中医药法》第 47 条规定，县级以上人民政府应当为中医药事业发展提供政策支持和条件保障，将中医药事业发展经费纳入本级财政预算。国务院办公厅除了在《关于加快中医药特色发展的若干政策措施》中明确了围绕夯实中医药人才基础、提高中药产业发展活力、增强中医药发展动力、完善中西医结合制度、实施中医药发展重大工程、提升中医药发展效益、营造中医药发展的良好环境七个方面 28 条具体政策措施，还建立了具有相当力度的、由政府支持的财政政策。

（一）建立持续稳定的多元投入机制

2023 年，国务院办公厅印发《中医药振兴发展重大工程实施方案》，在中医药健康服务高质量发展等八大工程的责任单位中，将财政部列为责任单位之一，这体现了《中医药法》规定的政府应当为中医药事业发展经费纳入财政预算的立法精神。同时要求各地各有关部门要完善投入保障机制，建立持续稳定的中医药发展多元投入机制。科学界定政府和市场投入责任，鼓励引导社会资本参与中医药振兴发展，各级政府在卫生健康投入中统筹安排中医药事业发展经费并加大支持力度。合理划分中央与地方财政事权和支出责任，形成合理投入机制。

　　财政部认真贯彻落实《中医药法》和《"十四五"中医药发展规划》等中央决策部署，积极加强资金统筹，加大力度支持中医药振兴发展。各级政府除了在本级财政预算中必须统筹安排中医药事业发展经费外，还开展其他形式的财政支持。如国务院办公厅在《关于加快中医药特色发展若干政策措施》（国办发〔2021〕3号）中提出了以政府专项债券等形式的财政支持措施。即，支持通过地方政府专项债券等渠道，推进符合条件的公立中医医院建设项目。

　　（二）以重点项目支持带动传承创新发展

　　除了一般性的中医药建设支持，国家鼓励以项目申报的形式进行重点支持。财政部和国家中医药管理局专门出台《关于组织申报中央财政支持中医药传承创新发展示范试点项目的通知》（财办社〔2023〕14号），指出中央财政拟支持实施中医药传承创新发展示范试点项目，重点支持以下方面的项目。

　　一是加快促进中医药技术传承创新。支持鼓励中医药专家带徒授业，传承名老中医学术经验，形成多层次师承教育体系。收集筛选推广民间中医药验方、秘方和技法，建立合作开发和利益分享机制，促进民间中医药技术方法传承发展。支持鼓励中医药科研创新，开展中医药防治疾病循证研究和多学科交叉中医药疗效机制研究，推动中医药理论、临床和应用多方面突破。

　　二是加快促进中医药人才发展。加强中医药高层次人才培养，培育形成领军人才、优秀人才、骨干人才梯次衔接的高水平中医药人才队伍。以全部社区卫生服务中心和乡镇卫生院配备中医医师为目标，有针对性地加强基层中医药人才供给，探索实施下得去、留得住、用得上的基层中医药人才政策。

　　三是加快促进中医药服务模式创新发展。推动中医医院高质量发展，建立健全体现中医药特点的现代医院管理制度，开展中医诊疗模式创新。推进智慧中医医院建设，提升中医医院信息化建设水平，全面实现检查检验结果互认。做优做强中医优势专科，及时总结形成诊疗方案，巩固扩大特色优势。建设智慧共享中药房，积极探索优化中药饮片采购配送模式，方便群众使用中药。

　　四是加快促进中医药管理体系创新。建立持续稳定的中医药发展多元化投入机制，完善中医药价格和医保支持政策。加强公立中医医院全面预算管理，实行全口径、全过程、全方位预算绩效管理，促进资源有效分配和使用。

健全现代中医医院财务管理制度,加强成本核算和控制,规范医院经济活动。

同时,《关于组织申报中央财政支持中医药传承创新发展示范试点项目的通知》对资金的使用也作了相关的规定,要求省级财政部门、中医药主管部门要组织对项目的必要性、实施条件、主要内容、资金估算等进行认真审查,严格把关,根据职责分工,对审查结果及申报材料的真实性、合规性、准确性负责,确保项目符合党中央、国务院关于促进中医药传承创新发展的要求。

三、合理的定价收费政策

《中医药法》第48条规定,县级以上人民政府及其有关部门应当按照法定价格管理权限,合理确定中医医疗服务的收费项目和标准,体现中医医疗服务成本和专业技术价值。

(一) 医疗机构的定价基本规则

我国《医疗机构管理条例》第36条规定,医疗机构必须按照人民政府或者物价部门的有关规定收取医疗费用。也就是说,医疗机构的定价和收费首先必须符合《价格法》、《价格管理条例》、《消费者权益保障法》和《反垄断法》等相关法律法规,实行宏观经济调控下主要由市场形成价格的机制,维护和促进公平、公开、合法的市场竞争,维护正常的价格秩序。目前的价格制定机制主要有市场调节价、政府指导价和政府定价等形式。其中,政府制定价格必须符合国家发展和改革委员会制定的《政府制定价格行为规则》。

国家卫生健康委员会和国家中医药管理局在《医疗机构内部价格行为管理规定》中规定,各级各类公立医疗机构应当建立由医疗机构分管领导、医务管理部门、价格管理部门、临床科室和医药物资采供等部门组成的医疗机构价格管理体系,科学管理、合理监控医疗服务成本,提升价格管理质量。医疗机构应当设立价格管理委员会,委员会成员应当由医疗机构分管领导、价格管理部门及财务、医务、护理、医保、信息、药事、物资管理、医技、质控、设备、纪检监察等职能科室负责人组成,负责全院价格管理工作的领导、组织和决策。

医疗服务项目的定价应当符合《全国医疗服务项目技术规范(2023年版)》的要求,《全国医疗服务项目技术规范(2023年版)》包括综合、诊断、治疗、康复和中医五个类别,分为综合医疗、病理学诊断、实验室诊查、影像学诊查、临床诊查、临床手术、临床非手术治疗、临床物理治疗、康复理疗、中医医疗十章。该规范是各地规范医疗服务收费项目的参考依据。

（二）中医医疗服务的定价规则

按照国家医保局等八部委印发的《深化医疗服务价格改革试点方案》的精神，在深化医疗服务价格改革过程中应当充分考虑中医医疗服务特点，支持中医传承创新发展。

总体来说，非营利性中医医疗机构提供的医疗服务除了应当符合医疗机构定价基本规则外，还应符合《全国医疗服务项目技术规范（2023年版）》中对中医医疗项目的专门性规定，该规定是规范医疗服务收费项目的参考依据，是中医医疗机构按项目提供服务而产生资源消耗的最小计量单元。

1. 中医医疗服务项目的范围和种类

根据《全国医疗服务项目技术规范（2023年版）》的规定，中医医疗项目是应用中医药理论和技术完成诊断治疗的医疗服务项目。包括中医诊查、中医治疗、中医综合三个部分，共计401项（与西医相同的诊疗项目，在相应的西医系统诊疗项目中查找，不重复列项）。其中项目涉及六岁及以下儿童的，在项目的整体资源消耗系数基础上增加不超过0.3倍。民族医（如藏医、蒙医等）医疗服务技术项目由各省（市、区）自行制定。

中医医疗项目包括中医诊查、中医治疗、针刺与灸法、中医推拿治疗和中医综合等五项。其中中医诊查包括经络穴位诊断、经络穴位分析、耳穴诊断、脉图诊断、舌象图诊断5项；中医治疗包括中医外治50项、中医骨伤治疗73项、针刺与灸法101项（包括针刺法41项、灸法21项、拔罐法8项和其他针灸治疗31项）、中医推拿治疗75项、中医肛肠治疗43项、中医特殊治疗29项；中医综合类有24项（其中中药特殊调配加工20项、辨证施膳4项）。

2. 中医医疗项目的收费标准

中医诊查、中医治疗、针刺与灸法、中医推拿治疗和中医综合五个类别的项目内涵、必需耗材、可选耗材、低值耗材、基本人力消耗及耗时、技术难度、风险程度、人力资源消耗相对值、收费票据分类和会计科目分类等在《全国医疗服务项目技术规范（2023年版）》中都作了详细规定，各地方政府主管部门可以参照此规范制定各地相对统一的项目收费标准，并按照规定程序报批。

各级中医医疗机构的收费标准如果没有政府制定的统一标准，可以根据

《医疗机构内部价格行为管理规定》进行新项目申报，其主要流程为：各医疗机构医院价格管理委员会在对新增价格项目的立项申报材料进行充分论证的基础上，由该医疗机构向省级卫生健康委申报，经批准确认后向省级医疗保障局申报价格项目。经省级医疗保障局通过审批后，该医疗机构可以根据新增项目的平均耗时、预计服务人次数、每次项目所需人工数、所需医疗材料费、低值易耗品和水电气消耗、器械折旧费、维修费、管理费用等进行测算，还可以和外省市类似项目价格进行比价来制定临时试行价格，进行公示并报省级医疗保障局和省级卫生健康委备案。新增项目的试行收费价格有效期为两年，两年后可以根据试行情况进行调整或确定为该项目的正式价格。试行期届满前六个月，医疗机构可以按程序提出项目转正申请。

对于中医医疗机构炮制自用的饮片、制剂实行自主定价。国务院印发的《关于加快中医药特色发展的若干政策措施》明确指出，要建立以临床价值和技术劳务价值为主要依据的中医医疗服务卫生技术评估体系，优化中医医疗服务价格政策。落实医疗服务价格动态调整机制，每年开展调价评估，符合启动条件的及时调整价格，充分考虑中医医疗服务特点，完善分级定价政策，重点将功能疗效明显、患者广泛接受、特色优势突出、体现劳务价值、应用历史悠久的中医医疗服务项目纳入调价范围。医疗机构炮制使用的中药饮片、中药制剂实行自主定价，符合条件的按规定纳入医保支付范围。

完善新增中医服务价格项目管理政策。国家医疗保障局和国家中医药管理局《关于医保支持中医药传承创新发展的指导意见》（医保函〔2021〕229号）中规定，对来源于古代经典、至今仍广泛应用、疗效确切的中医传统技术以及创新性、经济性优势突出的中医新技术，简化新增价格项目审核程序，开辟绿色通道。在医疗服务价格动态调整中重点考虑中医医疗服务项目，优先将功能疗效明显、患者广泛接受、特色优势突出、体现劳务价值、应用历史悠久，成本和价格明显偏离的中医医疗服务项目纳入调价范围。

【案例32】冯某福以售卖药材为名涉嫌非法行医案

基本案情：

2018年6月27日，某市卫计局接到群众来电投诉，称冯某福在中山市横栏镇顺庆二路丽港花园某商铺内开设一间中医诊所。同年7月4日，某市卫计局的卫生监督员到涉案商铺以及中山市益正大药房（以下简称益正药房）

进行检查，现场发现 2017 年及 2018 年的处方药销售记录，益正药房营业员不能提供处方单。某市卫计局对涉案商铺进行检查时确认由冯某福经营，现场发现号脉枕、医学影像胶片、医学检验报告单、多本记录有姓名日期诊断中药药方的记录本以及印有祖传传承中医冯某福肾炎肝癌心脏痛骨科等字样的卡片。

某市卫计局对冯某福进行询问并制作笔录，其在笔录中确认其未取得医师资格证书、医师执业证书，承认在 2018 年 2 月 26 日至 6 月 19 日期间多次为他人看病开中药处方的事实，确认 2018 年 3 月 2 日至 6 月 16 日益正药房返还给其相关费用共 46800 元。

冯某福辩称，其父辈均为医者，梁某带着患病的父亲梁某强多次向其求助，冯某福把自己的手抄本给梁某看，作为其治病的参考，并不存在开处方的事实。梁某及益正大药房给冯某福的转账是其父辈珍藏药材（穿山甲）经鉴定的价格，所以不存在违法所得。

2018 年 7 月 5 日，某市卫计局对梁某进行询问并制作询问笔录，梁某称其因父亲梁某强找冯某福看病后，由冯某福开药方并指定要求至益正药房购买药品，其父拿着药方到益正药房开药，其通过微信转账付款给益正药房的销售员。冯某福为其父号脉开药方并未收取费用。其父自 2018 年 2 月 26 日到 6 月 16 日在冯某福处看病开药方，期间现金及微信转账给益正药房的抓药费用共 70833 元，冯某福未向其提及穿山甲的费用。

同年 7 月 9 日，某市卫计局对益正药房的营业员李某某等作询问调查并制作询问笔录，李某某称冯某福开具处方，叫患者到该药房抓药，他通过电话、微信或在处方上标一个"福"字，有"福"字代表这张处方每剂药为冯某福多收 400 元诊金，诊金转给冯某福。关于穿山甲的问题，冯某福没有和药房说过穿山甲的收费情况，也没有叫药房帮他代收穿山甲的钱，每次他都是自己拿着穿山甲到药店，叫营业员按照他的药方打粉后称量好，配到患者梁某强的药方上。

2018 年 12 月 28 日，某市卫计局作出行政处罚决定书，认定冯某福于 2018 年 2 月 26 日至 6 月 19 日期间在中山市横栏镇丽港花园某商铺为梁某强开展中医诊疗活动，违法所得 46800 元，其行为属于"非医师行医"违法行为，违反《中华人民共和国执业医师法》第 14 条第 2 款的规定，依据《中华人民共和国执业医师法》第 39 条和《中山市卫生和计划生育局行政处罚自由裁量权细化标准》第 2 条的规定，决定对冯某福没收违法所得 46800 元并处罚款 60000 元，于同日送达冯某福。

冯某福不服，于 2019 年 1 月 3 日向被告市政府申请行政复议。市政府经审查，认为事实清楚，证据充分。2019 年 4 月 2 日，市政府作出行政复议决定书，决定维持某市卫计局作出的处罚决定。冯某福仍不服，诉至广东省中山市第一人民法院。法院经审理后，认定冯某福为梁某强开展中医诊疗的行为与药房对其返还费用之间明显存在因果关系，无论益正药房返还给冯某福的费用属于诊金还是买穿山甲的钱，均属于冯某福为梁某强开展中医诊疗活动产生的违法所得。法院最终认为某市卫计局认定冯某福属于"非医师行医"行为事实清楚，程序合法。市政府经复议，维持某市卫计局作出的涉案处罚决定，程序并无不当。最终判决驳回原告冯某福的诉讼请求。❶

案件评述：

本案为一起非医师从事中医诊疗行为的非法行医案，卫生行政部门以及法院根据违法行为事实认定当事人构成非法行医，并作出的处罚决定或者判决并无明显不当。但是本案中反映出中医诊疗行为收费问题需要引起我们反思。由于复杂的社会历史等原因，中医在发展过程中缺乏完善的制度规范，中医诊疗行为的价格管理也存在不统一、不规范之处。

《中医药法》第 48 条规定，县级以上人民政府及其有关部门应当按照法定价格管理权限，合理确定中医医疗服务的收费项目和标准，体现中医医疗服务成本和专业技术价值。我国《医疗机构管理条例》第 36 条规定，医疗机构必须按照人民政府或者物价部门的有关规定收取医疗费用。目前，公立医院的医疗服务项目的定价应当符合《全国医疗服务项目技术规范（2023 年版）》的要求。《全国医疗服务项目技术规范（2023 年版）》中对中医诊查、中医治疗、针刺与灸法、中医推拿治疗和中医综合等五个类别的项目内涵、必需耗材、可选耗材、低值耗材、基本人力消耗及耗时、技术难度、风险程度、人力资源消耗相对值、收费票据分类和会计科目分类等都作了详细规定，各地方政府主管部门可以参照此规范制定各地相对统一的项目收费标准，并按照规定程序报批。各级中医医疗机构的收费标准如果没有政府制定的统一标准，可以根据《医疗机构内部价格行为管理规定》进行新项目申报。国务院印发的《关于加快中医药特色发展若干政策措施》明确指出，充分考虑中医

---

❶ 广东省中山市第一人民法院行政判决书（2019）粤 2071 行初 1010 号。

医疗服务特点，对于中医医疗机构炮制自用的饮片、制剂实行自主定价，符合条件的按规定纳入医保支付范围。国家医疗保障局和国家中医药管理局在《医保支持中医药传承创新发展的指导意见》（医保函〔2021〕229号）中规定，完善新增中医服务价格项目管理政策。在医疗服务价格动态调整中重点考虑中医医疗服务项目，优先将功能疗效明显、患者广泛接受、特色优势突出、体现劳务价值、应用历史悠久，成本和价格明显偏离的中医医疗服务项目纳入调价范围。营利性医疗机构的自立项目，应根据公平、合法和诚实信用的原则自主合理定价，并应公示，接受监督。

本案中，冯某福未在行医场所悬挂收费标准，按照《医疗机构管理条例》第25条："医疗机构必须将《医疗机构执业许可证》、诊疗科目、诊疗时间和收费标准悬挂于明显处所。"冯某福虽然在无证诊所行医，但是也应遵守该价格公示规定。此外，冯某福对患者的收费方式也有待商榷，其能否委托他人代为收取费用？收取费用的标准是什么？笔者认为，出于保护患者利益考虑，冯某福委托他人代收费用不应当损害第三人利益，且冯某福应当做一个必要说明，明确委托关系以及费用标准等。

四、建立健全中医药国内国际标准

《中医药法》第50条规定，国家加强中医药标准体系建设，根据中医药特点对需要统一的技术要求制定标准并及时修订。中医药国家标准、行业标准由国务院有关部门依据职责制定或者修订，并在其网站上公布，供公众免费查阅。国家推动建立中医药国际标准体系。

中医药标准是遵循中医药自身发展规律，夯实中医药传承发展基础，确保中医药守正创新，弘扬传播中医药技术运用的基础性工作。

（一）中医药标准的管理

2023年10月7日，国家中医药管理局专门制定并印发《中医药标准管理办法》，对中医药推荐性国家标准、行业标准的制定、实施和监督等作了具体规定。2024年7月9日，国家药品监督管理局组织制定并发布了《中药标准管理专门规定》，对中药材、中药饮片、中药配方颗粒、中药提取物、中成药等的国家药品标准、药品注册标准和省级中药标准的基本要求、研究和制定、修订、程序与实施等作了具体的规定。目前，对中医药类标准的管理主要包括下列内容。

1. 标准制定的基本原则

《中医药标准管理办法》和《中药标准管理专门规定》均规定，中医药标准的管理，是为了加强中医药标准化工作，规范中医药标准管理行为，建立符合中医药特点的中医药标准管理体系，促进中医药标准高质量发展。

《中医药标准管理办法》规定，对满足基础通用、与强制性国家标准配套、对中医药行业起引领作用等需要的技术要求，可以制定中医药推荐性国家标准。对没有推荐性国家标准、需要在中医药行业范围内统一的技术要求，可以制定中医药行业标准。

《中药标准管理专门规定》规定，中药标准的管理应当坚持传承与创新并重，坚持科学、严谨、实用、规范的原则，坚持以临床为导向，坚持对中药质量的整体评价，关注中药质量安全风险，倡导绿色低碳的标准发展理念。

2. 标准制定（修订）的主体

《中医药标准管理办法》第 3 条规定，制定中医药标准应当在科学技术研究成果和社会实践经验的基础上，深入调查论证，广泛征求意见，保证标准的科学性、规范性、时效性、协调性，提高中医药标准质量。

《中医药标准管理办法》规定，国家中医药管理局依法负责职责范围内的中医药标准管理工作，实施归口管理，分工负责。国家中医药管理局组建中医药标准咨询专家库，由标准化工作办公室负责组织专家组对中医药标准开展审核。全国中医药各专业标准化技术委员会在国家中医药管理局的指导下，负责本专业领域国家标准起草、征求意见、技术审查、复审和解释工作。

《中药标准管理专门规定》第 43 条规定，中药标准的修订，应当遵循药品全生命周期管理理念，对药品标准适用性进行评估，结合产品特点和实际情况，逐步提升中药质量控制水平。第 10 条规定，鼓励和支持企业、社会第三方积极参与中药标准的研究和提高，加大信息、技术、人才和经费的投入，并对中药标准提出合理的制定或者修订意见和建议。

《中药标准管理专门规定》规定，国家药典委员会根据中药监督管理工作需要，适时组织对中药注册标准或者省级中药标准进行评估，符合条件的，可制定国家药品标准。国家药品监督管理局根据中药标准发展和监督管理的需要，组织制定中药标准工作规划及其实施计划。国家药典委员会、国家药品监督管理局药品审评中心以及省级药品监督管理部门应当结合中药研究进展和实际，分别组织制定中药国家药品标准、中药注册标准以及省级中药标准修订的技术要求，持续完善中药标准技术体系。

3. 标准的发布和利用

《中医药标准管理办法》规定，中医药国家标准报国务院标准化行政主管部门按照有关规定发布。中医药行业标准由国家中医药管理局以公告形式发布，并报国务院标准化行政主管部门备案。中医药国家标准由国务院标准化行政主管部门按照有关规定出版公开。中医药行业标准由国家中医药管理局出具刊定的标准文本，免费向社会公开。

根据《药品标准管理办法》，国务院药品监督管理部门负责公布国家药品标准。省级药品监督管理部门负责发布省级中药标准。中药材及中药饮片国家药品标准起草单位应当将标准研究用的代表性样品提交并留存于中国食品药品检定研究院。中药材及中药饮片省级中药标准起草单位应当将标准研究用的代表性样品提交并留存于对应的省级药品检验机构。标本和样品留存单位应当加强管理，对外提供查阅服务。中药标准发布与正式实施之间应当留出合理的过渡期，过渡期一般为 6 个月。国家药品监督管理局或者省级药品监督管理部门应当推进数字化、信息化技术在中药标准管理工作中的应用，建立数字化平台。

（二）中医药标准的分类

《中医药标准管理办法》规制的中医药标准主要分为推荐性国家标准和行业标准两类。中医药推荐性国家标准，是指对满足基础通用、与强制性国家标准配套、对中医药行业起引领作用等需要的技术要求。中医药行业标准，是指对没有推荐性国家标准、需要在中医药行业范围内统一的技术要求。

另外，中医药标准还包括团体标准和国际标准。根据国家标准化管理委员会、民政部印发的《团体标准管理规定》，团体标准是依法成立的社会团体为满足市场和创新需要，协调相关市场主体共同制定的标准。根据国家中医药管理局印发的《中医药团体标准管理办法》，中医药团体标准是国家中医药管理局业务主管（联系）的社会团体为满足中医药市场和创新需要，协调相关主体共同制定的标准，包括但不限于中医药技术、指南、规范及管理服务等类别。目前的中医药团体标准主要包括由中华中医药学会等制定的《中药标准汤剂制备技术规范》（T/CACM 1572—2024）等 2300 余项标准。

根据原国家质量监督检验检疫总局于 2001 年公布的《采用国际标准管理办法》："国际标准是指国际标准化组织（ISO）、国际电工委员会（IEC）和国际电信联盟（ITU）制定的标准，以及国际标准化组织确认并公布的其他国际组织制定的标准。"根据国际标准化组织/中医药技术委员会（ISO/TC 249）第十三次全体成员大会上报道：截至 2023 年 6 月，ISO/TC 249 已正式发布 95 项中医药国际标准，正在制定的国际标准 31 项。其中包括《中医基本理论术语》《中医药——中成药调剂的质量与安全》等国际标准。

根据《中医药标准管理办法》的规定，中医药标准一般不涉及专利技术，如果在中医药标准中涉及的专利应当是实施该标准必不可少的专利，其管理按照国家标准化委员会和国家知识产权局联合发布的《国家标准涉及专利的管理规定（暂行）》、中国标准化协会发布的《标准必要专利认定方法》等有关规定执行。

（三）中医药现行国家标准和行业标准

近年来，中国政府及有关部门高度重视中医药标准化工作，并作为中医药事业发展的基础性、全局性和战略性工作。由国家中医药管理局、国家标准化委员会、中华中医药学会、国际标准化组织/中医药技术委员会、世界中医药学会联合会、中国民族医药协会等有关组织制定了一大批中医药标准。

1. 现行国家标准

目前在中国实行的中医药国家标准共有《中医临床诊疗术语 第 1 部分：疾病》等八十余项（见表 6），具体可以查询国家中医药管理局政策法规与监督司/国家中医药管理局中医药标准化工作办公室的官网 http：//standrads. ccebtcm. org. cn。

表 6 有关中医临床诊疗术语的标准

标准名称	标准编号	制定单位	颁布时间
中医临床诊疗术语 第 1 部分：疾病	GB/T 16751. 1—2023	全国中医标准化技术委员会	2023-03-17
中医临床名词术语 第 2 部分：外科学	GB/T 42467. 2—2023	全国中医标准化技术委员会	2023-03-17
中医临床名词术语 第 8 部分：眼科学	GB/T 42467. 8—2023	全国中医标准化技术委员会	2023-03-17
中医临床诊疗术语 第 3 部分：治法	GB/T 16751. 3—2023	全国中医标准化技术委员会	2023-03-17

标准名称	标准编号	制定单位	颁布时间
中医临床名词术语 第6部分：妇科学	GB/T 42467.6—2023	全国中医标准化技术委员会	2023-03-17
中医临床名词术语 第4部分：肛肠科学	GB/T 42467.4—2023	全国中医标准化技术委员会	2023-03-17
中医临床名词术语 第7部分：儿科学	GB/T 42467.7—2023	全国中医标准化技术委员会	2023-03-17
中医临床名词术语 第3部分：皮肤科学	GB/T 42467.3—2023	全国中医标准化技术委员会	2023-03-17
中医临床名词术语 第9部分：耳鼻喉科学	GB/T 42467.9—2023	全国中医标准化技术委员会	2023-03-17
中医临床名词术语 第5部分：骨伤科学	GB/T 42467.5—2023	全国中医标准化技术委员会	2023-03-17
中医临床名词术语 第1部分：内科学	GB/T 42467.1—2023	全国中医标准化技术委员会	2023-03-17
中药材种子（种苗）三七	GB/T 41624—2022	全国中药材种子（种苗）标准化技术委员会	2022-07-11
中药材种子（种苗）白术	GB/T 41365—2022	全国中药材种子（种苗）标准化技术委员会	2022-03-09
中药材（植物药）新品种评价技术规范	GB/T 41277—2022	全国中药材种子（种苗）标准化技术委员会	2022-03-09
中药材种子（种苗）金莲花	GB/T 41361—2022	全国中药材种子（种苗）标准化技术委员会	2022-03-09
中药材种子（种苗）菘蓝	GB/T 41360—2022	全国中药材种子（种苗）标准化技术委员会	2022-03-09
中药材种子（种苗）丹参	GB/T 41363—2022	全国中药材种子（种苗）标准化技术委员会	2022-03-09

续表

标准名称	标准编号	制定单位	颁布时间
中药材种子（种苗）平贝母	GB/T 41364—2022	全国中药材种子（种苗）标准化技术委员会	2022-03-09
中药材种子（种苗）明党参	GB/T 41362—2022	全国中药材种子（种苗）标准化技术委员会	2022-03-09
针灸技术操作规范 第15部分：眼针	GB/T 21709.15—2021	全国针灸标准化技术委员会	2021-12-31
中药材种子检验规程	GB/T 41221—2021	全国中药材种子（种苗）标准化技术委员会	2021-12-31
中医技术操作规范 儿科 第1部分：小儿内治给药方法	GB/Z 40893.1—2021	全国中医标准化技术委员会	2021-11-26
针灸技术操作规范 第2部分：头针	GB/T 21709.2—2021	全国针灸标准化技术委员会	2021-11-26
中医技术操作规范 儿科 第2部分：小儿常用外治法	GB/Z 40893.2—2021	全国中医标准化技术委员会	2021-11-26
中医技术操作规范 儿科 第4部分：小儿推拿疗法	GB/Z 40893.4—2021	全国中医标准化技术委员会	2021-11-26
针灸临床实践指南制定及其评估规范	GB/T 40972—2021	全国针灸标准化技术委员会	2021-11-26
中医临床诊疗术语 第2部分：证候	GB/T 16751.2—2021	全国中医标准化技术委员会	2021-11-26
针灸技术操作规范 第3部分：耳针	GB/T 21709.3—2021	全国针灸标准化技术委员会	2021-11-26
针灸门诊基本服务规范	GB/T 40973—2021	全国针灸标准化技术委员会	2021-11-26
中医技术操作规范 儿科 第5部分：小儿拔罐疗法	GB/Z 40893.5—2021	全国中医标准化技术委员会	2021-11-26

标准名称	标准编号	制定单位	颁布时间
清艾条	GB/T 40975—2021	全国针灸标准化技术委员会	2021-11-26
中医技术操作规范 儿科第6部分：小儿灯火燋法	GB/Z 40893.6—2021	全国中医标准化技术委员会	2021-11-26
中医四诊操作规范 第1部分：望诊	GB/T 40665.1—2021	全国中医标准化技术委员会	2021-11-26
中医四诊操作规范 第4部分：切诊	GB/T 40665.4—2021	全国中医标准化技术委员会	2021-11-26
经外奇穴名称与定位	GB/T 40997—2021	全国针灸标准化技术委员会	2021-11-26
中医技术操作规范 儿科第3部分：小儿针灸疗法	GB/Z 40893.3—2021	全国中医标准化技术委员会	2021-11-26
中医四诊操作规范 第3部分：问诊	GB/T 40665.3—2021	全国中医标准化技术委员会	2021-11-26
灸用艾绒	GB/T 40976—2021	全国针灸标准化技术委员会	2021-11-26
中医四诊操作规范 第2部分：闻诊	GB/T 40665.2—2021	全国中医标准化技术委员会	2021-11-26
中医技术操作规范 皮肤科中药药浴	GB/Z 40902—2021	全国中医标准化技术委员会	2021-11-26
经穴名称与定位	GB/T 12346—2021	全国针灸标准化技术委员会	2021-11-26
中医技术操作规范 外科挂线法	GB/Z 40669—2021	全国中医标准化技术委员会	2021-10-11
中医药学主题词表编制规则	GB/T 40670—2021	全国中医标准化技术委员会	2021-10-11
中医技术操作规范 外科结扎法	GB/Z 40671—2021	全国中医标准化技术委员会	2021-10-11
中医技术操作规范 皮肤科中药蒸气浴	GB/Z 40666—2021	全国中医标准化技术委员会	2021-10-11
中医技术操作规范 皮肤科中药面膜	GB/Z 40668—2021	全国中医标准化技术委员会	2021-10-11

续表

标准名称	标准编号	制定单位	颁布时间
中医病证分类与代码	GB/T 15657—2021	全国中医标准化技术委员会	2021-10-11
中医技术操作规范 皮肤科 中药离子喷雾	GB/Z 40667—2021	全国中医标准化技术委员会	2021-10-11
健康管理保健服务规范	GB/T 39509—2020	全国保健服务标准化技术委员会	2020-11-19
保健调理按摩技术操作规范	GB/T 39511—2020	全国保健服务标准化技术委员会	2020-11-19
老年保健服务规范	GB/T 39510—2020	全国保健服务标准化技术委员会	2020-11-19
体重控制保健服务要求	GB/T 34821—2017	全国保健服务标准化技术委员会	2017-11-01
母婴保健服务场所通用要求	GB/T 33855—2017	全国保健服务标准化技术委员会	2017-05-31
针灸异常情况处理	GB/T 33415—2016	全国针灸标准化技术委员会	2016-12-30
穴位贴敷用药规范	GB/T 33414—2016	全国针灸标准化技术委员会	2016-12-30
针灸技术操作规范 编写通则	GB/T 33416—2016	全国针灸标准化技术委员会	2016-12-30
保健按摩器具售后服务规范	GB/T 33354—2016	全国保健服务标准化技术委员会	2016-12-13
保健按摩器具安全使用规范	GB/T 33355—2016	全国保健服务标准化技术委员会	2016-12-13
中药方剂编码规则及编码	GB/T 31773—2015	全国中药标准化技术委员会	2015-05-29
中药编码规则及编码	GB/T 31774—2015	全国中药标准化技术委员会	2015-05-29
中药在供应链管理中的编码与表示	GB/T 31775—2015	全国中药标准化技术委员会	2015-05-29
保健服务业分类	GB/T 30444—2013	全国保健服务标准化技术委员会	2013-12-31

续表

标准名称	标准编号	制定单位	颁布时间
针灸学通用术语	GB/T 30232—2013	全国中药标准化技术委员会	2013-12-31
保健服务通用要求	GB/T 30443—2013	全国保健服务标准化技术委员会	2013-12-31
腧穴主治	GB/T 30233—2013	全国中药标准化技术委员会	2013-12-31
针灸技术操作规范 第16部分：腹针	GB/T 21709.16—2013	全国针灸标准化技术委员会	2013-12-31
针灸技术操作规范 第22部分：刮痧	GB/T 21709.22—2013	全国针灸标准化技术委员会	2013-12-31
针灸技术操作规范 第21部分：毫针基本手法	GB/T 21709.21—2013	全国中药标准化技术委员会	2013-12-31
针灸技术操作规范 第13部分：芒针	GB/T 21709.13—2013	全国中药标准化技术委员会	2013-12-31
针灸技术操作规范 第17部分：鼻针	GB/T 21709.17—2009	全国针灸标准化技术委员会	2009-02-06
针灸技术操作规范 第19部分：腕踝针	GB/T 21709.19—2009	全国针灸标准化技术委员会	2009-02-06
针灸技术操作规范 第12部分：火针	GB/T 21709.12—2009	全国针灸标准化技术委员会	2009-02-06
针灸技术操作规范 第14部分：鍉针	GB/T 21709.14—2009	全国针灸标准化技术委员会	2009-02-06
针灸技术操作规范 第11部分：电针	GB/T 21709.11—2009	全国针灸标准化技术委员会	2009-02-06
针灸技术操作规范 第20部分：毫针基本刺法	GB/T 21709.20—2009	全国针灸标准化技术委员会	2009-02-06
腧穴定位人体测量方法	GB/T 23237—2009	全国针灸标准化技术委员会	2009-02-06
针灸技术操作规范 第18部分：口唇针	GB/T 21709.18—2009	全国针灸标准化技术委员会	2009-02-06
腧穴定位图	GB/T 22163—2008	全国针灸标准化技术委员会	2008-07-02

续表

标准名称	标准编号	制定单位	颁布时间
耳穴名称与定位	GB/T 13734—2008	全国针灸标准化技术委员会	2008-04-23
针灸技术操作规范 第7部分 皮肤针	GB/T 21709.7—2008	全国针灸标准化技术委员会	2008-04-23
针灸技术操作规范 第5部分 拔罐	GB/T 21709.5—2008	全国针灸标准化技术委员会	2008-04-23
针灸技术操作规范 第1部分 艾灸	GB/T 21709.1—2008	全国针灸标准化技术委员会	2008-04-23
针灸技术操作规范 第6部分 穴位注射	GB/T 21709.6—2008	全国针灸标准化技术委员会	2008-04-23
针灸技术操作规范 第4部分 三棱针	GB/T 21709.4—2008	全国针灸标准化技术委员会	2008-04-23
针灸技术操作规范 第10部分 穴位埋线	GB/T 21709.10—2008	全国针灸标准化技术委员会	2008-04-23
针灸技术操作规范 第8部分 皮内针	GB/T 21709.8—2008	全国针灸标准化技术委员会	2008-04-23
针灸技术操作规范 第9部分 穴位贴敷	GB/T 21709.9—2008	全国针灸标准化技术委员会	2008-04-23

2. 现行行业标准

目前在中国实行的现行中医药行业标准共有《中医儿科病证诊断疗效标准》等九项及修订通则一项（见表7），具体可以查询国家中医药管理局政策法规与监督司/国家中医药管理局中医药标准化工作办公室的官网 http：//standards.ccebtcm.org.cn。

表7 有关中医病证诊断疗效的标准

标准名称	标准编号	归口单位	日期
中医儿科病证诊断疗效标准	ZY/T 001.4—1994	国家中医药管理局	1994-06-28
中医耳鼻喉科病证诊断疗效标准	ZY/T 001.6—1994	国家中医药管理局	1994-06-28

续表

标准名称	标准编号	归口单位	日期
中医妇科病证诊断疗效标准	ZY/T 001.3—1994	国家中医药管理局	1994-06-28
中医肛肠科病证诊断疗效标准	ZY/T 001.7—1994	国家中医药管理局	1994-06-28
中医骨伤科病证诊断疗效标准	ZY/T 001.9—1994	国家中医药管理局	1994-06-28
中医内科病证诊断疗效标准	ZY/T 001.1—1994	国家中医药管理局	1994-06-28
中医皮肤科病证诊断疗效标准	ZY/T 001.8—1994	国家中医药管理局	1994-06-28
中医外科病证诊断疗效标准	ZY/T 001.2—1994	国家中医药管理局	1994-06-28
中医眼科病证诊断疗效标准	ZY/T 001.5—1994	国家中医药管理局	1994-06-28
中医病证诊断与疗效评价规范制修订通则	ZY/T 10—2024	国家中医药管理局	2024-07-21

【案例33】 中医药国际标准的建立与影响

新闻简介：中医药 ISO 国际标准"中医药-川芎"正式发布

四川省中医药管理局 18 日发布消息称，国际标准化组织（ISO）日前正式发布了"中医药-川芎"国际标准。该标准是四川主导研制的首个中医药 ISO 国际标准。

据了解，该标准是四川中医药领域国际标准化建设进程中的一次重要突破，是四川主动对接高标准国际经贸规则的生动实践，填补了四川省中医药国际标准制订的空白，为川芎药材国际贸易取得了规则上的主动权，对培育四川省中医药国际经济合作和竞争新优势具有积极的作用。

川芎是著名的川产道地药材，应用广泛，2020 年版《中国药典（一部）》收载中药成方制剂和单味制剂 1607 种，其中含川芎成方 246 个，占比 15.3%。为深入推进四川中医药出川出海，高质量融入"一带一路"建设，2019 年，在国、省两级市场监督及中医药主管部门的指导下，组成技术团队联合发起"中医药-川芎"国际标准提案，于2021年7月通过投票获得正式立项。

该提案针对川芎药材在国际贸易中的困扰问题，结合相关国家和区域药典等标准收载情况，对包括挥发油、水分、浸出物、农残、重金属等重要指标进行深入研究和考察，通过反复磋商和充分讨论，与各国在指标设置及限值规定达成共识。

近年来，四川省委、省政府将中医药产业作为万亿级医药健康产业发展的重要内容。四川省中医药管理局坚持标准引领，推进中医药融入经济社会发展大局，牵头组建中医药标准化技术委员会，发布一系列中医药标准，主导发布及在研的ISO国际标准项目4项、中医药省级地方标准59项，涉及中医中药服务、道地药材认证、种子种苗分级、药材传统及机械化生产、质量追溯等方面，标准的实施应用有力促进了中医药产业高质量发展，带动四川中医药产业走向世界。❶

新闻评述：

中医药是中华民族优秀的传统文化瑰宝，中医药的传承和发展需要标准化的推动。标准化是衡量中医药学科成熟度、规范中医药行业管理的必要手段，也是稳定和提升中医药诊疗效果、推进中医药治理体系和治理能力现代化的必由之路。❷根据《中华人民共和国标准化法》将标准进行的层级分类，中医药标准可分为国际标准、国家标准、行业标准、地方标准、团体标准和民族标准。

标准化是助推中医药发展、促进中医药走出国门，走向国际市场的关键。2009年9月，ISO正式批准成立ISO/TC 249中医药技术委员会，但我国中医药国内标准向国际标准转化较慢，日韩等东亚国家对中医药标准的主动性和积极性更强，在中医药标准化的道路上，日韩走在了中国前列。据央广网报道，截至2023年，日本汉方药企业已超过200家，在中成药国际市场每年160亿至200亿美元的份额中，日本约占据了80%以上的份额。另据新华社报道，截至2023年，中医药已传播至196个国家和地区，中国已与共建"一带一路"国家合作建设30个高质量中医药海外中心，建设了50个中医药国际

---

❶ 中国新闻网. 中医药ISO国际标准《中医药-川芎》正式发布 [EB/OL]. [2024-06-18]. https://baijiahao.baidu.com/s? id=1793869599957304363&wfr=spider&for=pc.

❷ 刘清泉. 健全标准体系促进中医药传承创新发展 [J]. 中国卫生, 2024 (3): 23.

合作基地和一批国家中医药出口基地，为中医药高质量国际合作打下了坚实基础。❶

　　目前，我国已发布一系列中医药相关标准，标准体系已见雏形。但是，标准体系不完善，标准质量不高、修订不及时、应用不足、研究乏力等方面的问题依然存在。总体来看，中医药领域的推荐性国家标准数量仍然较少，覆盖面也较窄，管理体系尚不完备，标准制定或修订不及时。中医药缺乏统一的国际标准，特别是对于安全与质量的控制，成为中医药"走出去"的堵点和难点。解决不同国家和地区专家间的分歧是中医药国际化的首要任务。

　　ISO 于 2024 年 3 月正式发布"中医药-川芎"国际标准。作为四川省首个中医药类 ISO 国际标准，为川芎药材国际贸易取得规则上的主动权。国家中医药管理局相关负责人称，"十四五"期间，已推动 ISO 新颁布 38 项中医药国际标准。截至 2025 年 1 月 2 日，ISO 中医药技术委员会十余年来已正式发布 173 项中医药国际标准，实现 ISO 领域中医药国际标准的重大突破。❷

　　我国《中医药发展战略规划纲要（2016—2030 年)》将"完善中医药标准体系"作为中医药发展的保障措施之一。2021 年 1 月，国务院办公厅印发《关于加快中医药特色发展的若干政策措施》指出，实施中医药发展重大工程，中医药管理部门要加大中医药标准制定等的工作力度，加快建立健全中医药标准体系。因此，在中医药标准化建设过程中我们还应该：一是优化中医药标准化研究体系，加强中医药标准体系顶层设计；二是扎实推进中医药标准化基础研究，积极引导高质量科技成果向标准转化；三是推进中医药国际标准化工作，标准引领中医药传承发展。❸ 在推进中医药国际标准化的过程中，应当加强重点领域中医药国际标准制定、充分发挥企业、团体在国际标准制定中的作用、提升中医药国际标准申报项目质量、加强中医药国际标准申报平台建设。❹

---

❶　赵婧. 贾正兰委员：以标准化建设"破题"　助力中医药扬帆"出海"［N］. 各界导报，2024-03-07（004）.

❷　International Organization for Standardization［DB/OL］.［2024-01-02］. http：//iso. org/standards. html.

❸　刘清泉. 健全标准体系促进中医药传承创新发展［J］. 中国卫生，2024（3）：23.

❹　王丁熠，王晶亚，刘玉祁，等. 中方 ISO 中医药国际标准申报现状分析及建议［J］. 中国中医基础医学杂志，2023，29（1）：104-108.

五、优先纳入医疗保障体系

《中医药法》第 47 条第 2 款规定，县级以上人民政府及其有关部门制定基本医疗保险支付政策、药物政策等医药卫生政策，应当有中医药主管部门参加，注重发挥中医药的优势，支持提供和利用中医药服务。《中医药法》第 49 条规定，县级以上地方人民政府有关部门应当按照国家规定，将符合条件的中医医疗机构纳入基本医疗保险定点医疗机构范围，将符合条件的中医诊疗项目、中药饮片、中成药和医疗机构中药制剂纳入基本医疗保险基金支付范围。国家医疗保障局和国家中医药管理局在《关于医保支持中医药传承创新发展的指导意见》（医保函〔2021〕229 号）中明确规定，优先将国家发布的中医优势病种纳入按病种付费范围。

在医疗保险、养老保险、失业保险、工伤保险和生育保险等五个社会保险中，医疗保险是其中最重要的一部分。基本医疗保险制度是减轻群众就医负担、增进民生福祉、维护社会和谐稳定的重大制度安排。中共中央、国务院《关于促进中医药传承创新发展的意见》和国务院办公厅《关于加快中医药特色发展的若干政策措施》等文件中都体现了《中医药法》的精神，发挥医疗保障制度在支持中医药传承创新发展中的作用。国家医疗保障局和国家中医药管理局在《医保支持中医药传承创新发展的指导意见》中具体落实了《中医药法》第 49 条的规定。

（一）将符合条件的中医医疗机构纳入医保定点

充分发挥医疗保障制度的职能作用，进一步完善中医药医保支持政策，是党中央、国务院的重要决策部署，是满足人民群众日益增长的医疗健康需求的必然要求。

《中医药法》第 49 条规定，将符合条件的中医医疗机构纳入基本医疗保险定点医疗机构范围。为此，《关于医保支持中医药传承创新发展的指导意见》规定：

首先，及时将符合条件的中医（含中西医结合、少数民族医，下同）医疗机构、中药零售药店等纳入医保定点协议管理。按规定将符合条件的提供中医药服务的基层医疗卫生机构和康复医院、安宁疗护中心、护理院以及养老机构内设中医医疗机构纳入医保定点管理。

其次，及时将符合条件的定点中医医疗机构纳入异地就医直接结算定点范围，提升中医医疗机构区域辐射力。

最后，开展互联网诊疗的定点中医医疗机构，按规定与统筹地区医保经办机构签订补充协议后，将其提供的"互联网+"中医药服务纳入医保支付范围。

（二）将适宜的中药和中医医疗服务项目纳入医保支付范围

《中医药法》第49条规定，将符合条件的中医诊疗项目、中药饮片、中成药和医疗机构中药制剂纳入基本医疗保险基金支付范围。为此，《关于医保支持中医药传承创新发展的指导意见》规定：

其一，将中药制剂纳入医保药品目录。按规定将符合条件的中药饮片、中成药、医疗机构中药制剂等纳入医保药品目录。将经国家谈判纳入医保目录的中成药配备、使用纳入监测评估。充分利用"双通道"药品管理机制，将参保患者用药的渠道拓展到定点零售药店，更好地保障参保群众用药需求。各地应根据基金承受能力和临床需要，按程序将符合条件的民族药、医疗机构中药制剂和中药饮片纳入本地医保支付范围，并建立动态调整机制。将符合《处方管理办法》和《医院中药饮片管理规范》但超出《中国药典》规定常用剂量开具的中药饮片纳入医保支付范围。

其二，对中医特色优势项目予以倾斜。加大对中医特色优势医疗服务项目的倾斜力度。鼓励各地将疗效确切、体现中医特色优势的中医适宜技术纳入医保支付范围。规范使用中医医疗服务项目，医保支付不得设置不合理限制。

其三，中医防治疫情费用纳入医保支付范围。注重发挥中医药在重大疫情防治中的积极作用，建立完善符合疫情诊疗规范的中医药费用按规定纳入医保支付范围的机制。

其四，进一步加强医保支持中医服务力度。加强医保总额预算管理，根据中医医疗机构的特点合理确定总额指标，加大对基层医疗卫生机构开展中医药服务的支持力度。对于中医医疗机构牵头组建的紧密型县域医共体在总额预算上适当倾斜。

六、参与中医药有关的政策制定

政策和法律是人民根本利益和共同意志的集中体现，是对社会主义民主的确认和保障，所以正确的决策和政策制定应当有相应的利害关系人参与其全过程。中医药的权利人或者权益人主要涉及中医药传承人、中医药从业人员和中医药行政管理部门等。

（一）中医药行政主管部门的参与权

《中医药法》第 47 条第 2 款规定，县级以上人民政府及其有关部门制定基本医疗保险支付政策、药物政策等医药卫生政策，应当有中医药主管部门参加，注重发挥中医药的优势，支持提供和利用中医药服务。本条规定了中医药行政主管部门参与县级以上人民政府及有关部门相关政策制定的权利。

1. 参与政策制定的范围

政策通常是指国家机关和其他政治团体在特定环境和时期，为实现特定目标或完成某项任务而制定的行为规范和指南，包括法律、法规、战略、计划等形式。《中医药法》第 47 条第 2 款规定了中医药行政主管部门有权参与县级以上人民政府和有关部门政策制定的范围是医药卫生政策，如基本医疗保险支付政策、药物政策等。

医药卫生政策是与卫生事业有关的政策，包括医疗服务政策，如基层医疗服务和医院服务、城市和农村医疗服务、公立和私立以及公私合作等相关政策；卫生管理政策，如政府治理和社会监督政策等；医疗保障政策，如基本医疗保险（城镇职工、居民医疗保险和新型农村合作医疗等）、补充医疗保险、医疗救助等政策；公共卫生政策，如重大疾病防控、卫生监督、妇幼卫生和健康教育、突发公共卫生事件应急、采供血服务等政策；医药生产流通政策，如药品生产、流通、采购与供给等政策。

2. 参与政策制定的目的

政策具有导向、管制、调控和配置等功能，政策的作用是规范和指导有关机构、团体或个人的行动，从而达到一定的目标或目的。《中医药法》第 47 条第 2 款表明，中医药行政主管部门参与政府和部门的医药卫生政策制定工作的目的是充分发挥中医药的优势，为社会有效提供和利用中医药服务。

（二）中医药专业人士的参与权

同行评议制度由来已久，它是利用同行从业者基本相同的知识背景和个人智慧，按照一定的评议规则，对某个科学问题或者科技成果的价值进行评价，对其所使用方法的科学性及结论提出方案的可行性给出相对公正的判断，它是国际上通行的一种基本评估方法。专业人士参与评审、评估等工作在我国现行立法中普遍存在，如《医疗机构管理条例》第40条第1款规定："国家实行医疗机构评审制度，由专家组成的评审委员会按照医疗机构评审办法和评审标准，对医疗机构的执业活动、医疗服务质量等进行综合评价。"《医师法》第44条规定："国家建立健全体现医师职业特点和技术劳动价值的人事、薪酬、职称、奖励制度。"所以，对医学专业水平的评价应当根据体现职业的特点，由专业人士运用专业知识进行公开公正公平的客观评价。

《中医药法》第51条规定，开展法律、行政法规规定的与中医药有关的评审、评估、鉴定活动，应当成立中医药评审、评估、鉴定的专门组织，或者有中医药专家参加。本条法律规定了两个方面事宜：一是中医药专家参与评定的范围为与中医药有关的评审、评估和鉴定等活动；二是中医药专家参与评定的方式为成立由中医药专家组成的中医药评审、评估、鉴定的专门组织，或者由中医药专家直接参与某个与中医药有关的评审、评估、鉴定工作。

以法律的形式确定中医药专业人士参与中医药有关的评审、评估和鉴定工作，是为了充分体现中医药自身特色、遵循中医药发展规律，防止"外行评内行"的现象发生，从而避免不必要的时间和财产损失。

附录：国家中医药管理局发布的部分现行有效文件目录

一、综合类

序号	规范性文件名称	发布形式	文件编号	发布日期
1	中医医院信息化建设基本规范	国家中医药管理局关于印发《中医医院信息化建设基本规范》和《中医医院信息系统基本功能规范》的通知	国中医药办发〔2011〕46号	2011年10月12日
2	中医医院信息系统基本功能规范	国家中医药管理局关于印发《中医医院信息化建设基本规范》和《中医医院信息系统基本功能规范》的通知	国中医药办发〔2011〕46号	2011年10月12日
3	中医药工作国家秘密范围的规定	关于印发《中医药工作国家秘密范围的规定》的通知	国中医药办发〔2015〕15号	2015年5月21日

二、新闻宣传类

序号	规范性文件名称	发布形式	文件编号	发布日期
1	国家中医药管理局期刊审读办法	国家中医药管理局关于印发《国家中医药管理局期刊审读办法》的通知	国中医药发〔2010〕19号	2010年4月22日
2	国家中医药管理局图书审读办法	国家中医药管理局关于印发《国家中医药管理局图书审读办法》的通知	国中医药发〔2010〕20号	2010年4月22日
3	国家中医药管理局报纸审读办法	国家中医药管理局关于印发《国家中医药管理局报纸审读办法》的通知	国中医药发〔2010〕21号	2010年4月22日

三、人事教育类

序号	规范性文件名称	发布形式	文件编号	发布日期
1	国家中医药管理局业务主管社会团体管理办法	关于印发《国家中医药管理局业务主管社会团体管理办法》的通知	国中医药发〔2004〕34号	2004年9月6日
2	中医药继续教育规定	国家中医药管理局关于印发《中医药继续教育规定》《中医药继续教育登记办法》的通知	国中医药发〔2006〕63号	2006年11月3日
3	中医药继续教育登记办法	国家中医药管理局关于印发《中医药继续教育规定》《中医药继续教育登记办法》的通知	国中医药发〔2006〕63号	2006年11月3日
4	中医类别全科医师岗位培训管理办法（试行）	国家中医药管理局、卫生部关于印发中医类别全科医师岗位培训管理办法等文件的通知	国中医药发〔2007〕21号	2007年5月9日
5	中医药继续教育基地管理办法	国家中医药管理局关于印发中医药继续教育基地管理办法的通知	国中医药发〔2007〕45号	2007年10月18日
6	国家中医药管理局关于进一步规范业务主管社会团体会议活动的通知	国家中医药管理局关于进一步规范业务主管社会团体会议活动的通知	国中医药函〔2009〕4号	2009年1月8日
7	国家中医药管理局关于进一步加强中医药继续教育学分管理的通知	国家中医药管理局关于进一步加强中医药继续教育学分管理的通知	国中医药发〔2009〕10号	2009年4月17日
8	国家中医药管理局中医药重点学科建设与管理办法	国家中医药管理局办公室关于印发国家中医药管理局中医药重点学科建设与管理办法的通知	国中医药办发〔2009〕34号	2009年10月21日
9	中医住院医师规范化培训实施办法（试行）	关于印发《中医住院医师规范化培训实施办法（试行）》等文件的通知	国中医药人教发〔2014〕25号	2014年12月1日

序号	规范性文件名称	发布形式	文件编号	发布日期
10	中医住院医师规范化培训标准（试行）	关于印发《中医住院医师规范化培训实施办法（试行）》等文件的通知	国中医药人教发〔2014〕25号	2014年12月1日
11	中医住院医师规范化培训基地认定标准（试行）	关于印发《中医住院医师规范化培训实施办法（试行）》等文件的通知	国中医药人教发〔2014〕25号	2014年12月1日
12	中医类别全科医生规范化培养基地认定标准（试行）	关于印发《中医住院医师规范化培训实施办法（试行）》等文件的通知	国中医药人教发〔2014〕25号	2014年12月1日

四、医政管理类

序号	规范性文件名称	发布形式	文件编号	发布日期
1	乡镇卫生院中医药服务管理基本规范	卫生部、国家中医药管理局关于印发《乡镇卫生院中医药服务管理基本规范》和《社区卫生服务中心中医药服务管理基本规范》的通知	国中医药发〔2003〕56号	2003年11月25日
2	社区卫生服务中心中医药服务管理基本规范	卫生部、国家中医药管理局关于印发《乡镇卫生院中医药服务管理基本规范》和《社区卫生服务中心中医药服务管理基本规范》的通知	国中医药发〔2003〕56号	2003年11月25日
3	乡村医生（中医）中医药知识与技能基本要求	卫生部、国家中医药管理局关于印发《乡村医生中医药知识与技能基本要求》的通知	国中医药发〔2006〕15号	2006年3月6日
4	关于加强乡村中医药技术人员自种自采自用中草药管理的通知	关于加强乡村中医药技术人员自种自采自用中草药管理的通知	国中医药发〔2006〕44号	2006年7月31日

序号	规范性文件名称	发布形式	文件编号	发布日期
5	关于修订中医类别医师执业范围的通知	关于修订中医类别医师执业范围的通知	国中医药发〔2006〕52号	2006年9月4日
6	医院中药饮片管理规范	国家中医药管理局、卫生部关于印发《医院中药饮片管理规范》的通知	国中医药发〔2007〕11号	2007年3月12日
7	国家中医药管理局、卫生部关于妥善解决中医、民族医医师资格认定工作有关问题的通知	国家中医药管理局、卫生部关于妥善解决中医、民族医医师资格认定工作有关问题的通知	国中医药发〔2007〕43号	2007年9月26日
8	国家中医药管理局办公室关于中医医师开展计划生育手术有关问题的复函	国家中医药管理局办公室关于中医医师开展计划生育手术有关问题的复函	国中医药办函〔2008〕116号	2008年7月23日
9	国家中医药管理局关于规范中医医院与临床科室名称的通知	国家中医药管理局关于规范中医医院与临床科室名称的通知	国中医药发〔2008〕12号	2008年8月11日
10	医疗机构中药煎药室管理规范	卫生部 国家中医药管理局关于印发医疗机构中药煎药室管理规范的通知	国中医药发〔2009〕3号	2009年3月16日
11	医院中药房基本标准	卫生部 国家中医药管理局关于印发医院中药房基本标准的通知	国中医药发〔2009〕4号	2009年3月16日
12	综合医院中医临床科室基本标准	卫生部 国家中医药管理局关于印发综合医院中医临床科室基本标准的通知	国中医药发〔2009〕6号	2009年3月16日
13	国家中医药管理局关于中药饮片处方用名和调剂给付有关问题的通知	国家中医药管理局关于中药饮片处方用名和调剂给付有关问题的通知	国中医药发〔2009〕7号	2009年3月25日

续表

序号	规范性文件名称	发布形式	文件编号	发布日期
14	国家中医药管理局关于中医医院发挥中医药特色优势加强人员配备的通知	国家中医药管理局关于中医医院发挥中医药特色优势加强人员配备的通知	国中医药函〔2009〕148号	2009年8月7日
15	乡镇卫生院中医科基本标准	关于印发乡镇卫生院中医科基本标准的通知	国中医药发〔2010〕3号	2010年2月22日
16	中医电子病历基本规范（试行）	国家中医药管理局关于印发中医电子病历基本规范（试行）的通知	国中医药发〔2010〕18号	2010年4月21日
17	中医病历书写基本规范	卫生部 国家中医药管理局关于印发《中医病历书写基本规范》的通知	国中医药医政发〔2010〕29号	2010年6月11日
18	关于加强医疗机构中药制剂管理的意见	关于印发加强医疗机构中药制剂管理意见的通知	国中医药医政发〔2010〕39号	2010年8月24日
19	中药处方格式及书写规范	国家中医药管理局关于印发中药处方格式及书写规范的通知	国中医药医政发〔2010〕57号	2010年10月20日
20	中医医院（含中西医结合医院、民族医医院）中医类别医师定期考核内容	关于印发《中医医院（含中西医结合医院、民族医医院）中医类别医师定期考核内容》的通知	国中医药办医政发〔2011〕53号	2011年12月28日
21	中医医院医疗设备配置标准（试行）	国家中医药管理局关于印发《中医医院医疗设备配置标准（试行）》的通知	国中医药医政发〔2012〕4号	2012年2月10日
22	国家中医药管理局办公室关于进一步加强中药饮片管理保证用药安全的通知	国家中医药管理局办公室关于进一步加强中药饮片管理保证用药安全的通知	国中医药办医政发〔2012〕22号	2012年5月4日

续表

序号	规范性文件名称	发布形式	文件编号	发布日期
23	中医医院评审暂行办法	国家中医药管理局关于印发《中医医院评审暂行办法》的通知	国中医药医政函〔2012〕96号	2012年5月29日
24	三级中医骨伤医院评审标准（2012年版）	国家中医药管理局关于印发三级中医专科医院评审标准的通知	国中医药医政发〔2012〕30号	2012年8月1日
25	三级中医肛肠医院评审标准（2012年版）	国家中医药管理局关于印发三级中医专科医院评审标准的通知	国中医药医政发〔2012〕30号	2012年8月1日
26	三级中医专科医院（不含中医骨伤医院、中医肛肠医院）通用评审标准（2012年版）	国家中医药管理局关于印发三级中医专科医院评审标准的通知	国中医药医政发〔2012〕30号	2012年8月1日
27	三级中医骨伤医院分等标准和评审核心指标（2012年版）	国家中医药管理局关于印发三级中医专科医院分等标准和评审核心指标的通知	国中医药医政发〔2012〕29号	2012年8月2日
28	三级中医肛肠医院分等标准和评审核心指标（2012年版）	国家中医药管理局关于印发三级中医专科医院分等标准和评审核心指标的通知	国中医药医政发〔2012〕29号	2012年8月2日
29	三级中医专科医院（不含中医骨伤医院、中医肛肠医院）分等标准和评审核心指标（2012年版）	国家中医药管理局关于印发三级中医专科医院分等标准和评审核心指标的通知	国中医药医政发〔2012〕29号	2012年8月2日
30	二级中医医院分等标准和评审核心指标（2013年版）	国家中医药管理局关于印发二级中医医院、中西医结合医院、民族医院和中医专科医院分等标准和评审核心指标的通知	国中医药医政发〔2013〕3号	2013年1月18日

序号	规范性文件名称	发布形式	文件编号	发布日期
31	二级中西医结合医院分等标准和评审核心指标（2013年版）	国家中医药管理局关于印发二级中医医院、中西医结合医院、民族医医院和中医专科医院分等标准和评审核心指标的通知	国中医药医政发〔2013〕3号	2013年1月18日
32	二级民族医医院分等标准和评审核心指标（2013年版）	国家中医药管理局关于印发二级中医医院、中西医结合医院、民族医医院和中医专科医院分等标准和评审核心指标的通知	国中医药医政发〔2013〕3号	2013年1月18日
33	二级中医骨伤医院分等标准和评审核心指标（2013年版）	国家中医药管理局关于印发二级中医医院、中西医结合医院、民族医医院和中医专科医院分等标准和评审核心指标的通知	国中医药医政发〔2013〕3号	2013年1月18日
34	二级中医专科医院（不含中医骨伤医院）分等标准和评审核心指标（2013年版）	国家中医药管理局关于印发二级中医医院、中西医结合医院、民族医医院和中医专科医院分等标准和评审核心指标的通知	国中医药医政发〔2013〕3号	2013年1月18日
35	二级中医医院评审标准（2013年版）	国家中医药管理局关于印发二级中医医院、中西医结合医院、民族医医院和中医专科医院评审标准的通知	国中医药医政发〔2013〕4号	2013年1月21日
36	二级中西医结合医院评审标准（2013年版）	国家中医药管理局关于印发二级中医医院、中西医结合医院、民族医医院和中医专科医院评审标准的通知	国中医药医政发〔2013〕4号	2013年1月21日
37	二级民族医医院评审标准（2013年版）	国家中医药管理局关于印发二级中医医院、中西医结合医院、民族医医院和中医专科医院评审标准的通知	国中医药医政发〔2013〕4号	2013年1月21日

序号	规范性文件名称	发布形式	文件编号	发布日期
38	二级中医骨伤医院评审标准（2013年版）	国家中医药管理局关于印发二级中医医院、中西医结合医院、民族医医院和中医专科医院评审标准的通知	国中医药医政发〔2013〕4号	2013年1月21日
39	二级中医专科医院（不含中医骨伤医院）通用评审标准（2013年版）	国家中医药管理局关于印发二级中医医院、中西医结合医院、民族医医院和中医专科医院评审标准的通知	国中医药医政发〔2013〕4号	2013年1月21日
40	国家中医药管理局关于加强对医疗机构膏方推广应用管理的通知	国家中医药管理局关于加强对医疗机构膏方推广应用管理的通知	国中医药医政发〔2013〕14号	2013年4月1日
41	国家中医药管理局关于加强对冬病夏治穴位贴敷技术应用管理的通知	国家中医药管理局关于加强对冬病夏治穴位贴敷技术应用管理的通知	国中医药医政发〔2013〕36号	2013年7月4日
42	全国基层中医药工作先进单位评审命名管理办法	国家中医药管理局关于印发全国基层中医药工作先进单位评审命名管理办法和建设标准的通知	国中医药医政发〔2013〕49号	2013年9月29日
43	国家中医药管理局办公室关于盲人医疗按摩机构设置有关问题的批复	国家中医药管理局办公室关于盲人医疗按摩机构设置有关问题的批复	国中医药办医政发〔2013〕148号	2013年10月21日
44	关于盲人医疗按摩人员执业备案有关问题的通知	关于盲人医疗按摩人员执业备案有关问题的通知	国中医药医政发〔2014〕2号	2014年1月21日
45	关于中医类别医师从事精神障碍疾病诊断与治疗有关问题的通知	国家卫生计生委办公厅、国家中医药管理局办公室关于中医类别医师从事精神障碍疾病诊断与治疗有关问题的通知	国中医药办医政发〔2015〕9号	2015年3月17日

序号	规范性文件名称	发布形式	文件编号	发布日期
46	中医骨伤医院基本标准（试行）	国家中医药管理局办公室关于印发《中医骨伤医院基本标准（试行)》和《中医肛肠医院基本标准（试行)》的通知	国中医药办医政发〔2015〕23 号	2015 年 7 月 10 日
47	中医肛肠医院基本标准（试行）	国家中医药管理局办公室关于印发《中医骨伤医院基本标准（试行)》和《中医肛肠医院基本标准（试行)》的通知	国中医药办医政发〔2015〕23 号	2015 年 7 月 10 日
48	中医师在养生保健机构提供保健咨询和调理等服务的暂行规定	国家中医药管理局关于印发《中医师在养生保健机构提供保健咨询和调理等服务的暂行规定》的通知	国中医药医政发〔2016〕2 号	2016 年 1 月 13 日
49	三级中医医院分等标准和评审核心指标（2017 年版）	国家中医药管理局办公室关于印发三级中医医院、三级中西医结合医院、三级民族医医院评审标准有关文件的通知	国中医药办医政发〔2017〕26 号	2017 年 9 月 13 日
50	三级中西医结合医院分等标准和评审核心指标（2017 年版）	国家中医药管理局办公室关于印发三级中医医院、三级中西医结合医院、三级民族医医院评审标准有关文件的通知	国中医药办医政发〔2017〕26 号	2017 年 9 月 13 日
51	三级民族医医院分等标准和评审核心指标（2017 年版）	国家中医药管理局办公室关于印发三级中医医院、三级中西医结合医院、三级民族医医院评审标准有关文件的通知	国中医药办医政发〔2017〕26 号	2017 年 9 月 13 日
52	三级中医医院评审标准实施细则（2017 年版）	国家中医药管理局办公室关于印发三级中医医院、三级中西医结合医院、三级民族医医院评审标准有关文件的通知	国中医药办医政发〔2017〕26 号	2017 年 9 月 13 日
53	三级中西医结合医院评审标准实施细则（2017 年版）	国家中医药管理局办公室关于印发三级中医医院、三级中西医结合医院、三级民族医医院评审标准有关文件的通知	国中医药办医政发〔2017〕26 号	2017 年 9 月 13 日

续表

序号	规范性文件名称	发布形式	文件编号	发布日期
54	三级民族医医院评审标准实施细则（2017年版）	国家中医药管理局办公室关于印发三级中医医院、三级中西医结合医院、三级民族医医院评审标准有关文件的通知	国中医药办医政发〔2017〕26号	2017年9月13日
55	三级中医医院评审标准（2017年版）	国家中医药管理局办公室关于印发三级中医医院、三级中西医结合医院、三级民族医医院评审标准有关文件的通知	国中医药办医政发〔2017〕26号	2017年9月13日
56	三级中西医结合医院评审标准（2017年版）	国家中医药管理局办公室关于印发三级中医医院、三级中西医结合医院、三级民族医医院评审标准有关文件的通知	国中医药办医政发〔2017〕26号	2017年9月13日
57	三级民族医医院评审标准（2017年版）	国家中医药管理局办公室关于印发三级中医医院、三级中西医结合医院、三级民族医医院评审标准有关文件的通知	国中医药办医政发〔2017〕26号	2017年9月13日

五、科研管理类

序号	规范性文件名称	发布形式	文件编号	发布日期
1	国家中医药管理局受理中医药无偿捐献管理办法（试行）	关于印发《国家中医药管理局受理中医药无偿捐献管理办法（试行）》的通知	国中医药发〔2006〕1号	2006年1月4日
2	中医药临床研究伦理审查管理规范	国家中医药管理局关于印发《中医药临床研究伦理审查管理规范》的通知	国中医药科技发〔2010〕40号	2010年9月8日
3	中医药临床研究伦理审查平台建设规范（试行）	国家中医药管理局办公室关于印发《中医药临床研究伦理审查平台建设规范（试行）》的通知	国中医药办科技发〔2011〕34号	2011年7月6日

序号	规范性文件名称	发布形式	文件编号	发布日期
4	国家中医临床研究基地中医医疗与临床科研信息共享系统建设基本要求（试行）	国家中医药管理局办公室关于印发《国家中医临床研究基地中医医疗与临床科研信息共享系统建设基本要求（试行)》的通知	国中医药办科技发〔2011〕36号	2011年7月6日
5	国家中医临研究基地业务建设科研专项管理办法	国家中医药管理局办公室关于印发《国家中医临床研究基地业务建设科研专项管理办法》和《国家中医临床研究基地科研协作单位管理办法》的通知	国中医药办科技发〔2012〕11号	2012年3月5日
6	国家中医临床研究基地科研协作单位管理办法	国家中医药管理局办公室关于印发《国家中医临床研究基地业务建设科研专项管理办法》和《国家中医临床研究基地科研协作单位管理办法》的通知	国中医药办科技发〔2012〕11号	2012年3月5日
7	中医药行业科研专项项目管理暂行办法	国家中医药管理局关于印发《中医药行业科研专项项目管理暂行办法》的通知	国中医药科技发〔2012〕7号	2012年3月13日
8	国家中医药管理局重点研究室建设项目管理办法	国家中医药管理局关于印发《国家中医药管理局重点研究室建设项目管理办法》的通知	国中医药科技函〔2012〕98号	2012年5月31日
9	国家中医药管理局科技项目管理暂行办法	国家中医药管理局关于印发《国家中医药管理局科技项目管理暂行办法》的通知	国中医药科技发〔2012〕48号	2012年12月17日
10	中医药科技成果登记办法	国家中药管理局办公室关于印发《中医药科技成果登记办法》的通知	国中医药办科技发〔2013〕22号	2013年6月28日

六、外事管理类

序号	规范性文件名称	发布形式	文件编号	发布日期
1	出国中医药类专业技术人员资格认定管理办法（试行）	国家中医药管理局关于印发出国中医药类专业技术人员资格认定管理办法（试行）的通知	国中医药发〔2007〕37 号	2007 年7 月 30 日

七、法制标准化建设与监督类

序号	规范性文件名称	发布形式	文件编号	发布日期
1	关于规范中医医疗广告工作若干问题的通知	国家中医药管理局办公室关于规范中医医疗广告工作若干问题的通知	国中医药办发〔2009〕14 号	2009 年4 月 29 日
2	中医药标准制定管理办法（试行）	国家中医药管理局关于印发《中医药标准制定管理办法（试行）》的通知	国中医药法监发〔2012〕45 号	2012 年11 月 28 日
3	国家中医药管理局关于中医药标准项目享有科研课题待遇的通知	国家中医药管理局关于中医药标准项目享有科研课题待遇的通知	国中医药法监发〔2013〕39 号	2013 年7 月 16 日
4	国家中医药管理局规范性文件管理办法	关于印发《国家中医药管理局规范性文件管理办法》的通知	国中医药法监发〔2014〕5 号	2014 年2 月 25 日
5	关于打击非法行医专项行动中有关中医监督问题的批复	关于打击非法行医专项行动中有关中医监督问题的批复	国中医药办法监发〔2014〕9 号	2014 年3 月 18 日
6	国家中医药管理局行政复议与行政应诉管理办法	关于印发《国家中医药管理局行政复议与行政应诉管理办法》的通知	国中医药法监发〔2015〕8 号	2015 年3 月 24 日
7	国家中医药管理局规范性文件合法性审查规定	关于印发《国家中医药管理局规范性文件合法性审查规定》的通知	国中医药法监发〔2015〕19 号	2015 年6 月 25 日